LA PLEINE PRÉSENCE

Dr Richard Meyer
Postface du Dr Jacques Vigne

La pleine présence

Une méditation basée sur les 12 principales psychothérapies

Guy Trédaniel éditeur
19, rue Saint-Séverin
75005 Paris

Note : Les études de cas présentes dans ce livre s'appuient sur plusieurs années de travail clinique. Elles sont fidèles à l'esprit des enseignements et traitements donnés, bien que n'étant l'expérience de personne en particulier.

ISBN : 978-2-8132-0677-0

www.editions-tredaniel.com
info@guytredaniel.fr

DU MÊME AUTEUR

LE CORPS AUSSI, DE LA PSYCHANALYSE À LA SOMATANALYSE
Paris, Maloine, 1982
(deuxième édition), Méolans Revel, Désiris, 1991, 225 p.

LES THÉRAPIES CORPORELLES
Paris, Hommes et Groupes, 1986, 320 p.

LA SOMATOLOGIE, UN MODÈLE THÉORIQUE
POUR LES PSYCHO-, SOCIO- ET SOMATOTHÉRAPIES
Somatothérapies n° 9, 1991, 96 p.

À CHAQUE JOUR SUFFIT SON BONHEUR
Strasbourg, Erès-Somatothérapies, 1994, 378 p.

FREUD ENCORPS, LA PSYCHO- ET SOCIO- SOMATANALYSE
ET LE THÉORÈME DE L'HUMAIN
Strasbourg, Erès-Somatothérapies 1995, 316 p.

LA PRÉSENCE JUSTE
in Jean Paul Guyonnaud et col.
La dimension spirituelle en psychothérapie.
Corps et Transpersonnel,
Strasbourg, Éd. Somatothérapies, 1997, p. 81 à 153

LES NOUVELLES PROFESSIONS PSY
Strasbourg, Éd. Somatothérapies, 1999, 216 p.

LE MANIFESTE DE LA PSYCHOTHÉRAPIE INTÉGRATIVE
La créativité des douzaines de thérapies ;
la convergence des six grands courants ;
le thérapeute, en éthique et science ;
Escalquens, Éd. Dangles, 2010, 550 p.

STRESS, ANGOISSE, PULSION DE MORT
Clinique et Psychopathologies ;
Cinq Psychanalyses Intégratives ;
Freud, Ferenczi, Reich, Jung, Lacan.
Escalquens, Éd. Dangles, 2011, 550 p.

NOUVELLES PATHOLOGIES PSY
Les quinze troubles de la personnalité ;
Les symptômes médicalement inexpliqués.
Escalquens, Éd. Dangles, 2012, 550 p.

DU MÊME AUTEUR, EN COLLABORATION

PORTRAIT DE GROUPE AVEC PSYCHIATRE, LA PSYCHIATRIE ET LA PSYCHANALYSE À L'ÉPREUVE DES NOUVELLES THÉRAPIES
Paris, Maloine, 1984, 250 p.

REICH OU FERENCZI ? PSYCHANALYSE ET SOMATOTHÉRAPIES
Marseille, Hommes et Perspectives, 1992, 195 p.

LES SOMATOTHÉRAPIES, HISTORIQUE, CLASSIFICATION, PRÉSENTATION
avec G. Lienard
Paris, Masson 1992, 230 p.

LIEUX DU CORPS EN PSYCHOTHÉRAPIE
avec O. Dunsteter et M. Lœtscher
Marseille, Hommes et Perspectives, 1993, 197 p.

LA SOMATANALYSE
Avec Serge Ollivier
Paris, Bernet-Danilo, 1998, 66 p.

PSYCHOTHÉRAPIES, L'APPROCHE INTÉGRATIVE ET ÉCLECTIQUE
avec Michel Marie-Cardine et O. Chambon
Strasbourg, Erès-Somatothérapies, 1994, 180 p.

ÉTUDES CLINIQUES PSYCHOTHÉRAPIQUES ET SOMATOTHÉRAPIQUES
avec L, Rispoli, W. Zaruchas, Y. Maurer
Paris, Masson, 1993, 154 p.

SOMATOTHÉRAPIES, LA REVUE DU CORPS EN PSYCHOTHÉRAPIE
Strasbourg, Éd. Somatothérapies, 1989-1998

Le corps qui ne dépense pas son énergie
la transforme en volupté.

L'esprit qui ne sécrète pas de pensée
s'ouvre à la félicité.

Le cœur qui ne s'attache pas
déborde d'amour.

Quiconque développe volupté, félicité et amour
se réalise en soi et se transcende dans l'Être.

Table des Matières

Partie I
Présence Juste : un protocole pour un nouvel art de vivre, l'autothérapie et la méditation

Partie III
De Présence Juste en Pleine Présence une démarche personnelle et initiatique en cœur, corps et âme

Préface

La Méditation

La méditation est une pratique personnelle qui éveille les processus humains les plus riches et les plus authentiques : l'essence de l'énergie, la nature de l'esprit et l'intime du lien, procurant volupté, félicité et agapé (amour).

La Méditation a été développée et organisée par toutes les cultures et par toutes les civilisations en tous lieux et en tout temps de l'humanité, à la fois concentrative, contemplative et dévotionnelle.

Les Méditations s'inscrivent dans des protocoles variés mais poursuivent toujours le même but de réalisation de l'être. Elles se fondent sur un petit nombre de processus de base, attention et vigilance, respiration et abstinence, visualisation et prise de modèle sur les êtres éveillés.

L'unité de ces démarches se décrit comme chemin d'intériorisation, de spiritualité, de mystique jusqu'à la transe. Nous définissons cette quête par la qualité d'authenticité dans ses deux dimensions : être et réaliser les relations soi – nous.

Les dynamiques de vie et le bonheur

L'énergie, l'esprit et le lien sont les dynamiques vitales présentes dès la conception et responsables du développement de ces êtres merveilleux que nous sommes vous et moi.

Les pures dynamiques doivent s'inscrire dans les cadres de vie objectifs (corps, couple, famille, société) et se structurer en traits de caractère et en formes de personnalité qui malheureusement les limitent et les appauvrissent. Le bonheur se restreint aux satisfactions corporelles, aux schémas de pensée fixés et aux relations d'attachement. Les conditions du bonheur s'externalisent et se délocalisent.

C'est ce que les maîtres spirituels et grands méditants interpellent avec plus ou moins de bonté ou d'imprécation pour nous ramener – nous, ces êtres merveilleux – à relocaliser et reinternaliser en soi, patriotiquement, nos pratiques et projets de plénitude. Cette structuration inévitable des processus s'inverse avec la mise en place de la socialisation (fin de l'adolescence) et de la socialité (début de l'adultat) et se prête alors à une dissolution progressive pour restituer la pureté de l'énergie, du spirituel et de l'amour. C'est là que la méditation entre en jeu comme moyen majeur.

L'organisation classique de la méditation

À cause de ses bienfaits et de sa nécessité, la méditation a été prise en charge par les groupes humains, organisée et structurée au risque d'une nouvelle restriction. L'humanité s'est divisée – là aussi – en deux grands pôles, occidentaux et orientaux, et en deux grandes tendances, contemplative et concentrative.

La civilisation occidentale se réunit autour du monothéisme (Yaweh juif, Dieu chrétien, Allah musulman) et se recentre sur la forme dévotionnelle. La croyance en ce Dieu unique confère une foi qui éveille elle-même la félicité. Les pratiques méditatives se tournent vers Dieu et ses prédicateurs, prophètes, Jésus et Mahomet, s'inscrivant en visualisation de leurs vies, imitation de leurs œuvres et observance de leurs préceptes.

La position de ces dieux comme objets transcendants, dissociés de l'humain, suscite des vécus d'une intensité aussi grande que la mystique, mais aussi des obligations aussi terribles que les guerres religieuses. Malheureusement, les Églises correspondantes sont de moins en moins adéquates avec notre Occident. Je relaterai plus loin mon propre passage par l'Église catholique, le petit séminaire et le couvent. Mais que se passe-t-il quand on perd la foi ?

L'Orient a emprunté une autre voie, que ce soit l'hindouisme, le bouddhisme, le taoïsme ou le zen : point de Dieu absolu ni de religion à proprement parler mais des pratiques d'accomplissement, des méditations variées partant du corps et des sagesses de vie comportant des préceptes plus ou moins précis et impérieux. La réalisation de l'être reste la tâche principale de la vie bien que la compétition économique empruntée à l'Occident entre en concurrence avec cette spécificité.

L'Occident religieux et l'Orient méditatif ont poussé les pratiques jusqu'aux aboutissements extrêmes des mystiques et des gourous qui sélectionnent de rares élus en une élite séduisante et distante. Le prosélytisme et l'imprécation constituent deux moyens forts de recrutement (que nous n'utilisons pas ici).

Méditation et psychothérapie

Les pratiques orientales étaient aussi (et sont encore) des équivalents de psychothérapie, pour le soin et la prévention. C'est ainsi que l'intégration de trois d'entre elles, vipassana, yoga et zazen, donne actuellement lieu à un renouvellement de la thérapie cognitivo-comportementale ainsi qu'à un retour appréciable de la méditation en Occident : MBSR, mindfulness based stress reduction, MBCT, mindfulness based cognitive therapy, indiquées contre le stress pour la première et contre les rechutes dépressives pour la seconde.

Dans la continuité de la séparation de l'Église et de l'État et du divorce des dogmes religieux et des Lumières, l'Occident a distingué strictement la méditation et les soins créant le domaine de la psychothérapie. Et voici que ces méthodes de soin et de prévention s'avèrent tout autant des méditations. En effet, l'Occident a généré des pratiques préventives et thérapeutiques spécifiques selon ses exigences scientifiques et cliniques propres, à savoir les psychothérapies et la psychanalyse, loin de tout engagement spirituel à l'instar d'un Freud qui méconnaît la musique autant que le « sentiment océanique ». Ce parti pris pragmatique et rationnel débouche sur une pléthore de méthodes et de théories qui répondent à une multitude de pathologies et de problèmes. Les principes de base eux-mêmes divergent jusqu'à s'opposer et se combattre, du moins dans le landernau corporatiste.

Et pourtant la psychothérapie élargie aux techniques corporelles (psycho-somato-thérapies) et aux médiateurs artistiques (artthérapie, musicothérapie), approfondies en somato-analyse au-delà de la seule psycho-analyse, se fonde sur les mêmes processus de base que les méditations et fait accéder aux manifestations dites mystiques (avec la pneumanalyse notamment), tout en garantissant la sécurité que confèrent l'empirisme, la clinique et la science.

Une condition s'impose néanmoins, à savoir le travail d'unification de tous ces éléments épars. Cette fondation de la « psychothérapie » (qui inclut la psychanalyse) se fait dans la démarche « intégrative » qui représente l'innovation la plus précieuse dans le domaine. Ainsi retrouve-t-on (tout comme dans la démarche méditative) un ensemble pluri-global, pluriel et unifié, qui restitue l'unicité des sept milliards d'humains et l'unité du genre humain.

Ce travail d'intégration, je le poursuis depuis quarante ans et l'actualise dans mes trois livres récents (Meyer 2010, 2011, 2012). Comme par enchantement, pour ne pas parler de miracle, cette familiarité avec l'intégration des centaines de méthodes a suscité un protocole de méditation appelé « Présence Juste » (PJ) fait des douze principales psychothérapies qui induit des effets qui ne sont autres que la « Pleine Présence ». L'accompagnement clinique et scientifique assure la sécurité de cette pratique jusque et y compris dans les manifestations les plus abouties.

La Présence Juste et la Pleine Présence

Ce livre présente ce nouveau protocole qu'il suffit de… pratiquer pour que les effets adviennent. Il présente la naissance de ce protocole et l'expérience personnelle de vingt-cinq années de pratique qui aboutissent à la méditation pleine présence ainsi que la transmission à un millier de psychothérapeutes en formation. C'est sous cette forme familière et réaliste que la personnalisation de cet écrit apporte ce qui apparaît ailleurs comme recommandations, injonctions, avertissements devant les dangers, et prosélytisme. Loin des méditants à temps plein qu'on peut appeler « méditants mystiques », je me considère comme un « méditant-dans-le-monde » avec l'expérience du spirituel et un gros bagage psychothérapique.

Voici résumés les préalables de notre démarche.

1) La psychothérapie occidentale a un véritable potentiel méditatif et la psychanalyse donne la possibilité d'accompagner les effets les plus aboutis de cette méditation.
2) La construction du protocole de Présence Juste sur les principales psychothérapies et psychanalyses valide cette ambition méditative jusqu'au mysticisme.
3) L'agencement intuitif et la succession raisonnée des douze familles psychothérapiques permet une progressivité et une évolutivité de la pratique qui fait passer de l'art de vivre à l'autothérapie et de la Médecine Méditative et Intégrative à la démarche spirituelle.
4) La méditation ne créé rien de neuf ; elle fait seulement advenir les processus fondamentaux de l'être humain tout comme le font les psychanalyses : l'essence de l'énergie (Freud et Reich), la nature de l'esprit (mystique), l'intime du lien (Jung).
5) Toute méditation approfondie et prolongée débouche sur les manifestations mystiques et les recherche.
6) L'expérience de la clinique et les enseignements de la psychopathologie permettent l'accompagnement sécure de la méditation et de ses effets.
7) Les vécus processuels les plus aboutis, énergétiques, spirituels et affectifs, sont abordés en tant que phénomènes qui n'autorisent en rien de postuler des objets transcendants et dissociés (comme Dieu) ni de conceptualiser des fonctions absolues (comme la réification de l'inconscient ou d'une conscience universelle). Ces postulats restent des actes de foi, à respecter, certes mais sans leur reconnaître une quelconque scientificité.
8) Cette approche phénoménologique met un qualificatif sur le cheminement méditatif : authenticité. Cet archétype est le meilleur marqueur de la complexité humaine, de ce « je ne sais quoi » des philosophes et du « je sais et je sens ce que c'est pour moi » des méditants.
9) Le besoin d'authenticité et d'autonomie des Modernes, qu'ils soient Occidentaux ou émergents, les situent dans une position nouvelle loin des exigences des courants classiques de méditation. Ils négocient les conseils d'abstinence sexuelle, d'obéissance aveugle, et surtout de dévotion absolue à un maître. La Pleine Présence répond à ce besoin de personnalisation de par sa pluralité et sa complexité.

Envoi

Les observations synthétisées dans ces neuf points fondées sur les concordances entre les méditations classiques et la psychothérapie/psychanalyse nous poussent à considérer la démarche spirituelle comme un processus fondamental commun à tous les humains. Le Moderne évoqué ci-dessus aurait envie de démystifier sinon de banaliser. Si l'on évoque les accès spontanés à ces effets subtils chez la plupart des humains, que ce soit en rêve, sexe, amour et art, que ce soit dans une EMI, expérience proche de la mort, qui arrive à un tiers de la population, il faut accepter qu'il s'agit de mécanismes généraux et universels. Il s'agit même de processus bio- et physio-logiques à expression psychologiques et organisation sociale.

Nous ne présentons donc pas la Pleine Présence comme une nouvelle merveille. Elle se contente d'actualiser ces processus de base déjà développés par l'homme de Néandertal et Homo sapiens. Quand j'étais au couvent, on méditait sur des hagiographies (vie des saints) édifiantes. Un moine avait commis sept actes de vertu rien qu'à manger son œuf à la coque. Je m'étais promis d'actualiser ces écrits désuets. Voici que cela se fait, cinquante ans plus tard, et de façon inattendue mais prodigieuse. Ce livre tourne autour d'expériences personnelles qui ont suscité une nouvelle thérapie puis un protocole méditatif. Il se fonde sur un quart de siècle de pratique et de transmission. Il s'enrichit de l'expérience des psychothérapies et psychanalyses et des sciences correspondantes. Voilà, en toute modestie, mon ambition.

Ce vécu peut arriver spontanément à chaque humain. Il peut aussi se chercher activement. Mon témoignage peut y aider, même s'il est parfois naïf (dans le lâcher-prise), trop honnête (comme une des valeurs à développer), et personnel (à cause de mon propre besoin d'authenticité). Ce livre peut aussi se lire comme une belle histoire mais pas comme une hagiographie !

Introduction

EN VOIE

La **Présence Juste** (PJ) est une pratique du bien-être, de la thérapie et de la méditation qui m'a été inspirée dans un moment d'angoisse, il y a un quart de siècle de cela.

Sa pratique régulière a suscité des bienfaits majeurs comme l'éveil énergétique, la félicité spirituelle, l'amour inconditionnel, l'équanimité. Elle développe l'art de vivre.

Je l'ai transmise à mes patients et à mes élèves qui accèdent aux mêmes effets, chacun à son rythme et selon ses besoins.

Deux références solides encadrent cette démarche : les principales psychothérapies d'une part et les grandes traditions spirituelles d'autre part, chrétienne et tibétaine en particulier.

Le protocole de la Présence Juste est une succession de douze psychothérapies, à la fois psycho- et somato-, classiques et nouvelles, directives et analytiques. Il agit comme autothérapie.

La Présence Juste se propose comme formation du psychothérapeute aux processus thérapeutiques de base et à leur mise en œuvre dans les principales pathologies psychiatriques et existentielles.

Cet art de vivre dans la présence et cet art de la thérapie en justesse viennent compléter la médecine pour la rendre intégrative et méditative, centrée sur la personne.

Un quart de siècle plus tard, je peux enfin témoigner de ce cheminement prudent et exaltant, en une alternance de protocoles pratiques, de réflexions théoriques et de la description de ma démarche personnelle.

Après coup, ces vingt-cinq années apparaissent comme une longue enquête qui est devenue quête et réalisation de soi à la richesse cachée jusque-là.

EN JEU

Méditer en Présence Juste
jusqu'à la Pleine Présence, c'est :

- guérir, pour celui qui souffre ;
- soigner, pour celui qui en fait profession ;
- vivre, au-delà de survivre ;
- bien vivre, dans le bien-être, quand les épreuves, et l'âge notamment, le rendent de plus en plus difficile ;
- s'ouvrir au monde, à l'éthique et aux valeurs ;
- vivre dans l'intériorité, quand l'extérieur s'essouffle ;
- se trouver soi au plus profond de l'être, dans son être à soi, authentique ;
- explorer les ressources cachées et inconscientes : l'essence de l'énergie, la nature de l'esprit, l'intime du lien ;
- enrichir sa foi, trouver ou retrouver une conviction qui transcende ;
- réaliser son être en attendant l'extase suprême de la mort.

EN JOY

À 70 ans, l'âge où l'on n'a pas d'âge sinon d'être sage, on a un corps. À quatre heures du matin, la vessie balafrée et pleine à craquer chagrine. Les jambes sont lourdes et la tête chancelante. La journée à venir semble interminable. Dix minutes de Présence Juste remplissent peu à peu ce vide d'un silence surprenant et ce corps, d'une énergie étonnante. Sans cette pratique, que ferais-je ? *Enjoy* (En joie).

À 70 ans, l'âge où l'on n'a plus d'âge, on a un esprit. Pourrait-il devenir de l'esprit ? À quatre heures quinze, je médite encore dans mon fauteuil. J'ai pris mon etanolol (un bêtabloquant). Oui, ça m'arrive, ce silence, dans mon salon illuminé, devant le mur chamarré de tableaux qui me rappellent mes trois passions : l'esthétique, l'érotique et la mystique. *Enjoy.*

Quatre heures vingt. Le temps n'a pas d'âge et plus que du ramage. L'humain, fruit de nature, doit remplir ce vide. Le bien-être circule de bas en haut et de haut en bas. La tête frétille de doux picotements. Les pensées se frayent un passage entre deux bulles d'agrément : ça, je pourrais l'écrire ; ça, faut le noter. Oui, mais ça ne presse pas. Y a pas d'âge et plein de temps. *Enjoy.*

Quatre heures trente. Quelqu'un dort là-haut dans son jeune âge. C'est un peu bruyant. Faut laisser le temps que ça se rassérène et devienne silencieux. S'allonger le long de son corps, partager la bonne énergie, l'intensifier. Lâcher la tête qui se remet à penser. *Enjoy.*

Cinq heures du matin. Y a aussi une âme. Psyché, disent-ils. Mais c'est l'âme, *die Seele*, *soul*. Elle occupe peu à peu toute la place en une douce extase. Le jour se lève, l'aube pénètre le salon. La journée n'aura encore que vingt-quatre heures et sera de nouveau trop courte. Y a pas tout, mais y a plein. *Enjoy.*

EN QUÊTE

Quête sous forme d'enquête.

Recherche du vrai, du beau et du bon à travers les leurres et fausses pistes.
Justesse de la présence avec la rigueur de la justice.

Procédures et protocoles.

Quatre indices doivent nous mener jusqu'aux obstacles inconscients et aux tâches cachées en attendant la plénitude et la certitude :
– des protocoles comme pratiques de l'art de vivre ;
– les psychothérapies créatrices de méditation et jalons de la médecine de la personne ;
– la spiritualité comme lieu privilégié de notre drame ;
– la mystique et l'inconscient en coupables et indicateurs.

Le quart de siècle de la Présence Juste et mes soixante-dix années de vie se métamorphosent en roman initiatique grâce à l'écriture de ce livre. La vie m'a initié et ce texte veut faire passer le témoin.

Si toute initiation est roman, elle est aussi polar et même thriller. Mais où est le suspense ? Voici un scientifique, deux fois docteur et académicien, qui a fondé en rigueur la créativité des psychothérapeutes, systématisant :
– le psychocorporel en psycho-somatothérapie ;
– la psychanalyse corporelle en somatanalyse ;
– douze psychothérapies en Présence Juste.

Tout en me gardant de franchir les limites de la décence professionnelle grâce à des termes de bon aloi voici que ça déborde quand même, hors la loi :
– la médecine s'encanaille de méditation ;
– la Présence Juste produit des pratiquants ;
– la clinique annexe la mystique.

Ça se trafique en douce, ça s'impose mine de rien et ça arrive par la bande.

L'initiation n'est pourtant pas triste. Elle soigne son suspense et nous tient en haleine. Notre enquête vaut son boson de Higgs et sa matière noire. La mystique iraitelle plus vite que la lumière comme le neutrino ou bien la psychothérapie la tiendra-t-elle en laisse, par dévotion à Einstein ?

Allons-y pour le suspense, en suspens.

Il y a quelque chose que l'on soustrait à notre conscience : premier indice, on l'appelle inconscient. Il y a autre chose que l'on nous cache, nom de code : mystique, le « caché ».

L'un et l'autre n'ont rien à faire ni avec la médecine ni avec la science ; pourtant ils infiltrent l'une et l'autre. Il y a même des relents du passé qui ne s'expurgent pas, genre méditation, et ça contamine la psychothérapie elle-même.

La Miviludes (comité anti-secte) n'y peut mais ; la loi sanctuarisant le psychothérapeute ne nous débarrasse en rien des charlatans. Ça se barricade derrière un faux fuyant genre structure, structuralisme, instructurant et indésirant, au-delà de l'inconscient.

Et pourtant ça désire, ça dérive, ça rend *addict* ; faut trouver l'indice, faut piéger l'indic. La Miviludes a peut-être raison ; c'est dangereux, « *a dangerous method* » selon un film récent. Ça pourrait devenir sectaire, exposer à des « dérives graves ».

Un fin limier, un Sherlock, la mondaine et la stup. Faut tout ça et faut que ce soit bouclé en… trois cents pages.

Suspense, thriller.

Dieu existe-t-il ?

La conscience est-elle infinie ?

L'inconscient pose-t-il une limite absolue ?

La mystique est-elle folie ou la folie, mystique ?

Est-ce que mes seuls et purs vécus seraient à la hauteur de ces concepts et pourraient-ils les expliquer ?

Les expériences d'EMI (expérience de mort imminente), de pneumanalyse (rebirth), de Présence Juste, de transe et d'extase, renvoient-elles au big bang, à 13,7 milliards d'années en arrière, à l'infiniment petit qui a explosé et qui s'est expansé en cet univers que nous connaissons ?

Moi-même, infiniment petit, puis-je m'expanser aux dimensions de la vie, aux profondeurs de l'être, à la sacralité du divin, à la démesure de l'universel ? Une simple pratique, une méditation soutenue peuvent-elles provoquer ce big bang ? Et comment cette explosion/expansion peut-elle me constituer en mon être si petit ?

Et s'il fallait tout simplement pratiquer pour expérimenter jusqu'à la conviction ? Mais attention, il fait chaud lors du big bang et c'est lourd. Et l'on ignore toujours encore ce que sera le big crunch.

Après le principe d'incertitude de la physique quantique (Heisenberg), après le principe d'incomplétude des mathématiques (Gödel), faut-il proposer un principe d'in-concept-itude en psychologie ? Y aurait-il des vécus qu'on n'arrivera jamais à conceptualiser, notamment ceux évoqués ici ?

EN KIT

Les voici, ces douze psychothérapies essentielles qui font art de vivre, autothérapie et méditation :

pour se trouver soi

- relaxation de Schultz ;
- expansion haptonomique ;
- circulation énergétique ;
- éveil sensori-sensitif.

pour rencontrer l'Autre

- visualisation et visualis'action ;
- feeling et émotion, attachement et transfert ;
- recentrement dans l'axe, affirmation de soi ;
- communication juste, non violente.

pour soigner la planète et l'humanité

- émerveillement devant l'esthétique du monde ;
- engagement dans l'éthique de l'humain ;
- dévouement aux valeurs et modèles.

pour promouvoir la méditation jusqu'à ses manifestations mystiques

- abandon aux purs processus : essence de l'énergie, nature de l'esprit, intime du lien.

Ça semble livré en kit. Mais c'est un ensemble cohérent que la pratique dévoile progressivement.

EN CAS

INDICATIONS THÉRAPEUTIQUES

La Présence Juste est l'agencement progressif et évolutif des douze principales psychothérapies et présente donc les indications de chacune de ces méthodes. On peut les utiliser comme un ensemble mais aussi isolément. Les indications s'avèrent très larges à l'exclusion des phases aiguës des grandes pathologies.

C'est en tant que pratique globale de l'art de vivre et de l'autothérapie et en tant que fondement de la médecine de la personne que son protocole se propose, jusqu'à rechercher l'accès à la Pleine Présence et à la plénitude. Elle vise les maux fondamentaux de l'être humain que nous résumons en ses trois composantes psycho-, socio- et somato- :
– **l'étroitesse d'esprit,**
– **l'égocentrisme et**
– **la pusillanimité.**

Ces limites universelles à la bonne vie président aux grandes plaies de l'humanité :
– **l'ignorance et l'incompréhension entre les êtres (en psycho-) ;**
– **la pauvreté et la misère d'une grande partie de l'humanité (en somato-) ;**
– **les guerres et la destruction de la planète (en socio-).**

Ces maux provoquent les principales pathologies physiques et l'essentiel des maladies psychiques. La Pleine Présence y remédie.

En psycho-, la Présence Juste ouvre l'esprit à la largeur de vue, à la compréhension et à la tolérance. Ouvrant le champ de la conscience, elle élargit ce champ à la complexité des choses.
En socio-, elle déconstruit les structures rigides de la personnalité qui constituent l'ego, ce petit moi mesquin et envieux. En menant à l'individuation, elle prône un individualisme sain qui fonde en soi pour s'ouvrir aux autres, authentiquement.

En somato-, elle enlève la peur de vivre et familiarise avec la puissance énergétique, avec la richesse spirituelle et la force de l'amour, tous processus étonnants qui font peur et poussent à la pusillanimité.

La Présence Juste présente les indications thérapeutiques fondamentales et la guérison de surcroît.

S'EN TÊTER

La vie est évolution et développement. Cela se fait d'office, par hasard et par nécessité. Et cela se fait d'autant mieux qu'on laisse faire.

Il en va de même pour les vécus intérieurs, partant du bien-être pour aboutir à la transe voluptueuse et à l'extase mystique sans oublier l'intimité amoureuse. Ça aboutit de toute façon, au plus tard dans l'extase suprême de la mort.

Alors pourquoi proposer un protocole de l'art de vivre, de la méditation et de la guérison ? Pourquoi prôner une médecine centrée sur la personne, comme si la médecine était vétérinaire ?

Le bien-vivre et la félicité s'installent spontanément. La vie le veut ainsi. Elle nous barde de dopamine pour le plaisir, d'ocytocine pour l'amour, d'endorphines pour atténuer la souffrance et même d'adrénaline pour agresser. *Ad gredior*, je vais vers... l'autre. Ça marche, *it works.*

Alors faut-il un guide, des panneaux indicateurs, un sens unique et des marqueurs de fausses pistes ? Faut-il décourager la paresse et la routine qui sont les véritables empêcheurs d'aboutir ?

Il suffit de vivre, d'aimer la vie, d'être la vie.

Mais parfois il faut quand même une carte, un GPS, un accompagnement. Parfois faut pratiquer, s'entêter puisqu'il y a des petits malins qui croient trouver un meilleur chemin et veulent transmettre aux copains.

Mais attention,
la carte n'est pas le territoire,
le GPS n'est pas le trip
et le maître peut mener au flip.

En fait, il suffit de laisser monter la volupté, de laisser descendre la grâce et de rayonner l'amour.

SÉR-EN-DIPITÉ

Ce titre ne commence pas par EN comme on s'y attendrait mais on laisse venir quand même. Le néologisme sérendipité fait actuellement fureur. Il rappelle que de nombreuses découvertes et des plus importantes se sont faites par hasard ou du moins là où on ne les cherchait pas. Fleming a trouvé la pénicilline dans une boîte de Petri apparemment viciée. Le viagra qui améliore l'impuissance érectile des mâles est un médicament du système cardio-vasculaire et la psychanalyse découle, en partie, de ce qu'une patiente a jeté ses tendres bras autour du cou de Freud, au sortir d'une hypnose qui devait apporter la cause de sa névrose. Freud s'est réfugié à distance canonique et la psychanalyse fut.

La sérendipité a-t-elle encore frappé ici ? Je voulais seulement combattre la peur, le froid, l'anxiété qui m'envahissaient sur le télésiège immobilisé. Dans un premier temps, il n'en est résulté qu'une nouvelle somatothérapie un peu austère. Puis les bras de la volupté se sont jetés à mon cou et la montée de l'énergie a inventé ce nouveau viagra.

Il n'allait pas de soi que les psychothérapies et psychanalyses mèneraient à la méditation. Il n'était pas prévisible que l'éveil énergétique transforme le fonctionnement cérébral et remplace sa production de pensées par la sensation de félicité. Il ne fallait pas plus que ces pratiques réinventent la règle d'or : traite autrui comme tu aimerais qu'on te traite.

Pourtant il s'agit bien de cela, de sérendipité, d'une trouvaille qui s'impose d'elle-même. Ainsi disparaît la suspicion de construction intentionnelle et artificielle ; ainsi s'efface le reproche de mauvaise foi. Et même si la « méditation pleine présence » sonne comme « méditation pleine conscience », même si le résultat est le même, il s'est manifesté ici une autre voie, celle des psychothérapies et psychanalyses.

Ailleurs il en fut de même. Bouddha cherchait dans l'ascèse la plus stricte et la mortification la plus violente, mais c'est la voie du milieu qui déclencha l'illumination. Socrate dut à la ciguë d'être immortalisé et Jésus, à la croix. Pourtant ils voulaient tout simplement apporter un message de connaissance et d'amour.

Le secret de la sérendipité réside dans la recherche, certes, mais surtout dans l'observation curieuse. La Pleine Présence s'inscrit dans la pratique soutenue et les effets viennent de surcroît.

ENT'ÂME

Âme : c'est le mot que Freud a utilisé : *die Seele*, l'âme ; *selig*, bienheureux.

Ent'omologie : étude et classification de l'âme !

Entamons la présentation de ce texte. Trois parties le constituent

I. Présence Juste : un protocole pour un nouvel art de vivre, l'autothérapie et la méditation

La Pleine Présence est un état d'être complexe qu'on peut juste nommer mais pas conceptualiser. On peut y arriver en passant par de nombreuses méthodes différentes. Nous avons choisi les pratiques de l'Occident, à savoir les psychothérapies. Notre approche intégrative, à la fois exhaustive et scientifique, permet de réunir douze méthodes fondamentales en une progression qui mène de la relaxation à la méditation. Cela donne un protocole complexe au départ, qui se simplifie en un fil conducteur souple et sécurisant. Ce protocole sera décliné sous différentes formes jusqu'à celle d'un mantra chanté.

La profondeur des vécus et des effets de plus en plus riches est confrontée aux autres pratiques qui font référence et aux auteurs qui œuvrent dans la même voie. Mais nous nous basons surtout sur les acquis cliniques et scientifiques issus de la psychothérapie et de la psychanalyse pour comprendre ce qui se développe avec une telle pratique.

Il faut d'abord expérimenter et s'entraîner, « pratiquer » dit-on. Le protocole de la Présence Juste se propose à cela jusqu'à ce que Pleine Présence s'en suive. Cette première partie est didactique et pédagogique pour sécuriser les envolées énergétiques, spirituelles et aimantes.

II. Art de vivre, Psychothérapie et Méditation : les trois piliers de la Médecine Méditative et Intégrative (MMI)

La médecine moderne a dû se centrer sur l'organique et le technologique pour obtenir son efficacité. Mais elle y a perdu son âme, à savoir l'investissement de la personne. Une démarche initiée aux États-Unis et contemporaine de la nôtre, mindfulness based stress reduction (MBSR), a réconcilié cette médecine scientifique avec la psychothérapie et la méditation. Nous rappelons ce développement débouchant sur la « médecine intégrative ». La Présence Juste élargit encore cette part de psychothérapie jusqu'aux douze principales méthodes. Elle s'associe à cette transformation de notre profession. Avec la pratique de la Présence Juste, le médecin, le soignant et le thérapeute acquièrent l'essentiel de l'approche psychothérapique et entrent dans la profondeur de l'être, dans ses dimensions « cachées », inconscientes et mystiques. Nous proposons un texte fondateur de cette médecine méditative et intégrative et relayons la démarche de la psychiatrie mondiale (avec le DSM V) pour un « diagnostic intégratif centré sur la personne ».

III. Pleine Présence : une démarche personnelle et initiatique

Proposer une méditation, une nouvelle méditation, n'est pas anodin. Aussi ai-je choisi de me dévoiler, non pas par narcissisme, mais par honnêteté. Je ne suis pas un maître qui ne ferait que cela jusqu'à l'aboutissement. Je suis impliqué dans la vie professionnelle, je forme des psychothérapeutes (près de sept cents en France) et j'œuvre au développement de notre art avec les thérapies psychocorporelles et l'intégration des psychothérapies.

J'ai commencé ma carrière au couvent pendant trois ans puis je me suis appliqué au pur professionnalisme avant de retrouver le spirituel et le méditatif que je transmets ici. Ce sont mes thérapies personnelles, mes formations et l'exercice de la profession dans les trois dimensions du corps, du cœur et de la conscience, qui m'ont permis de retrouver le chemin de l'âme. Cette âme, *die Seele* de Freud, psyché en traduction, constitue le lieu même de la bonne vie mais aussi des maladies mentales et du malaise existentiel. Ce voyage initiatique peut montrer ce qu'est une démarche vers l'art de vivre jusqu'à la mystique. De nos jours, elle est mouvementée sinon chaotique, parce que nous voulons tout et tout de suite… Soixante-dix ans de recherche montrent la trame de ce mouvement qui passe plus particulièrement par le corps comme support et garant de l'âme. Les psychothérapies et psychanalyses scandent les étapes de ce cheminement. Aux millions de français qui passent par la psychothérapie, se propose la possibilité de pousser l'expérience thérapique plus loin jusqu'à l'art de vivre et la méditation.

Mon itinéraire, aussi mouvementé et chaotique que la plupart des autres, se propose comme illustration de ce que cela implique.

Première partie

La Présence Juste : un protocole pour un nouvel art de vivre, l'autothérapie et la méditation

Chapitre I

Protocole I

Voici, pour démarrer, une séance de Présence Juste telle que je la propose à un groupe de psychothérapeutes en formation. Il s'agit du protocole entier qui prend près de cinquante minutes lors de l'apprentissage. Les élèves en sont à leur dixième séance au moins et arrivent à l'étape proprement méditative. Entrer de but en blanc dans ce déroulement complet et complexe constitue un défi en ce début de livre. Certains lecteurs s'y reconnaîtront ; d'autres seront étonnés si déjà ils vont jusqu'au bout ! À notre décharge, les trois cents pages qui vont suivre et qui expliquent amplement ce protocole constitué par douze méthodes psychothérapiques et somatothérapiques.

La séance de Présence Juste, *live*

« Nous sommes assis, bien calés sur le siège ou un coussin, le dos droit, les muscles détendus, la respiration calme et régulière, les yeux fermés, ou entrouverts pour ne pas somnoler. Nous essayons de ressentir les vécus proposés par les inductions (écrites en gras) que je vous propose toutes les vingt secondes environ, en les commentant parfois (écrit en caractère simple).

Premier cycle, personnel

■ Module 1 – Présence Relax, par le training autogène de Schultz

Le bras droit est lourd (silence de quinze secondes) ;
le bras gauche est lourd (pause de quinze secondes) ;
les deux bras sont lourds ;
les deux jambes sont lourdes ;
bras et jambes sont lourds. Cette sensation de lourdeur est relaxation.
Le bras droit est chaud ;
le bras gauche est chaud ;
les deux bras sont chauds ;
les deux jambes sont chaudes ;
bras et jambes sont chauds. Les trente-cinq degrés de chaleur de ma peau rayonnent autour de moi et je sens cette enveloppe de chaleur.

La respiration est calme et profonde. L'inspiration soulève les épaules vers le haut et pousse diaphragme, ventre et périnée vers le bas.

Le rythme reste celui que vous pratiquez habituellement. Nous pouvons aussi expérimenter l'allongement de l'expiration jusqu'au double de la durée inspiratoire et même marquer une petite pause à la fin de l'expiration.

Le ventre est chaud. Ce ventre qui est déjà massé par le mouvement respiratoire.

(Tout ce protocole est dit par le thérapeute. Pour éviter l'accumulation de guillemets, nous les supprimons tous. En gras, le protocole de base ; en normal, des commentaires éventuels).

Le cœur bat calme et fort. À sentir dans le thorax et pas dans le cou ou les tempes ni dans le ventre.

Le front est frais. Cette fraîcheur garantit que je garde la tête froide, les idées claires et une concentration minimale sur le protocole.

■ Module 2 – Présence spacieuse, par l'haptonomie

La montée des sensations allant du ventre chaud vers le cœur calme et le front frais, ce mouvement ascendant accompagné par l'inspiration qui soulève les épaules, invite le haut du corps (épaules, nuque, tête) à s'allonger vers le haut, à se prolonger jusqu'au plafond.

Je suis grand(e).

La poussée de l'inspiration vers le bas se prolonge du ventre chaud et du périnée jusque dans les jambes et pieds et les étire jusqu'au sol en un mouvement calme, constant, régulier.

Je suis posé(e).

Les deux flancs, mes deux côtés, s'élargissent, s'épaississent, glissent sous le plafond et sur le sol, jusqu'aux deux murs que je contacte avec les épaules et les hanches.

Je suis large.

L'inspiration élargit le thorax des deux côtés, prolonge le haut du corps jusqu'au plafond et le bas jusqu'au sol et les y maintient.

Je suis grand(e), posé(e), large.

L'arrière du corps s'épaissit jusqu'au mur du fond et me fait occuper le volume de cette salle derrière moi.

Je suis profond(e).

Je commence à me sentir léger, confiant, à l'aise, dans ce lieu que j'occupe sereinement.

L'avant du corps se dilate dans l'espace antérieur et complète cette occupation de tout le lieu ; j'y suis chez moi, familier, agréablement installé. J'habite mon territoire.

Je suis dilaté(e).

Le mot dilatation évoque la joie, l'affirmation, la présence spacieuse et paisible.

Chaque inspiration élargit le thorax dans les six directions, me prolonge aux six parois et m'y maintient doucement ; à l'expiration je laisse revenir mes deux poumons à leur place anatomique et je dissocie ainsi mon enveloppe haptonomiquement prolongée de mes poumons réalistement rétractés.

Je suis spacieux, dilaté, léger.

■ Module 3 – Présence énergique, éveil et circulation énergétiques

Le corps dilaté donne un immense espace à mon énergie tapie dans le périnée et le ventre, dans le centre-source ; le mouvement respiratoire poussant vers le bas et la chaleur du ventre ont déjà relâché le périnée et ses sphincters qui sont des muscles puissamment tendus ; maintenant je les relâche et laisse diffuser l'énergie qui s'y concentre ; celle-ci devient chaude, mobile, peut-être déjà agréable.

L'énergie du périnée est rouge comme l'énergie venant du centre de la terre. **Rouge.**

Pour les Orientaux, ce lieu est le panier qui contient le serpent Kundalini, symbole de l'énergie, et le fakir que je suis libère ce serpent et le fait se redresser. **Rouge.**

L'énergie se mobilise et monte le long de la colonne, devant elle, jusqu'aux lombes ; elle y devient orange. **Orange.**

Je sens la puissance de cette énergie dans le creux des lombes ; elle me redresse ; elle englobe la sphère génitale et l'utérus et s'enrichit éventuellement d'une certaine sensualité. **Rouge, orange.**

L'énergie montre sa force en continuant sa montée à l'avant de la colonne thoracique ; sa couleur s'adoucit en jaune. **Jaune.**

Rouge, orange, jaune.

Ces couleurs de l'arc-en-ciel et des chakras sont les teintes d'une flamme qui remplit mon corps de sa chaleur et de sa force ; cette flamme ondule dans mon tronc. L'évocation de ces trois premières couleurs matérialise le mouvement ascendant de l'énergie. Elle devient de plus en plus présente, remplit mon corps et l'énergétise.

Rouge, orange, jaune.

L'énergie continue son mouvement ascendant jusqu'au plafond où je suis déjà étiré et devient couleur dorée (ou blanche) ; la flamme devient pointe fine qui se balance au-dessus de ma tête et lèche le plafond. **Dorée.**

Rouge, orange, jaune, dorée.

Chacun de nous accueille les couleurs personnelles qui viendraient spontanément au lieu de celles qui sont proposées par l'induction.

Cette énergie dessine un axe à l'arrière du corps, un axe de force ; c'est l'axe en soi, mon axe central, le centre qui constitue l'affirmation la plus pleine de moi-même.

Je suis fort, centré, dans mon axe.

■ Module 4 – L'ouverture sensori-sensitive de la face antérieure du corps

L'énergie montante du dos redescend en coulant sur la face antérieure du corps, de haut en bas, ouvrant les centres sensori-sensitifs qui sont autant de centres énergétiques et de canaux de communication.

Sur le front, déjà frais (et donc attentif), l'énergie éveille une félicité qui envahit tout le cerveau et allume (éventuellement) une lumière qui renforce cette félicité ; je me laisse envahir par la félicité et laisse rayonner la lumière dans tout l'espace que j'occupe.

Félicité.

L'énergie coule sur les yeux et les oreilles et rend la vue et l'ouïe plus aiguës ; j'entends les bruits les plus légers, en toute présence.

Pleine vue, pleine ouïe.

Nous pouvons étirer la taille des deux yeux et des deux oreilles jusqu'à les faire connecter en un bandeau qui enserre le crâne ; ce bandeau devient auréole et si la lumière ne s'est pas allumée précédemment, elle peut le faire maintenant.

Félicité, lumière.

L'énergie est aspirée par le nez et aiguise l'odorat ; à l'expiration, elle effleure la langue et affine le goût ; je sens l'odeur de l'air et le goût de l'air.

Plein odorat, goût plénier.

Nous gardons le rythme respiratoire que nous pratiquons d'habitude. Puis nous pouvons allonger le temps de l'expiration jusqu'à faire une pause à sa fin. Cette pause permet de faire fusionner odorat et goût en un tout énergétique.

L'énergie coule sur les lèvres et les fait se détendre, se gonfler, ce qui entrouvre la bouche et relâche la mâchoire.

Lèvres et mâchoire relâchées.

Ça coule sur le thorax et entre dans le cœur, le remplissant de tendresse ; je laisse fuser amour, agapé, philia, vers les autres.

Aimer.

L'énergie-lumière-amour coule sur le ventre déjà chaud et fait sécréter les endorphines intestinales qui remplissent l'abdomen d'une volupté plus ou moins intense.

Volupté.

L'énergie coule à travers les deux bras déjà détendus et chauds et remplit les deux paumes de deux boules d'énergie qui sont les opérateurs privilégiés des guérisseurs.

Énergie de guérison.

Elle coule par les membres inférieurs et remplit les deux voûtes plantaires.

Énergie d'enracinement.

Je retrouve tout le ruissellement énergétique de haut en bas, du front aux voûtes plantaires et me sens ouvert : **Ouvert(e).**

L'essence du cycle personnel : Volupté, félicité, agapé

Je me recentre sur mon ventre plein de volupté.

Je la laisse monter le long de la colonne jusque dans le cerveau où elle renforce la félicité.

Cette félicité coule jusqu'au cœur et y rejoint l'amour.

Volupté, félicité, agapé.

Ça fusionne en authenticité.

Deuxième cycle, interpersonnel

Relax, spacieux, fort et ouvert,
rempli de volupté, de félicité et d'agapé,

Je communique à présent avec mes partenaires de vie, sociaux, amicaux et intimes, pour retrouver la réalité de ces relations, les améliorer si nécessaire, les renforcer si souhaité, par une visualisation, par une visualis-action.

■ Module 5 – Voir : laisser venir l'image de mes partenaires

J'ouvre la vue ; je laisse venir les images des personnes qui veulent apparaître. Je ne les sollicite pas ; j'attends qu'elles apparaissent.

Je peux ne voir personne ; quelqu'un peut s'imposer durablement ; ils peuvent défiler rapidement ; je laisse faire ; je suis réceptif et accueillant.

Voir.

■ Module 6 – Sentir l'émotion et l'affection

Dès qu'une personne reste pendant un minimum de temps, j'essaye de ressentir ce qu'elle provoque en moi. Dans le ventre, c'est une émotion suscitée par un partenaire social ou professionnel ; au niveau du cœur, c'est de l'affection que provoque tout partenaire proche et intime.

Sentir.

Voir, sentir.

Je laisse venir, je laisse partir ; je ne retiens personne, je n'analyse pas non plus ; je suis juste présent, accueillant, sensible.

L'émotion et l'affection s'inscrivent dans le rythme respiratoire. Elles gardent leurs couleur et valence mais s'atténuent tout autant en s'inscrivant dans la respiration. Elles empêchent le faire et diminuent le penser et l'attachement.

■ Module 7 – Centrer, dans l'axe en soi

En me laissant capter par ces visites, je perçois progressivement que ça se passe à l'avant de mon corps : dans mes yeux, dans mon cœur, sur le devant du thorax, dans la partie antérieure du ventre. Je suis presque déséquilibré, tombant en avant dans les bras de l'être cher, basculant en arrière pour fuir une mauvaise rencontre.

Je décale à présent ces trois ressentis (vision, affection et émotion) vers l'arrière, je les fais glisser dans mon axe le long de la colonne. Je me sens à nouveau droit, stable, authentique face à l'autre : « moi, c'est moi et toi, c'est toi. » Je me retrouve droit dans mes bottes ; la relation change profondément, qu'elle soit agréable ou désagréable.

Centré(e).

Voir, sentir, centrer.

■ Module 8 – Communiquer, de tous les canaux ouverts

Avec la personne présente

Quand je me sens stabilisé dans l'axe en soi, je communique activement avec la personne qui s'est pointée là spontanément. Je regarde mieux ; j'écoute et parle, hume et goûte, envoie et reçois amour et énergie, haine et rejet. Je me rapproche, touche et serre dans mes bras ou recule et coupe la relation.

Communiquer.

Voir, sentir, centrer, communiquer.

Convocation volontaire d'une relation difficile

Pour ne pas installer de clivage dans mes vécus, pour ne pas zapper quelque chose de difficile, je convoque à présent une personne qui pose problème, avec laquelle j'ai un rapport conflictuel ou douloureux ; je regarde, sens, reste centré et communique. J'écoute ce que je n'ai pas voulu entendre ; je dis ce que je n'ai pas osé communiquer. Je me centre sur l'émotion et l'affect. Je me rapproche si ça évolue positivement, je recule en cas contraire jusqu'à la rupture éventuelle. Je fais durer la communication jusqu'à la clarification de la relation.

Voir, sentir, centrer, communiquer.

Approfondissement d'une relation positive

Pour terminer, je choisis une personne positive, une relation sociale constructive, un(e) partenaire affectif enrichissant et je communique encore mieux que ce que je fais jusqu'à présent : je déclare mon amitié ou mon amour et reçois le sien ; je félicite, congratule, reconnais ses qualités et bienfaits ; je touche, serre dans mes bras et, pourquoi pas, érotise ce contact.

J'améliore ma position relationnelle par cette communication en une véritable visualis'action. J'enrichis cette relation qui dépend au moins pour moitié de moi. Dès la prochaine rencontre réelle, mon changement personnel fera changer la relation elle-même.

Voir, sentir, centrer, communiquer.

L'actualisation de ma vie relationnelle, agréable et/ou désagréable, empêche tous clivage, amalgame et ambivalence et me permet d'entrer pleinement et sainement dans le cycle suivant. Je suis unifié personnellement et sécurisé interpersonnellement. Je resterai unifié dans le transpersonnel.

Troisième cycle, transpersonnel

Unifié et centré en soi,
en accord avec les autres,
plein de volupté, félicité, agapé,
je m'aventure au-delà de moi.

■ Module 9 – Présence à la planète, l'esthétique du monde

Je ne suis pas seulement assis sur mon coussin, ni seulement prolongé jusqu'au sol. Je me trouve sur terre, sur la terre, sur la planète, comme le petit prince. Je visualise la grange, le parc, la campagne environnante, Strasbourg, l'Alsace, le Rhin, les lieux aimés et fantasmés. Je continue le prolongement sensitif au-delà de la salle, je me connecte au monde entier.

Cette planète me porte, supporte, héberge, réchauffe, nourrit, distrait et enrichit. Je suis infiniment reconnaissant.

Je suis moi-même terre ; *memento homo quia pulvis es*, souviens-toi, homme, que tu es poussière et que tu retourneras à la poussière.

Terr'être.

La planète m'offre les plus belles vues et visions. Elle est mon principal enseignant du beau, de l'esthétique, de la surprise, du renouvellement.

Emerveillement.

La nature me donne les meilleures choses à manger, quatre-vingt pour cent des médicaments ; elle m'apprend l'homéostasie et l'homéoesthésie que je gère en épicurien, dans l'équilibre de ma vie.

Être terre ; terr' être.

Depuis peu, la planète m'impose ses équilibres à elle et m'oblige à la respecter.

■ Module 10 – L'éthique de l'humain : savoir dire non

La planète nous rappelle qu'il faut savoir dire non, non à la pollution, non aux causes du réchauffement ; il faut arrêter de se défausser sur les autres.

Nous entrons dans la dimension éthique qui gît au fond des tripes et dans le cœur. Si je veux méditer, ce doit être dans l'éthique, pour ne pas provoquer de dissociation, de dissolution ni de bipolarité. Je sais dire non. Je ne fais pas à autrui ce que je n'aimerais pas qu'il me fasse.

Non.

Je retrouve dans le passé les situations où j'ai su ou pas su dire non. Je me mets en face des décisions que je dois prendre prochainement. Je me plante fermement devant les exigences éthiques qui me commandent un « non ».

Non.

Dire non me libère. Je me mets en paix avec mon âme et ma conscience. Je grandis en disant non à ce qui nuit à moi-même, aux autres, à la planète.

Non, non.

C'est dans la force de mon axe que je le dis et le fais. C'est en mon centre que j'en trouve l'énergie.

■ Module 11 – Le dévouement aux valeurs et modèles : savoir dire oui

Si je sais dire non, je sais aussi dire oui ; oui à mes valeurs, oui à mes obligations personnelles, interpersonnelles et transpersonnelles ; oui à mes maîtres et modèles, à ceux qui inspirent ma vie, la vie.

Oui.

Je laisse venir toutes les situations passées où j'ai dit un oui qui m'a confirmé ; je laisse surgir toutes les obligations présentes qui nécessitent un oui. Je répète « oui », pour sentir la richesse, la force et la plénitude que donne cette prise de position claire et ferme. Je fais à autrui ce que j'aimerais qu'il me fasse.

Oui, oui.

■ Module 12 – Le lâcher-prise absolu ; la méditation jusqu'aux manifestations mystiques

Toutes les conditions d'une bonne méditation sont réunies :

- volupté, félicité et agapé ;
- connexion aux autres en toute réalité ;
- présence au monde en toute responsabilité.

Je peux adopter une respiration méditative comme celle du zen, en quatre temps égaux (inspiration, expiration, expiration, pause) dès qu'elle aura été automatisée.

Je peux à présent me laisser envahir sans limite par le meilleur de l'être. Je peux oublier l'espace jusqu'à l'infini, le temps jusqu'à l'éternité, la causalité jusqu'à l'évidence.

Je suis moi-même, en soi,
dans une relation Soi/Nous,
dans le divin,
à la fois immanent et en transcendance.

À partir de maintenant, il ne m'appartient plus de suggérer quoi que ce soit. Chacun(e) de nous médite selon son génie propre, pour soi, en soi.

Et s'il y a dérapage, divagation, blocage, on revient à l'une des étapes précédentes du protocole pour se refonder en réalité et plénitude.

Clôture

Pour clore la séance, il reste à expérimenter la réalité de ces ressentis, vécus et convictions. Tout en ouvrant les yeux, tout en reconnectant le contexte extérieur, j'expérimente que le vécu intérieur reste aussi fort qu'auparavant ; il ne disparaît pas.

Il s'agit à présent de ne pas l'étouffer par de l'hyperactivité, des préoccupations vite retrouvées et la… peur éventuelle de ce que j'ai éveillé de neuf en moi, d'insolite, de dérangeant. Les effets de la pratique doivent continuer dans les actions, les pensées et les relations, en volupté, félicité et agapé, dans une douce et Pleine Présence.

Fin de la séance.

Complication ou complexité ?

Vous avez bien lu : c'est un protocole de plusieurs pages pour quelque chose qui se présente comme un art de vivre pouvant aller jusqu'à la méditation et la mystique. Lors du dernier atelier d'apprentissage de cette « Présence Juste » (PJ), un élève pratiquant zazen m'a renvoyé son étonnement devant tant de complication. Zazen se résume à une assise silencieuse centrée sur la respiration pour laisser venir, pour ressentir… Il est vrai que l'art de vivre est d'autant plus créatif qu'il simplifie la vie. La méditation est d'autant plus riche qu'elle se personnalise.

À l'origine, cinq minutes d'angoisse sur un télésiège ont suscité une nouvelle somatothérapie dont la pratique a provoqué des effets merveilleux. Par la suite, le protocole s'est construit sur la succession de douze psychothérapies augmentant encore les effets d'éveil. Ça marche pour moi, pour mes élèves et les patients. Il ne s'agit pas seulement d'éliminer les obstacles au bien-vivre et à la méditation, mais d'enrichir la présence jusqu'à la plénarité et la plénitude.

La pratique présentée ici a été testée pendant vingt-cinq années d'expérience personnelle, par l'enseignement à une centaine de mes derniers patients et à un millier de psychothérapeutes en formation. Elle n'est pas compliquée mais complexe. Elle répond aux besoins de l'Occidental stressé, pressé, préoccupé, angoissé, bousculé par les autres, *addict* aux sensations fortes et avide de tout ce que les autres ont, sont et font. Je suis moi-même l'un de ces Occidentaux qui court après l'excellence professionnelle au prix d'une vie affective quelque peu chaotique, en quête d'une nouvelle créativité avec ce livre.

Je dédie ce texte à cet Occidental qu'il faut cueillir là où il est, comme il est, et je lui propose de courir encore après quelque chose qui risque ce coup-ci de… changer sa vie, comme elle a changé la mienne. Et pour cela, le respect de la complexité s'impose. En tout cas, je n'ai pas trouvé mieux. Mais ça se simplifie au fur et à mesure de la pratique jusqu'à arriver spontanément à la Pleine Présence.

Je suis presque en train de m'excuser de proposer… le meilleur. Pour les pratiques de ce genre, les auteurs commencent plutôt par des imprécations, par des avertissements, par faire la morale. Comme les prophètes de l'Ancien Testament, ils prédisent le pire si… et menacent de tous les maux si… Mais je n'ai pas ce talent de prophète. Je propose simplement un protocole pour développer la Présence Juste, pour accéder à la Pleine Présence jusqu'à la plénitude. Prenne qui voudra, comprenne qui pourra.

Indications et préconisations

Comme je l'ai esquissé en introduction, les indications de la PJ ne concernent pas seulement l'Occidental pressé et stressé et les citoyens des pays émergents qui s'occidentalisent à grande vitesse. Contrairement à la plupart des méthodes inféodées aux religions occidentales ou aux pratiques orientales, la Présence Juste agit sur les principaux lieux de la vie moderne :
- la vie professionnelle investie avec créativité et responsabilité avec ses périodes de réalisation parfois envahissantes ;
- la vie sexuelle et affective, source de volupté énergétique et d'amour inconditionnel ;
- l'éveil spirituel en son heure, à son rythme, jusqu'à des profondeurs compatibles avec les deux dimensions évoquées ci-dessus,
- jusqu'à ce que la vie nous fasse privilégier la méditation, ses transes et ses manifestations mystiques.

L'état de présence est un vécu simple et complexe à la fois. S'il doit devenir juste (*right*, *richtig*), ça vaut un protocole complexe mais pas compliqué. Affirmons les choses plus précisément. Il s'agit :
- d'une succession de douze modules eux-mêmes sous-divisés en séquences ;
- de douze psychothérapies ordonnées en une progression qui inclut les principaux paramètres de l'art de vivre et de la méditation ;
- d'une pratique qui se caractérise par des acquis successifs comme autant de sauts qualitatifs aux niveaux personnel, interpersonnel et transpersonnel ;
- d'une évolution sans limite aboutissant aux expériences les plus pleines, esthétiques, extatiques, mystiques ;
- d'effets qui découlent de la seule pratique sans implication dans un quelconque système psychologique, philosophique, politique ou religieux ;
- d'un accompagnement structurant et sécurisant, humaniste et médical, dans ce livre à la fois audacieux et scientifique.

La Présence Juste cumule les processus thérapeutiques des principales méthodes verbales et corporelles intégrées ici et y puise une puissance étonnante. À la différence des principales méditations qui s'inspirent de l'Orient, c'est le recours à nos pratiques occidentales qui constitue sa singularité. La familiarisation avec elles réalise aussi une véritable formation du psychothérapeute et du soignant. Nous retrouvons la complexité de l'art de vivre pour usagers… exigeants. Nul prophétisme donc, nul prosélytisme non plus. Seule l'expérience est proposée ici, celle d'un psychiatre, psychanalyste, psycho-somatothérapeute, qui a poussé sa pratique jusqu'à la mystique et qui a passé trois années de sa jeunesse au couvent.

Tout cela n'aura été possible que grâce au long travail d'intégration de toutes ces psychothérapies évoquées. Nous verrons longuement comment j'œuvre depuis quarante ans à intégrer le corps dans la psychothérapie et dans la psychanalyse puis à intégrer les somatothérapies et la somatanalyse aux méthodes verbales et groupales (Meyer 2010). Il fallait aussi réunir les nombreuses théories psychopathologiques en ontopathologie (Meyer 2011, 2012). La Présence Juste en a résulté en cinq minutes, s'y est affirmée en vingt-cinq années et se fonde ici en expérience et science.

Chapitre II

La transmission de la Présence Juste par l'écrit

On l'aura compris, la PJ est une pratique et un pur vécu. Chaque pratiquant la vit de façon personnelle et chacune de ses séances est chaque fois différente. Cette originalité découle de la caractéristique foncière qu'est la complexité du vivant et de l'humain. Il y a tellement de paramètres que la résultante se renouvelle constamment. Alors, comment transmettre vécus et complexité par écrit ? Voilà bien la difficulté sur laquelle le lecteur n'ayant pas encore la pratique peut achopper. Voilà bien le point névralgique qui titillera les critiques. À cela s'ajoute l'immodestie (peu compatible avec le spirituel) qui passe gaillardement de la psychothérapie à la médecine, de notre pratique à la méditation, jusqu'à l'intégration de toutes ces dimensions. De plus, même si une autre méditation, la mindfulness, fraye un chemin d'approbation dans certains courants professionnels, il reste suffisamment d'autres psychothérapeutes pour tenir notre thématique en suspicion. Et quand on ose évoquer la mystique, le compte est bon !

Personnellement je sais transmettre les méthodes psychothérapiques, je l'ai fait en une quinzaine de livres. Je sais argumenter les théories jusqu'aux mille dernières pages sur la clinique et les psychopathologies (Meyer 2011, 2012). Je voulais d'ailleurs privilégier ces sciences pour ce tome IV de ma nouvelle œuvre. Et ce sont mes ennuis cardiaques (voir en deuxième partie) qui m'ont décidé à me lancer enfin dans la rédaction d'un livre sur la Présence Juste, m'obligeant à pratiquer plus, ce qui se conclut actuellement par un début de stabilisation de l'éveil.

Comment transmettre les vécus méditatifs par l'écrit ?

Mes résistances à la transmission remontent aux origines mêmes de la PJ. En mon for intérieur, je la désignais comme méditation mais j'ai choisi la dénomination plus sobre de Présence Juste (*right*, *richtig*), ce qui est plus… juste en fait, comme nous le comprendrons dans ce livre. Nous apprendrons plus loin que j'ai passé trois années dans un couvent avec vœux de pauvreté, chasteté et obéissance, mais j'ai caché ce passé pendant une vingtaine d'années. Bien que mes élèves apprécient la PJ et en redemandent, je freinais sur son enseignement. Les textes déjà anciens, je ne les distribuais que parcimonieusement. Il aura fallu les deux sauts qualitatifs inattendus (éveils de la kundalini dans le tronc et de la lumière dans la tête) pour relancer la transmission. Enfin, ici encore, je dilue le message en l'intégrant à la médecine ! Avec les groupes de patients, je séparais les deux premiers cycles relativement thérapeutiques du troisième, transpersonnel et méditatif. J'évoque ces résistances parce qu'elles caractérisent la démarche spirituelle et méditative en général. De les avoir expérimentées, ces réticences, m'apprend autant sinon plus que les petites extases.

Alors, comment transmettre par écrit, dans un texte qui sera lu par certains avant toute expérience pratique ? L'affaire se corse de par deux principes qui fondent la PJ : l'importance de la dimension corporelle et la personnalisation de la pratique. Ces hésitations ne concernent en fait que la méditation. Mais la Présence Juste, c'est encore bien plus que cela. Nous entrevoyons peu à peu sa pluriglobalité et sa complexité. En effet, elle s'offre sous six aspects au moins :

– **une pratique psychothérapique** présentée très tôt comme la forme solo de la somatanalyse ; j'avais d'abord créé la forme groupale de cette intégration du corps à la psychanalyse et l'appelai socio-somatanalyse ; puis vint la forme individuelle (analyste – analysant) dénommée psycho-somatanalyse (Meyer 2010). La PJ compléta ce tryptique et occupa le troisième cadre de vie, solo ;
– **un exercice de développement personnel et un art de vivre** comme cela apparaîtra peu à peu ; en proposant une première vague d'enseignement qui englobe seulement les huit premières étapes, nous restons dans ce contexte du bien-être qui n'implique ni spiritualité ni changement de personnalité ; on peut proposer le premier cycle à un groupe nombreux, assis confortablement, lors d'un congrès par exemple ; un deuxième enseignement à la même foule peut inclure le deuxième cycle ; comprenne qui pourra, expérimente qui voudra ;
– **une démarche spirituelle** jusqu'à un cheminement religieux (au sens large) fondée solidement sur les bases personnelles et interpersonnelles puis élargis à la dimension transpersonnelle ; nous retrouvons ici ce sur quoi nous insistons jusqu'à présent et ce qui pose tant de questions quant à sa transmission.

Voilà les aspects les plus intéressants impliquant la subjectivité du pratiquant. Mais il reste les trois aspects suivants qui constituent une réelle objectivité. La PJ, c'est aussi :

- **douze psychothérapies** choisies parmi les plus importantes et se pratiquant aussi séparément selon les indications de chaque patient ; douze techniques aussi essentielles constituent un fond professionnel impressionnant ;
- **une formation du médecin, du paramédical et des soignants** aux fondements mêmes de la psychothérapie/psychanalyse dans toutes ses particularités et dans son unité, grâce à l'intégration ; cette dernière transforme cette succession de douze méthodes en une structure d'ensemble construite selon un véritable algorithme ; cette intégration dépasse la pure juxtaposition d'objets (les douze) et fait ressortir des liens entre eux et des nœuds ; nous nous retrouvons dans la créativité des réseaux d'Internet et du cerveau ;
- **la pièce maîtresse de la médecine méditative et intégrative ;** on déplore la pure objectivité de la médecine conventionnelle ; on reproche aux psychothérapeutes leur légèreté trop subjective ; on cherche à centrer l'une et les autres sur la personne jusqu'à y inclure la dimension spirituelle ; la PJ offre toutes ces possibilités.

Les trois derniers aspects, nous les avons transmis dans nos quinze livres, dans les trois derniers surtout (Meyer 2010, 2011, 2012). Mais s'il en fallait quinze, c'est que la tâche ne s'avérait pas aussi simple. Nous sommes donc à nouveau renvoyés à la question cruciale : comment transmettre cette pratique avant tout subjective. Faisons encore digression et procrastination ! Interrogeons quelques références en la matière : Jon Kabat-Zinn, Olivier Chambon, Sogyal Rinpoché, Antonio Damasio et Adalberto Paula de Barreto.

Comment ont fait d'autres auteurs ?

Jon Kabat-Zinn, créateur de la « mindfulness based stress reduction » que nous évoquerons longuement, a écrit une œuvre maîtresse, *Au cœur de la tourmente, la pleine conscience.* Cinq parties composent les 560 pages :

- la pratique de la pleine conscience : faire attention : 150 pages ;
- le paradigme : une nouvelle façon de penser la santé et la maladie : 95 pages ;
- le stress ; 50 pages ;
- les applications : prendre la tourmente à bras-le-corps ; 160 pages

(douleur physique, douleur émotionnelle, peur, panique, anxiété, angoisse, stress du travail, du sommeil, stress social, stress du rôle, professionnel, alimentaire, du monde) ;

- la voie de la conscience ; 25 pages.

Nous constatons que deux thèmes occupent l'essentiel du texte : la pratique (150 pages) et les indications médicales (160 pages). Nous avons nous aussi commencé à décrire notre pratique et nous continuerons. Par contre, je n'insisterai pas plus qu'en introduction sur les indications et cela pour deux raisons. Les indications de chacune des douze thérapies sont à chercher dans les présentations de chacune de ces méthodes, dans mes livres précédents notamment. Quant à **l'indication de l'ensemble méditatif,** je ne crois pas à des indications spécifiques et particulières ; la méditation transforme le pratiquant dans sa globalité et « la guérison vient de surcroît » selon la formule de Jacques Lacan ; mon expérience du couvent et la lecture des bons auteurs me confortent dans le fait que la démarche spirituelle n'est pas un traitement ; les maîtres de novice et autres responsables d'ashram renvoient les personnalités fragiles et pathologiques. Et ils savent les détecter, je l'ai vu !

Olivier Chambon, psychiatre, avec qui j'ai édité le premier livre français sur l'intégration des psychothérapies (avec le Pr Marie Cardine) vient de publier *La Médecine psychédélique*. Il y décrit les dernières études sur l'utilisation des produits psychotropes (ayahuasca, iboga et autres) et insiste sur trois aspects : leur prise éveille à la dimension mystique, un petit nombre de prises suffit pour sevrer un toxicomane, il ne se fait pas d'accoutumance. Quant à l'auteur, il se garde bien de révéler s'il parle d'expérience et s'il prescrit ! En France, c'est interdit. Nous franchissons un pas supplémentaire dans la démarche spirituelle et touchons du doigt, et même de la loi, la peur, la suspicion et les limites sociales. Le livre de Chambon se contente de l'inventaire des principaux psychédéliques, de leur composition chimique, de l'action pharmacologique et des effets psychologiques et cliniques. Personnellement je n'ai jamais essayé et ne le ferai pas. Je sniffe l'air pur du rebirth/pneumanalyse ; j'ai flotté dans le caisson d'isolation sensorielle et je médite. Basta.

En vacances sur la côte, je vais acheter mes journaux et tombe sur une nouvelle revue intitulée *NDE*, near death experience. Comme il s'agit de mon domaine, j'achète et tombe sur une longue interview d'Olivier Chambon. L'expérience de NDE, il en a fait une et les connaissances médicales qui s'y rattachent lui font postuler une « conscience quantique », universelle et éternelle. Notre conscience individuelle n'en serait qu'une résurgence locale et temporelle. Un autre auteur spécialisé, Pim van Lommel, l'appelle conscience non locale. Après l'inconscient (et Dieu) nous avons la conscience comme objet transcendant et dissocié de l'humain !

Sogyal Rinpoché, moine tibétain exilé, m'a offert l'un de mes livres de chevet : *Le Livre tibétain de la vie et de la mort*. Il y expose de nombreuses pratiques, jusqu'aux plus secrètes, et les deux mantras tibétains de base. J'en ai adopté l'un pour en faire l'exercice de « Présence mantrique » que nous trouverons plus loin. Il n'y a pas d'indications thérapeutiques et cela confirme mon avis sur la question. Mais il y a plein de félicité, d'extase et surtout promesse de bonne mort ! Les exhortations à la pratique pullulent avec descriptions quelque peu panégyriques d'effets merveilleux. Point de théorie scientifique ni de dogmatisme religieux. Pourtant, un sens psychologique très pragmatique enrichit tout le texte et le refus des dogmes n'empêche pas une sagesse bien construite, et même prosélyte. Sogyal fait évidemment la promotion de la méditation et l'agrémente de ses expériences personnelles, de ses accents les plus poignants et convaincus, ainsi que de la richesse de la tradition et de la sagesse de ses maîtres.

Cet exemple de sincérité et de justesse me servira aussi de modèle ; quant à la sagesse, elle nous viendra des… psychothérapies.

Antonio Damasio, neuroscientifique et neuroclinicien, vient de faire traduire son quatrième livre en français. Les deux premiers m'ont enthousiasmé ; ils soulignent « l'erreur de Descartes » et affirment que « Spinoza avait raison ». Aujourd'hui, Damasio aborde *L'autre moi-même, les nouvelles cartes du cerveau, de la conscience et des émotions*. Ce texte est scientifique. Voici une citation qui montre bien le vécu d'un côté et les hypothèses théoriques de l'autre. « Quand je regarde l'océan Pacifique au petit matin, sous un ciel légèrement gris, je ne me contente pas de voir ; je sens également cette majestueuse beauté et je ressens toute une gamme de modifications physiologiques qui, maintenant que j'y pense, se traduisent par un agréable état de bien-être. Cela ne se produit pas en vertu d'une délibération de ma part et je n'ai pas plus le pouvoir d'empêcher ces sentiments que de les déclencher. Ils viennent, ils sont là, et ils y resteront sur une modulation ou une autre tant que le même objet conscient demeurera en vue et tant que mes réflexions les réverbéreront. » (*op. cit.* p. 308-309)

Voilà bien notre neuvième étape : l'esthétique du monde qui déclenche l'émerveillement, en une pleine contemplation. Damasio utilise le terme de *qualia* pour évoquer ce vécu, « qualia », comme corps « qualitatif » ou somatologique. Et voici que le scientifique réapparaît au-delà de l'émerveillement, sans le chasser pour autant. « Le cerveau est équipé de diverses structures qui répondent aux signaux issus de ces cartes en produisant des émotions, dont proviennent les sentiments subséquents. Ces régions sensibles comprennent les structures [suivantes] : la célèbre amygdale ; une partie presque aussi connue du cortex préfrontal qu'on appelle le secteur ventromédian ; toute une gamme de noyaux situés dans le prosencéphale de la base et le tronc cérébral. » (*op. cit.* p. 310)

Et qu'est-ce qui peut empêcher ces qualias, sensations, émotions, sentiments, affection ? Chambon nous a livré les agonistes (psychédéliques) qui les favorisent, voici les antagonistes qui les empêchent, selon Damasio. « Les situations de la vie réelle dans lesquelles l'accompagnement nécessaire de qualia I peut se trouver réduit, voire ne pas se matérialiser sont rares. La plus bénigne peut venir de l'effet d'une substance capable de couper la réactivité émotionnelle – songez à des tranquillisants comme le Valium, à des antidépresseurs comme le Prozac et même à un bêtabloquant comme le propranolol, tous, à une certaine dose, étouffant notre aptitude à répondre émotionnellement et, par conséquent, à ressentir des sentiments émotionnels. Ces derniers peuvent aussi ne pas se matérialiser dans une situation pathologique courante, la dépression, où certaines formes de sentiments positifs font défaut et où même des sentiments négatifs comme la tristesse peuvent être si gravement étouffés qu'il en résulte un état de lassitude affective. » (*op. cit.* p. 309)

Continuons avec Damasio qui nous entraîne dans la « plénarisation ». « Le secret qui se cache derrière mon expérience composite de ce moment, c'est la capacité qu'a le cerveau de répondre au même contenu (par exemple, l'image de l'océan Pacifique évoquée plus haut) en différents sites et en parallèle. D'un site, je tire le processus émotionnel qui culmine dans un sentiment de bien-être ; d'autres sites, je tire plusieurs idées sur le temps qu'il fait aujourd'hui (le ciel n'a pas son uniformité marine typique, il a plutôt une apparence cotonneuse et est parsemé de nuages) ou sur la mer (le fait qu'elle peut avoir une majesté qui en impose ou une immensité qui séduit selon la lumière et le vent, sans compter notre humeur propre), et ainsi de suite.

« Un état de conscience normal contient en général un certain nombre d'objets à connaître, rarement un, et il les traite de façon plus ou moins intégrée, mais presque jamais dans un style démocratique qui accorderait un espace conscient et un temps équivalent à chaque objet. Le fait que différentes images ont différentes valeurs se traduit par des renforcements différentiels et un montage des images. Le processus consistant à attribuer différentes valeurs à des images différentes repose en partie sur les émotions qu'elles provoquent et les sentiments qui assurent, à l'arrière-plan du champ conscient, la réponse subtile mais inévitable des qualia I. C'est pourquoi, même si le problème est traditionnellement considéré comme faisant partie de celui de la conscience, cette question relève plutôt de la rubrique de l'esprit, je crois. » (*op. cit.* p. 310-311)

Ces citations concernent plus la notion de Présence que la méditation et en appellent aux neurosciences. Nous nous référerons prudemment à ces mêmes neurosciences et ne nous y livrerons que lorsque les corrélations entre la science et la phénoménologie sont avérées ou lorsqu'il survient un scoop, comme celui de cette aiguille implantée dans le système limbique qui suscite une extase mystique. Ce scoop agit toujours encore et donne naissance à la récente neurothéologie.

Adalberto Paula de Barreto

Arrêtons-nous plus longuement à une cinquième référence, à celle d'Adalberto Paula de Barreto, religieux et psychiatre brésilien, qui a créé la « Thérapie Communautaire » pour les personnes défavorisées des favelas. Il nous raconte sa vie, à la fois mystique et scientifique, avec une simplicité exemplaire. J'en fais un modèle et un frère d'autant plus que j'ai édité son livre dans ma collection « Psychothérapie et Psychanalyse intégrative ».

« Je suis né à Canindé, ville de pèlerinages dans le sertão du Nordeste brésilien, qui reçoit près d'un million de pèlerins par an. J'ai vécu toute mon enfance dans cette ville sacrée. Chaque pèlerin avait une histoire à raconter dans laquelle saint François apparaissait comme le protecteur, le médecin, l'ami de la famille qui accueillait tout le monde.

De toutes les histoires entendues, celle qui m'a le plus impressionné est celle d'une enfant de 7 ans, perdue dans la forêt amazonienne. Durant trois jours, sa famille la cherche désespérément, sans succès. C'est seulement quand les parents invoquent à genoux les pouvoirs de saint François de Canindé que la fillette est trouvée et ramenée chez elle par un vieil homme. Plus tard, lorsque cette famille vient s'acquitter de sa promesse dans la basilique de Saint-François à Canindé, l'enfant reconnaît, sur les fresques qui ornent les murs de la basilique, celui qui l'avait protégée dans la forêt et reconduite chez ses parents et qui n'était autre que saint François.

Cette histoire de la fillette sauvée dans la forêt amazonienne m'a toujours fasciné ; elle montre la force de la foi et de l'attachement aux valeurs culturelles et religieuses qui permet à la famille de surmonter le drame.

Mes études universitaires me firent entrer dans un nouvel univers, une véritable forêt dense, qui m'angoissait à mesure que je découvrais ses richesses. La perception de la maladie et de la souffrance humaine s'opposait à celle de ma propre culture nordestine.

Peu à peu, je percevais que ce nouveau monde universitaire exigeait de moi que je renonce à mes croyances antérieures. Il me semblait que pour devenir un homme de science, je devrais renier ma propre culture. Je ne pourrais plus exprimer mes croyances sans m'exposer aux critiques de mes collègues. Certains, qui étaient déjà devenus incroyants, se considéraient de ce fait supérieurs à ceux qui croyaient encore.

Je me sentais désarmé : comment répondre aux exigences d'une science basée sur la matérialité des choses, si ce qui me stimule appartient à une autre dimension de la vie, au monde invisible auquel la science ne permet pas d'avoir accès ? Souvent, je me demandais : Que reste-t-il de l'être humain si les croyances, les valeurs qui font de lui un Nordestino, un Sertanejo, lui sont retirées ?

Telle la fillette perdue dans la forêt amazonienne, je craignais d'être dévoré par les "certitudes" scientifiques. Je commençais alors à me méfier des "grandes convictions". Elles sont souvent une arme mortelle utilisée par ceux qui désirent dominer l'esprit des personnes perdues dans leurs doutes et leurs processus libérateurs. Pourtant, ces deux univers me séduisaient. Chacun avait un côté passionnant ».

Mon second univers n'était pas très différent du premier. Dans l'un comme dans l'autre, l'être humain devenait prisonnier de mythes. L'unique vérité était la vérité scientifique. Les autres n'étaient rien de plus que l'expression du monde des ignorants, des personnes incultes et, pour cette raison, étaient considérées comme des obstacles à tout progrès.

Le premier monde nourrissait une vérité mythique où l'imaginaire jouait un rôle primordial et réduisait la réalité matérielle à une sorte de mirage sans importance. Ce fut-là, sans aucun doute, une de mes premières luttes intérieures. Toutes ces questions touchaient le cœur de ma vie. C'était ma propre identité qui était en jeu. Je me demandais : Qui suis-je ? Quel homme vais-je devenir ?

Dans mon univers d'origine, je me sentais appelé à sauver les autres, les plus pauvres, les plus malheureux. Au sein de ce monde du Nordeste brésilien, où il y a tant de souffrances et de plaies, je me sentais appelé à devenir un saint François – Sauveur des pauvres. Et je désirais vraiment suivre cette voie. C'est pourquoi, dès lors, j'insistai auprès de mes parents pour qu'ils m'envoient au séminaire. Je désirais être prêtre pour sauver les âmes menacées par les plaisirs matériels de la vie. Quelque chose devait être fait pour ceux qui, déjà menacés par les accidents de la vie et les maladies, pourraient perdre leurs âmes…

Plus tard, en faisant mes études de médecine, je découvris un autre aspect de la vie : l'importance du corps physique. Corps d'hommes, de femmes et d'enfants mutilés, en recherche de santé du corps matériel. Découvrant la matérialité du corps, je me sentais appelé à sauver ces corps malades et souffrants.

La philosophie m'enseignait que soigner les parties du corps n'était pas pareil que soigner l'Homme. Réduire l'être humain à l'un de ses aspects était la même chose que le mutiler encore un peu plus, et cela rendait difficile sa recherche de santé et son salut.

La psychiatrie et la psychanalyse m'ont permis de comprendre, en plus des mécanismes inconscients de domination et d'exclusion, ceux non moins inconscients qui régissent les attitudes humaines et les comportements, les miens en premier lieu.

L'anthropologie m'a apporté une vision de l'univers culturel de l'homme. J'ai compris que toute culture, tout individu ont droit à la différence et que la culture répond à l'un des plus grands désirs de l'être humain : celui de nourrir sa propre identité. Être différent, être unique est la raison majeure d'être homme. Combattre la différence est un acte de domination et d'appauvrissement de l'humanité…

Mon séjour de cinq ans en Europe a renforcé mon identité brésilienne. Enfant d'une famille modeste et de l'une des régions les plus pauvres du monde, le Nordeste brésilien, j'ai eu la grande chance de vivre dans une des parties les plus développées de la planète. Je reconnais que du point de vue technique et économique, l'Europe est en effet bien plus développée. Là, je n'ai jamais rencontré de favelas ni de misère comme celles qui existent dans mon pays.

Par contre, en Europe, j'ai été déçu par tout ce qui a trait aux relations et à la chaleur humaine, à l'affectivité. Comment faire pour que le groupe croie en lui et en ses compétences ? Je disais que le mot-clé qui peut déclencher une transformation significative est le mot foi. Cependant, tout dépend de la façon dont ce mot est utilisé.

Les Églises demandent toujours aux fidèles de croire en leur Dieu et de suivre leurs préceptes, les gouvernements de croire en leurs programmes, les techniciens de croire en leurs théories. Et nous, médecins, nous demandons aux patients de croire en nos médicaments.

Généralement, nous oublions que quels que soient les programmes gouvernementaux, les religions pratiquées et les techniques et théories élaborées, tous, sans exception, doivent être des instruments, des moyens pour aider les personnes, les familles et les communautés à croire en ce que Dieu ou la nature leur a déjà donné et qui sommeille en chacun d'eux. » (Barreto, passim p. 9 à 20)

Comment transmettre par écrit était la question. Nos cinq auteurs nous frayent le chemin et nous pouvons à présent décliner les différents aspects de cette tâche : la description et la promotion du protocole, l'interaction entre les psychothérapies retenues et les vécus/qualia de la PJ, le cheminement personnel et l'histoire de vie de son promoteur, la théorisation aux deux niveaux du spirituel et des « purs processus », inconscients en particulier. J'ajouterai certains de mes anciens textes qui ont ponctué les temps forts du cheminement personnel. Développons les deux premiers aspects ici, laissant les autres aux centaines de pages à venir.

La promotion du protocole

À partir du moment où la PJ a dépassé la simple analyse des ressentis corporels pour déboucher sur l'éveil de la kundalini/énergie/volupté, les élèves ont largement adhéré à cette pratique et en redemandent. Là où j'ai mis six années et un clash affectif, ils réagissent en quelques mois. Là où j'ai remis six années pour switcher la félicité/lumière dans ma tête, les élèves mettent un à deux ans. Quant à la stabilisation de ces avènements, cela dépend de l'intensité de leur pratique. Il est vrai que beaucoup d'élèves psychothérapeutes méditent déjà sous d'autres formes.

Nous possédons une première description du protocole ; il y en aura d'autres. Ces descriptions proviennent de mes pratiques personnelles. Leur diversité témoigne de la créativité de chaque séance de pratique. Ces exemples et illustrations suffiront pour la promotion… Nous ne voulons pas tomber dans le prosélytisme et surtout pas dans la publicité mensongère. L'intérêt récent des psychothérapeutes et des médias pour la méditation nous aide grandement et nous permet de surfer sur ce courant. S'agissant de la mindfulness de Jon Kabat-Zinn, nous ne pouvions espérer mieux. La meilleure publicité reste toujours encore la satisfaction du client ! Je n'ai pas pensé mettre en avant les expériences des usagers sinon par petites touches comme cet e-mail tout récent d'Annie Laux, médecin généraliste et diplômée de l'Eepssa.

« Cher Richard, je te remercie beaucoup pour ces pages sur la présence juste qui vont m'être très précieuses car je l'utilise de plus en plus avec mes patients. J'avais fait une page succincte explicative pour leur donner afin qu'ils intègrent chez eux la pratique, mais ce que tu viens de faire est parfait et vraiment très riche en explication. Comme je te l'avais dit la dernière fois je l'utilise en individuel. J'ai loué un bureau très zen qui facilite cette pratique. Les patients qui l'utilisent apprécient cette méthode méditative et en retirent toutes sortes de bénéfices concernant leur santé et également leur recherche spirituelle. En même temps, je la pratique avec eux tous les samedis après-midi et cela me fait du bien également. Je souhaite développer cette approche pour mes malades ayant des pathologies douloureuses ou invalidantes chroniques et ouverts à la méditation. J'ai déjà de très bons résultats pour les états anxieux et dépressifs. »

Le recours à ma propre expérience découle du fait que je suis toujours encore (et pour toujours) en développement personnel. Par ailleurs ce cheminement personnel offre une certaine cohérence. N'oublions pas, et je l'écris ici pour la première fois et non sans terreur, qu'il s'agit de la création d'une nouvelle thérapie et d'une nouvelle méditation. Cette ambition pourrait être contraire à ce qu'on entend classiquement comme démarche spirituelle. Je le reconnais avec frayeur et humilité. Je suis redevable et reconnaissant à mes élèves qui m'encouragent, valident cette expérience personnelle et lui évitent de déraper en paranoïa !

L'interaction des psychothérapies et de la Présence Juste

L'autre validation vient de l'utilisation de douze psychothérapies essentielles dont chacune se décline en des dizaines de variantes. En fait, je n'ai rien inventé ! J'ai seulement mis bout à bout un certain nombre de méthodes. C'est l'angoisse sur un télésiège bloqué au-dessus d'un ravin qui a soutiré cette construction à ma créativité. D'autres expériences thérapeutiques ont ouvert ce que trois années de vie religieuse n'ont pas pu faire. L'époque était propice et je n'évoquerai que plus loin les moments forts de ma thérapie personnelle comme le cri primal, la bioénergie, les actings reichiens. Il s'agit d'expériences marginales, mais d'autant plus fortes. Nous les visiterons ; il s'agit du caisson d'isolation sensorielle que j'ai pratiqué pendant deux années, deux fois par semaine ; du rebirth, que je n'ai pas assez pratiqué mais dont j'ai accompagné des milliers chez les patients et les élèves, de la musique enfin, du piano, qui tout en restant amateur m'a propulsé dans la kundalini lors du clash affectif.

En fait, ces moyens extrêmes j'ai dû les baliser tout en les assimilant. Ils témoignent de la témérité de ma démarche. Notre époque et nos concitoyens réclament cette audace. Voyage en Amazonie pour une cure à l'ayahuasca chez certains, printemps arabe jusqu'à la boucherie syrienne, éclatement de la famille traditionnelle jusqu'à l'homoparentalité, les sept milliards d'humains veulent du sur-mesure après le prêt-à-porter. La Présence Juste offre cet ajustement personnel, a-juste-ment. Et il passe par la créativité personnelle, à sept milliards de variantes. La PJ ne se base pas seulement sur ces expériences préalables auxquelles il faut ajouter les expériences affectives, sexuelles et artistiques, mais elle prépare aussi à toutes les extensions possibles. Il ne s'agit pas seulement d'être méditant mais présent.

Pour la première fois, je me permets d'évoquer plus longuement mes expériences personnelles. Je me donne à voir dans mon cheminement à l'âge où on n'a plus d'âge. Deux effets peuvent en résulter, au-delà du plaisir certain de ne plus cacher. Le premier, c'est de montrer qu'un cheminement tel que celui qui est proposé ici ne peut être que singulier et original. S'il en est ainsi pour moi, ce peut l'être pour tout un chacun qui serait tenté de faire de même, et nous nous rappelons la présentation d'Adalberto Paula de Barreto. Le second c'est que tout n'est pas admirable ni exemplaire dans mon cheminement et cela peut rassurer les hésitants.

Chapitre III

Protocole II et applications thérapeutiques

Ce deuxième protocole est antérieur de quelques années à celui du chapitre I. Sa présentation enrichit la structure de base de la PJ et montre que des variantes sont possibles et souhaitables pour ne pas tomber dans des rituels rigides. Nous retrouvons la posture classique et le protocole en trois cycles qui présentent les trois sphères spatiales de la réalité, de la plus immédiate à la plus éloignée :

- sphère immédiate du corps et de sa qualité énergétique ;
- sphère élargie des personnes de notre vie intime et de nos relations sociales ;
- sphère ultime de la terre et de l'univers ainsi que des réalités morales et spirituelles.

Nous insistons sur le fait que chacune de ces sphères est abordée spatialement (en bas, en haut, derrière et devant) pour obtenir une globalité sphérique et, grâce à elle, une saturation du champ de la conscience qui fixe cette dernière dans le présent. L'ensemble des quatre réalités situées dans ces quatre directions suffit à cet effet en analogie avec la loi de Miller qui dit que ce que retient la mémoire de travail distinctement et simultanément culmine à 7± 2. Je me permets d'extrapoler à partir de ce qui concerne la mémoire immédiate : il suffit de près de quatre éléments perçus simultanément pour saturer la conscience et la rendre présente.

La posture et la respiration comme préalables

La position idéale est l'assise silencieuse en un lieu calme et sécurisant. Mais on peut pratiquer la Présence Juste debout, en marchant, en mâchant, couché, dans toutes les postures en fait, bien que la première soit la plus propice, en tout cas lors

de l'apprentissage et pour l'approfondissement méditatif. Les éléments essentiels sont les suivants :
- la limitation du travail musculaire au maintien de la posture ; l'assise est idéale, sur une chaise droite ou sur un coussin (pour les Occidentaux aux articulations trop serrées) ;
- un dos droit dans lequel les vertèbres sont comme empilées l'une sur l'autre, sans effort ; il favorise l'éveil et la circulation de l'énergie dans l'axe en soi ; la position allongée n'est pas très recommandée à cause de cela ;
- pas de modification expresse de la respiration, mais une perception plus élargie de son mouvement qui descend jusqu'au périnée et soulève les deux épaules ; nous verrons plus loin l'apport de la respiration du zen ;
- les yeux fermés facilitent la concentration sur les processus internes et aident l'apprentissage ; ultérieurement on essaye de connecter la vision de l'extérieur pour pouvoir pratiquer les yeux ouverts, dans les situations de la vie courante ou pour ne pas s'endormir.

Posture et respiration sont les deux éléments objectifs qui servent d'ancrage dans la matérialité, surtout quand l'approfondissement de la pratique nous emporte dans les subtilités des énergies, sentiments, images et transes. Le protocole de l'exercice fait de même, mais ce protocole peut être sublimé, oublié, transcendé. Pourquoi d'ailleurs un protocole ? Il fonctionne comme les rails pour la locomotive de James Bond. Vous connaissez sa voiture, voici son train ! La locomotive, c'est le pratiquant. Elle avance sur des rails, il avance sur le protocole. Mais cette locomotive a des ailes escamotables comme la voiture et, par moments, cette locomotive sort ses ailes, décolle, quitte les rails et batifole dans les airs, comme le méditant qui délaisse le protocole. Puis, de temps en temps, elle s'égare là-haut et il lui faut refaire le plein de charbon. Aussi redescend-elle sur les rails ; le méditant aussi, pour rester dans la Présence Juste.

Dans le protocole I présenté au début, nous agençons douze psychothérapies en une progression savante. Ici, nous retrouvons les origines de la PJ où je pars des éléments présents (le sol, la pesanteur, la chaîne musculaire postérieure et l'avant du corps) pour développer la présence à ces éléments. La mise en relation entre ce protocole originaire et la forme actuelle se fera aisément.

I. Le cycle corporel, énergétique

Première étape : le sol, en bas

Premiers éléments du réel, en bas : le sol, le siège, le coussin, les accoudoirs. Ces butoirs imposent une certaine attitude du bas du corps. J'essaye de percevoir cette position… (Les points de suspension indiquent un temps de silence pour se concentrer sur l'élément évoqué) : cuisses tendues, fesses serrées, ventre rentré probablement…

Mais ces supports, ce sol, sont solides, je peux m'y fier, m'y abandonner ; je peux leur confier mon corps, le déposer.

Je suis posé… (Chacune des douze étapes a son signifiant verbal.)

Probablement que mes jambes s'affaissent un peu, mes fesses s'aplatissent, le périnée contacte mieux le support, les sphincters se détendent…

La respiration descend mieux jusqu'en bas, réchauffe le périnée, le connecte au support, pénètre les sphincters, dépose tout le bas du corps… **Je suis posé.**

Deuxième étape : la pesanteur, en haut

Autre réalité présente, en haut, au-dessus de moi, la pesanteur qui m'écrase, la force de gravité qui me fiche 50, 60, 80 kilos et induit la posture du haut du corps… Épaules qui résistent, tête et buste penchés, respiration avec effort, dos tendu sans doute…

Mais je peux contrebalancer cette force, je peux la neutraliser, il suffit de m'étirer vers le haut, de me prolonger dans l'axe, de me grandir de la tête, des épaules et du buste, jusqu'au plafond, pas plus loin pour le moment… Je me mets un chapeau haut de deux mètres et j'entre dans ce chapeau, comme au yoga.

Le haut du corps est comme un vérin : j'appuie sur le bouton, il sort, monte et continue tout seul même quand je n'y pense pas… ça se prolonge.

Je sens l'allégement de la pesanteur, je la neutralise, c'est léger ; la respiration est libre et facile ; l'esprit se dégage…

Je suis grand, grande.

L'inspiration soulève les deux épaules ainsi que la tête et les emmène jusqu'au plafond ; à l'expiration, le thorax se relâche mais les épaules restent là-haut ; ce décrochage de l'anatomie et de la sensation est étrange, libérateur…

Je suis grand, grande.

Je n'oublie pas le bas du corps bien connecté aux supports et je suis tout autant étiré jusqu'au plafond en une légèreté étonnante…

Je suis posé, je suis grand, grande.

Et s'il y a une image qui vient illustrer cet allongement du corps et cette sensation, je la laisse venir, puis repartir, sans la provoquer, sans la chasser, sans la retenir. C'est aussi un élément du présent que j'intègre dans le champ de la conscience. Seules les images associées aux sensations entraînent la plénitude ; les images qui me font oublier le corps sont en clivage, en défense et sont sanctionnées par une certaine insensibilité.

Troisième étape : l'énergie du dos

Autre élément du présent, à l'arrière du corps, la chaîne musculaire postérieure qui part de la base du crâne, longe la colonne vertébrale des deux côtés, se continue dans les triceps, mollets, tendons d'Achille jusqu'à la plante des pieds… Chaîne unique décrite par Françoise Mézières (méthode Mézières en kinésithérapie). C'est elle qui travaille en ce moment pour maintenir l'assise : c'est là que se concentre l'énergie que je peux sentir circuler.

Je suis fort, forte.

L'énergie circule du sol jusqu'au plafond, dans l'axe énergétique du dos, dans l'axe en soi. Si je la sens coincée quelque part, je reviens sur le dépôt du bas du corps, sur l'étirement du haut du corps, sur cette image d'allongement du corps à 3, 4, 5 mètres… et ça se décoince…

Je suis posé, grand, fort.

L'énergie descend avec l'expiration, elle monte avec l'inspiration, du sol au plafond. Cette énergie est couleur, couleur d'arc-en-ciel ; à chaque segment du corps, elle prend une des sept teintes :
– rouge dans le bassin et les jambes…
– orange dans les lombes…
– jaune à l'arrière du thorax…
– verte dans les épaules et bras…
– bleue dans la nuque…
– violette à l'arrière du crâne…
– dorée (ou blanche) dans le chignon au-dessus de la tête…

Rouge, orange, jaune, verte, bleue, violette, dorée…

Pour les pratiquants avancés, je profite de ce travail de connexion du visuel et du sensitif pour explorer la notion de champ de conscience liée à la loi de Miller citée ci-dessus : « combien de couleurs pouvez-vous voir distinctement et simultanément : deux, trois, quatre, cinq… ? »

Quatrième étape : les centres énergétiques de l'avant du corps

À l'avant du corps, s'insèrent tous les organes de communication qui sont autant de centres énergétiques que je peux ouvrir, de haut en bas :
– la vue (tout en laissant les paupières fermées)…
– l'ouïe, qui m'apporte les bruits et bruissements du moment… en pratique avancée, je propose de ressentir yeux et oreilles comme un bandeau énergétique qui entoure le haut du crâne, occupe tout le tour, circule, se réchauffe, s'éclaire, prend la couleur dorée (ou blanche) du chignon, devient lumière, rayonne la lumière… ;
– l'odorat ;
– le goût, à l'arrière de la langue…
– l'air qui rentre par le nez apporte une odeur et quand il sort, il passe sur les papilles de la langue et lui donne un goût…
– les lèvres… que j'arrête de pincer et qui enflent, s'entrouvrent… et amènent le relâchement des masséters…
– le larynx…
– le cœur… lieu des sentiments…
– le ventre, centre des émotions…
– le sexe…
– la paume des mains avec sa chaleur, son énergie, le faisceau d'énergie qui en sort et qui soigne comme chez les guérisseurs ;
– la plante des pieds, la voûte surtout qui est aussi foyer d'énergie rayonnante…

Je suis ouvert, ouverte.

On peut essayer de saturer le champ de la conscience en percevant simultanément ces quatre derniers foyers d'énergie (les deux paumes et les deux plantes) ; quand cette plénarité s'installe, s'y ajoute généralement un signe très net de passage à la plénitude avec l'allumage d'un cinquième centre, à l'intersection des quatre premiers, au périnée, au centre ano-coccygien, centre énergétique de base.

L'ouverture de ces centres de communication se fait en cascade, de haut en bas, comme une eau qui coule sur la peau, comme une bruine qui dégouline… L'énergie qui monte dans l'axe est l'énergie terrestre, celle qui descend est la grâce céleste…

Je suis ouvert, ouverte.

Retour à la globalité de la sphère corporelle, énergétique,

Je suis posé, grand, fort, ouvert.

Digression : les effets immédiats de la Présence Juste

Que voulons-nous donc avec cette pratique ? Nous recherchons deux résultats précis : se débarrasser de et se remplir de, s'alléger et se lester, guérir et grandir, enlever et remplacer par. Il faut remarquer que le seul processus d'élimination des symptômes ne suffit pas, élimination de la tension musculaire, de l'hyperactivité mentale ou de la préoccupation causée par les événements et les personnes. Si on enlève seulement, on se retrouve dans un manque, dans un vide, dans une dé-pression et on n'accède pas aux véritables effets que sont la relaxation musculaire, l'apaisement mental et la distanciation relationnelle. Il ne suffit pas de soulager le « **corps de maîtrise** » (musculaire), il faut remplir le « **corps de jouissance** » (végétatif) pour maintenir l'homéostasie et surtout l'homéoesthésie (l'équilibre des ressentis). À cet effet, il faut éveiller et mobiliser l'énergie jusqu'à la volupté, la relation aux autres jusqu'à l'amour, la vérité jusqu'à la sérénité. C'est ce que les deux cycles suivants vont promouvoir.

II. Le cycle relationnel, affectif

Cette bonne énergie que nous « sommes », nous permet d'aborder maintenant notre vie relationnelle, d'entrer en contact avec les personnes de notre vie, personnes présentes, intimes ou plus lointaines, personnes du passé, vivantes ou mortes, personnages de nos fantasmes et de nos rêves d'avenir… Nous pouvons les voir et les sentir ; après nous être centré, nous pouvons communiquer.

Cinquième étape : voir

Cette nouvelle énergie de vie nous permet d'ouvrir la vue et de laisser venir les images des personnes qui veulent se présenter à nous… **Voir.**

Je reste pur observateur, je laisse venir et repartir, j'accepte qu'il n'y ait personne ou que quelqu'un s'installe plus longuement. Je ne choisis pas. Je suis pur accueil… **Voir.**

Il n'est pas facile d'être pur accueil. Si vous vous sentez interventionniste, volontariste, sans pouvoir vous en empêcher, soyez indulgent avec vous, tolérant, laissez venir ça aussi. Inversement, si la visualisation ne fonctionne pas encore, si le volet n'est pas ouvert, patientez… mais si ça vous énerve, donnez un coup de pouce, faites venir un personnage par la pensée puis mettez-le en image… **Voir.**

Sixième étape : sentir

Chacune de ces personnes éveille des émotions, des affects, des sentiments. En bas, je peux sentir l'émotion dans mon ventre, quand il s'agit de relations sociales ; je peux percevoir des sentiments affectifs dans mon cœur, quand il s'agit d'une personne intime... **Sentir.**

Le pur accueil de l'émotion ou du sentiment ne va pas de soi ; c'est un entraînement au laisser-venir, un apprentissage pour celui qui n'en a pas l'habitude. Mais c'est cela la bonne présence dans la vie relationnelle : être pur regard, pour un bout de temps du moins... **Sentir.**

Voir, sentir.

Vous observez probablement que, face à l'autre, l'énergie de vie se loge à l'avant du corps, dans les yeux, les lèvres, le larynx, le cœur, les tripes, le sexe, les mains qui veulent aller vers ; peut-être tout le corps veut-il se laisser aller vers l'avant, vers l'autre... Ou alors, tout le corps recule-t-il face à telle autre personne, parce qu'il n'y a pas seulement des attraits, il y a aussi des retraits, des émotions et sentiments désagréables... Tout se passe à l'avant du corps. **Voir, sentir.**

Septième étape : centrer

La position de l'énergie à l'avant du corps rend l'équilibre instable, la présence vulnérable, la personnalité fragile. Aussi je vous propose de vous centrer, équilibrer, re-centrer dans l'axe énergétique, dans l'axe en soi, en déplaçant l'énergie de l'avant du corps vers l'arrière jusqu'à l'axe central, dans la couleur de l'arc-en-ciel, dans la force du dos. Tout comme le haut du corps se déplace jusqu'au plafond, les sensations de l'avant du corps se glissent vers l'arrière. **Centrer.**

Ce recentrement des sensations se fait aisément et il se passe quelque chose en plus : je me sens moi-même, stable, moins préoccupé, moins menacé ou dépendant ; je suis moi, j'ai toute ma valeur face à l'autre, toute ma liberté.

Voir, sentir, centrer.

Vous constatez que vous arrivez à voir l'autre plus longuement, plus simplement, même ces personnes qui partaient très vite. Il y en a de nouvelles qui arrivent... Ce que chaque personne fait ressentir s'atténue quelque peu, surtout quand c'est désagréable. Mais vous ressentez aussi plus fort ce qui mérite de l'être, surtout l'amour qui demande de l'engagement, et la haine qui veut du dégagement. Ainsi, nous ajustons encore mieux la présence à l'autre : voir et sentir en pur accueil tout en étant centré dans l'axe, du moins aussi longtemps que je n'ai pas décidé de ce que je veux avec cette personne.

Voir, sentir, centrer.

Huitième étape : communiquer

Ce n'est que lorsque j'ai bien accueilli l'autre et que je me sens pleinement centré en moi que je peux passer à l'étape active : communiquer. C'est avec les centres de communication ouverts à l'avant du corps que je peux le faire :
- regarder, au-delà du voir ;
- écouter, au-delà de l'entendre ;

– humer, flairer, goûter ;
– embrasser ;
– parler, susurrer, dire ce que je n'osais pas dire ;
– serrer contre mon cœur, contre mon ventre, mon sexe ;
– toucher, me laisser toucher ;
– envoyer l'énergie de mes paumes et des voûtes plantaires… recevoir celle de l'autre, **Communiquer.**

À présent, j'ai le droit de retenir le visiteur que je veux, de le faire partir, d'en faire venir un autre, de communiquer activement… Et c'est de l'arrière que vient le mouvement de communication, de mon axe ; il ne fait que traverser le centre de communication correspondant à l'avant. Je reste stable, en équilibre, sans chavirer vers l'avant ou l'arrière…

Voir, sentir, centrer, communiquer.

C'est une vivance toute nouvelle que de sentir la communication qui part de l'arrière et non de ma superficie… Est-ce que je sens la différence de ce que je fais ou de ce que je suis d'ordinaire ?

Voilà les quatre ingrédients de la bonne présence à l'autre : **voir, sentir, centrer, communiquer…**

III. Le cycle ultime, spirituel

Le mot « spirituel » est l'adjectif du mot « esprit ». Il représente ce que sécrète le cerveau et, pour l'expérimenter, il faut tout simplement mettre l'esprit dans la situation où il sécrète le plus intime de lui-même, à savoir dans le non-faire, le non-penser et le non-attachement. Ce sont les traditions et la science qui nous l'enseignent. À présent, remplis de bonne énergie et de pur amour, laissons-nous progresser vers la sphère ultime, de la terre, de l'éthique, de l'univers…

Neuvième étape : la terre

En bas, nous sommes assis sur la terre, sur la planète, sur cette merveilleuse et unique demeure de l'humanité… Nous sommes un petit prince sur le globe terrestre. Laissons venir les images de cette terre, les bruits et odeurs de la vie, qu'il s'agisse d'évocations dirigées ou de contemplations inopinées… la nature, les animaux, les paysages, tel lieu privilégié, tel autre endroit récemment visité ou marqué par la présence d'une personne aimée.

Cette terre est matière, la même matière que celle dont je suis fait ; je suis terre : je viens de la terre, j'appartiens à la terre et j'y retournerai… **Terr'être.**

La terre me donne tout ce dont j'ai besoin pour vivre. Je suis intimement connecté à elle, dépendant d'elle… air, eau, feu, aliments, beauté… Je prends et je rends, je reçois et redonne… (je trie mes ordures !) La terre, c'est aussi l'humanité dans laquelle je suis intimement intégré… **Terr'être.**

Dixième étape : dire non

Cette terre, unique et en danger, me donne des responsabilités. La vie, imparfaite et fragile, m'impose des devoirs… L'éthique m'oblige parfois à dire « non »… **Non.**

« Non » à tout ce qui met la terre, l'humanité, la vie, la mienne en particulier, en danger. Je pense à l'une ou l'autre situation précise dans laquelle je dois actuellement dire « non »… **Non** à tout ce qui s'oppose aux valeurs, idéaux, engagements…

Ce « non » est un acte qui sécurise, qui rassure, qui libère… C'est dans l'énergie de mon dos que je dis ce « non »… Ce « non » est constructif, créatif… Dire « non » me fait exister et être…

Terr'être, Non.

Onzième étape : dire oui

Et si je peux dire « non », je peux aussi dire « oui »… C'est à l'avant du corps, avec tous mes centres de communication ouverts, que je dis « oui »… Oui aux valeurs, idéaux, engagements… **Oui.** Oui à mes modèles et maîtres qui me font progresser… Oui aux croyances, à ce qui est au-dessus et au-delà de moi, à Dieu s'il existe pour moi… **Oui.**

C'est avec toute mon énergie et tout mon amour que je dis « oui »…

« Oui à ma démarche de progression, d'expansion, d'accomplissement… »

Terr'être, non, oui.

Douzième étape : l'univers

L'énergie, l'amour et l'éthique m'outillent pour aller à l'ultime, à l'universel, au spirituel… Je suis terre, je suis aussi univers… **Univ'être.**

Les atomes de mon corps étaient là il y a 13,7 milliards d'années, dans le big bang… Les atomes de mon corps seront encore là dans quelques milliards d'années, disséminés aux confins de l'univers… **Univ'être.**

Me sentir à l'infini me fait expérimenter l'étincelle de l'éternel… aïon, plénitude.

Qu'est-ce alors que le mal. la maladie, le malheur, face à l'univers ?…

Qu'est-ce que la mort face à l'infini et à l'éternel ?…

Qu'est-ce qui peut encore ébranler la sérénité de cet « univ'être » ?… **Univ'être.**

Les protocoles appliqués

La « Pleine Présence » comme résultat de la Présence Juste est un état d'être qui allie l'ouverture, la sensibilité, la souplesse, la disponibilité au changement et à la créativité. Il facilite aussi le processus thérapeutique. L'état de Pleine Présence est très proche de l'état sophro-liminal de la sophrologie, de l'hypnose légère d'Erickson, du prolongement psychotactile de l'haptonomie ou de l'état de libre association et de transfert de la psychanalyse. Il se prête à des applications spécialisées. Voici quelques-unes de ces applications.

L'autothérapie et le bobo chéri

Durant la pratique, nous pouvons ressentir des tensions, douleurs, spasmes, symptômes divers dans le corps et même le… bobo chéri. Chacun d'entre nous a un point faible où le premier stress venu, la moindre contrariété, viennent s'impacter : céphalée, digestion lourde, congestion nasale etc. Il s'agit de symptômes dits « fonctionnels » qui nous sont souvent très « chers » parce qu'ils font diversion sinon évacuation. « Chéri, ce soir j'ai mal à la tête… » À la fin du premier cycle, voluptueusement installé dans l'énergie diffuse, je me rappelle le symptôme, j'entre dedans, je ressens l'espèce de rétrécissement qui se fait alors en moi jusqu'au cœur du spasme. Puis je redonne du volume et de la circulation à cette énergie en stase :

– j'étire le bobo vers le bas et le dépose au sol avec le bas du corps ;
– je le prolonge vers le haut, jusqu'au plafond, en même temps que la tête et les épaules ;
– je l'élargis vers l'arrière, le connecte à l'énergie de l'axe et le fait circuler dans cet axe entre sol et plafond ;
– je le pousse en avant et le fais sortir par le centre de communication correspondant ;
– j'en fais une sphère de plus en plus grosse, de la couleur du segment du corps concerné ;
– je le fais diffuser jusqu'à ne plus le ressentir.

Le bobo a disparu s'il est de gravité légère ; il a diminué s'il est plus coriace. Quant au bobo chéri, vieille connaissance, on peut l'éliminer après quelques semaines de soins autothérapiques quotidiens.

La gestion d'une relation difficile

Tout comme le bobo chéri, nous nous gardons au moins une relation difficile sous le coude. Bush a eu son Ben Laden. Mais elle peut tout de même nous gâcher le deuxième cycle relationnel ! Dans ce cas, à la fin du deuxième cycle, si nous sommes en bonne énergie et en pur amour, nous allons chercher le trublion ou le sauvageon et… devinez ce qu'on va faire : le « voir », le « sentir », se « centrer » et enfin « communiquer » comme on ne l'a jamais fait jusque-là : bien regarder, écouter ce qu'on n'a pas vraiment entendu, dire tout ce qu'on n'a pas osé exprimer et, peut-être même, toucher, serrer, énergétiser… Après cela, ça fera sûrement moins mal, même si ce n'est pas encore le grand amour ! Ou alors on rompt définitivement cette relation destructrice. Puis on retournera vers un amour actuel en faisant apparaître des êtres chers pour prendre sa dose de tendresse.

Passer devant un jury d'examen

Nous sommes dans la même situation qu'avec la relation difficile. L'exercice se situe à la fin du deuxième cycle, quand on a fait le plein d'énergie et d'amour. C'est là qu'on fait apparaître le jury, que ses membres soient connus ou non, et qu'on déroule la Présence Juste :

- « **voir** » : non pas des projections négatives issues d'échecs passés, mais des hommes et des femmes en chair et en os qui ont une tâche précise : évaluer, avec un préjugé bienveillant même ;
- « **sentir** » : évidemment que le trac s'esquisse dans les tripes, ou que les boules gonflent dans la gorge… mais peut-être déjà moins que prévu ;
- « **centrer** » : toute cette énergie « épidermique » du devant du corps est amenée à l'arrière, dans l'axe, là où je connais mon affaire, que je suis « fort », que je ne me laisse pas intimider ;
- « **communiquer** » : je peux me présenter, soutenir mon sujet, écouter les remarques éventuelles sans *a priori* négatif, laisser venir les questions en prenant le temps de les apprécier en mon centre et de laisser venir les réponses à partir de ce même centre ; je peux regarder les membres du jury à partir de mon axe et leur envoyer une énergie bienveillante… Je peux même les aimer ou du moins avoir de la compassion pour leur boulot qui n'est pas folichon, même quand c'est moi qui passe devant eux !

Les soins sexothérapiques

Les symptômes sexuels et les problèmes conjugaux sont autant de bobos chéris et de relations difficiles. Je me permets d'être succinct avec la clinique.

Érection molle, impuissance chez l'homme, anorgasmie chez la femme (plaisir diffus, petits orgasmes mais pas d'orgasme résolutif).

Il s'agit le plus souvent d'un manque de focalisation de l'énergie sur la sphère sexuelle, périnéale et vaginale. À la fin du cycle corporel, on fera l'inverse qu'avec le bobo chéri, à savoir une concentration de l'énergie sur la sphère sexuelle. L'important, c'est d'expérimenter alternativement les états d'énergie diffus issus de la PJ et les états concentrés de l'énergie sexuelle à promouvoir à présent, puis de s'entraîner à passer de l'un à l'autre. Le principe se comprend assez facilement. Il faut du temps et de la persévérance pour que le résultat arrive.

Éjaculation précoce, nymphomanie

Ici il y a un excès de concentration de l'énergie sur la sphère génitale. Le pénis entre rapidement en spasme éjaculateur tellement il est sous tension ; la nymphomane recherche continuellement l'assouvissement sexuel, incapable d'éprouver une tendresse douce ou un amour expansé, comme l'est l'énergie de vie en fin de premier cycle. L'entraînement se fera comme pour le « bobo chéri » à partir de la tension située dans le pénis ou le clitoris.

Médiocrité de la satisfaction sexuelle par appréhension, doute, hésitation, malhabileté

Si les paramètres habituels de la réussite sexuelle sont satisfaits (érection, retenue de l'éjaculation, plaisir clitoridien et vaginal, accès à l'orgasme), il manque l'assurance qui permet de jouir de chaque instant, en douceur ou intensité, en pause ou mouvement, parce que tout semble instable, incertain, fragile : peur de perdre l'érection tout comme de ne pas contrôler l'éjaculation, peur de ne pas être agréable à l'autre, de ne pas faire ce qu'il faudrait, de ne pas le gratifier par un orgasme vaginal… On est dans l'état où l'énergie investit l'avant du corps (les yeux, l'épiderme, le ventre, le seul sexe) sans se connecter au centre énergétique de base (ano-coccygien) et à l'axe postérieur. Avec de tels clients, on insistera sur le déplacement de la charge énergétique vers l'arrière, sur le centrage, comme cela s'effectue au 3e temps du deuxième cycle. On pourra aussi recommander cet exercice dans le couple, avec de simples caresses et une attention particulière à ce que le récipiendaire puisse se concentrer sur cette translation énergétique vers l'arrière et donner des indications pour faciliter l'apprentissage.

Médiocrité de la satisfaction sexuelle liée à un(e) partenaire trop impressionnant(e)

Pour aimer, ou du moins être amoureux(se), on choisit souvent un(e) partenaire qu'on admire, qui impressionne, le prince et rien de moins. Mais, dans la sexualité, ce décalage personnel et/ou social peut déstabiliser (éjaculation précoce, anorgasmie) ou inhiber (anérection, vaginisme). Après avoir analysé et reconnu cette réalité et lorsqu'on veut néanmoins l'assumer, il s'agit de le faire comprendre au corps et à l'âme aussi ! Un travail de gestion de cette relation difficile peut apporter son aide ; on se référera au « passage devant un jury d'examen » !

Apaiser l'angoisse métaphysique

Nous avons aussi quelques questions métaphysiques en suspens pour ne pas bronzer idiot. La maladie, les inégalités, l'injustice (en particulier celle qui m'est arrivée dernièrement !), la guerre, l'ignorance, sans oublier l'existence ou la mort de Dieu et… l'étouffement annoncé de notre planète.

Nous n'aurons pas la réponse définitive ici, mais nous pouvons nous mettre dans un état de présence qui diminuera l'angoisse et rapprochera la réponse. Nous nous mettrons d'abord en bonne énergie puis en amour avant de nous coltiner « la » question revêche qui nous prend notre sérénité ! On se plantera devant elle :

- comme un terrien, en « **terr'être** » ;
- on dira « **non** », à ce qui nous semblera complaisance personnelle ;
- on osera le « **oui** » à ce qui apparaîtra comme les choses à faire, oui à celui qui a déjà terrassé la question avant nous, au maître, éventuellement à la foi en… ;
- on s'élargira aux dimensions de l'univers pour sentir de si loin si la question est encore importante, réelle, vitale ! « **univ'être** ».

Supervision et autovision

Sigmund Freud se retirait (presque) tous les soirs dans son bureau pour réfléchir aux séances de la journée et prendre des notes et pas seulement pour échapper à ses six mômes. Voilà un bel exemple à suivre. Mais, comme somatothérapeute, il n'y a pas que la réflexion intellectuelle qui doit ponctuer notre travail, il y a aussi une élaboration spécifiquement somato-. La Présence Juste est l'un des moyens privilégiés. Nous l'apprenons durant les ateliers de supervision pour pouvoir l'utiliser seul chez soi en « autovision ». Il s'agit de se mettre en Présence Juste et de revenir sur le travail de la journée.

Après le premier cycle, bien installé dans l'énergie voluptueuse et l'axe en soi, je me replonge dans telle ou telle séance et j'essaye de préciser :

- étais-je dans une « bonne énergie » avec ce patient, ou alors dans quoi d'autre et pourquoi ?
- **est-ce que ce patient a modifié mon état énergétique du départ**, et dans quel sens, en mieux ou moins bien ? quel est le message à recevoir d'une telle modification ?
- **est-ce que je fais tout ce que je peux pour être dans une « bonne énergie »** en travaillant ? Que pourrais-je faire pour cela ?

On peut consacrer cinq minutes à cette première autovision. Puis on se plonge dans le relationnel du **deuxième cycle** jusqu'à l'amour et l'on consacre encore cinq longues minutes à retrouver les émotions et sentiments qui s'éveillent avec les patients de la journée. On s'aide du même protocole :

- **quels étaient l'émotion, le sentiment, l'ouverture affective dans la journée**, dans le travail thérapeutique en général, et pourquoi ?
- quelles sont les modulations que provoque tel ou tel patient sur cette sensibilité de base, en plus ou moins, en mieux ou pis ? en suis-je vraiment conscient ? suis-je cohérent ?
- quels sont ces messages que je reçois là par rapport à ces relations thérapeutiques/ analytiques ?
- qu'ont-ils à faire avec mon projet d'alliance thérapeutique, d'empathie, de contre-transfert ?

En réalité, il ne s'agit pas de retomber dans la réflexion intellectuelle, mais seulement de ressentir et de conscientiser l'alliance thérapeutique, l'attachement et/ou le transfert.

Après cette deuxième autovision, on peut progresser jusqu'au **troisième cycle**, spirituel et éthique. On parcourra les étapes neuf à douze jusqu'à l'authenticité et fera retour sur la pratique thérapeutique :

- **est-ce que j'ai des valeurs qui informent mon travail**, au-delà du seul énergétique ou affectif ?
- si oui, quel patient me permet de m'y référer et quel autre m'oblige à rester le nez dans le guidon, et pourquoi ?
- est-ce que la connexion à la spiritualité peut faire projet dans telle ou telle cure, et comment ?

Il serait incohérent de retomber dans du savoir à la fin de cette autovision. Le but consiste à se sentir dans la présence, dans la Pleine Présence, dans l'attitude d'être qui laisse les processus se dérouler pour éveiller les ressources correspondantes et accéder à l'ordre intrinsèque, constituant.

Ces exemples d'application spécialisée montrent que l'entrée en Présence Juste est une attitude de base qui permet de s'ajuster à des situations nouvelles ou mal engagées. C'est aussi l'attitude propice au changement, potentialisant toute psychothérapie concomitante. La Présence Juste, telle qu'elle est définie à travers le protocole, est l'attitude fondamentale dans la vie. Plus je pratique personnellement, plus j'expérimente la réalité de cette chose, plus je me rends compte que c'est la bonne attitude. Je peux ajouter que j'ai fait plus de progrès avec la Présence Juste qu'avec le travail émotionnel sur le matelas et même qu'avec ma psychanalyse personnelle. Mais on ne rencontre la bonne pratique – tout comme le bon thérapeute – que lorsqu'on est prêt !

Il nous reste à envisager deux faits importants pour faire le tour de cette présentation pratique de la Présence Juste : l'évolution personnelle lors d'une utilisation régulière et l'organisation de son enseignement à des patients.

Motivation et gratification

Il faut une impulsion pour pratiquer la Présence Juste. Plus précisément, il faut un **besoin** (à distinguer de la **demande** à déchiffrer, et du **désir** à laisser en l'état, selon le triptyque lacanien). De mon côté, ce sont deux grands besoins qui ont ponctué la création de la Présence Juste : échapper à l'angoisse du télésiège bloqué, remplir le vide laissé par la perte affective… Le besoin peut être plus banal, sous la forme d'un symptôme fonctionnel comme on l'a vu ci-dessus. Mais c'est la souffrance qui prédispose généralement à une grande disponibilité et à un lâcher-prise profond et qui favorise de rapides progrès du côté de l'énergétique et des états de conscience.

Il faut aussi des impulsions pour s'entraîner régulièrement puis pour approfondir. Cette dernière motivation provient des premiers résultats encourageants. Le premier cycle est très puissant et la plupart des apprentis ressentent très vite des phénomènes énergétiques au-delà de la seule relaxation, des contemplats visuels et mentaux au-delà du seul apaisement de la pensée. Sur dix patients qui démarraient l'entraînement de 10 séances, deux arrêtaient prématurément, quatre autres avaient suffisamment de résultat pour continuer seuls et les quatre derniers revenaient pour une nouvelle séquence de 10 séances afin d'atteindre le niveau de motivation suffisant. Ces résultats me semblent bons et réconfortants quoique modestes.

Comme je viens de l'évoquer, le protocole est puissant et provoque des lâcher-prise rapides même en dehors des grandes épreuves personnelles. C'est ce que montre l'entraînement des somatanalystes en formation. Mais ces gratifications constituent aussi la deuxième vague de difficultés, après la démotivation. Les processus de conscience modifiée et d'éveil énergétique peuvent surprendre, déstabiliser et même faire peur. Ils ne se structurent pas suffisamment et ne s'intègrent donc pas. Il s'agit de vécus auxquels le patient n'est pas encore préparé et pour lesquels nous devons exercer une vigilance particulière. Il n'y a pas de danger de décompensation puisque le patient agit en toute liberté et selon ses capacités propres. Pourtant la motivation pourrait être bloquée si un tel trauma n'était pas compris ! Le début de chaque séance d'enseignement commence par un débriefing, par le tour de parole qui permet à chaque participant de décrire ce qui se passe pour lui. Il faut aussi observer les corps au-delà de la seule écoute, avoir du feeling.

Intégration et maturation

L'être humain est un système pluriel et complexe, constitué de douzaines de paramètres, et cherchant constamment à créer l'équilibre de ce système : homéostasie, homéoesthésie, égalité d'âme... Lorsque l'un des paramètres change, les autres doivent s'adapter, compenser, rétablir l'équilibre. Comme la Présence Juste fait bouger certains paramètres, les autres doivent donc se « réajuster ». Nous avons déjà insisté sur le fait qu'il ne suffit pas d'enlever seulement de la tension par la relaxation, par l'apaisement ou par la prise de distance mais qu'il faut rééquilibrer en ajoutant volupté, amour et vérité. On enlève du côté musculaire, on rééquilibre du côté végétatif, énergétique. On cède sur la maîtrise, mais on se réassure avec la jouissance. À moyen et long termes, ces réajustements prennent de l'ampleur, aux différents niveaux corporels, psychiques et relationnels.

Dans le corps, on expérimente les effets de l'alimentation, de l'alcool ou de l'état de fatigue sur la qualité de la présence, sur le bien-être en général. Trop manger, boire trop d'alcool, être trop fatigué réduisent les bienfaits de la pratique et inversement. Alors on change peu à peu son mode de vie.

Au niveau psychique, on se met à apprécier le champ de conscience qui s'élargit, l'état de conscience qui ne reste pas seulement focalisé sur le petit bout de la lorgnette mais qui se globalise par son grand bout. Comment réajuster ? En acceptant de modifier un certain nombre de pensées étroites et focalisées jusqu'à présent en des conceptions élargies et complexes. Ce changement de la philosophie de vie fait déplacer le centre d'intérêt de l'extérieur vers l'intérieur, du mental à l'affectif et au spirituel. Il injecte une autonomie nouvelle qui protège de la sujétion et du sectarisme. On devient authentique.

Au niveau relationnel, on observe que certaines personnes enrichissent notre évolution alors que d'autres l'entravent, que certains cadres de vie, professionnels ou culturels, aident alors que d'autres inhibent. Les choix de vie s'imposent ici aussi, même si la prise de conscience ne se fait souvent qu'après coup. Pour mes patients qui utilisaient la méthode depuis un à deux ans, j'avais organisé un « deuxième degré » à savoir la possibilité de venir gratuitement à l'une ou l'autre séance d'un nouveau groupe. Certaines évolutions ont été rapportées, en particulier des tiraillements avec des proches qui ne pouvaient pas – ou ne voulaient pas – accepter les modifications en cours. Parfois s'exprimait la peur que cela ne provoque des séparations non souhaitées.

Si on laisse du temps entre deux séances de psychothérapie, et surtout entre deux week-ends de somatanalyse de groupe, c'est pour donner du temps au temps, pour respecter la durée que prend le changement. Car ça « murine » (lapsus d'un patient qui me reprochait de le laisser « muriner » (mûrir-mariner). Ça mature en arrière-fond, à la base. La démonstration la plus évidente vient de la survenue de plus en plus spontanée des effets de la Présence Juste. On y entre tout seul, on est là, plein, juste, en se réveillant, au volant de sa voiture, face à telle personne. Des formes de plus en plus diverses d'éveil énergétique surviennent dans le ventre, dans la tête, en faisant l'amour, en testant le beaujolais nouveau – avec modération ! On oublie même de pratiquer ou, plutôt, on n'a plus besoin de pratiquer selon le protocole.

L'organisation de l'entraînement à la Présence Juste

Pour éviter qu'une relation affective avec le formateur (dépendance ou même névrose de transfert) ne vienne interférer avec l'apprentissage, on propose l'entraînement à la Présence Juste dans un groupe. Ce groupe peut aller de 3 à 4 personnes jusqu'à une bonne douzaine. Au-delà, on risque de ne plus suivre suffisamment l'évolution de chaque participant.

La séance dure de 60 minutes pour un petit groupe à 90 et 100 minutes pour un grand groupe. Il ne faut pas qu'une séance trop longue favorise une dynamique de groupe houleuse qui enlèverait la sécurité. La séance est divisée en quatre séquences :

- tour de table avec restitution des vécus issus de la séance précédente et présentation de la nouvelle étape (20 à 30 minutes) ;
- pratique : du début jusqu'à la nouvelle étape incluse (15 à 25 minutes) ;
- restitution des vécus (10 à 20 minutes) ;
- nouvelle pratique accélérée (5 à 10 minutes) et départ en silence.

L'apprentissage complet se fait en deux cycles :

- entraînement de base aux sphères corporelles et relationnelles ; ces deux cycles I et II ne présentent aucune équivoque quant à la dimension thérapeutique et humaniste ; on peut proposer une dizaine de séances étalées sur 4 mois : au début, fréquence hebdomadaire, puis espacement de 15 jours ;
- entraînement à la sphère spirituelle après trois mois de pause ; l'une ou l'autre personne peut y renoncer, ne voulant pas encore aller là ; il faut six séances ; là aussi, on commence toujours au début et l'on approfondit chaque fois les deux premiers cycles ; séance toutes les 2 puis 3 semaines.

Après un an, deuxième degré, où l'on reprend le tout en l'approfondissant ; la séance dure 100 à 120 minutes et la pratique centrale s'allonge à 45 minutes avec moins d'accompagnement verbal par l'enseignant ; 3 à 4 séances espacées d'un mois ; si on en a la possibilité, séances isolées de reprise, tous les six à douze mois en invitant les anciens gratuitement dans la dernière séance d'une nouvelle promotion.

Conclusion

Ce deuxième protocole nous donne une idée plus précise de la Présence Juste grâce à son association avec le premier protocole. La trame s'impose peu à peu et les variables invitent à choisir ce qui convient à chacun pour personnaliser la pratique. Les applications pratiques font découvrir l'aspect autothérapeutique des deux premiers cycles. Quant à l'ensemble des trois cycles, il nous apparaît dans son pragmatisme et sa logique globale émerge déjà.

Chapitre IV

Pleine Présence, l'approche phénoménologique

Comme toute méditation, la Présence Juste recherche la « réalisation » de l'humain dans les trois dimensions du mystique, du religieux et du spirituel, à savoir la jouissance en Soi, le pur amour et la félicité de l'être. Ces trois dimensions et ces trois réalisations correspondent aux trois cycles de la pratique.

La jouissance en Soi

Le premier cycle propose un travail personnel sur le corps (chaîne musculaire postérieure et centres de communication antérieurs) et sur l'environnement immédiat (force de gravité et sol), travail repris par la relaxation et par l'expansion dans l'espace dans le protocole I. Les exercices permettent de sortir du rituel respiratoire figé, des tensions corporelles fixées et de la pensée réductrice. L'expansion dans les six directions réalise une globalisation de l'être et une saturation de la conscience. Ainsi se libère une réalité décrite d'abord avec des termes usuels : énergie de vie, plaisir de vie, kundalini. Peu à peu, j'ai proposé des concepts plus précis : « énergie en Soi, jouissance en Soi et axe en Soi. » L'ensemble de ces ressentis constitue le Sentiment de Soi et l'authenticité. Il y a une multiplicité de vécus que l'on peut ramener à trois formes plus précises :

- **l'énergie en Soi** est un vécu de vitalité, force, assurance, inondant tout le corps et le débordant de tous côtés ; il n'y a pas encore de notion de volupté ;

- **la jouissance en Soi** ajoute la tonalité de plaisir, de sensualité, de volupté ; bien que généralisées, ces sensations se situent plutôt dans la partie antérieure du corps et inondent le cerveau d'une douceur qui permet d'être là, juste là ; cette jouissance fait perdre l'hyperacuité de la conscience ;
- **l'axe en Soi** ; c'est ainsi qu'on peut entendre la kundalini qui est la concentration et la canalisation de la jouissance dans ce canal postérieur auquel nous ont familiarisé les Orientaux ; cet éveil spécifique de l'axe en Soi favorise le maintien d'une conscience claire et vigilante. Les maîtres orientaux nous en disent plus sur la kundalini/axe en Soi, et plus particulièrement Gopi Krishna qui a écrit un livre sur ce seul thème, *Kundalini, les secrets du Yoga*, nous le citons même si la référence aux concepts sacrés de l'Orient nous déroute.

La kundalini ou circulation énergétique

« La kundalini, dans le sens le plus large du terme, est l'Énergie Vitale Cosmique ou Prana Shakti, la source de tous les phénomènes vitaux dans l'univers, et dans ce microcosme représenté par l'homme. Elle (Shakti) réside à la base de la colonne vertébrale sous la forme d'un serpent, enroulé sur lui-même trois fois et demie, obstruant avec sa bouche l'orifice inférieur du passage conduisant à la demeure de Shiva ou Brahma au sommet du crâne. Chez la plupart des hommes et des femmes, Elle repose endormie, ou dans une forme statique, c'est-à-dire enroulée, tout en maintenant, de cette manière, la conscience humaine dans l'oubli total de sa propre nature divine et immortelle, prisonnière des obligations pénibles du monde phénoménal en perpétuel changement. Lorsqu'Elle entre en activité grâce aux méthodes appropriées, tel un éclair, Elle se précipite à travers le susumma, illuminant l'ombre qui maintient l'esprit incarné dans les limites de la Terre. » (*op. cit.* p. 67-68)

« On ne peut nier que le courant "pranique" généré par le corps, à l'éveil de la kundalini, est d'une nature si merveilleuse, et agit avec une telle infaillibilité alliée à une intelligence surnaturelle telle qu'elle n'atteigne les espaces du Divin ; cependant, pour ce qui concerne la pratique et les comportements physiques et physiologiques, l'origine de ce pouvoir reste résolument au niveau de la structure biologique du cadre humain. » (*op. cit.* p. 70) « Ces méthodes psychosomatiques compliquées, laborieuses et douloureuses, utilisées depuis la préhistoire, apportent l'évidence que le mécanisme devant être stimulé relève également d'une réalité objective concrète. Si le mécanisme a une existence corporelle, les effets de sa stimulation doivent ressembler à une activité psychique ou biologique palpable, similaire à l'activité de tout autre organe du corps. » (*op. cit.* p. 86)

Gopi Krishna évoque ici l'extase que constitue l'éveil de la « kundalini » ainsi que les pratiques corporelles, psycho-somatothérapiques, qui la provoquent. Il relie la jouissance toute physique à la dimension spirituelle et divine. Il reconnaît enfin qu'il s'agit d'une réalité à bases biologiques et physiologiques et à effets mystiques et religieux. Interrogeons un autre spécialiste. Jacques Vigne est un psychiatre français et ami, auteur de la postface de ce livre, qui vit depuis vingt-cinq ans en Inde pour s'y éveiller à la félicité. En bon Occidental, il cherche aussi à comprendre et nous gratifie de magnifiques textes dont *Méditation et Psychologie* où nous pouvons puiser d'autres concordances utiles.

« La kundalini est une force neutre qui est éveillée parfois spontanément, mais le plus souvent par la pratique d'intériorisation, quelle que soit la voie suivie, ou par la grâce du guide spirituel. La tradition indienne a développé en détail les moyens d'apprivoiser cette force de vie, de la faire sortir de sa forme latente, "lovée" (sens premier du mot kundalini), et de la diriger progressivement vers le but suprême, la libération (moksha). » (*op. cit.* p. 123)

Plus loin, Jacques Vigne donne la parole à un maître indien. « L'âme de l'homme est enfermée dans le corps, elle veut en sortir à tout prix, elle aspire à l'expansion. Elle s'extériorise par les sens, en recherchant l'expansion de l'amour ou du succès social ; mais après, elle se lasse car elle s'aperçoit qu'elle ne peut obtenir réellement cet élargissement qu'elle souhaite. Elle se tourne vers l'intérieur et commence à procéder à l'éveil ascendant des chakras qui correspondent à des "disques" de conscience de plus en plus larges. L'image de l'évolution de l'homme peut ainsi être figurée par une sorte de cône dont la pointe se situe dans le bassin et dont la base est un disque horizontal de dimension infinie au niveau de la tête. En général, on parle de descente du Divin ; mais dans notre cas, il s'agit plutôt d'une ascension de l'énergie divine (Kundalini shakti) à partir du bassin. En réalité, kundalini est partout, elle est omniprésente ; mais comme il est pratiquement impossible de se représenter une force qui est partout, on la visualise comme étant à l'intérieur du corps... L'expérience de kundalini est complexe, on ne peut l'expliquer par le mental. » (*op. cit.* p. 124-125).

Les marqueurs corporels de l'éveil énergétique

Mon collègue Vigne n'a pas reculé devant les recherches bio- et physio-logiques, testant sur lui-même les effets de la naloxone, un antagoniste des endorphines cérébrales et intestinales qui empêche bel et bien la jouissance en Soi. Ailleurs, il propose une hypothèse physiologique. « L'éveil de la kundalini semble correlé à une activation du système végétatif et de la substance réticulée activatrice, qui est la partie du cerveau responsable de l'éveil. » (*op. cit.* p. 130) Restons encore avec Jacques Vigne et laissons le évoquer les signes qui traduisent un éveil stabilisé. « L'esprit reste rempli de joie et de félicité tout le temps. Même en allant aux toilettes ou durant le sommeil, on sent des courants d'énergie (prana) monter le long de la colonne vertébrale jusqu'au sahasharara.

- On se met à chanter des mélodies nouvelles, à écrire des poèmes et à parler dans des langues étrangères qu'on ne connaît pas ;
- on se sent comme intoxiqué sans drogue, on marche majestueusement et à grands pas, on a envie de courir, on sent le corps léger comme l'air, on est infatigable ;

– on comprend du premier coup d'œil le sens des écritures spirituelles ;
– on ne se sent jamais malheureux, pas même en rêve, et on garde son équilibre quelles que soient les circonstances.

À ces signes, on peut ajouter quelques autres signes mentionnés par Lilian Silburn dans son ouvrage *La Kundalini* :
– on a l'air de quelqu'un de tout à fait étonné, avec les yeux écarquillés et la bouche entrouverte ;
– l'énergie fait frémir les narines ;
– le corps oscille ;
– le discours ou le chant est entrecoupé de sanglots de joie ;
– le sommeil s'enfuit : cela n'est pas considéré comme pathologique par le pratiquant, qui profite du temps libre laissé par l'insomnie pour méditer. » (*op. cit.* p. 138)

Jacques Vigne cite aussi les fameuses descriptions d'explosion extatique de la kundalini qui parsèment la littérature traditionnelle. Ces explosions existent même chez nos Occidentaux sceptiques. Le cas de Nicolas cité en troisième partie en est une. C'est justement ce qu'il ne faut pas rechercher. D'abord ça peut rendre fou : certaines bouffées délirantes relèvent de ce mécanisme. Ensuite la brutalité de cette explosion entraîne la mise en place de mécanismes inhibiteurs qui refoulent pour longtemps le serpent dans ses bas-fonds périnéaux. La progressivité des exercices de Présence Juste évite ces réveils intempestifs et, quand ils se font de façon subaiguë, l'accompagnement atténue la constitution de défenses réfractaires. Plus généralement, il ne faut pas être pressé quant à l'installation de l'axe en Soi et laisser l'énergie et la jouissance en Soi préparer calmement le terrain.

Le Pur Amour

La méditation, quelle que soit sa forme, est un exercice d'ouverture qui commence dans le corps : circulation des sensations et des énergies, dépassement des limites anatomiques et expansion dans l'espace. Cette ouverture éveille la jouissance en Soi. Il est une seconde ouverture tout aussi importante qui doit se faire dans l'espace plus large des relations interpersonnelles. La timidité, la retenuc, la méfiance, le rejet et la haine sont des obstacles aussi tenaces que la rigidité musculaire et la sidération de l'énergie. Nous ne serons donc pas étonnés d'entendre les maîtres prôner la dévotion et l'amour.

Le concept de dévotion évoque la confiance absolue que doit accorder le disciple à son maître pour permettre à ce dernier de donner l'éveil au moment opportun. C'est la totale ouverture du cœur qui permet à ce « je ne sais quoi » de devenir efficace. Dans les religions monothéistes, c'est l'amour envers Dieu qui permet l'absolu de la félicité. Nous verrons plus loin ce que nous proposons de faire de cet « absolu ». Toujours est-il que l'ouverture du cœur est une condition de l'éveil spirituel et de la félicité. Les Occidentaux qui cultivent surtout l'amour humain le savent bien et achoppent sur les limites de cette félicité purement humaine. La Présence Juste ne renie en rien cet amour conditionnel qui doit frayer le chemin des amours divins comme le cite Platon (cf. chapitre VII). Elle en banalise même les ingrédients : voir, sentir, centrer, communiquer, puis aimer. Et s'il y a de la souffrance, de l'inhibition et même de la haine, il faut recommencer à… voir, sentir, centrer, communiquer. Cette globalisation de la relation intime s'étaye sur la jouissance en Soi et devient immanquablement amour. On arrive ainsi à des visions extatiques des êtres proches comme cela m'est arrivé, d'abord de ma compagne par qui la fameuse crise existentielle est pourtant advenue par la suite, puis de l'un de mes enfants et même de mon plus grand… ennemi sans oublier DSK (cf. chapitre VI) ! Cet amour est magnifiquement décrit par Frans Veldmann sous le terme de *philia*.

La Philia de Frans Veldman

« La Philia est la disposition humaine, intelligente, innée dans son germe, qui révèle la faculté à établir un amour-de-confirmation candide, sans réserve ni préjugé, et s'adresse avec respect et sollicitude à l'autre, qu'elle confirme affectivement dans le Bon qu'il représente ou peut représenter : Il s'agit d'un amour qui s'exprime dans une présence sensible, ouverte, de nature ni dirigeante, ni exigeante. La Philia, en tant qu'amour universel humain, dépasse l'amour du partenariat ou de l'amitié duelle, sans cependant la méconnaître, l'ignorer ou l'annihiler. La Philia unit et libère en même temps ; elle en appelle à l'authenticité et à l'autonomie de la personne qu'elle respecte et qu'elle affermit. La Philia est le principe de base de toute Affectivité, de tout Amour ! » (*Présence Haptonomique*, n° 3, janv. 96, p. 8)

Dans ma démarche de création d'une « psychothérapie affective », je propose le concept de « Pur Amour » pour désigner ce qui se met en place après le deuil du transfert. L'adjectif « pur » évoque le fait que l'affectif soit libéré des deux autres dimensions, sociale et personnelle. Le social charrie tout ce qui est hiérarchique, possessif, contraignant de par les contrats mis en place. Le personnel évoque la singularité et l'unicité de tout être humain, la différence donc. Quand on peut accepter la réalité sociale comme elle est, quand on peut assumer la différence de l'autre sans vouloir le changer, on peut entrer dans le « Pur Amour » dont les caractéristiques sont simples et claires :

- il est dans le présent ;
- n'impose ni droit ni devoir ;
- crée l'égalité des partenaires ;
- dans la créativité et la gratuité ;
- et rend autonome et authentique.

À travers la communication globale (verbale, visuelle, tactile notamment) le Pur Amour induit l'unification de l'être et lève les refoulements (psychiques), blocages (corporels) et répressions (émotionnelles). Philia, pur amour, dévotion et… amour pris dans son sens plein, sont autant de voies royales vers le spirituel.

La Présence Juste propose aussi un travail de gestion des conflits à la fin du cycle interpersonnel. Ainsi s'atténuent les conflits sociaux et personnels pour laisser place à l'amour. Et si on ne supporte plus ces confrontations tout humaines, il ne reste qu'à suivre les enseignements millénaires de… célibat et de vie conventuelle ! Sinon, fort de l'ancrage en Soi que donne le cycle interpersonnel, on peut lâcher prise et se laisser inonder par l'amour pur de tout amalgame séducteur et possessif. Cette étape d'éveil de l'amour est une étape en soi qui répare ce qui a été déformé dans le passé. Elle est créatrice de ce qui manque du côté de l'épanouissement. Le bouddhisme tibétain propose une démarche analogue que Sogyal Rinpoché appelle « l'amour-tendresse ».

L'amour-tendresse des Tibétains

« Si nous croyons ne pas avoir suffisamment d'amour en nous, il existe une méthode permettant de le découvrir et de l'éveiller. Revenez mentalement au passé, peut-être à votre enfance, et recréez, visualisez presque, l'amour qu'une personne vous a donné et qui vous a réellement touché. Traditionnellement, on vous enseigne à penser à votre mère et au dévouement qu'elle a eu pour vous sa vie durant mais, si cela vous pose problème, vous pouvez penser à votre grand-mère, votre grand-père ou toute personne vous ayant réellement témoigné de la bonté dans votre vie. Souvenez-vous d'un moment particulier où ils vous ont véritablement manifesté leur amour, et où celui-ci vous a profondément touché.

« Laissez maintenant ce sentiment revivre dans votre cœur et vous emplir de gratitude. Ce faisant, vous ressentirez naturellement de l'amour pour la personne qui l'avait éveillé en vous. Vous vous souviendrez que, même si vous n'avez pas toujours l'impression d'avoir été assez aimé, quelqu'un (au moins une fois) vous a témoigné un amour authentique. Dès lors, sachant cela, vous retrouverez le sentiment que vous avait fait éprouver cette personne, celui d'être digne d'amour, réellement "aimable". Laissez à présent votre cœur s'ouvrir et l'amour rayonner, puis dirigez celui-ci vers tous les êtres. Commencez par vos proches, étendez ensuite cet amour à vos amis et à vos connaissances, à vos voisins et à des étrangers, puis à des personnes que vous n'aimez pas ou avec qui vous avez des difficultés, même à ceux que vous pourriez considérer comme vos "ennemis" et, finalement, à l'univers entier. Que cet amour devienne de plus en plus vaste, illimité. L'équanimité est l'un des quatre aspects fondamentaux (avec l'amour-tendresse, la compassion et la joie) qui constituent, selon les enseignements, l'aspiration totale à la compassion. La vue de l'équanimité, dénuée de parti-pris et incluant toute chose, est réellement le point de départ et la base du chemin de la compassion. » (*Le Livre tibétain de la vie et de la mort*, p. 261-262)

Compassion et dévotion

Dans la démarche mystique, l'amour est appelé compassion ou amour universel, car l'amour humain présente des limites qui peuvent empêcher l'éveil spirituel. Toutes les hagiographies nous montrent le passage des êtres éveillés par les fameuses tentations, celles de Bouddha, Jésus, saint Antoine entre autres. L'une de ces tentations est celle du sexe, celle de l'extase amoureuse. Saint Augustin, noceur s'il en fut, se convertit et n'eut pas de paroles assez dures contre son passé. L'autre tentation est celle de la puissance séculière. Satan propose à Jésus la domination de la terre s'il consent à l'adorer. Dans notre démarche, ce n'est pas le choix du sexe, de la passion amoureuse ou de l'amour des honneurs qui nous chagrine ; à chacun son bonheur à l'étape de vie qui est la sienne. Ce qui nous soucie, c'est lorsque l'éveil des processus internes entraîne des comportements inadaptés. La pratique régulière de la Présence Juste donne à l'énergie en Soi et au Pur Amour tant de force qu'ils peuvent prendre une importance démesurée par rapport à la réalité externe. Je peux me sentir tellement « grand et fort » que je pose des actes non cohérents avec l'état des lieux ; je peux vivre des extases sexuelles ou passionnelles tellement intenses que je me sens inapte aux relations amicales et conjugales réelles. C'est cela l'enseignement ultime des fameuses tentations. Freud ne prévenait-il pas aussi en donnant un sens péjoratif aux concepts de narcissisme et de névrose de transfert ?

Le troisième cycle de notre pratique promeut l'accès à la « nature de l'esprit », car l'amour qui est dévotion du maître n'est que moyen. Pour preuve, cet autre texte de Sogyal Rinpoché. « Lorsque nous avons prié, désiré, recherché ardemment la vérité durant de nombreuses vies, lorsque notre karma a été suffisamment purifié, se produit alors une sorte de miracle. Et ce miracle, si nous savons le comprendre et l'utiliser, peut mettre fin à jamais à l'ignorance : le maître intérieur, qui a toujours été avec nous, se manifeste sous la forme du "maître extérieur" que nous rencontrons alors, presque comme par magie, dans la réalité. Il n'est pas, dans une vie, de rencontre plus importante. Qui est ce maître extérieur ? Il n'est autre que l'incarnation, la voix, le représentant de notre maître intérieur. Ce maître, dont la force humaine, la voix humaine, la sagesse finiront par nous devenir plus chères que tout au monde, n'est autre que la manifestation extérieure de notre propre vérité intérieure et de son mystère. Comment expliquer autrement le lien si fort qui nous unit à lui ? Au niveau le plus profond et le plus élevé, maître et disciple ne sont pas séparés et ne peuvent jamais l'être en aucune façon ; la tâche du maître est en effet de nous apprendre à recevoir sans le moindre voile le clair message de notre propre intérieur, et de nous amener à réaliser en nous la présence ininterrompue de ce maître ultime. Puisse chacun d'entre vous goûter, dans cette vie, la joie de cette amitié parfaite entre toutes. »

« Le maître est non seulement le porte-parole direct de votre propre maître intérieur, mais il ou elle détient, canalise et transmet également toutes les bénédictions de tous les êtres éveillés. C'est cela qui lui donne le pouvoir extraordinaire d'illuminer votre esprit et votre cœur. Le maître n'est rien de moins que la face humaine de l'absolu, le "téléphone" par l'intermédiaire duquel tous les bouddhas et tous les êtres éveillés peuvent entrer en communication avec vous. Il est la cristallisation de la sagesse de tous les bouddhas et l'incarnation de leur compassion, toujours dirigée vers vous : les rayons de leur lumière universelle sont ainsi orientés directement vers votre cœur et votre esprit afin de vous libérer. » (Rinpoché, p. 187-188)

La félicité de l'être

À force d'évoquer et d'énumérer les bienfaits de notre pratique, nous risquons de créer ce malaise que j'ai longtemps ressenti et qui m'envahit parfois à la lecture de livres de spiritualité. Non seulement on me fait miroiter des délices que je ne connais pas et qui me semblent inatteignables, mais on insiste encore sur le nombre limité des êtres éveillés. « Il y a beaucoup d'appelés et peu d'élus », disait Jésus. Les maîtres orientaux n'éveillent totalement les disciples qu'au compte-gouttes. C'est comme si on me promettait les plaisirs que peut se payer un milliardaire, en ajoutant que je ne serai jamais aussi riche. Ce sentiment m'a fait ajouter à l'affiche qui annonce les séances d'entraînement à la PJ dans ma salle d'attente : « Ceci n'est pas une publicité mensongère. Tout le monde peut atteindre ces états de bien-être, à son heure et à son rythme... » En effet, mes patients ressentent dès la première séance un « bien-être » et ajoutent peu à peu des « mieux-être » successifs, chacun à son heure et à son rythme. Mais, pour avancer, il faut savoir qu'il y a encore mieux. Le tout, c'est de tendre au but tout en savourant l'état présent. Carpe diem. Malgré ce risque de publicité mensongère, le contact direct avec les textes traditionnels s'impose. Ce qui importe c'est de percevoir la double vérité de cette félicité de l'être, externe et interne.

La vérité externe provient de ces livres précisément et des traditions de toutes les civilisations et de toutes les époques qui nous assènent comme vérité que... cela existe : il y a des milliardaires même en dollars ; il y a des félicités de l'ordre de l'extase et des êtres éveillés qui reflètent sur leur visage l'intense bonheur de leur être. Il y a aussi l'envers de cette félicité qui nous est plus proche : la maladie, le malheur et la mort ; le mal, le méfait et le meurtre. Si on peut bouder les premiers livres, hagiographiques, on ne peut pas ne pas lire le dernier livre, celui de la vie. Il faut répondre aux questions posées par le mal. La vérité est en nous et c'est tout simplement la nature de notre esprit. Si nous ne reconnaissons pas cette vérité en état d'éveil, elle nous assaille en rêve, rêverie et autres expériences paroxystiques inopinées. Alors que notre cerveau gauche nous interdit de croire en un Dieu parce qu'il n'y a pas de preuve rationnelle de son existence, le cerveau droit nous le crée, ce Dieu, et nous fait même y croire parce qu'il en a la conviction irréfutable. Selon Gregory Bateson, nous devrions tous être schizophrènes puisque nous sommes tous pris dans un véritable double lien : « Il faudrait croire en Dieu, mais tu ne ferais pas ça puisque ce n'est pas prouvé. » En Présence Juste, on peut trouver et occuper une place dans l'univers *(univ'être)* et sur terre *(terr'être)* qui nous associe à l'infinitude et à l'éternité. Il s'agit d'un vécu descriptible et transmissible. Il s'agit d'une félicité reproductible. Elle est plus douce que la jouissance en Soi et le Pur Amour, parce que son énergie se dilue de façon entropique jusqu'aux limites de l'illimité. Cette conviction de l'universalité de l'être donne aussi une réponse aux questions en m. : maladie, malheur et mort ; mal, méfait et meurtre. Il y a au minimum un immense apaisement, une profonde sérénité ; il n'y a plus de problème, pour un temps du moins. De léviter au milieu des galaxies, de planer au-dessus des plus beaux sites de notre terre, de se faufiler à travers l'humanité la plus bigarrée, procurent une paix jusqu'à la plénitude. Et il y a des visions et des révélations plus inventives encore, plastiques et poétiques.

Il y a surtout Dieu. Mais je laisse la conviction de Dieu à la grâce de chacun. Pour ma part, Dieu, c'est la métaphore de l'univers infini et éternel auquel l'homme ajoute le savoir et l'amour. Et c'est un bonheur immense, en douceur et en stabilité. Et ce Dieu-là, mon cerveau gauche peut le partager avec mon cerveau droit et la Présence Juste respecte le cerveau gauche. Elle est humaniste, mettant l'homme au centre. Par contre, la Présence Juste refuse les dieux de l'Inquisition, de l'œil pour œil, du djihad. La Présence Juste est éthique et sait dire « non » à l'inhumain.

La Présence Juste est une pratique reproductible et transmissible

Que vont bien penser mes « chers confrères et néanmoins amis » après pareille embardée du côté de la méditation ? Que peut bien ressentir un psychiatre qui se veut médecin et scientifique ? Je pourrais répondre comme ci-dessus qu'à ce stade de l'éveil (un petit peu !) on n'en a cure. Eh bien non. J'en ai cure et j'affirme sans aucune restriction que la Présence Juste est une démarche scientifique. Cela veut dire que la méditation aussi est scientifique. J'entends la méditation comme méthode et pratique, en-deçà de toute théorie qui en découle. Car la méditation est tout simplement la pratique qui permet à la fonction spirituelle de se développer jusqu'à cette maturité que l'on appelle « éveil ». Ce développement est nécessaire au bien-être de l'humain comme l'est le développement de toute fonction. Nous rejoignons la définition de la santé dont l'OMS fait un droit pour tout citoyen de cette planète. Cette santé, ce n'est pas seulement l'absence de maladie mais un état de « total bien-être » qui ne peut reposer que sur le développement harmonieux des différentes fonctions de l'humain. L'éveil spirituel est une des conditions de ce « total état de bien-être », il est garant de santé. Aussi la méditation se range-t-elle parmi les outils de guérison et de prévention.

Il s'agit d'un point de vue révolutionnaire tout en sachant que la révolution n'est plus à la mode. On en est malheureusement au *politically correct*, ce que ne sont ni la jouissance en Soi, ni le Pur Amour, ni la félicité de l'être. André Malraux nous a laissé une jolie bombe pour le XXIe siècle, lui, le révolutionnaire impénitent ! Pour résumer et anticiper, je dirais que la méditation est rien moins que la méthode adéquate pour développer la fonction spirituelle dans le strict respect de ses règles de fonctionnement biophysiologiques et psychosociologiques. Rappelons-nous que les Orientaux eux-mêmes, tel Gopi Krishna cité ci-dessus, reconnaissent les bases biophysiologiques de la kundalini. Quant aux règles psycho- et socio-logiques, elles s'affirment avec les acquis des recherches récentes. Elles évoluent avec les changements sociaux et culturels, d'où l'intérêt des nouvelles formes de méditation mieux adaptées comme notre propre pratique par exemple.

Comment argumenter plus avant cette revendication de scientificité ? Il faut passer par la tâche ingrate de vanter quelques-unes de mes qualités, aux trois niveaux de la personne, de la méthode et des résultats. Cela nous rappelle Jacques Benveniste qui plaidait pour l'homéopathie : autant on attaque sa prétention à la « mémoire de l'eau », autant on reconnaît ses qualités (passées ?) de chercheur qui aurait été nobélisable ! Pour asseoir la scientificité de la Présence Juste, asseyons son auteur dans son rôle de scientifique, rappelons ses qualités de médecin psychiatre, d'interne CHU, d'auteur d'une thèse qui prouve la rémanence d'action des neuroleptiques et des antidépresseurs bien avant que l'on n'en arrive aux doses quotidiennes uniques de ces médicaments. Évoquons le lancement du concept de somatothérapie et la création des somatanalyses qui m'ont valu l'élection à l'Académie de médecine de Pologne. (Je ne suis ni Polonais ni relié en quoi que ce soit à ce pays, si ce n'est par la centaine de psychothérapeutes que j'ai formés là-bas bénévolement.) Ajoutons mon doctorat en sciences humaines avec une thèse elle aussi très méthodologique puisqu'il s'agit de l'analyse structurale du mythe dogon. N'oublions pas les austères schémas de la somatologie qui permettent la mise en place des six fonctions du spirituel (cf. troisième partie). Qu'on me permette d'affirmer en toute modestie que le même souci méthodologique préside au développement de la Présence Juste. Les règles de science, elles, sont respectées jusqu'aux limites que permettent l'éthique et la déontologie médicales :

- l'expérience personnelle avec mes trois années de couvent et la pratique régulière actuelle ;
- la mise en place d'une méthode cohérente reproductible et transmissible, proposée à mes élèves comme à mes patients, aux effets évalués de façon empirique pour le moment ;
- le développement d'une approche théorique avec l'étape intermédiaire de la modélisation structuro-fonctionnelle comme le présent livre le montrera ;
- enfin l'information la plus large pour échange, confrontation et falsification éventuelle, par les écrits et les conférences, à Rütte (fief de Karlfried Graf Dürckheim) et au congrès de l'association de psychiatrie spirituelle par exemple.

De là, on en arrive à un corpus théorique rigoureux au-delà des déclarations enthousiastes. Tout comme la bonne présence est un moment complexe, la Présence Juste fait intervenir des processus d'action multiples et subtils. Nous les évoquons sous quatre thèmes :

- l'enrichissement de la conscience du présent ;
- l'élargissement du champ de la perception et de la conscience ;
- la saturation du champ du vécu avec le présent-présence ;
- le fonctionnement primaire.

L'enrichissement de la sensation et de la conscience du présent

Les deux premières séances de la PJ originaire démarrent sur des évidences, avec la force de gravité et le sol. Cela continue avec la chaîne musculaire postérieure et la face antérieure du corps porteuse des organes de perception et de communication comme cela ressort du protocole II. Aussi paradoxal que cela soit, nous oublions ces réalités les plus simples, nous évacuons leurs sensations et perdons ainsi une certaine capacité mentale et corporelle. Le simple fait de reprendre contact avec ces éléments si familiers enrichit notre être, l'épanouit. Cela s'amplifie avec d'autres items : le ventre comme lieu des émotions et de la sensualité (séance 6), l'univers jusqu'à ressentir l'effet de déité (séance 12), l'espace antérieur auquel nous disons « oui » par le simple fait que nous nous tournons vers lui, tous récepteurs ouverts (séance 11). Il ne faut pas mésestimer cet aspect très simple des choses. Il intervient grandement en psychothérapie. Rien que de se retrouver avec le psychothérapeute, ce personnage chargé de toutes sortes de qualités et de fantasmes, fait bomber le torse. Et lorsque ce thérapeute fut Lacan, on y va de ses mémoires écrites, tellement l'enrichissement personnel doit s'évacuer sur la place publique !

L'élargissement du champ de la perception et de la conscience

La Présence Juste ne consiste pas seulement à évoquer les éléments du présent l'un après l'autre. Elle fait aussi percevoir simultanément le plus grand nombre de ces faits du présent. On s'étire vers le haut pour contrebalancer la gravité, on se pose sur le sol, on ressent le flux d'énergie et on évalue le degré d'ouverture-fermeture des récepteurs antérieurs (oreilles, yeux, nez, papilles, peau, cœur, tripes et sexe). La présence devient de plus en plus globale au lieu de se limiter à un seul élément comme lorsqu'on a décidé de se consacrer à une seule chose, comme de lire ou de réfléchir à un problème de math, d'écouter un discours difficile bien que, à ce moment-là, cette focalisation sur l'objet unique constitue la « bonne présence ». La Présence Juste privilégie l'élargissement des champs de perception, de sensation et de conscience par ce travail de réception simultanée. À ce moment, l'état d'être se modifie :

- le corps est plus réceptif et moins émissif, plus détendu, tout en attente des messages ;
- la conscience s'ouvre, passant de la crispation sur l'objet unique à la sérénité que donne la vue d'ensemble sur toute la situation ;
- le contact avec l'environnement et les personnes se remplit de sérénité et de confiance.

J'ajouterai, avec les psychanalystes, qu'il faut en faire l'expérience pour le savoir. Mais nous faisons tous ces expériences spontanément, et de plus en plus. En effet, il y a un certain développement de cet état d'être chez nos contemporains, non seulement à travers le yoga, la méditation ou les relaxations, mais aussi avec des situations multiples où l'on étudie et écoute de la musique en même temps, parfois même avec un enfant qui joue dans le bureau, avec les télévisions à incrustation d'une seconde image. Et l'on sait que l'enseignement audiovisuel, par deux canaux de réception, est meilleur qu'à travers un seul canal. On a l'impression de perdre en contrôle, maîtrise et pouvoir. En fait, c'est l'inverse : on survole la situation beaucoup mieux et la sérénité qui s'installe est celle du chat qui bondit à bon escient dès que nécessaire.

La saturation du champ du vécu avec le présent-présence

L'élargissement du champ du vécu a ses limites néanmoins. Essayez de percevoir simultanément les différents instruments d'une musique symphonique ; vous arrivez à… deux, trois, quatre lignes mélodiques simultanées… un peu plus si vous êtes un mélomane. Le champ du vécu se sature donc à un certain niveau, encore qu'il ne faille pas s'arrêter aux chiffres produits ci-dessus. Dans l'extrême ouverture, on ne compte plus. C'est structurellement impossible. On ne peut donc pas savoir non plus. Voilà un des aspects de « l'inconscient ». Mozart entendait et se rappelait les huit voix de toute une partition entendue une seule fois à la chapelle Sixtine ! Toujours est-il que notre champ de vécu se sature à un moment donné, restituant alors une sensation de globalité et de plénitude qui n'a d'équivalent que la qualité de la présence. On n'est pas seulement là, mais pleinement là, agréablement là. Cette saturation du champ du vécu est bien connue et beaucoup pratiquée. Dans un premier temps, c'est par l'intensité qu'on essaye de l'atteindre (intensité émotionnelle des films actuels, intensité du sexe, de la vitesse, des drogues) plus que par l'ouverture sereine à tous les aspects de la réalité.

Les moments et fonctionnements primaires comme processus thérapeutiques

Cette saturation du champ vécu constitue le processus thérapeutique par excellence, ainsi que je le propose depuis mes premiers écrits (Meyer, 1982) sous l'appellation de « moment primaire » et de « fonctionnement primaire » et plus récemment « d'expérience plénière ». Lorsque le champ du vécu est tout en présence, en réception du présent et en émission des actes correspondants, il n'y a plus de place pour aucun mécanisme pathologique :
- ni pour le refoulement mental ;
- ni pour la répression émotionnelle ;
- ni pour aucun blocage corporel.

Tout coule, tout est dynamique. Le flux existentiel s'écoule, l'élan vital se dynamise. On peut faire des bêtises, réagir de façon malhabile, mais il n'y a pas de pathologie en soi. C'est la « catharsis » du jeune Freud et le « réflexe d'orgasme » de Reich. C'est « l'ici et maintenant » de Perls et le « moment primaire » de la somatologie. Avec cette Présence Juste, on s'entraîne à élargir ce moment (de guérison et de grâce) à une durée plus longue qui devient alors « fonctionnement primaire ».

Conclusion

Ces quatre processus sont des principes de base pour la compréhension scientifique de la pratique méditative. Certains s'étonneront qu'on évoque ici le plein de perceptions et de sensations alors que la plupart des méditations prônent le vide. Il ne s'agit que de l'un de ces paradoxes qui président à l'éveil spirituel : le vide est le plein, et le plein se manifeste comme vide. La méthode d'approche de ces processus est phénoménologique, expérientielle, descriptive. Cette étape phénoménologique est indispensable comme le montrent toutes les traditions religieuses. Et cela est science. La revendication de scientificité n'est pas une provocation mais une exigence. Il en découle un cahier des charges rigoureux comme il en existe dans tout laboratoire de recherche. Voici les principaux éléments qu'impose cette approche scientifique de la Présence Juste.

- La méditation est la méthode adéquate (et probablement l'une des seules) pour approcher la nature de l'esprit, sous son aspect « spirituel » du moins, tel qu'il est entendu ici ;
- la description phénoménologique est le premier niveau d'approche et de compréhension ;
- un deuxième niveau découle de l'établissement des concordances entre les différentes descriptions phénoménologiques que constituent les traditions mystiques, religieuses et spirituelles, aboutissant à l'établissement des ressemblances essentielles et des différences circonstancielles ;
- un troisième niveau de généralisation s'inscrit dans une analyse de type structuraliste qui extrait les structures de base de cette superposition de modèles culturels et cultuels. Ce sera pour le tome II annoncé en fin de ce tome.
- les sciences bio- et physio- logiques constituent d'autres niveaux d'approche des mêmes faits méditatifs comme d'enregistrer les EEG de méditants ou d'essayer la naloxone par Jacques Vigne ; malgré leurs qualités évidentes liées aux sciences dites « dures », elles ne permettent pas de contredire les enseignements de l'approche phénoménologique ;
- il en va de même pour les traditions réputées « molles » qui ne doivent en rien s'opposer aux acquis des sciences dures ; la Présence Juste érige en règle de ne pas entrer en contradiction avec les acquis d'aucune science qu'elle soit moderne ou traditionnelle.

Ce cahier des charges ne fait que reprendre ce qui se passe aux niveaux anatomiques et physiologiques : les deux cerveaux, gauche et droit, ne s'opposent pas mais collaborent ; les deux fonctions, intellectuelle et spirituelle, ne s'excluent pas mais se complètent. Et si l'harmonisation des vécus de ces deux structures anatomiques (ainsi que de leur trois sous divisions en paléo-cortex, archéo-cortex et néo-cortex) n'est ni évidente ni facile, il faut l'apprendre, par la Présence Juste notamment.

Dans mon enthousiasme de jeune pratiquant, j'ai utilisé des mots très expressifs comme univ'être, terr'être, aux limites de l'illimité et de l'éternel. On l'aura bien lu et bien compris, il s'agit ici de vécus subjectifs et ponctuels même s'ils se stabilisent lorsque la méditation devient régulière. Il s'agit d'états de conscience modifiés qui ne justifient pourtant en rien d'élaborer une théorie nouvelle, genre conscience universelle ou quantique. Nous approfondirons cette question à la fin du chapitre suivant.

Chapitre V

Présence Juste, la cohérence du protocole, l'évolutivité de la pratique

Les livres de méditation se présentent souvent comme des catalogues de méthodes et d'exercices de tout ordre, surtout les livres de vulgarisation qui fleurissent en ce moment. *Le Livre tibétain de la vie et de la mort* réunit lui-même une douzaine de pratiques dont deux mantras. La méthode de Kabat-Zinn, par contre, se centre sur une pratique unique, encore que l'on puisse proposer de multiples variations du bodyscan, du yoga et des méditations actives du marcher, manger, peler les patates.

La Présence Juste se présente comme une méthode unique construite sur douze psychothérapies même si nous évoquons plusieurs aménagements. Les douze psycho- et somato-thérapies se pratiquent avec des variations au moins aussi souples que les exercices de la MBSR de Kabat-Zinn. Il existe donc un protocole central, un fil conducteur, qui permet tout autant les adaptations personnelles. C'est ce que nous voulons encore développer à travers les trois qualités que sont la cohérence et la progressivité du protocole ainsi que l'évolutivité de la pratique.

La cohérence du protocole

Le choix originel des trois cycles (personnel, interpersonnel et transpersonnel) s'avère d'une grande pertinence. Il couvre tout le champ de notre existence et de notre essence. Quant à l'idée des quatre lieux visités dans chaque cycle (en haut, en bas, devant, derrière), elle pourrait manifester une certaine naïveté. L'intention

première résidait dans la constitution d'une globalité quasi sphérique et spatiale. Ne nous référons-nous pas constamment aux quatre points cardinaux tout comme aux quatre humeurs du corps, sang, lymphe, bile jaune et bile noire ? Toujours est-il que ces quatre lieux se sont transformés en quatre psycho-somatothérapies très spatiales :
- relaxation pour déposer le stress ;
- expansion dans l'espace jusqu'aux six parois du lieu ;
- montée de l'énergie kundalini et
- descente de la grâce sensori-sensitive.

L'existence de ces psychothérapies largement pratiquées montre que le choix initial n'était pas si naïf que cela ! Quant aux trois cycles, ils recèlent quelque chose de spatial, une ouverture à l'immensité des choses :
- le cycle personnel est juste au corps ;
- le cycle interpersonnel ouvre aux relations proches et lointaines ;
- le cycle transpersonnel emmène sur la planète et dans l'univers, lieux de la nature et du divin, de la transe et de la mystique.

Cette expansion qui fait traverser les galaxies encombrées et le vide sidéral jusqu'à exposer aux trous noirs auxquels le boson de Higgs donne enfin de la matière est certes métaphorique. Notre cheminement thérapeutique et méditatif nous confronte aux mêmes subjectivités. La rencontre avec certains acteurs de notre vie nous fait souffrir et l'évocation de nos responsabilités éthiques nous oblige à dire non. Notre démarche n'est pas un long fleuve tranquille, tout en révélant une parfaite cohérence, celle de la vie humaine. Notre protocole favorise l'agréable et le bon, le beau et le bien, ce qui détonne dans notre culture judéo-chrétienne. Mais il n'évite pas les astreintes et les obligations inhérentes à la vie. Voilà un rapide rappel de la première qualité de cohérence qui ressort de ce protocole complexe et complet mais pas compliqué. Pour preuve, une observation sur la relation de notre pratique avec l'hygiène de vie.

Hygiène de vie et art de vivre. Médication et méditation, alimentation, activité, repos

L'homéostasie et l'homéoesthésie (l'équilibre des ressentis), l'équilibre des constantes bio-physiologiques et la stabilité des vécus sensori-sensitifs constituent les tâches primordiales de la première étape de vie, de la conception jusque vers six mois. Les bases de l'hygiène de vie s'acquièrent là, à savoir les alternances action/repos, éveil/sommeil, faim/satiété, relation/solitat, excitation/détente etc. Il s'agit de l'hygiène de vie à parfaire tout au long de l'existence. La qualité de ces fondements dicte la plupart de nos comportements, cognitions et communications. Elle devient notre art de vivre et conditionne la justesse de notre présence tout comme la richesse de nos méditations.

Nous ne voulons pas dresser ici les préceptes de l'hygiène de vie malgré leur importance. D'autres le font avec art, science et charisme, même si nous postulons dès le départ que la Présence Juste participe de l'art de vivre et de l'hygiène de vie. Nous ne rappelons ici que l'interaction inverse : la Présence Juste nous alerte sur notre façon de vivre. Il apparaît bien vite aux pratiquants que la justesse de l'être se relie intimement au mode de vie. Marchez à quatre kilomètres à l'heure puis à sept. La différence de vécu est énorme : la déambulation lente est quasi méditative (utilisée par bien des pratiques pour arriver à la mindfulness) ; le déplacement rapide est satisfaction (en faire assez), énergétisation et permet d'arriver à l'heure pour l'office. Mais il exténue.

L'alimentation occupe une place capitale, raison pour laquelle les couvents, monastères et autres ashrams codifient strictement la prise de nourriture. Nous ajoutons ici les excitants, calmants et drogues qui miment les effets de la méditation ; ils miment et interfèrent jusqu'à suppléer et empêcher. Mais les drogues classiques fonctionnent comme ersatz et provoquent plus ou moins rapidement des effets d'assuétude menaçant l'art de vivre et compliquant la méditation. Seuls les psychédéliques seraient des starters de méditation et de mystique (selon Chambon). Pour systématiser tout ce qui a été présenté jusqu'ici, nous pouvons rappeler quatre bienfaits de la Présence Juste sur notre hygiène de vie et sur notre santé : révéler, réparer, motiver, changer.

La PJ comme révélateur des erreurs de vie

Notre mode de vie occidental nous propose tellement de possibilités de cacher, nier, refouler nos mauvais fonctionnements que nous ne percevons même plus les symptômes qui en découlent jusqu'à nécessiter subitement… un quadruple pontage. La PJ affaiblit ces empêcheurs de sentir et révèle les méfaits. Mais cette mise à jour peut aussi devenir une cause de négligence et même d'arrêt de la pratique. Les patients qui apprennent la relaxation pour soigner le stress peuvent ressentir tout d'un coup une gastrite cachée. À moyen et long terme, le rôle de révélateur de la PJ joue en sa faveur malgré ces désagréments ponctuels.

La PJ comme thérapie des symptômes

Nous avons décrit le rôle thérapeutique de la PJ sur les symptômes. Nous entendons par ce terme les troubles fonctionnels sans lésion organique et les problèmes existentiels non encore fixés en caractérose (trouble de la personnalité) ou psychose. Nous les différencions en trois processus pathogènes de base : **stress, choc et bloc** (Meyer 2011). L'effet sur le stress est bien connu et rappelé par Kabat-Zinn. L'effet sur l'état de choc (angoisse, phobie, déprime, neurasthénie) passe par l'entraînement à la concentration, par la différenciation des vécus et l'éveil énergétique, pièces maîtresses du premier cycle. Quant au bloc qui désigne les attitudes répétitives, routinières, rigides et non adaptatives, il se laisse entamer du simple fait de s'abandonner aux effets toujours nouveaux et surprenants de la pratique.

La PJ comme motivation pour des relations justes

Contrairement aux méditations d'inspiration religieuse et aux pratiques à indications médicales (comme mindfulness), la PJ inclut la vie relationnelle et les responsabilités citoyennes, éthiques et écologiques. Ces retrouvailles avec la réalité en toute présence et en pleine vérité ne plaisent pas nécessairement et réveillent de douloureuses nécessités. C'est ce qu'on veut éviter par la fixation dans le bloc, par la routine, au point que Freud a appelé ce processus « pulsion de mort » (cf. Meyer 2011). Ces faits et obligations font partie de notre vie et, au lieu de changer dix fois de régime alimentaire, cinq fois de lieu de travail et trois fois de partenaire affectif, il vaut mieux intégrer ces occurrences sociales dans un vécu profond et riche comme le propose la PJ. On y découvre que les bénéfices de l'adaptation valent bien mieux que les répétitions des mêmes erreurs.

La PJ comme facteur dc changement de vie

Nous venons d'expliquer qu'il n'est pas judicieux de changer l'extérieur (régime, boulot, partenaire) dès que ça ne va pas. Il n'est pas plus utile de se bloquer dans le même, « parce que, de toute façon, c'est toujours pareil ». La vie est évolution et changement. Notre société postmoderne accélère le mouvement. Nous devons développer adaptation et création. Les thérapies cognitives et comportementales ont fondé en science des pratiques aussi basiques que les conditionnements. Acceptons modestement que la PJ en joue aussi. Nous avons déjà évoqué le conditionnement aversif : lorsqu'un dîner du soir est trop copieux et trop arrosé, je suis bloqué dans ma méditation, dans mon sommeil et même dans les tendres retrouvailles au réveil… Ajoutons le conditionnement opérant, celui que pratiquent les parents, les enseignants et les politiques, à savoir de récompenser tout acte positif. Ici aussi, toute pratique bénéfique pousse à sa reprise créative.

Pour illustrer le rôle de la PJ dans l'hygiène de vie, le tableau suivant récapitule les quatre effets de la PJ et les élargit aux quatre dimensions existentielles, art de vivre, psychothérapie, méditation et médecine intégrative. Nous retrouvons l'ouverture de notre démarche au-delà d'une seule pratique autothérapeutique et/ou spirituelle. Tout notre être est concerné et sur toute la vie.

effets de la PJ / champs existentiels	révélation	réparation	motivation	transformation
art de vivre : (hygiène de vie)	repas trop lourd	relaxation	le bien-être a son prix et ses bienfaits	pratiquer la PJ à la place du grignotage
psychothérapie (TCC)	comportement réflexe, aversif	déconditionnement par la visualisation	conditionnement opérant	acceptation des changements nécessaires
méditation (PJ)	relation perverse	dire non et rompre la relation toxique	satisfaction grâce à l'authenticité	se limiter aux vrai(e)s ami(e)s
médecine intégrative centrée sur la personne	traiter le patient comme un « cas »	s'émerveiller devant ses qualités	observer que les soins sont d'autant plus efficaces	privilégier les consultations centrées sur la personne

Tableau 1 : Les effets de la Présence Juste sur l'hygiène de vie et l'art de la relation.

La progressivité du protocole

Le choix des douze étapes, devenant douze modules puis douze thérapies n'est pas celui d'une simple juxtaposition. Nous avons déjà souligné les cohérences à différents niveaux. Nous pouvons aussi observer la progression très logique des douze étapes à différents niveaux. Cela commence par les quatre champs existentiels dans lesquels nous évoluons :

- les quatre premiers modules développent notre **art de vivre** : relaxation, habitation du lieu, éveil énergétique et ouverture communicante ;
- les quatre modules suivants deviennent **thérapeutiques** : voir, sentir et centrer permettent de soigner les relations pathologiques par la communication ;
- les quatre derniers modules introduisent et favorisent **la méditation jusqu'aux manifestations mystiques** ;
- l'ensemble des douze modules apporte aux médecins et aux soignants le complément pour pratiquer une **médecine intégrative centrée sur la personne**.

C'est la rédaction de ce livre qui a révélé cette réalité. Il ne s'agit en rien d'une intention préalable ou d'un effet d'annonce. C'est la cohérence du protocole qui élargit le champ d'application de la Présence Juste. Mais ce sont des mouvements de progression plus discrets qu'il faut évoquer pour renforcer la confiance en notre pratique. Certains processus se déroulent et se développent d'étape en étape, s'approfondissent et s'enrichissent imperceptiblement jusqu'à permettre les effets les plus fondamentaux. Voici cinq de ces processus : la détente, la sensitivité, la visualisation, la volonté et l'intégration.

La détente

Elle commence par la relaxation de la carapace musculaire puis de la musculature viscérale par le training autogène. Elle se continue avec l'étirement du corps aux six parois et se consolide grâce à l'énergie qui occupe le volume intérieur du corps expansé. La détente s'approfondit avec les états de pure réceptivité que nous offrons aux visiteurs et à l'esthétique du monde. Les premières étapes très physiques et quasi anatomiques préparent aux suivantes de plus en plus subtiles et psychologiques.

La sensitivité jusqu'à l'émotion et au sentiment

Sentir la respiration, la chaleur du ventre, le cœur puis le front, éveille les premiers signes sensitifs et prépare à la perception plus délicate des centres énergétiques qui s'ouvrent à la circulation de l'énergie. Puis le flux voluptueux de cette dernière remplit le cœur et le ventre, sensibilisant à l'hédonisme. Cette sensitivité ouvre aux émotions liées aux apparitions des visiteurs et à la beauté du monde. Pour les êtres intimes, ce sera affection, amour ou haine. Puis, pour les valeurs et maîtres, et même pour les êtres divins, ça s'apaise en une profonde sérénité qui se « sent » dans tout le corps, jusqu'à la transe. Là encore, la progressivité du plus viscéral au plus subtil évite le sursaut déstructurant, « l'inquiétante étrangeté » de Freud, et les transforme en processus constituants de l'être.

La visualisation

Dans notre pratique solitaire et généralement immobile, yeux fermés, la visualisation prend une place importante en fonction des prévalences individuelles. Qu'il s'agisse de quelqu'un qui a du mal à visualiser ou qui ne fait que ça, la progression des étapes permet à chacun de stabiliser et d'affiner la capacité visuelle. Ça commence par se remémorer le lieu dans lequel on s'expanse pour l'habiter. Ça continue en connectant les couleurs de l'arc-en-ciel au flux énergétique. Puis on regarde intensément celui/celle qu'on n'a pas voulu voir. L'esthétique du monde – et des personnes – illumine l'œil et prépare aux visions contemplatives. La progression passe du plus réaliste au plus symbolique.

La volonté

Étonnant ici que cette évocation de la volonté qu'on voudrait mettre à distance. La volonté est pourtant nécessaire pour s'asseoir, pour pratiquer, pour se concentrer sur le protocole. Son désagrément s'estompe peu à peu grâce aux lâcher-prise successifs :

lâcher du stress, lâcher du corps de maîtrise étiré aux six parois, lâcher de la stase énergétique jusqu'à la circulation énergétique. La volonté reste là, de plus en plus douce et subtile, souple et accommodante, pour laisser apparaître celui/celle qui veut bien, fût-ce le mont Blanc, un ange ou même Dieu. Cette volonté si bienveillante n'est nullement défaillante, au contraire. Elle acquiert une qualité insoupçonnée, astreignante d'abord, constituante peu à peu. Elle devient attention, nue puis vigilance. Même dans la contemplation et la transe, c'est une volonté authentique qui préside aux événements même quand ça se constitue progressivement ou subitement.

L'intégration

La connexion des différentes fonctions constitue le processus essentiel qui mène à la plénitude et à la contemplation jusqu'à la transe. Mais comme ce peut être étrange et angoissant, il faut y aller didactiquement. On commence par sentir deux bras simultanément puis les quatre membres tout uniment. On s'expanse aux six parois à la fois et l'on peut les visualiser panoramiquement. Puis ce sont sept, sept segments du corps énergétisés et colorés par les sept teintes de l'arc-en-ciel. À sept, on ne peut pas en mettre plus, loi de Miller dixit. Ça se plénarise en des vécus globaux sécrétant plénitude et transe. La capacité d'intégration se développe progressivement et se transpose à la vie quotidienne, chassant l'étroitesse d'esprit et la pusillanimité.

Les cinq processus évoqués illustrent l'effet de progression de notre protocole. Nous comprenons ainsi que cette pratique apparemment si simple serve à l'art de vivre d'abord, à l'autothérapie ensuite, jusqu'à ces dimensions complexes que sont la méditation et la médecine intégrative. À ces deux qualités de cohérence et de progressivité, s'ajoute une troisième qualité : une belle évolutivité sous forme d'une simplification du protocole au fur et à mesure de son utilisation. Je me réfère ici à ma propre expérience de vingt-cinq années et aux restitutions de centaines de patients et psychothérapeutes en formation.

L'évolutivité du protocole

Dans les lignes précédentes, j'évoque à la fois la complétude du protocole et la simplicité de la pratique. Cela ne se contredit pas. Rappelons-nous que les six longues pages du protocole I s'adressent à l'Occidental stressé, préoccupé, surbooké et suspicieux, tel celui que je fus longtemps. Puis, peu à peu, l'entraînement régulier et persévérant fait ressortir un fil conducteur très simple qui s'impose quasi spontanément. Actuellement, il me suffit de m'asseoir calmement dans un fauteuil pour qu'un lieu du corps se remplisse d'une douce volupté ou d'une tendre félicité. Ce ressenti prend toute la place et constitue la Pleine Présence. Puis les choses les plus merveilleuses se passent dans mon être…

Pour cela il aura fallu faire évoluer le protocole lui-même jusqu'à sa perfection actuelle. Nous nous rappelons les deux grands protocoles, I et II. Nous verrons plus loin le protocole initial et le questionnaire PJ. Nous nous rappelons des applications codifiées d'autothérapie, sexothérapie, autovision qui interviennent à des moments précis du protocole. L'un des derniers manuels de sophrologie que j'ai lus répertorie une cinquantaine d'applications différentes (cf. Chéné). La Présence Juste multiplie encore ce dernier chiffre puisque les douze psychothérapies englobent quasiment tout le champ existentiel et psychopathologique. Notre livre explicite suffisamment cette évolutivité comme le montrent deux nouveaux protocoles que j'intitule « court » et « bref ». Enfin, j'inclus une troisième forme, bien différente, puisqu'il s'agit d'un mantra chanté.

Le protocole « court » un exemple de protocole simplifié

1) L'équilibre de base entre tension et détente

Les deux bras sont lourds ;
les deux jambes sont lourdes ;
les bras et les jambes sont lourds.

On prend ici le temps de sentir distinctement les quatre membres à la fois, cette plénarisation modifie l'état de conscience, rend la concentration plus légère quoique toujours indispensable et exhale un doux bien-être au-delà de la seule relaxation.

Bras et jambes sont chauds.

On insiste sur le rayonnement de la chaleur à partir des quatre membres simultanément et l'on suit sa décroissance des 35° corporels jusqu'aux 20° ambiants.

2) L'habitation du lieu de vie par le prolongement haptonomique

L'expansion dans l'espace surfe ici sur la diffusion de la chaleur aux quatre murs. Ma chaleur y est, et mon enveloppe corporelle suit. On se sent même glisser vers le centre du lieu ; l'on y est léger, confiant, serein. On est en soi, chez soi.

3) La plénitude énergétique par la transe voluptueuse

Ce corps élargi aux quatre murs, s'étire vers le bas et reçoit l'énergie terrestre dans le périnée. Cette énergie tourbillonne à l'horizontale, toute **rouge**. Chaleur, sensualité et volupté se greffent sur ce cyclone qui monte dans les lombes, **orange**, et dans le thorax, **jaune**.

Rouge, orange, jaune, dorée jusqu'au plafond.

Tout le lieu est habité avec légèreté jusqu'aux six parois. Il est rempli d'énergie et de chaleur. Le vécu est plein et soutenable puisque ça circule entre terre et ciel. Et ça peut se visualiser.

4) La communicabilité dans le bonheur et la tendresse

L'énergie redescend et coule sur le corps.

- Au front, elle transforme la pensée en sensation, l'attention en félicité ;
- dans les yeux, elle allume la lumière ;
- sur la poitrine, elle devient tendresse ;
- dans le ventre, endorphine et volupté ;
- dans les paumes, puissance de guérisseur.

5) Relationalité

Quelque intrus se sera probablement déjà invité lors d'un moment d'inattention. Je m'en occupe en temps réel, je vois et sens à l'arrière du corps et communique à partir de cet axe central. Si cette rencontre reste trop désagréable, je convoque ensuite une personne positive que je regarde et ressens, avec qui je communique tendrement tout en restant centré dans mon axe. Ce travail interpersonnel peut se faire à la demande à n'importe quelle étape de la pratique, puis je reviens à l'étape du protocole interrompue.

6) L'essence de l'intériorité

Je détecte le lieu du corps le plus positif et lui prête une attention précise et légère : ventre voluptueux, tête en félicité ou cœur amoureux. À partir de là, je boucle la boucle : volupté → félicité → agapé. Je laisse fusionner ces trois processus jusqu'à une transe plus ou moins intense et y reste le temps que ça dure.

7) La Pleine Présence en intériorité et extériorité

J'ouvre les yeux, m'inscris dans ce lieu que j'habite totalement et retrouve mes projets et obligations : agir, penser, gérer les choses, contacter les autres. Le vécu intérieur connecte avec les tâches extérieures dans un équilibre complexe, fluide et stable à la fois. C'est la Pleine Présence.

Le protocole « bref » une assise pour se ressourcer aux processus qui me constituent

1) J'en sens le besoin. J'ai un peu de temps. Le lieu et l'ambiance s'y prêtent. Je m'assieds dos droit, je relâche mes muscles et respire régulièrement, selon la respiration zen éventuellement.
2) J'attends calmement et laisse se manifester le lieu du corps le plus attrayant : le ventre rempli d'énergie, la tête qui sent plus qu'elle ne pense, le cœur attendri ou tout autre lieu transogène (générant la transe) sinon érogène. Je m'y focalise avec une attention légère qui accroît l'agrément.
3) Si, contre toute attente, il n'y avait que désagrément, je switcherais dans le grand tour, dans le protocole complet avec ses douze modules !
4) Mais, en ce moment, c'est comme en zazen, comme lors de la classique assise, ça pulse du bon et je m'y abandonne, volupté → félicité → agapé, le temps que ça veuille bien m'inonder.
5) Quand ça décline, j'initie la boucle essentielle : volupté → montée arc-en-ciel → félicité → ruissellement rafraichissant sur le devant → tendresse chaleureuse → plénarisation et transe.
6) Selon les circonstances, je reconnecte l'extérieur et ses obligations en une Pleine Présence à la fois intro- et extra-vertie ou je m'abandonne à la contemplation active qui m'emmène de tunnel noir en lumière et visions.

La somatanalyse instantanée

Décrite dans mon dernier livre (*Nouvelles pathologies psy*), cette vivance spontanée consiste à accueillir des manifestations corporelles inopinées : sensation voluptueuse à n'importe quel endroit du corps, flammèches montant comme des étoiles filantes et suivant les méridiens chinois, délices dans le cerveau, descente de l'illumination devant le beau… C'est une pause agréable qui n'interrompt pas nécessairement le cours des choses.

Le chant du mantra ou Présence Mantrique (PM)

Étant chanteuse, Marie-Christine, ma compagne, m'a remis sur la voie de la voix. Simplement remis, car en 1988, pour le premier Congrès international de somatothérapie à Paris, j'avais invité Marie-Louise Aucher, la créatrice de la psychophonie. Pour comprendre ce qu'est cette dernière, on imagine Marie-Louise Aucher se placer derrière le patient, dans son dos, et émettre les sons de la gamme en correspondance avec les segments corporels, les sons graves pour le bas du tronc, les sons aigus pour la tête. Ces concordances entre parties du corps et hauteur des sons remontent aux traditions orientales, tout comme les couleurs de l'arc-en-ciel s'associent aux mêmes segments telles que nous les reprenons en Présence Juste. Tout mélomane ressent ce dispatching corporel des sonorités, graves dans le ventre, aiguës dans la tête. Mais la psychophonie fait un pas de plus, puisque la musicothérapeute perçoit la qualité de la réception du son par le corps du patient puis sa réverbération dans son propre corps à partir de quoi elle pose son diagnostic. J'ai vu faire Marie-Christine, observé le bonheur du patient recevant ce véritable massage sonore puis son étonnement aux renvois diagnostiques que lui prodiguait la thérapeute.

J'ai donc voulu intégrer cette concordance entre segment corporel et hauteur de son dans une pratique solo complémentaire de la Présence Juste, commençant évidemment moi-même à pousser mon solo. Et, comme souvent dans ma créativité perso, j'ai péché par excès. J'ai choisi trois notes extrêmes, trois *do* séparés d'une octave chacun, ce qui faisait deux gammes ! Autant dire que ça ne marchait pas. D'abord, on ne surfe pas si facilement sur deux octaves, à froid. Ensuite c'était purement technique et théorique sans accompagnement esthétique et encore moins émotionnel ou spirituel. Ça s'est arrêté là jusqu'à ce que je relise *Le Livre tibétain de la vie et de la mort* de Sogyal Rinpoché et m'arrête une nouvelle fois au chapitre sur les mantras. Jusque-là, j'étais réticent devant ce terme, tout comme devant « gourou » et même « méditation », puisque j'ai préféré l'appellation « Présence Juste ».

Et là, j'ai perçu que la référence à l'un des mantras de base corrigeait le défaut de mon entreprise, à savoir sa seule technicité. Avec lui, nous nous connectons à une tradition ancestrale, vieille de milliers d'années, pratiquée par des millions de personnes et dont les vibrations emplissent le monde. Nous retrouvons la neuvième étape de la Présence Juste qui magnifie « l'esthétique du monde ». Peut-être que le tout nouveau boson de Higgs vibre comme ce mantra ! Mais ce recours à la tradition a aussi son risque. Lors d'une des premières présentations de la Présence Mantrique, deux femmes sont entrées dans une violence extrême, me reprochant de parodier un rituel sacré. La séance d'entraînement tourna court et je fus traumatisé au point de remettre cet enseignement à plus tard !

D'un point de vue pratique, pour pallier le premier défaut de mon entreprise, à savoir l'amplitude trop grande, j'ai choisi de rester à l'intérieur d'une seule octave, de *do* à *si* et retour. Après avoir longuement pratiqué, j'invite Marie-Christine à participer à une séance. Elle me révèle que je n'utilisais qu'une… quarte, de *do* à *fa* et retour. C'est pour cela que c'est si cool, ça se chante bien, ça se murmure doucement. Le décalage entre homme et femme ne joue presque plus. J'étais navré et enchanté.

Je me base sur ce mantra tibétain décrit sur trois pages par Sogyal Rinpoché que nous lirons tout de suite. Je ne garde que la phonétique (la prononciation) qui ne correspond pas à l'orthographe tibétaine. Quant aux termes du mantra, ils donnent sens avec des mots comme : corps, voix, maître, esprit, puissance. Je découpe la phrase en trois segments grâce aux sens des mots. Ces trois séquences correspondent aux trois cycles de la Présence Juste : personnel, interpersonnel, transpersonnel. J'y mets des notes avec des durées qui transforment les trois sous-divisions en trois mesures de quatre temps. Il y a une rythmicité comme dans les mantras traditionnels et dans le chant grégorien. Je donne à chaque note une hauteur qui débouche sur une belle mélopée, engageante, envoûtante et méditative. Ces hauteurs de son ne tombent pas par hasard.

La première séquence monte du *do* au *fa* et manifeste le sens des mots : du corps à l'esprit en passant par la voix, ça monte du 1er chakra (périnée, la voce del culo) au 5e (le larynx) et au 6e (l'esprit).

La deuxième séquence se stabilise au centre, *do do mi mi*, quatre noires pour exprimer la vénération du maître en général, puis du maître personnel. J'ai enlevé le mot gourou pour ne pas effrayer les élèves et patients allergiques à ce mot. Il faut bien rester sur le *mi* et ne pas glisser jusqu'au *fa* comme auparavant. Ça s'apprend vite. Nous sommes bien dans le cycle interpersonnel de la PJ avec cette visualis-action des êtres proches et chers.

La troisième séquence met en mélodie les deux mots puissance et esprit, puissance de l'esprit. Il s'agit de puissance (ou pouvoir potentiel) et non pas de pouvoir (qui corrompt absolument !). Aussi, la ligne mélodique commence-t-elle au *fa*, au faîte de la puissance, pour retomber doucement comme l'énergie sur la face antérieure du corps.

À l'arrivée, une concordance, développée dans sept dimensions parallèles, s'établit entre le mantra tibétain (en haut) et notre Présence Mantrique (en bas). Voici le tableau de cette rencontre entre la tradition orientale et l'équivalent occidental. Mon emprunt est rempli d'une profonde reconnaissance, d'un grand émerveillement et d'humilité.

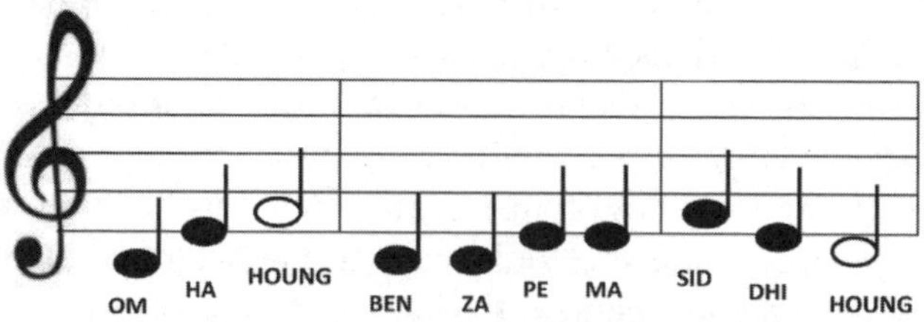

Schéma 1 : Le chant de la Présence Mantrique.

Mantra tibétain

Phonétique	OM	HA	HOUNG	BEN	ZA	PE	MA	SID	DHI	HOUNG
Tempo	noire	noire	blanche	noire	noire	noire	noire	noire	noire	blanche
Tonalité	*do*	*mi*	*fa*	*do*	*do*	*mi*	*mi*	*fa*	*mi*	*ré*
sémantique	corps	parole	esprit	diamant		maître		pouvoir spirituel		
Centre énergétique chakra	1	5	6	2		4		7	6	3-4
Couleur	rouge	bleu	violet	orange		jaune		blanche lumière		
Mouvement sensitif	montée de kundalini			effusion d'amour				descente de grâce		
Cycle P.J.	Cycle personnel – énergie			cycle relationnel – amour				cycle spirituel – vérité		

Présence Mantrique

Tableau 2 : Les concordances entre le mantra tibétain et la Présence Mantrique.

De haut en bas, nous retrouvons :

- la phonétique, à prononcer à la française, le u de hung étant un ou ;
- la traduction des mots tibétains, parfois un peu sollicitée ;
- le chant avec notes et durée de chaque note ;
- les segments corporels amenés à vibrer et désignés selon les chakras orientaux (équivalents des anneaux musculaires reichiens) ; cette équivalence est un télescopage du mot, de la hauteur du son et de la direction de la mélopée (montante, stable, descendante) ; tous les sept chakras sont visités et invités à s'ouvrir ;
- la couleur de chaque chakra ou segment corporel ;
- le mouvement des ressentis dans le corps ;
- les trois cycles de la Présence Juste.

L'accumulation de ces niveaux signifiants reprend celle de la PJ et doit aider à saturer le champ de la conscience jusqu'à plénarité et plénitude. Mais lorsqu'une seule dimension suffit comme dans le chant grégorien, c'est encore mieux (encore qu'il y ait là aussi des mots, un enseignement, des notes, une prosodie et une direction de chœur !). On aura compris que c'est la phrase tibétaine sous sa forme phonétique qui est récitée ou chantée.

À présent, nous devons lire le très beau commentaire que fait Rinpoché du mantra tibétain. Nous ne devons pas nous dérober à cette confrontation qui a tant choqué les deux élèves. Entretemps, je me sens totalement en accord avec l'utilisation de ce mantra sacré, parce qu'il est tout aussi sacré dans notre pratique. Tout comme le cerveau est « plastique et transformable », un rituel doit l'être tout autant. Rinpoché le fut lui-même, qui a dérogé à la règle absolue de ne pas dévoiler les secrets du *Livre des morts tibétains* (*Bardo Tödol*) et qui en a fait, pour notre plus grand profit, le *Livre tibétain de la vie et de la mort*, (avec l'autorisation de ses maîtres évidemment).

« Les deux mantras les plus connus au Tibet sont le mantra de Padmasambhava, appelé Vajra Guru Mantra, OM AH HUM VAJRA GURU PADMA SIDDHI HUM et le mantra d'Avalokiteshvara, Bouddha de la Compassion, OM MANI PADME HUM. Comme la plupart des mantras, ils sont en sanscrit, l'antique langue sacrée de l'Inde…

Le Vajra Guru Mantra

Ce mantra, OM AH HUM VAJRA GURU PADMA SIDDHI HUM, est prononcé Om Ah Houng Benza Gourou Péma Siddhi Houng par les Tibétains. L'explication suivante de sa signification est basée sur les enseignements de Dudjom Rinpoché et de Dilgo Khyentsé Rinpoché.

OM AH HUM

Ces trois syllabes ont un sens extérieur, un sens intérieur et un sens “secret”. Toutefois, à chacun de ces niveaux, OM représente le corps, AH la parole, et HUM l'esprit. Ces syllabes représentent la bénédiction transformatrice du corps, de la parole et de l'esprit de tous les bouddhas.

Extérieurement, OM purifie toutes les actions négatives commises par le corps, AH celles commises par la parole et HUM celles commises par l'esprit. OM AH HUM, en purifiant votre corps, votre parole et votre esprit, vous accorde la bénédiction du corps, de la parole et de l'esprit de tous les bouddhas.

OM est également l'essence de la forme, AH l'essence du son et HUM l'essence de l'esprit. En récitant ce mantra, tout en vous purifiant vous-même, vous purifiez donc également l'environnement et les êtres qui s'y trouvent. OM purifie toutes les perceptions, AH tous les sons et HUM l'esprit, ses pensées et ses émotions.

Intérieurement, OM purifie les canaux subtils, AH le “souffle”, air intérieur ou flux d'énergie, et HUM l'essence créatrice.

Au niveau ultime, OM AH HUM éveille la réalisation des trois aspects de la nature de l'esprit : OM éveille la réalisation de son Énergie et de sa Compassion incessantes, AH fait naître la réalisation de sa Nature rayonnante et HUM provoque la réalisation de son Essence semblable au ciel…

VAJRA GURU PADMA

On compare VAJRA au diamant, la plus dure et la plus précieuse des pierres. Tout comme un diamant a la faculté de couper n'importe quel matériau mais est lui-même indestructible, la sagesse immuable et non duelle des bouddhas ne peut être ni affectée ni détruite par l'ignorance, et peut trancher toutes les illusions et tous les voiles qui l'obscurcissent. Les qualités et les activités du corps, de la parole et de l'esprit de sagesse des bouddhas sont capables d'aider les êtres avec la force pénétrante et irrésistible du diamant. Comme le diamant, le Vajra est exempt de défauts ; sa force éclatante est issue de la réalisation de la nature de Dharmakaya de la réalité, la nature du Bouddha Amitabha.

GURU signifie "qui exerce une grande influence", qui regorge de qualités merveilleuses, qui personnifie la sagesse, la connaissance, la compassion et les moyens habiles. De même que l'or est le plus lourd et le plus précieux des métaux, les qualités inconcevables et parfaites du Guru – le maître – le rendent insurpassable en excellence et le placent au-dessus de toute chose. GURU correspond au Sambhogakaya et à Avalokitésvara, le Bouddha de la Compassion. Puisque Padma Sambhava enseigne la voie du Tantra qui est symbolisée par le Vajra, et puisqu'il a atteint la réalisation suprême par la pratique du Tantra, on l'appelle également le "VAJRA GURU".

PADMA signifie "lotus" et désigne la famille des bouddhas du Lotus, et particulièrement son aspect de parole éveillée. La famille du lotus est la famille de bouddhas à laquelle appartiennent les êtres humains. Étant donné que Padmasambhava est l'émanation directe – ou Nirmanakaya – d'Amitabha, le Bouddha Primordial de la famille du Lotus, il est appelé "PADMA". Le nom de Padmasambhava, "né du lotus", se rapporte en fait au récit de sa naissance sur une fleur de lotus épanouie.

Prises ensemble, les syllabes VAJRA GURU PADMA signifient également l'essence et la bénédiction de la Vue, de la Méditation et de l'Action. VAJRA signifie l'Essence de la vérité immuable, adamantine et indestructible ; nous prions pour la réaliser dans notre Vue. GURU représente la Nature lumineuse et les nobles qualités de l'éveil ; nous prions pour les parachever dans notre Méditation. PADMA désigne la Compassion ; nous prions pour l'accomplir dans notre Action.

Ainsi, lorsque nous récitons le mantra, nous recevons la bénédiction de l'esprit de sagesse, des nobles qualités et de la compassion de Padmasambhava et de tous les bouddhas…

SIDDHI HUM

SIDDHI signifie "véritable accomplissement", "bénédiction" et "réalisation". Il existe deux types de siddhis, les siddhis ordinaires et le siddhi suprême. Lorsque l'on reçoit les bénédictions des siddhis ordinaires, tous les obstacles de la vie – une mauvaise santé, par exemple – sont écartés, toutes nos aspirations positives sont comblées, des bienfaits tels que richesse, prospérité et longue vie nous échoient, et toutes les circonstances diverses de la vie nous deviennent propices et contribuent à la pratique spirituelle et à la réalisation de l'éveil.

La bénédiction du siddhi suprême conduit à l'éveil lui-même, l'état de réalisation totale de Padmasambhava, qui est bénéfique tant à nous-mêmes qu'à tous les autres êtres sensibles. Par conséquent, en nous souvenant du corps, de la parole, de l'esprit, des qualités et de l'activité de Padmasambhava et en leur adressant nos prières, nous obtiendrons à la fois les siddhis ordinaires et le siddhi suprême.

Il est dit que SIDDHI HUM attire tous les siddhis comme un aimant attire à lui la limaille de fer. HUM représente l'esprit de sagesse des bouddhas ; c'est le "catalyseur" sacré du mantra. Cela revient à proclamer son pouvoir et sa vérité : “Ainsi soit-il !” (*op. cit.* p. 508 à 511).

Quand j’étais au couvent, de 19 à 22 ans, je lisais les livres pieux de notre fondateur, Alphonse de Ligori. J’achoppais sur ces textes édifiants et prosélytes. Un moine n’avait-il pas accompli sept actes de vertu rien qu’à manger un œuf à la coque ? Je me promettais de réactualiser ce genre de littérature ! La même suspicion atteint les Églises constituées et en détourne. De même est-il difficile de lire les commentaires de Sogyal Rinpoché lorsqu’on n’est pas un disciple déjà conquis. La relecture que je fais du mantra tibétain réalise ce besoin de traduire les traditions par ailleurs indispensables. Les deux femmes évoquées ci-dessus sont à nouveau en très bons termes avec la Présence Juste et Mantrique !

La pratique de la Présence mantrique

La Présence Mantrique présente une utilisation complémentaire à la PJ. Alors que cette dernière nécessite de préférence un temps de repos dans une posture immobile et dans un endroit calme, ce qui limite sa mise en œuvre, le mantra se pratique partout et en tout temps, dans toutes les postures et activités, en tous lieux. Quand je m’ennuyais comme psychothérapeute ou que j’étais trop préoccupé par autre chose, ou que le contact tactile en psycho-somatanalyse restait muet, je pouvais chantonner dans ma barbe sans que ce soit du clivage ! Quand je me déplace avec trop de hâte, lorsque j’agis (ou mange) avec avidité et que je m’en rends compte, je sors le frein mantrique. Une digestion un peu lourde, une esquisse de migraine cèdent volontiers aux vibrations de ce chant. Un corps fourbu, fatigué, vidé, neutre ou lourd à porter, répond au doux susurrement de la sirène, en quelques reprises, en deux à trois minutes. Mais cette pratique peut aussi s’automatiser et démarrer toute seule, par réflexe, comme lorsque nous chantonnons mentalement jusqu’au moment où je m’en rends compte parce que ça n’a aucun effet. Dès que cette prise de conscience se fait et rend le rituel à nouveau juste, l’effet des vibrations et du sens s’éveille quasi instantanément. Voilà quelques vécus très personnels qui montrent l’usage important que j’en fais. À cause de l’accompagnement chanté (en voix intérieure), l’efficacité est intense en peu de temps. Par contre, elle permet plus difficilement d’entrer dans les états de conscience profondément modifiés de la PJ. Voilà l’utile complémentarité des deux pratiques.

À la grâce du corps

« À la grâce de Dieu ». Avec cette expression, on s’abandonne à plus complexe, au complexe, à l’Autre.

« À la grâce du corps », cette nouvelle expression va au-delà du « grâce au corps ».

Mine de rien, ce jeu de mots nous renvoie à Spinoza, le philosophe qui revient en force, le juif excommunié qui avait proféré : « *Deus sive Natura* », Dieu ou la Nature, Dieu ou le corps. Élargissons le propos : la nature, dont le corps, peut avoir les mêmes effets que le concept de Dieu. La nature, dont le corps, possède des vertus divines. C'est ce que nous enseigne aussi le mantra qui est fondamentalement corporel. Sa mélodie et sa prosodie éveillent l'essence même du corps à savoir son énergie. Le mot corps est même prononcé en premier : OM. La répétition du mantra détend et remplit, rassérène et exalte la puissance. Ça se passe d'abord dans le corps grâce à la psalmodie. Ça éveille volupté, félicité et agapé, purs processus et sentiments en soi. Le naturel devient divin. L'immanence s'expanse en transcendance. J'ai privilégié le corps dans mon cheminement personnel comme nous le verrons et donc aussi dans la Présence Juste. Je voulais le zapper en allant au couvent à dix-neuf ans. Ça a loupé ! Il aura fallu trente années supplémentaires pour réaliser ma vocation : rencontrer « *Deus sive Natura* », me trouver en un corps naturel et divin, immanen-scendant.

Le corps est le héros de la Présence Juste et de la Pleine Présence. Il en est la cheville ouvrière, le lieu de sa réalisation, son principal bénéficiaire et le garde-fou humaniste et scientifique. Mettre le corps en avant-plan de l'art de vivre et de la méditation n'est pas nouveau. Nous l'avons vu avec les méditations et mantras tibétains, nous le verrons avec le bodyscan de Kabat-Zinn. Mais le corps y apparaît aussi comme moyen à mortifier : abstinence sexuelle, célibat, « discipline », abnégation plus générale. Cette répression du corps devrait favoriser le clivage du corporel et du spirituel. Ce dernier en sortirait déconnecté et intensifié jusqu'à produire « l'objet transcendant ». Ailleurs, le moment méditatif se définit comme absence, absence de pensée notamment : entre deux productions mentales, il y a un arrêt, un vide qu'il suffit d'allonger pour ne plus penser et ne plus s'émouvoir.

En Présence Juste, nous produisons la pause (des agir, penser, posséder et s'attacher) en comblant par le pur corporel : sensation de relaxation jusqu'à plénarisation (par la contemplation simultanée des quatre membres, six parois, sept couleurs...) ; éveil d'une énergie douce qui remplit l'esprit de félicité, traversée du tunnel noir et arrivée de lumière, comme dans l'EMI et le rebirth, de visions esthétiques et symboliques, celles-là mêmes de la mystique. Et c'est l'expérience de l'hyperventilation en pneumanalyse, analogue aux expériences de NDE, qui nous l'apprend (tous ces processus seront décrits dans le tome II). Le corps apporte sa compétence et son expertise positives.

Le corps, lieu de réalisation de la Pleine Présence

Nous devons souligner cette évidence : c'est le corps qui recèle l'agrément du bien-vivre et les bienfaits de la méditation. La statue du Bernin représentant Thérèse d'Avila en extase est tout autant l'expression d'un orgasme sexuel. Élargissons notre vocabulaire dédié aux effets de la pratique :

– **eustress voluptueux** ; il y a aussi un bon stress basé sur la même tension intérieure que le mauvais, mais positif et bienveillant ;

- **harmonisation psycho-cérébrale** : le cerveau ne pense plus mais ressent une douce félicité et entre dans les états de conscience les plus modifiés ; j'ai décrit cet état dans mon dernier livre (Meyer 2012) ;
- **amour inconditionnel** : il s'agit d'un ressenti affectif, logé en soi, quelle que soit la relation à un(e) partenaire éventuel(le) ; il surgit de la confluence de l'eustress voluptueux venant du bas et de la félicité spirituelle venant du haut.

En retour, le corps est le bénéficiaire principal de cette Pleine Présence qui génère prévention et guérison des maladies de ce corps.

Le corps, garant de l'éthique de l'humain

Ces trois derniers mois, je tombe sur trois textes d'auteurs que j'apprécie et qui martèlent que la conscience n'est pas individuelle mais universelle, qu'elle ne provient pas du cerveau mais règne en objet absolu dans notre univers. Il faut voir là la création d'un nouvel « objet transcendant » aussi prégnant que les deux que nous citons et interrogeons souvent : Dieu et l'inconscient. À présent, nous devons y ajouter cet autre concept décliné par ces trois auteurs :

- **la « conscience quantique »** d'Olivier Chambon (déjà évoquée au chapitre II) tirée de la physique quantique (et non du Cantique des Cantiques !). Mais entretemps nous apprenons que les fameux neutrinos plus rapides que la lumière ne sont qu'une erreur de laboratoire. Exit aussi la conscience supralumineuse de Dutheil invoquée par Chambon et présentée dans notre livre collectif *La Dimension spirituelle en psychothérapie* (Guyonnaud).
- **la « conscience non locale »** de Pim van Lommel. Ce cardiologue qui m'a persuadé du sérieux des études sur les NDE se laisse emporter par ces dernières pour en tirer la réalité de ce nouvel « objet transcendant ». « Certaines études prospectives et un grand nombre d'études rétrospectives d'expériences de proximité de la mort ont montré que les différents aspects d'une EMI correspondent ou sont analogues à certains des principes de base de la physique quantique : non-localité, intrication ou interconnexion et échange instantané d'informations dans une dimension hors temps et hors lieu. » (op. cit. : van Lommel p. 230)

« On pourrait peut-être qualifier l'espace non local de vide absolu : il manque de structure, n'a pas de temps et c'est un espace dans lequel les quarks (particules élémentaires et constituants fondamentaux de la matière), les électrons, la gravité et l'électricité sont devenus un et n'existent donc plus. Cet espace constitue le fondement d'une quantité illimitée de possibilités. Ce vide absolu, cet espace non local pourrait aussi être la base ou le fondement de la conscience. Comme je l'ai déjà mentionné, je soutiens l'interprétation des chercheurs, Von Neumann, Wigner, Josephson, Wheeler et Stapp pour qui cet espace non local n'est pas seulement une description mathématique, mais aussi un espace métaphysique dans lequel la conscience peut exercer une influence parce qu'elle a des propriétés phénoménales. Phénoménal veut dire fondé sur des perceptions subjectives ou littéralement "des perceptions mentales subjectives". Selon cette interprétation, la présence de la conscience est première dans l'univers, et toute matière, ou réalité physique, est formée par la conscience non locale. Il n'y aurait plus aucune différence entre espace non local et conscience. L'idée n'est pas neuve. Au XVIIe siècle déjà, Newton soutenait que l'espace omniprésent pouvait être rempli par une "substance spirituelle" ; il appelait l'espace "l'observatoire divin". (op. cit. : van Lommel p. 221-222)

– **la conscience « non localisée dans le cerveau, pas fabriquée par le cerveau »** de Stanislas Grof. Ce psychiatre tchèque a expérimenté le LSD avec des schizophrènes et sur lui-même, ce qui l'a propulsé dans les états de conscience de la NDE et du mysticisme. Puis il a remplacé ce shoot prohibé pour les patients par un sniff d'air pur tiré du rebirth et transformé en « respiration holothropique ». Voici ce qu'il en dit dans une interview à *Psychologies Magazine* d'octobre 2012 : « Aujourd'hui, on en a la certitude – que la conscience n'est pas fabriquée par le cerveau comme la bile par le foie, mais qu'elle se trouve "ailleurs". L'image que je donne souvent, c'est celle du poste de télévision : vous pouvez le démonter, l'étudier, comprendre pourquoi il y a des images en couleur et des chaînes différentes, cela ne vous dira rien sur la façon dont sont fabriqués les programmes, ni d'où ils viennent. Dire que la conscience est uniquement une affaire de cerveau revient à dire qu'un programme est fabriqué par le poste de télévision ! » (*op. cit.* p. 150)

Ces nouveaux « objets transcendants » conduisent au même impérialisme que celui des psychanalystes avec l'inconscient (pris comme objet et substantif) et que les monothéistes avec leur Dieu jaloux. L'illustration nous en vient aujourd'hui même où la France veut légaliser le mariage homosexuel et l'homoparentalité. Et qui s'oppose ? les psychanalystes et l'Église chrétienne, sous des prétextes relevant du même monothéorisme : des paroles vieilles de 120 ans et de 2000 ans. L'inscription de la Présence Juste dans le corps (dont la conscience n'est qu'une des fonctions, même si c'est une des plus précieuses) préserve de ces outrances. Le corps est le siège de notre démarche et de notre cheminement. Le corps est le lieu des processus dynamiques évoqués et ne recèle pas d'absolu. Le corps respecte le principe d'inconceptitude : on ne peut conceptualiser ni Dieu, ni la conscience, ni l'inconscient. On les vit et on ne peut, ni ne doit, se réfugier dans l'absolu de ces concepts.

Les scientifiques qui consacrent tout leur temps à l'étude de la conscience restent beaucoup plus prudents. Un article récent de Sid Kouider, chercheur au CNRS et responsable de l'équipe Cerveau et conscience à l'École normale de Paris nous propose l'état des connaissances en ce début 2013 : « La conscience dans une impasse ? » (*Cerveau et Psycho* n° 56) Voici les idées force et une citation directe sur la « conscience phénoménale ». Nous proposons de notre côté une approche phénoménologique descriptive et pragmatique exposant les méthodes et vécus qui nous permettent un premier niveau d'abstraction. Kouider, lui, part des recherches « dures » pour arriver au… même point que nous, mais avec la crédibilité du scientifique en plus. Voici d'abord la synthèse de cette recherche.

« Les neuroscientifiques ont commencé par rechercher l'"aire de la conscience". En fait, il n'y aurait pas d'aire spécifique, même si le cortex préfrontal joue un rôle crucial. On admet aujourd'hui qu'il existe un espace neuronal global qui sous-tend la conscience. Il pourrait exister deux types de conscience : la conscience d'accès (nos représentations du monde) et une conscience phénoménale (l'expérience subjective, que nous ne savons pas décrire précisément). Cette dernière serait, pour certains, impossible à étudier. Les chercheurs pensent aujourd'hui que les phénomènes non conscients jouent un rôle beaucoup plus important que les phénomènes conscients. » (op. cit. p. 39)

Nous avons bien lu : il y a une « conscience phénoménale » et c'est celle-là même que fait advenir la méditation quelle qu'elle soit, la nôtre y compris. Reprenons.

- Il y a des perceptions non conscientes, trop faibles en intensité et trop brèves en temps qui sont néanmoins actives et efficaces.
- Lorsque ces stimuli s'intensifient et se prolongent, ils deviennent conscients grâce au passage par le lobe préfrontal qui diffuse le message aux principaux réseaux neuronaux, c'est la « conscience d'accès », celle-là même que la méditation veut dépasser.
- « Ce sont des phénomènes de synchronisation globale, impliquant le couplage oscillatoire d'assemblées de neurones distantes situées dans le cortex visuel, le cortex pariétal et le cortex frontal, qui sont liés à l'expérience consciente » (op. cit. p. 43). Les recherches avec de grands méditants par IRMf par exemple, imagerie par résonance magnétique fonctionnelle, révèlent que leur pratique opère cette synchronisation, que nous appelons saturation du champ de la conscience.
- Et nous arrivons à cette « conscience phénoménale » que Kouider expose avec clarté et que nous devons lire dans le texte.

« La conscience phénoménale, quant à elle, correspondrait à l'expérience subjective en soi, c'est-à-dire le ressenti pur, par exemple la peine intense que nous éprouvons dans certaines circonstances sans pouvoir la décrire avec précision, ou la sensation ressentie quand nous contemplons une scène complexe, dont nous savons décrire un ensemble limité d'éléments, mais pas la scène globale. La conscience phénoménale serait le contenu riche et omniprésent auquel nous sommes exposés à chaque instant, alors que la conscience d'accès ne constituerait que les quelques contenus sur lesquels nous pouvons porter notre attention et que nous pouvons rapporter à un instant donné...

« C'est la compréhension de la forme phénoménale de conscience qui serait... le vrai défi pour les scientifiques. Cette forme de conscience repose sur l'intuition très forte que la conscience ne se limite pas à ce que nous pouvons rapporter, mais qu'elle implique une multitude de sensations et de sentiments dont nous ne parvenons pas à décrire le contenu.

« Nous avons montré que la conscience phénoménale, même si elle existait, ne pourrait tout simplement pas être étudiée de manière scientifique. Pour le comprendre, imaginons cette expérience de pensée : supposons un instant qu'il existe une forme de conscience indépendante de la conscience d'accès, et demandons-nous alors quand nous pourrions savoir si quelqu'un est conscient. Le simple fait de lui demander de rapporter s'il est conscient de quelque chose ne modifie-t-il pas instantanément son état mental en le faisant automatiquement aller vers les mécanismes de la conscience d'accès ? Si, alors qu'il est concentré à vous écouter parler, vous lui demandez s'il est conscient d'un objet situé à droite de son champ de vision, il devra, pour le déterminer, y porter son attention (même sans bouger les yeux) et faire appel à certaines formes d'introspection pour savoir de quoi il était conscient au moment où vous lui avez posé la question. Tous ces mécanismes sont propres à la conscience d'accès et perturberaient nécessairement la conscience dite phénoménale. » (*op. cit.* p. 44-45)

Nous abordons ici le cœur même de la méditation la plus aboutie avec ses recommandations précises qui doivent faire accéder à l'éveil. La conscience d'accès est distraction et c'est l'autre qu'il faut rechercher. Comme le soulignent le philosophe Daniel Dennett, de l'Université de Tuft, et le psychologue Michael Cohen, de l'Université de Harvard, qui ont repris notre approche, l'expérience parfaite permettant de sonder la conscience phénoménale pure est… tout simplement impossible. Même si la conscience phénoménale existe, nous sommes aujourd'hui incapables de la saisir. » (*op. cit.* p. 45)

C'est là que nous proposons le « principe d'inconceptitude ». On ne peut pas mettre en concept ! On peut juste le vivre. « Mais entendons-nous bien, cela ne réduit en rien les capacités de notre cerveau. Bien au contraire ! Cela signifie plutôt que nous nous sommes trop focalisés sur la conscience. À l'image des icebergs dont la partie émergée, visible, ne représente qu'une petite partie du volume de ces gigantesques blocs de glace, la conscience ne serait qu'une toute petite partie des phénomènes qui traduisent notre présence au monde. Il ne nous reste plus qu'à explorer la partie cachée, bien plus importante et plus riche : celle des mécanismes non conscients. Et gageons que la prochaine décennie, placée sous le signe du non-conscient, sera aussi riche (plus riche ?) en découvertes que la précédente centrée sur la conscience. » (*op. cit.* p. 45)

Cette conscience phénoménale existe, évidemment, c'est celle des méditants et des mystiques et même de M. Jourdain. Mais les scientifiques n'arrivent pas à la sonder expérimentalement. Elle est inconceptualisable. Essayons d'être au moins aussi modeste que des scientifiques tels que Dehaene, Changeux, Naccache et Sergent qui ont produit le « modèle aujourd'hui considéré comme la théorie neurocognitive la plus aboutie et la plus fonctionnelle » (*op. cit.* p. 42) selon Kouider.

Revenons néanmoins à notre démarche expérientielle, phénoménologique, pragmatique et abordons la Médecine Méditative et Intégrative que notre Pleine Présence contribue à développer.

Deuxième partie

La Médecine Méditative et Intégrative (MMI)

Méditation et Psychothérapie, les deux compléments de la Médecine organique

Chapitre VI

Mindfulness et la médecine intégrative

Les miracles de la médecine scientifique

Samedi matin, je sortais dans la cour et, après dix mètres, je ressentais le premier symptôme aigu de mon insuffisance cardiaque. J'étais à bout de souffle ; plus d'air, plus moyen d'avancer. Une chaise était là pour me recevoir et me redonner assez d'énergie pour retourner à la maison. L'après-midi, je m'aventurais à cinquante mètres, doucement, précautionneusement. Dimanche, je me suis remis à arpenter mon parc, cinq cents mètres. En bon psychothérapeute et néanmoins médecin, j'essayais encore de biaiser, réprimer, nier. Lundi, à cinq heures du matin, je me réveille ; j'ai tellement mal que je capitule et appelle mon cardiologue. Il me répond, à cinq heures du matin, un cardio-libéral ! Il a vite compris, me dissuade de venir en consultation chez lui, même en urgence et m'organise une coronarographie dans une clinique privée pour huit heures. Marie-Christine me prépare une sacoche avec affaires de premier secours « en cas de nécessité ». Il me les faudra pour quinze jours.

À la clinique, tout le monde m'attend pour la coronarographie à huit heures pile. On me plonge en quasi anesthésie générale puis m'installe en une bruyante salle de réveil, où l'on passe comme dans un moulin. Diagnostic : des artères coronaires bouchées, faut opérer. Interdiction de rentrer à la maison à cause du risque d'infarctus, surtout que mon cœur est intact. Obtention d'une chambre individuelle avec vue sur l'Ill, la rivière qui traverse Strasbourg, et la cathédrale. Le cardio de la clinique arrache une intervention chirurgicale pour le samedi aux Nouveaux Hospices Civils (NHC), lieu mythique de la chirurgie cardiaque. Ça sert d'être médecin ! Après quinze jours j'étais rentré chez moi, j'avais repris mes formations quand je reçus une épaisse lettre des NHC m'annonçant qu'ils allaient m'opérer dans les quatre semaines ! La médecine, en cette époque de crise, c'est aussi cela.

Je me suis réveillé avec quatre nouvelles artères coronaires. On a dérivé les deux artères mammaires. Ah bon, on en a aussi ? Mon cœur baigne dorénavant dans du bon lait paternel. On m'a prélevé la veine saphène de la jambe droite pour en faire deux autres anastomoses. Je suis donc un veinard ! Opération réussie. Les suites opératoires s'avèrent parfaites pour le cœur. Seul mon sternum souffre. Il a été coupé de haut en bas pour ouvrir mon thorax comme un buffet à deux battants. Il doit se ressouder et c'est la plus grande souffrance, au coucher et au lever, à chaque changement de posture. Personne ne m'a appris à bouger ergonomiquement. Après quatre jours, j'apprends qu'on peut abaisser le lit électriquement pour faciliter son accès ! Le kiné passe après six jours. Il m'enjoint de cracher comme un routier pour purger les bronches. Ça fait trembler toutes les cicatrices. Je renonce. Les infirmières sont attentionnées, les stagiaires mignonnes. Il y en a une dizaine dont chacune a une tâche bien précise comme sur les chaînes d'assemblage : température, poids, glycémie, tension, pansements… Quand je demande quelque chose, c'est toujours l'autre qui est en charge. Quant aux Nouveaux Hôpitaux Civils, ils sont tout neufs, minimalistes, en verre et acier, apparemment fonctionnels sauf que l'infirmière de garde vient de deux cents mètres quand je l'appelle en urgence. J'ai même demandé des somnifères les premiers jours. À la cafète, j'avais mon café bien avant le petit déjeuner officiel et même le journal *Le Monde*.

Médecine scientifique, techno- et pharmaco-logique

Encore faut-il savoir s'en servir, de cette médecine, et en avoir les moyens. Les psychothérapeutes et les psychosomatothérapeutes sont traditionnellement réservés face à la médecine classique. Les psychothérapeutes analystes veulent comprendre avant de se faire soigner ; ils interprètent au lieu de recourir au médecin. Les psychosomatothérapeutes prennent le temps de ressentir et de se centrer sur le vécu… Un collègue suisse, psychiatre, créateur d'une forme de psychanalyse corporelle puissante et remariée à une jeune collègue impétueuse, s'est retrouvé tout d'un coup dans d'étonnants états de conscience et il s'y est investi pendant trois jours jusqu'à l'apparition d'une hémiparésie (paralysie d'un côté du corps). Il avait un hématome sous-dural qui comprimait son cerveau. La médecine l'a sauvé, non sans séquelles !

Moi-même, je paye pareille automédication avec trente ans de retard. Aux premiers temps de la somatanalyse et de son travail émotionnel intensif, j'assiste un grand malabar allongé sur un matelas avec une grosse émotion bloquée. Je l'encourage à s'exprimer, je le pousse à crier. Rien. Je recours à la provocation et à l'acupressure un peu douloureuse lorsqu'il bondit violemment et me saute dessus. Je fais un roulé-boulé arrière et il m'écrase de ses cent dix kilos au moment où je suis sur la nuque. Je sens un craquement puis une douleur. Ce n'est pas grave, « c'est une petite élongation d'un muscle du cou », me dis-je ; je laisse traîner et j'oublie, réajustant de temps en temps le port de la tête pour faire disparaître la gêne. Trente ans plus tard, j'apprends par radiographie que le disque intervertébral C_5 – C_6 a disparu et que je dois à présent ajuster mon port de tête en permanence pour ne pas écraser le nerf C_5 qui innerve le bras ! C'était un accident du travail que je n'avais évidemment pas déclaré !

La méditation n'est pas toujours anodine et la psychothérapie non plus. Pourtant, ce sont les deux alliés de cette médecine qui aide à faire passer l'humanité à sept milliards de citoyens et bientôt à neuf. Avec mes dix-huit années d'études supérieures (10 en médecine, 6 en sciences humaines et 2 en philosophie scolastique) et mes deux thèses de doctorat (médecine et sociologie/ethnologie), je ne peux pas ne pas être formaté science et je respecte la démarche médicale néanmoins clinique. Je reste prudent quant à l'utilisation des découvertes scientifiques, qu'elles soient anatomiques (découverte de la partie interne du clitoris qui contourne le vagin et crée le point G), biologiques (référence aux neuromédiateurs cérébraux dont on connaît plus de cinquante à présent), physiologiques (activation d'une zone intracérébrale avec une aiguille qui déclenche une extase mystique et la découverte de Dieu). Je reste prudent dans les étiologies, ne jonglant pas facilement entre cause et maladie. La quinzaine de livres que j'ai écrits ne comportent pas de grossière erreur dans ces domaines. Pourtant, la profession psychothérapique ne fait pas toujours preuve de rigueur. De l'autre côté, la tentation est grande de se badger du label de la science. Le cognitivisme thérapeutique et les sciences cognitives qui envahissent la psychologie troquent peu à peu leur dénomination d'origine pour celle de « neuroscience ».

Bref, en intitulant cette deuxième partie médecine méditative et intégrative, nous entendons clairement la médecine de notre époque, sans équivoque, celle que j'ai apprise et celle qui m'a sauvé la vie. C'est cette médecine même qui appelle des compléments pour redevenir « *person centered* », centrée sur la personne, comme je l'ai longuement développé dans *Le Manifeste* (Meyer 2010). À la technicité, on a aussi ajouté du psycho- pour faire de la psychosomatique. Sur l'Occident, on a greffé de l'Orient avec l'acupuncture et les médecines chinoise et ayurvédique. Dans nos propres campagnes, on retrouve les guérisseurs, rebouteux et autres magnétiseurs. On reconnaît les médecines douces et complémentaires. Les médecins parlent de leurs relations avec les patients dans les groupes Balint d'inspiration psychanalytique. Bref, la médecine la plus rigoureuse retrouve l'humain, le relationnel, le psychologique, l'existentiel et le spirituel.

La méditation et la médecine intégrative

La méditation est la pratique idéale pour recentrer la médecine conventionnelle sur l'humain et sur la clinique, sans renier les techniques, appareillages et autres médications. Quand j'ai créé la Présence Juste, je n'ai pas voulu l'appeler méditation, du moins pas officiellement. L'ambiance n'y était pas encore, ni en médecine ni même en psychothérapie. Le mot allemand *Seele* qu'utilise Freud, on continuait à le traduire par psyché au lieu de respecter sa traduction évidente : âme. À la même époque se développait aux États-Unis une pratique équivalente à la Présence Juste quant aux processus et effets sinon par les origines. C'est Jon Kabat-Zinn, que nous avons déjà cité en première partie, qui l'a lancée en reprenant le concept de « mindfulness », pleine conscience. Il évitait tout autant le terme de méditation, du moins en titre alors que ses textes regorgent du mot. En France, on franchit le pas et l'on évoque une « méditation pleine conscience ». Christophe André, promoteur de la mindfulness est en tête des best-sellers.

Cette pratique est née dans une clinique dédiée aux patients stressés et a été transplantée dans une autre clinique spécialisée dans la dépression. Elle porte des dénominations médicales : MBSR, mindfulness based stress reduction et MBCT, mindfulness based cognitive therapy. Depuis lors, de nombreuses universités américaines ont intégré la pratique de la pleine conscience à la médecine et appellent cette connexion « médecine intégrative ». Citons Jon Kabat-Zinn.

« Les champs de la médecine psychocorporelle et intégrative ont gagné en reconnaissance depuis l'écriture de ce livre. Nous utilisons le terme *Integrative Medecine* pour couvrir les approches thérapeutiques psychocorporelles ainsi que toutes les autres modalités thérapeutiques scientifiquement étayées, parmi ce qu'on appelle parfois la médecine complémentaire et alternative (CAM). Il existe à présent un Academic Consortium on Integrative Medicine. Il regroupe des représentants de vingt-deux facultés de médecine des États-Unis et du Canada, et leur nombre croît rapidement. Les praticiens de la médecine intégrative s'accordent généralement pour dire que la mindfulness même forme le « contenant » de cette discipline. Sans la pleine conscience et la "présence" non-jugeante qu'elle encourage et nourrit chez les professionnels de la santé, la dimension sacrée de la relation patient-médecin est trop facilement érodée ou perdue, et le potentiel profond qu'a chaque être humain pour apprendre, croître, guérir, et se transformer personnellement au long de sa vie, s'en trouve ignoré ou involontairement mais activement contrarié. » (Kabat-Zinn p. 34)

La mindfulness est une recombinaison de pratiques orientales, principalement de yoga, zazen et vipassana. La Présence Juste, elle, se constitue de douze psychothérapies et psychosomatothérapies que j'enseigne aux médecins qui suivent la formation de mon école. Nous rapprochons nous aussi médecine et méditation, deux termes si proches qu'ils pourraient avoir des liens de famille comme le postule Kabat-Zinn dans son livre princeps : *Au cœur de la tourmente, la pleine conscience*. La citation commence par une méditation sur les concepts qui nous sont chers. Le mot *health* (santé) lui-même veut dire *whole* (entier, complet). *Sain* implique une intégration, une interconnexion de toutes les parties d'un système ou d'un organisme, une complétude. La nature de la complétude est d'être toujours présente. (N.d.T : En anglais, les termes "*health*" et "*whole*" viennent de la racine indo-européenne *kailo*, qui signifie complet, intact. En français, le terme "*santé*" n'est pas associé à cette racine.) »

La citation continue avec une réflexion sur la rencontre de la médecine et de la méditation. « La notion de complétude ne se retrouve pas seulement dans le sens des mots *santé* et *guérison* (et, bien entendu, également dans le mot *saint*) ; nous la trouvons également enchâssée dans la signification profonde des termes *méditation* et *médecine*, mots qui sont de toute évidence reliés entre eux d'une manière ou d'une autre. Selon David Bohm, physicien théoricien dont le travail implique l'exploration de la totalité en tant que propriété fondamentale de la nature, les mots *médecine* et *méditation* viennent du latin *mederi* qui veut dire "soigner". *Mederi* vient de la racine indo-européenne plus ancienne qui signifie "mesurer".

« Maintenant, que peut bien avoir à faire le concept de mesure avec la méditation ou la médecine ? Rien, si nous pensons à mesure de la manière habituelle, en tant que processus de comparaison de dimensions d'un objet à un standard extérieur. Mais le concept de "mesure" a une autre signification, qui nous vient de Platon. C'est la notion que toutes les choses ont, selon David Bohm, leur "juste mesure intérieure" qui les rend telles qu'elles sont, qui leur donne leurs propriétés. La "médecine", vue sous cet angle, est fondamentalement le moyen par lequel la mesure interne juste est restaurée quand elle est troublée par une maladie, une lésion ou une blessure. De même, la "méditation" est le processus consistant à percevoir directement la mesure interne juste de son être, par une observation de soi attentive et dénuée de jugement. La juste mesure intérieure est, dans ce contexte, une autre façon de nommer la plénitude. Il n'est donc peut-être pas aussi farfelu qu'il y paraît à première vue, d'avoir dans un centre médical une clinique basée sur la méditation. » (*op. cit.* p. 220-221)

Cette première étymologie du terme méditation doit se compléter par une seconde que nous tirons du site Ekopedia. « Le mot méditation semble avoir deux sens relativement différents. Selon son étymologie, le verbe méditer vient du latin *meditari* qui signifie "réfléchir". La méditation serait alors l'action de réfléchir, le fait de se concentrer sur un sujet de réflexion. Le sens de ce mot s'est cependant élargi par l'ouverture des pays occidentaux aux sagesses et spiritualités orientales. En effet, la méditation est au cœur des pratiques du bouddhisme, du taoïsme, du yoga et de bien d'autres formes de spiritualité. Et malgré les différences dans les formes, l'essence semble rester la même.

« Selon cette deuxième définition la méditation est une pratique qui permet de calmer ses pensées par le repos physique et intellectuel, tout en restant conscient, en ne recherchant ni à penser, ni à non-penser, en fixant son esprit sur une pensée, un objet ou la respiration. Dans les Yoga-sutra de Patanjali, le terme est *dhyana*, devenu "zen" au Japon. Dans le Yoga on utilise plusieurs supports de méditation : visualisation d'une forme, d'une image, d'une déité, et surtout d'un son appelé mantra. La science des mantras est appelée Japa yoga. De même que la pratique des asanas fait partie de l'hygiène du corps, le pranayama, d'une hygiène de la respiration, on peut dire que la méditation est une pratique pour l'hygiène du mental.

« Dans la spiritualité contemporaine, le terme de méditation prend souvent une extension pour désigner un état de lucidité silencieuse, d'où les constructions mentales sont absentes. C'est ce que l'on retrouve par exemple chez Krishnamurti ou Jean Klein. Il n'est plus alors question d'une pratique amenant le silence de l'esprit, mais de l'épanouissement spontané du silence dans la vie quotidienne. Toute la vie devient en quelque sorte méditation. Les deux sens ne sont pas vraiment contradictoires, cependant ceux qui privilégient le second sens ont tendance à dénier la valeur d'une pratique de la méditation dans le premier sens. »

La conclusion de ce texte sonne juste. Personnellement, j'ai longtemps suivi les recommandations des méditants orientaux, évitant au maximum de penser, de me laisser aller à ce qu'on dénigre comme « mental ». Mais je m'abandonne de plus en plus à la pensée… intuitive. Solidement ancré dans la présence, plein de volupté, félicité et agapé, je laisse venir la pensée. Beaucoup de textes de ce livre naissent ainsi. Je médite et la suite arrive. Dès que l'inspiration décline, je vais méditer. (Là, par exemple, je m'arrête d'écrire, je me prépare le café postprandial et je vais… regarder la coupe du monde de biathlon à la télé, d'autant plus que Martin Fourcade gagne tout en ce moment. Mais je coupe le son, ce qui me permet de penser et méditer en même temps !)

Mindfulness, la méditation pleine conscience

Cette pratique américaine a su convaincre les psychothérapeutes et les médecins des bienfaits de la méditation. L'idée de départ est pourtant simple, l'arrivée est un plein succès. Référons-nous à Frédéric Rosenfeld, psychiatre à Lyon, que j'ai déjà cité dans *Le Manifeste*, auteur de *Méditer c'est se soigner.* « La Mindfulness attitude est la posture mentale de "pleine conscience". Quels que soient les phénomènes qui viennent se porter à la connaissance de ma petite conscience – des pensées, des images mentales, des idées, des sensations physiques, des émotions, etc – je suis en pleine conscience à partir du moment où j'en prends simplement note, sans chercher à les juger, les comprendre, les chasser ou m'y agripper. La conscience regarde, c'est tout. » (*op. cit.* p. 97)

Voici comment cette « pleine conscience » s'est développée aux États-Unis. « Dès les années 1970, la pleine conscience fut isolée par des chercheurs en psychologie américains qui reconnaissaient déjà ses vertus thérapeutiques. C'était l'amorce d'une étude qui allait gagner ses lettres de noblesse grâce à l'intérêt que Kabat-Zinn allait lui porter. Mais laissons l'inventeur inspiré de la MBSR en parler avec lyrisme : "La pleine conscience repose au cœur même du bouddhisme, dans toutes ses formes et toutes ses traditions. Cependant, son essence est universelle, dans la mesure où elle cherche à affiner l'attention et la vigilance. Elle est un véhicule puissant pour travailler à l'exploration de son soi profond, à la recherche des causes ultimes de la souffrance, et pour s'en libérer." Comme le rappelle Kabat-Zinn, la pleine conscience dérive de l'enseignement du Bouddha historique ; elle est une traduction du terme pali *sati.* Mais comme on l'a vu, il est vraisemblable que la pleine conscience soit encore antérieure au Bouddha ; les bases de cette technique se retrouvent dans des disciplines hindoues très anciennes, qui puisent elles-mêmes leurs sources dans des écrits.

« Plus près de nous, deux définitions approchantes sont données par les créateurs de la MBSR : être *mindful,* c'est le fait d'"amener toute sa vigilance sur l'expérience de l'instant présent, moment après moment" ou de "porter son attention sur le moment présent, avec intention, et sans jugement de valeur sur ce qui vient". » (Rosenfeld p. 97-98)

Et vint Jon Kabat-Zinn

C'est à ce biologiste que l'on doit la reconnaissance et l'expansion non seulement de la mindfulness mais de la méditation en médecine. C'est par la grande porte que se fait cette entrée, en France notamment. Le courant cognitivo-comportemental a adopté la méditation comme troisième dimension, et, tant qu'à faire, y a ajouté une quatrième, la dimension émotionnelle (Cottraux). On peut parler de grande porte parce que ce courant à présent méditativo-, émotio-, cognitivo-, comportemental a su ravir la place privilégiée qu'occupait la psychanalyse jusque-là, autant dans les hôpitaux psychiatriques (comme Sainte-Anne à Paris) que dans les facs de psychologie. Il est vrai que ces nouveaux méditants ont gardé un atavisme de hussards, attaquant violemment la psychanalyse avec le fameux *Livre noir de la psychanalyse* (cf. C. Meyer). Voici l'épopée de Kabat-Zinn.

« Dans la fin des années 1970, un jeune docteur en biologie moléculaire du prestigieux Massachusetts Institute of Technology arrondissait ses fins de mois en donnant des cours du soir. Mais le docteur Jon Kabat-Zinn n'enseignait ni la biologie ni la chimie des molécules de la vie. Et ses étudiants n'étaient pas les cerveaux en ébullition que la célèbre université de Harvard formait non loin. Il enseignait le hatha-yoga dans une tranquille église de Harvard Square.

Son cours faisait suite à d'autres leçons, prodiguées par un professeur différent : l'enseignement de la méditation bouddhiste vipassana, d'origine birmane. Réunis par leurs passions, les deux hommes se lièrent bientôt d'amitié. Ils comprirent rapidement que si leurs approches respectives étaient différentes, elles étaient comme deux portes qui aboutissaient au même lieu : celui d'une certaine sagesse de vie. Le yoga était un bon moyen d'éviter les inconvénients physiques et psychiques de la sédentarité, en particulier chez les personnes souffrant de douleurs chroniques ; et de façon plus poétique, il représentait également un art d'utiliser le corps comme un passage vers la liberté et l'accomplissement de soi. En regard, vipassana prodiguait à celui qui le pratiquait une perception plus vigilante sur le mouvement naturel des émotions, des sensations physiques et des pensées ; et il permettait de prendre de la distance avec le stress quotidien et toutes sortes de pénibles réactions physiques ou mentales. » (Rosenfeld p. 94)

Le mérite de Kabat-Zinn, c'est d'y croire et de tout mettre en œuvre pour réaliser. Il conçoit et dirige une clinique qu'on appellerait en Europe psychosomatique et réalise des études statistiques sur les résultats de la MBSR, non seulement dans le stress, mais encore dans nombre d'autres pathologies. Il est vrai qu'il faut se méfier des résultats qui en sortent et qui nous rappellent les chiffres dignes de Moubarak et de Poutine. Il y a presque soixante ans, Eysenck frôlait les 80 % de guérisons avec la thérapie comportementale. Plus près de nous, Shapiro arrivait juste derrière avec l'EMDR. Et quand les statistiques ultérieures fondaient comme les notations des finances européennes, Shapiro s'est défaussée sur ses élèves qui n'auraient plus respecté le protocole en 10 ou 12 points !

Une histoire instructive est à rapporter ici. Les succès de Kabat-Zinn avaient séduit l'équipe de thérapeutes cognitivistes déjà évoquée et engagée dans le soin des dépressifs. Le cognitivisme améliore le trouble dépressif majeur avec le protocole créé par Aaron Beck. Mais, comme chacun le sait, le dépressif rechute et les cognitivistes n'avaient rien pour prévenir ces rechutes. Ils s'intéressèrent donc au MBSR et se déplacèrent trois jours pour relever les protocoles et les proposer à leurs patients. Mais il ne se passa rien pour ces derniers. Où est l'erreur ? Que faut-il apprendre ici ? Qu'il faut pratiquer soi-même ! Segal, Williams et Teasdale, puisque c'est d'eux que parle cette histoire, ont compris. Ils sont retournés chez Kabat-Zinn pour apprendre la pratique et pratiquer personnellement puis ça a marché. La MBCT est née. Mindfulness based cognitive therapy est efficace : elle retarde et atténue les rechutes et fait des émules en France.

Le Protocole de la mindfulness

Kabat-Zinn a consacré sa vie à la MBSR. Il en est récompensé. Il a fait un travail que je n'ai pas réalisé de mon côté, occupé que j'étais avec les somatothérapies et somatanalyses pendant vingt ans et douze livres puis avec l'intégration des psychothérapies et psychopathologies en mille six cents nouvelles pages. Je suis profondément reconnaissant à mon collègue d'avoir frayé ce chemin dont je profite pleinement. En effet, je considère que nos deux pratiques sont jumelles et que les résultats des MBSR et MBCT se reportent sur la Présence Juste. J'espère que ce livre pourra convaincre mes collègues de cette proximité. Bien que profitant de l'aura de l'Orient, de millénaires de tradition et de dénominations mythiques (yoga, zen, vipassana, bouddhisme), la pratique de la mindfulness est avant tout corporelle, psychocorporelle, psychosomatothérapique. Voici, en résumé en quoi elle consiste selon son créateur :

- « **Concentration sur la respiration** : « la façon la plus facile et la plus efficace de commencer à pratiquer la pleine conscience en tant que pratique formelle de méditation, est de diriger simplement votre attention vers votre respiration et de voir ce qui se passe si vous essayez de la maintenir pendant plus de trois minutes. » (*op. cit.* p. 93)
- **Assise** : « en méditation, nous appelons "méditation assise" ou simplement "assise" le cœur de la pratique formelle. » (*op. cit.* p. 105)
- **Scan corporel** ou balayage du corps : « dans le scan corporel, l'idée est de vraiment sentir chaque partie du corps sur laquelle vous vous focalisez et d'y demeurer, l'esprit centré *sur* elle ou *en* elle. Vous inspirez *dans* et expirez *hors* de chaque région plusieurs fois puis la laissez s'éloigner tandis que votre attention passe à la région suivante. » (*op. cit.* p. 124)
- **Yoga** : « le hatha-yoga en pleine conscience est la troisième technique formelle de méditation que nous pratiquons à la clinique du stress, avec le scan corporel et la méditation assise. Il consiste en exercices d'étirements et de renforcement doux,

exécutés très lentement, avec une attention d'instant en instant au souffle et aux sensations. » (*op. cit.* p. 143)
- **Marche** : « la méditation marchée implique de se centrer délibérément sur l'expérience de la marche elle-même. Elle implique de se centrer sur les sensations dans vos pieds ou dans vos jambes ou, alternativement, de sentir tout votre corps en mouvement. » (*op. cit.* p. 164)

Cette pratique est relativement simple. L'essentiel repose en sa pratique. Les patients enseignés pendant deux mois s'engagent à pratiquer tous les jours au moins une heure.

La Présence Juste

La Présence Juste est née à la même époque que le MBSR de Kabat-Zinn. Elle a été esquissée dans un moment d'angoisse personnelle à partir des somatothérapies et des psychothérapies qui m'étaient familières. Une première étape a permis de structurer ces outils en un protocole méticuleux proche du bodyscan qu'évoquent le protocole II et le protocole initial que nous verrons plus loin. Puis la pratique personnelle régulière a été ponctuée de développements inhérents à ce type de pratique, telle l'irruption de la circulation énergétique (la kundalini des Orientaux) et l'éveil de la lumière dans l'esprit (ouverture du sixième chakra). Les changements produits en moi ont permis d'élargir le protocole aux dimensions interpersonnelles et transpersonnelles puis à accéder à la méditation profonde. Enfin, l'enseignement de la méthode à plus d'un millier de professionnels a entraîné une démarche didactique et globale.

Depuis que j'écris ce livre et que je pratique intensément, une quatrième étape s'est annoncée : la stabilisation de l'éveil, non pas permanente mais dès que je me mets en condition. Quatre moments spontanés et surprenants marquent donc ce quart de siècle de pratique :
- l'intuition du protocole dans un moment d'angoisse ;
- l'éveil de la kundalini dans une période de souffrance affective et d'écriture ;
- l'éveil de la félicité et de la lumière ;
- la stabilisation de ces éveils.

Comme pour la MBSR, il suffit de pratiquer ! Par contre, comme nous le savons à présent, la PJ se constitue de douze psychothérapies et somatothérapies en une progression qui va de la relaxation à la méditation, protocole méticuleux qui cède peu à peu la place à des constructions beaucoup plus simples, au fur et à mesure de la familiarisation avec l'exercice. Voilà la différence majeure entre la PJ et la mindfulness, une différence quant aux origines. Là-bas, c'est yoga, zazen, vipassana et autres sagesses orientales. Ici, c'est l'essentiel des psychothérapies, somatothérapies et techniques psychocorporelles. Des deux côtés, c'est intégration d'exercices complémentaires. Le résultat est semblable : Pleine Présence, pleine conscience, traitement du stress et de l'anxiété (entre autres) jusqu'à méditation et manifestations mystiques. Mais pourquoi douze exercices, pourquoi ceux-là, et comment se fait cette progression du plus simple au plus complexe, des bases à l'extase ? Voici le dévoilement de cette intuition validée par la pratique et par la transmission didactique.

Chapitre VII

La Présence Juste, une démarche progressive par étapes

Trois cycles de quatre modules chacun, douze psychothérapies pour constituer la Médecine Méditative et Intégrative

Le premier cycle, personnel, apporte rapidement la relaxation, l'expansion dans l'espace, l'éveil énergétique et l'ouverture sensori-sensitive. On pourrait s'arrêter à ces bienfaits personnels mais on risquerait le repliement sur soi, le narcissisme et même l'addiction.

Il faut donc un **deuxième cycle, interpersonnel**, pendant lequel je me situe dans ma vie relationnelle, sociale et intime, au risque de rencontres (visualisées) désagréables et même douloureuses. Je dois travailler ces relations qui sont à l'origine de mes souffrances, du stress, choc et/ou bloc, pour ne pas cliver (faire comme s'il n'y en avait pas), pour ne pas amalgamer (renforcer une relation fusionnelle) ou bloquer (répéter le même). Cette première extension du champ du vécu aux autres me permet d'aller en toute sécurité dans la dimension transpersonnelle, vers l'Autre.

Le troisième cycle m'invite à dépasser les limites quotidiennes, personnelles et interpersonnelles, pour me connecter à la planète et à son esthétique, pour me rappeler la morale et ses devoirs, pour contacter les fondements éthiques et les valeurs, jusqu'à lâcher toutes ces structures dans la méditation mystique. Les onze premières étapes offrent la sécurité suffisante pour y aller, jusqu'à l'aboutissement de l'être.

Je soignais une voyante en psycho-somatanalyse, une femme de la cinquantaine, avec contact de la main (Meyer 2012). Elle apprit l'existence du groupe de PJ. Je lui ai fait confiance et l'ai admise à la troisième séance où se fait l'expansion du corps vers le haut (« Je suis grande »). Elle raconta que sa tête s'était tout d'un coup détachée du cou pour foncer jusqu'au plafond comme un ballon d'enfant plein d'air léger et y rebondir rythmiquement. Heureusement qu'elle s'arrêta à cette limite exigée par le protocole et qu'elle resta reliée au tronc par la petite ficelle du ballon. Notre voyante n'est revenue ni en PJ ni en psychothérapie individuelle ! C'est l'un des risques d'une indication précipitée : le morcellement psychotique.

On constate ici que la PJ se constitue d'exercices extrêmement puissants et que leur assemblage en renforce l'efficacité et le danger. On commence en somato- avant de partir en psycho- tout en se lestant de sa vie socio-. Nous recherchons la présence la plus juste possible à tous les niveaux. Voilà une des qualités majeure de ce protocole. Certes, mindfulness œuvre également dans le corporel (bodyscan), dans le mental (pensées automatiques) et le spirituel, mais c'est dans une certaine juxtaposition plus que dans une progression. Il en va de même pour la Présence Mantrique (PM) ou chant d'un mantra : c'est très corporel par le chant et la circulation énergétique, très spirituel par le sens des mots et très relationnel par la vénération des maîtres. La Présence Mantrique est globale tout comme la Présence Juste.

Le premier cycle, personnel

Fondamental et indispensable, ce premier cycle permet les vécus les plus riches et les plus satisfaisants. Il se compose des quatre méthodes simples et structurées que nous avons décrites. Nous voulons les revoir et les approfondir pour en montrer l'utilisation médicale.

■ Module 1 – La relaxation de Schultz ou training autogène

Elle apporte le premier secours à l'Occidental stressé. Elle le détend physiquement et le soulage des préoccupations mentales par l'investissement des sensations corporelles : perception de lourdeur, chaleur, calme, force, fraîcheur. Sa place semble évidente en ce démarrage. Cette technique est présentée dans *Le Manifeste* (Meyer 2010, p. 125-128). Elle nous permet de lâcher la pensée et de la remplacer par de douces sensations, grâce à la saturation du champ de la conscience.

Le training autogène est probablement la psychothérapie la plus pratiquée en Occident pour le stress et l'angoisse notamment. Bien des médecins l'apprennent et le proposent à leurs patients. Il reste une méthode douce pour le traitement ambulatoire, loin des deux mois d'hospitalisation préconisés par la clinique de Kabat-Zinn. Les patients ont malheureusement tendance à arrêter la pratique après l'amélioration du symptôme, d'où les formules d'accompagnement du MBSR et de la Présence Juste. En fait, il se fait un changement tout en douceur de la personnalité ce que les patients veulent éviter, sans trop le savoir.

■ Module 2 – L'expansion dans l'espace par le prolongement haptonomique (de Frans Veldman)

Il renforce le relâchement grâce à l'étirement de l'enveloppe corporelle jusqu'aux six parois du lieu. La carapace musculaire épaisse et rigide s'affine et s'allège. Nous la travaillons comme un bloc de pâte pour en faire une fine lame à pizza. Ça rend léger, confiant, joyeux. L'on habite gaillardement le lieu qu'on occupe. Nous sortons aussi de nos limites anatomiques, du schéma corporel de Schilder (disciple de Freud), pour entrer dans l'image du corps de Françoise Dolto (proche collaboratrice de Lacan). La présentation de l'haptothérapie arrive dans quatre pages.

■ Module 3 – L'éveil de la circulation énergétique

Ce corps en expansion agrandit un espace intérieur propice à la libération énergétique. Ce creux ne peut pas rester vide. Il se comble spontanément. Il suffit de porter son attention sur les sept segments de ce corps ouvert pour y sentir quelque chose de chaud et de voluptueux qui se concentre en un flux dense et fort. La relaxation a libéré l'énergie et la concentration sur les sept segments du corps et condense cette énergie en volupté. Le corps relaxé et expansé ne doit pas en rester à une diminution du stress ; il exige un rééquilibrage par un contenu intérieur positif, par l'eustress (Selye). Le corps de maîtrise (de la musculature striée) passe le relais au corps de jouissance (des viscères à musculature lisse). L'équilibre est rétabli mais à un tout autre niveau.

Le travail sur les énergies n'a jamais trouvé d'utilisation importante dans la médecine occidentale. On peut pourtant remonter à Hippocrate qui préconisait une saine sexualité pour soigner l'hystérie et aux médecins du XVIIIe au XXe siècles qui prodiguaient dans la même indication des massages de la vulve jusqu'à l'orgasme. Aujourd'hui, des sages-femmes recommandent l'orgasme masturbatoire pour faciliter l'accouchement.

Mais ce sont les médecines chinoises et ayurvédiques qui investissent pleinement les centres énergétiques (chakras) et la circulation énergétique (kundalini). L'acupuncture en est la forme la plus importée. Les massages « chinois » (de la vulve) maintiennent discrètement la tradition des médecins évoqués ci-dessus. La MBSR de Kabat-Zinn n'explicite pas particulièrement la dimension énergétique. Par contre, toute méditation pratiquée en profondeur et en durée (des années) débouche spontanément sur l'éveil énergétique, sans cela les pratiquants laissent tomber tôt ou tard. La médecine classique a besoin d'intégrer cette dimension pour devenir globale. La PJ en est un excellent moyen.

■ Module 4 – L'ouverture sensori-sensitive

Il ne reste à ce vécu relaxé, spacieux et énergétisé, qu'à ouvrir ses récepteurs sensori-sensitifs qui s'insèrent sur la partie antérieure du corps pour les sensibiliser aux stimuli extérieurs. Chacun de ces organes de perception est lui-même un centre énergétique qui s'éveille avec une qualité spécifique. Nous pouvons faire couler cette énergie de haut en bas, du front aux orteils, stimulant la vue, l'odorat, la tendresse, jusqu'à constituer les mains de guérisseur caractérisées par leur énergétisation. La présentation à venir du scan corporel de Kabat-Zinn approfondira cette étape.

La globalisation du cycle personnel

Au début de la PJ, je privilégiais les repères spatiaux comme le décrit le protocole II (relaxation vers le bas, étirement vers le haut, force dans le dos et ouverture à l'avant) pour déboucher sur une globalité quasi sphérique. Peu à peu, cette plénarisation est relayée par l'essence même de chaque étape : détente, expansion, energétisation, sensori-sensitivité. Avec l'entraînement, cette complétude s'inscrit dans des dimensions subtiles chaque fois nouvelles, tout en respectant le protocole de base.

L'une de ces émergences pourrait s'appeler « plénitude existentielle ». La pratique prolongée remplit le ventre d'une **volupté** (grâce aux endorphines intestinales notamment) que nous pouvons faire monter le long de la colonne (en trois à quatre secondes) et laisser envahir le cerveau pour y éveiller **félicité** et **lumière**. À ce moment, nous ressentons deux pôles apparemment séparés, volupté et félicité, et c'est en laissant couler cette dernière jusqu'au cœur que la **tendresse** qu'elle y éveille réunit les deux pôles et n'en fait plus qu'un.

Cette plénitude existentielle n'est pas un exercice en soi mais la résultante de la pratique des quatre premières psychosomatothérapies. Néanmoins, avec le temps et l'assiduité, ces trois pôles s'éveillent spontanément, séparément, seul, à deux ou trois. Nous pouvons alors les retrouver rapidement et facilement par la concentration sur ces trois segments corporels. C'est ce que j'appelle « somatanalyse instantanée » longuement décrite dans "Nouvelles pathologies psy" (Meyer 2012). La stabilisation de cette plénitude correspond à ce qu'on dénomme ailleurs éveil. Il ne faut cependant pas chercher midi à quatorze heures. C'est simple : il faut pratiquer. C'est limité : il faut s'en contenter. C'est doux : il faut un mode de vie calme et centré. La plupart des pratiques s'arrêtent là avec ce seul premier cycle, parce que c'est bon et stable pour ne pas risquer la souffrance d'une mauvaise rencontre. Mais il faut se méfier de cet évitement qui est aussi une fuite devant des présences encombrantes.

Voici les descriptions détaillées de deux des méthodes thérapeutiques évoquées. Il s'agit de la séance d'haptothérapie avec toucher en prolongement et du bodyscan de la MBSR. Ces méthodes permettent de mieux comprendre ce qui se décrit jusqu'à présent. Elles servent aussi à l'entraînement des soignants et psychothérapeutes.

L'haptothérapie de Frans Veldman

Frans Veldman couche son patient sur une table médicale, en slip, et lui explique qu'il teste d'abord ses mécanismes de défense. Il appuie brutalement sur le dos et suscite un raidissement de la musculature dorsale qui s'oppose à cet enfoncement.

Provoquant son patient, il le met au défi d'éviter cette réaction de défense et il gagne à tous les coups, car on ne peut effectivement pas s'empêcher de réagir. Pour affiner ce test, il empoigne alors son patient des deux mains aux « poignées d'amour », à la jonction molle entre les dernières côtes et l'os iliaque, enfonçant les muscles obliques avec ses doigts et provoquant un chatouillement puis une douleur. Le patient réagit immanquablement, résiste ou se défend selon l'une des trois possibilités que la langue anglaise présente joliment comme *fight, fright or flight*, combat, retrait ou fuite. En effet, devant cette agression, on peut attaquer en agrippant les mains de l'intrus, on peut se raidir pour sentir le moins de douleur possible ou alors fuir, quitter la table par l'autre côté. L'intérêt de ce test est souligné par Veldman qui explique qu'un individu replié sur lui-même est dans l'attente et sur la défensive, ce qui entraîne une certaine tension musculaire qui rend tout contact douloureux et provoque des réactions de défense quasi réflexes.

Après ce test, Veldman s'approche « haptonomiquement », amicalement et déjà prolongé lui-même en l'autre. Il pose une main sur le bas du dos, dans le creux des lombes et propose au patient de sentir cette main, d'entrer dedans, non pas en image mais sensitivement à partir du corps. Il l'invite à continuer dans l'épaisseur de cette main, de prolonger jusqu'au poignet, au coude puis à l'épaule. Ce prolongement est relativement facile à effectuer pour peu qu'on ressente son corps et puisse se concentrer sur lui. Il ne nécessite pas de changement de l'état de conscience, pas de fermeture des yeux, pas d'abandon autohypnotique. On peut l'effectuer en toute lucidité. Lorsque ce prolongement se fait suffisamment, jusqu'aux épaules par exemple, à travers les deux mains et les deux bras du thérapeute, il se passe une transformation étonnante et fondamentale dans le corps du patient. La tension musculaire disparaît et un œil averti voit l'effacement progressif des contractures dorsales et fessières. La courbure lombaire s'efface. La peau rosit. Quant à la respiration, elle s'harmonise entre le haut et le bas, se régularise dans son rythme et ralentit. On reconnaît l'explication de cet effet par la plénarisation et la saturation du champ de la conscience. À ce moment, Veldman reprend les stimulations du test initial, il appuie puissamment sur le dos, il agrippe les flancs mais, et c'est la surprise, le patient ne se défend plus. Son dos répond souplement au poids supplémentaire, les obliques se laissent enfoncer sans se raidir. En fait, il n'y a plus ni douleur ni agression. Quelque chose s'est transformé dans l'économie globale du sujet, il n'est plus en attente ni sur la défensive, il se sent bien dans son corps, sûr de soi et confiant en l'autre. On peut accentuer la pression dans les flancs, enfoncer les doigts encore plus, rien n'y fait tant que le prolongement reste effectif. À ce moment, Veldman retire tout contact et enjoint au patient de re-rentrer en lui-même, d'annihiler le prolongement, de ne compter que sur lui-même. On peut voir alors les effets exactement inverses : les muscles se tendent à nouveau et saillent, les fesses se serrent, les jambes se raidissent, le creux lombaire s'accentue, la peau pâlit, la respiration se déplace vers le haut et le patient peut jeter à nouveau des œillades inquiètes vers le thérapeute pour savoir quand il agressera. Quand ce dernier s'y met effectivement comme au début, les mécanismes de défense, *fight, fright or flight*, sont au rendez-vous.

L'haptothérapie se fonde essentiellement sur ce « prolongement » du corps dans les bras et le corps de l'autre et sur les changements corporels et relationnels qui l'accompagnent. On peut poser ses mains sur n'importe quelle partie du corps pour amener au prolongement. Quand la thérapie se limite à une dizaine de séances, elle recherche ces différents états de détente, d'harmonisation somatologique, de sécurisation et d'affirmation de soi, de confiance en l'autre. De nombreux symptômes fonctionnels disparaissent, l'angoisse diminue et le bien-être augmente. Veldman conceptualise très précisément ce qui se passe dans cette rencontre fondée sur le contact et le prolongement : l'attitude du patient qui est en attente, dans l'expectative et sur la défensive s'appelle « insensus » (c'est in-fonctionnant) ; l'état de prolongement, « assensus ». À ce premier niveau, s'ajoutent deux états supérieurs plus subtils : le « persensus » lorsque le patient se prolonge non seulement dans le corps mais dans la personnalité du thérapeute, affectivement ; le « transsensus » lorsque s'intègrent les valeurs spirituelles, transpersonnelles.

Quand on est seul, le prolongement peut se faire dans l'espace environnant, dans une chambre par exemple, aux murs, plafond et plancher. Il s'agit alors du « circumsensus » qui constitue notre module 2. L'intérêt de ces définitions réside dans la systématisation claire et logique d'états d'être complexes et difficiles à décrire. Elle se fait à partir du vécu, au niveau du corps qualitatif. Dans cette dimension, la délimitation est possible : l'haptothérapeute distingue l'insensus de l'assensus, le persensus du transsensus et peut le transmettre au patient.

Au niveau plus général, le « prolongement » s'oppose au « recentrement en soi » (comme nous le verrons avec « l'émerveillement ») et met dans un état d'être différent. Par contre, il existe un dénominateur commun à ces deux mouvements autour de l'unité, de l'unification, de l'harmonisation du sujet : le corps est ouvert, sans blocage ni rigidité ; les sensations et l'énergie circulent librement. On retrouve les effets de la méthode Mathias Alexander : « laissez votre cou se détendre, votre tête se dégager légèrement vers l'avant puis vers le haut afin d'élargir et d'allonger votre dos ». L'accès au prolongement tout comme l'accès au recentrement constituent un moment fondamental analogue au « moment primaire », cathartique et thérapeutique. Veldman ajoute qu'il y a désexualisation et disparition de toute possessivité. Cette observation rejoint ce qui devient recommendations et méditation. Comme dans le recentrement, l'unification élimine aussi toute pensée obsessive, toute compulsion.

Le scan corporel de Jon Kabat-Zinn

« Une technique très puissante que nous utilisons pour rétablir le contact avec le corps est appelée scan corporel. Caractérisée par un centrage complet et minutieux sur le corps, cette technique efficace développe simultanément la concentration et la souplesse de l'attention. Elle se pratique allongé sur le dos et consiste à déplacer votre esprit dans les différentes parties de votre corps.

Nous commençons par les orteils du pied gauche et remontons lentement dans le pied et la jambe, éprouvant les sensations tout en remontant et en dirigeant le souffle dans, puis hors des différentes régions parcourues. Lorsque nous arrivons au bassin, nous allons aux orteils du pied droit et remontons dans la jambe droite pour revenir au bassin. De là, nous traversons le torse, en passant par le bas-ventre et l'abdomen, la poitrine, le haut du dos et les épaules.

Nous allons ensuite vers les doigts et les deux mains et remontons simultanément dans les deux bras, revenant ainsi aux épaules. Puis nous parcourons la nuque et la gorge, et finissons par toutes les régions du visage puis de l'arrière et du sommet de la tête.

Nous terminons en respirant par un "trou" imaginaire situé tout en haut de la tête, comparable aux évents d'une baleine. Nous laissons circuler notre souffle d'un bout à l'autre du corps tout entier, comme s'il s'y répandait par le sommet de la tête et s'en écoulait par les orteils, puis y rentrait par les orteils pour en ressortir par le sommet de la tête.

Quand le scan corporel est terminé, on a parfois l'impression que le corps a disparu, ou est devenu transparent, comme si sa substance avait été d'une certaine manière gommée. On peut avoir l'impression qu'il ne reste plus que le souffle s'écoulant librement au-delà de toutes les frontières du corps.

Quand le scan corporel se termine, nous restons établis dans le silence et la tranquillité, dans une conscience qui s'étend peut-être alors, au-delà du corps. Après un certain temps, quand cela nous convient, nous revenons à notre corps, nous le percevons comme un tout. Nous le sentons à nouveau consistant. Nous bougeons volontairement les pieds et les mains. Nous allons peut-être aussi nous masser le visage et nous balancer un peu d'un côté puis de l'autre avant d'ouvrir les yeux et de retourner à nos activités de la journée.

Dans le scan corporel, l'idée est de vraiment sentir chaque partie du corps sur laquelle vous vous focalisez et d'y demeurer, l'esprit centré sur elle ou en elle. Vous inspirez dans et expirez hors de chaque région plusieurs fois puis la laissez s'éloigner tandis que votre attention passe à la région suivante. Quand vous abandonnez les sensations perçues dans chaque région, et toutes les pensées et les images intérieures que vous avez peut-être trouvées en association avec elles, les muscles de cette région se détendent littéralement aussi, s'allongeant et relâchant une bonne part de la tension qu'ils avaient accumulée. Vous serez bien aidé si vous pouvez sentir ou imaginer que la tension de votre corps et les sensations de fatigue qui y sont associées s'en écoulent à chaque expiration et que, à chaque inspiration, vous inspirez de l'énergie, de la vitalité et de la détente, (Kabat-Zinn p. 123-124)

Exercices

1. Allongez-vous sur le dos dans un endroit confortable, par exemple sur un tapis en mousse déroulé sur le sol, ou sur votre lit (mais souvenez-vous que si vous l'utilisez pour le scan, vous cherchez à « tomber éveillé », pas à tomber endormi). Assurez-vous que vous aurez assez chaud. Peut-être aimerez-vous vous couvrir d'une couverture ou vous glisser dans un sac de couchage s'il fait froid dans la pièce.
2. Laissez les yeux se fermer doucement.

3. Sentez votre ventre se soulever puis s'abaisser à chaque inspiration et à chaque expiration.
4. Prenez un peu de temps pour sentir votre corps dans sa « totalité », de la tête aux orteils, l'« enveloppe » de votre peau, les sensations associées au toucher aux endroits où vous êtes en contact avec le sol ou le lit.
5. Dirigez votre attention vers les orteils du pied gauche. En dirigeant votre attention vers eux, voyez si vous pouvez « diriger », ou canaliser, aussi votre respiration vers eux, si bien que vous ressentez comme si vous inspiriez vers vos orteils et expiriez depuis vos orteils. Cela peut vous prendre un certain temps pour saisir ceci. Pour vous aider, vous pouvez imaginer simplement que votre respiration voyage dans votre corps en descendant depuis le nez, traverse les poumons, puis continue au travers de l'abdomen pour descendre dans toute la jambe gauche jusqu'aux orteils. Puis elle remonte en parcourant le chemin inverse et sort par le nez.
6. Permettez-vous de sentir chaque perception provenant de vos orteils, quelle qu'elle soit. Vous en distinguerez peut-être plusieurs et observerez le flux des sensations dans cette région. Si vous ne sentez rien pour l'instant, cela va aussi. Permettez-vous simplement de sentir « zéro sensation ».
7. Quand vous êtes prêt à quitter les orteils et à poursuivre, prenez une inspiration plus profonde, plus intentionnelle, qui descende jusque tout au bout des orteils et, sur l'expiration, laissez-les se « dissoudre ». Demeurez avec votre souffle pendant quelques respirations au moins, puis poursuivez en dirigeant votre attention successivement vers la plante du pied, le talon, le cou-de-pied, puis la cheville, continuant à inspirer dans puis à expirer depuis chaque région, tout en observant les sensations dont vous faites l'expérience, puis en les laissant aller pour poursuivre.
8. Comme pour les exercices sur le souffle et les pratiques de méditation assise, ramenez votre esprit vers le souffle, et vers la région sur laquelle vous vous centrez chaque fois que vous réalisez que votre attention s'est égarée.
9. De cette manière, comme décrit dans le corps de ce chapitre, continuez à remonter lentement dans votre jambe gauche et dans le reste de votre corps, tout en maintenant votre attention sur le souffle et sur le ressenti de chaque région que vous abordez, respirez avec elle et laissez-la vous quitter.
10. Pratiquez le scan corporel au moins une fois par jour. Il est utile d'utiliser l'enregistrement au début pour le rythme qui est suffisamment lent, et pour vous aider à retenir les instructions avec justesse.
11. Souvenez-vous que le scan corporel est la première pratique formelle de mindfulness dans laquelle nos patients s'investissent intensément, quarante-cinq minutes par jour, six jours par semaine, pendant au moins deux semaines d'affilée au début de leur entraînement.
12. Si vous avez de la difficulté à rester éveillé, essayez de faire le scan corporel les yeux ouverts. (Kabat-Zinn p. 139-140)

On aura compris la raison de la première citation, l'haptothérapie comme séance individuelle avec toucher en prolongement repose sur le même processus que l'expansion dans l'espace. Dans cette dernière, les effets sont analogues quoiqu'un peu plus atténués, par manque du toucher direct. Quant au bodyscan, il nous rappelle la sophrologie de Caycedo dans sa formule de base. La Présence Juste propose l'équivalent du bodyscan pour moitié par les séquences de la relaxation de Schultz et pour l'autre moitié par l'ouverture des centres sensori-sensitifs. À la différence de la sophrologie et du bodyscan, la PJ propose des inductions toutes les vingt secondes avec silence entre elles, alors que les deux autres méthodes nécessitent un discours continu quasi hypnogène, le « terpnos logos » des sophrologues.

Le deuxième cycle, interpersonnel

Nous connaissons maintenant la raison d'être de cette nouvelle étape : confronter la présence intérieure à l'extériorité relationnelle. Et c'est du meilleur effet, grâce à la visualis'action ou communication active en image. Cette nouvelle phase transforme nos rapports avec les partenaires de vie, autant de la vie sociale que de la vie intime. Toute relation entre deux personnes repose sur la communication qui s'établit entre elles, elle n'est quasiment que cela. Même si c'est par la visualisation, il se fait une action. « Moi, je communique, et je le fais différemment que d'ordinaire. Je suis plein de volupté, félicité et tendresse, alors je me rapproche de ceux que j'aime et qui m'agréent ; je me distancie de ceux qui pourrissent ma vie et je peux même les rejeter définitivement. » J'assure cinquante pour cent de la relation grâce à ma communication ; si je change cette dernière, la relation se modifie en conséquence, et pour de vrai, avec ou sans neurones miroir. (En ce moment, on essaye de tout expliquer grâce à ces derniers.)

Cette **visualis'action** se présente de façon beaucoup plus complexe que prévue, ce qui nous oblige à un cycle complet de quatre nouvelles méthodes, de quatre autres exercices. Au départ, ces quatre temps se situaient aussi spatialement pour réaliser une globalisation dans l'espace : voir, en haut dans les yeux ; sentir, en bas dans le ventre ; centrer, à l'arrière, dans l'axe énergétique ; communiquer, à l'avant par les organes sensori-sensitifs ouverts. Cette disposition géographique cède à présent le pas à la nature même de la communication interhumaine qui repose sur quatre piliers : voir et regarder, sentir et éprouver, centrer et être soi, communiquer et dialoguer.

■ Module 5 – Voir, laisser venir les images des partenaires de vie

Tout en laissant les paupières fermées, je laisse venir les images des personnes qui veulent bien se présenter. Je suis tout accueil, j'attends, je laisse venir et repartir, je ne juge en rien ces occurrences, je ne les analyse pas. Voilà bien le premier acte de toute relation : voir, accueillir, observer, regarder sans agir ni parler… De nombreuses méditations ne consistent qu'en cela : revisiter les images de la vie du Christ (exercices spirituels d'Ignace de Loyola) ou du Bouddha. Et s'il est interdit de représenter Allah et Mahomet chez les musulmans, ce choix souligne l'importance de ce que ce pourrait être que de voir Dieu. Les thérapies cognitives et comportementales, l'EMDR de Shapiro et son dérivé, lifespan integration de Peggy Pace, agissent en visualis'action. Il ne s'agit pas d'analyser les présences et absences, mais seulement d'être là face à elles. N'oublions pas le rêve éveillé dirigé du Français Desoille et toutes les formes analytiques qui en dérivent. Quant au médecin, il doit bien commencer par voir, son patient et ce que ce dernier lui soumet.

■ Module 6 – Sentir, caractériser les émotions et les sentiments liés à chacune de ces personnes

Nous étions dans la volupté, la félicité et la tendresse, mais voici que l'apparition de telle ou telle personne vient moduler ces ressentis. C'est cette modulation que nous devons détecter et caractériser pour avoir un feeling fin et précis de ce que chaque personne provoque en nous. Là encore, nous restons passif, à l'accueil, à l'écoute, qu'elle que soit l'émotion, agréable ou désagréable. Voilà le deuxième critère de la présence à l'autre.

Le sentir se décline en toute une gamme : sensation, sensorialité, sensualité jusqu'à sexualité, émotion, sentiment, affectivité. La médecine classique affronte tous ces vécus différenciés ou globalisés. La clinique se fonde sur la capacité du patient à exprimer et préciser tous ces ressentis sinon il ne reste que les examens complémentaires si dispendieux. La sexothérapie a démarré avec le « sensate focus » de Masters et Johnson, la « focalisation sur les sensations ». Les « symptômes médicalement inexpliqués » que nous avons abordés longuement (Meyer 2012) sont en partie liés à l'incapacité de ressentir et de décrire sans parler de l'alexithymie (absence d'émotion) de Sifneos. Le médecin peut lui-même développer cette sensibilité avec la PJ en y ajoutant les mots pour le dire. C'est l'ensemble des psycho-somatothérapies accompagnant la formation à la PJ qui est idéalement placé à cet effet.

Nous nous familiariserons avec les principales méthodes psychosomatothérapiques en troisième partie de ce livre dans laquelle je décris ma propre formation à ces techniques corporelles. Il les aura fallu (presque) toutes pour accéder à ce que ni le couvent ni la psychanalyse n'auront réussi à libérer : travail sur la posture, le mouvement et le toucher ; assouplissement de la carapace musculaire en bioénergie et en analyse reichienne ; éveil énergétique avec les mêmes méthodes (de Lowen et de Reich) ; libération émotionnelle par le cri primal (Janov) et la bonding psychothérapie (Casriel) ; accès aux états de conscience modifiés par l'hyperventilation (rebirth et pneumanalyse). Tous ces entraînements accompagnent la formation à la PJ, en particulier pour ses futurs enseignants.

■ Module 7 – Le recentrement, le sentiment de soi, l'autonomie face à l'autre

En laissant le temps à ces visions et sentiments de s'imprimer dans le corps et dans la conscience, on se rend compte que cela s'inscrit préférentiellement à l'avant du corps, dans les yeux pour les images, au niveau du sternum pour l'affectif, à la surface du ventre, face au personnage visualisé avec émotion. En même temps, cette présence à l'avant déséquilibre ce corps qui tomberait volontiers dans les bras des personnes aimées parce qu'on se sent en empathie, sympathie, proximité et qu'on oublie d'être soi-même. J'oublie de me centrer, recentrer. Je pourrais aussi tomber en arrière, d'effroi, face à une mauvaise visite.

Il suffit de réceptionner les images et sensations à l'arrière, dans le lobe occipital pour l'image, dans l'axe énergétique pour les sensations. Je me retrouve moi, droit dans mes bottes, stable face à l'autre, sans tomber dans ses bras, sans fuir par l'arrière. Ce glissement des impressions de l'avant vers l'arrière peut se ressentir physiquement comme un déplacement de tout le vécu qui reculerait de vingt centimètres dans l'épaisseur du corps. À l'arrivée, le ressenti fusionne avec l'axe en soi sans changer les visions. Je réceptionne à l'arrière, là où c'est moi, soi, centré, stabilisé, autonomisé.

« Moi, c'est moi ; toi, c'est toi. Je t'accueille en toute liberté ; j'assume ta venue ; je gère pleinement notre rencontre. » Cette simple mise à la place respective de chacun des protagonistes, lui (elle) et moi, consolide la justesse de la rencontre, la justesse de la présence. La manière dont se fait ce recentrement est secondaire, de façon spontanée ou par ce glissement volontaire d'avant en arrière. Le centrage dans l'axe en soi est primordial. Aucune communication saine ne peut se faire sans cela. Le médecin et le psychothérapeute apprennent ainsi à ne pas se charger de la souffrance du patient et à ne pas emmagasiner ses mauvaises énergies.

■ Module 8 – Communiquer

Le but de ce deuxième cycle se réalise enfin dans les meilleures conditions. Je communique avec tous les centres sensori-sensitifs ouverts à l'avant. Je regarde, j'écoute, je hume, je goûte, je touche, je serre dans mes bras ou rejette, je laisse parler mon cœur et mes tripes, j'envoie et reçois l'énergie et la fais circuler en nous deux... Ce qui n'a jamais eu lieu advient enfin : nous communiquons véritablement et avec justesse. Trois sous-étapes s'imposent pour un travail approfondi, avec les trois types de partenaires suivants :

- celui/celle qui est là spontanément et suffisamment longtemps ;
- une relation difficile que je convoque volontairement en prenant le temps d'obtenir un changement de mon contact avec elle ;
- une relation positive que je choisis activement pour enrichir encore la qualité du lien et du sentiment. Dans ce dernier cas nous entrons dans la dimension de l'amour.

Le médecin retrouve ici trois types de patients dont il n'a pas précisément conscience.

La pertinence du deuxième cycle, interpersonnel

Ici, la PJ se dévoile pleinement comme pratique de la Pleine Présence dont la méditation est l'un des éléments mais pas le but exclusif. Elle se différencie donc des méditations classiques et du mindfulness qui n'excluent pas les liens humains mais les subordonnent à d'autres motivations. Trois dimensions plus précises sont à souligner : l'importance du temps interpersonnel, les quatre processus de la communication et l'importance que prend cette dimension en psychothérapie.

Les quatre fondements de la présence relationnelle

Des centaines de psychothérapies et même le simple bon sens nous rappellent que la relation se nourrit des quatre critères que nous (re-) construisons dans ce deuxième cycle :

- **le regard sur/et la vision de l'autre** : la récente affaire des prothèses mammaires (PIP) nous renvoie à ce besoin érigé en exigence : être vu(e) ;
- **le vécu somatologique** : sensations, émotions, sentiments, affectivité ne font pas seulement le sel de la vie mais nous informent sur l'état de chaque relation ;
- **le centrage en soi** : ce devrait être évident mais ce sont les autres qui nous décentrent ; ça fait le poivre de notre vie, et même le poil à gratter !
- **la communication** : les témoignages de l'autre à écouter sans jugement et les dialogues émotionnellement ouverts transforment les rencontres superficielles en relations justes.

Pour le médecin, il s'agit de quitter l'émotion pour s'adonner à son art.

Les innombrables psychothérapies interpersonnelles

Persuader les professionnels que l'interpersonnel est au cœur de la psychothérapie, qu'il soit intersubjectivité, attachement et/ou amour (cf. Meyer 2010), et qu'il réalise cette médecine méditative et intégrative que nous contribuons à développer appelle quelques illustrations :

- le travail de visualisation prend de plus en plus de place dans les thérapies courtes et de durée moyenne : cognitivisme, schémathérapie, EMDR (cf. Meyer 2010), lifespan integration, rêve éveillé, sans oublier les fantasmatisations (œdipiennes ?) sur le divan ;
- la part sensitive (felt senses de Gendlin), émotionnelle (siège brûlant de la gestalt thérapie) et sensorielle (toucher thérapeutique) fait le lit des psychosomatothérapies et des approches intégratives ;
- le positionnement en son centre s'appelle ailleurs affirmation de soi (efficace contre les phobies sociales), autoefficacité (selon Bandura), confiance en soi, et fait florès dans le mouvement humaniste, transpersonnel et new age ;
- la communication a suscité de belles méthodes comme l'analyse transactionnelle (AT) et la communication non violente (CNV).

Voici un exemple de travail par la visualisation ou visualis'action que nous empruntons à Jeffrey E. Young, créateur de la schémathérapie, l'une des méthodes cognitivistes les plus élaborées que j'ai longuement présentée dans mon dernier livre (cf. Meyer 2012).

Imagerie et dialogues durant la phase diagnostique

« Généralement, le thérapeute donne au patient les instructions suivantes : "fermez les yeux et laissez une image flotter dans votre esprit. Ne forcez par cette image ; laissez simplement une image venir dans votre tête et dites-moi ce que vous voyez." Le thérapeute demande au patient de décrire l'image à voix haute, à la première personne et au présent de l'indicatif, comme si les choses se produisaient à l'instant même. Le thérapeute demande au patient d'utiliser des images et non pas des mots ou des pensées : "L'imagerie n'a rien à voir avec la libre association des idées, dans laquelle une pensée conduit à une autre ; plus précisément, il s'agit de regarder un film à l'intérieur de votre esprit. Mais plutôt que de regarder simplement ce film, je vous demande d'être dans le film et de vivre tous les événements qui s'ensuivent." Ayant ce but en tête, le thérapeute aide le patient à préciser l'image, à la rendre vivante, et à être très concentré sur cette image.

Le thérapeute peut aider le patient en posant des questions telles que : "Que voyez-vous ?" ; "Qu'entendez-vous ?" ; "Est-ce que vous vous voyez dans l'image ? À quoi ressemble votre visage ?" Une fois l'image bien distincte, le thérapeute explore les pensées et les émotions de tous les personnages de l'image. Est-ce que le patient est dans cette image ? Que pense-t-il ? Que ressent-il ? Dans quelles parties du corps ressent-il ces émotions ? Qu'a-t-il envie de faire ? Y a-t-il quelqu'un d'autre dans l'image ? Quels sont les pensées et le sentiment de cette personne ? Qu'est-ce que cette personne a envie de faire ? Le thérapeute demande au patient de parler à voix haute et de faire dire à chacun des personnages à son tour ce qu'il ressent. Comment les personnages se voient-ils les uns les autres ? Quelles sont leurs envies vis-à-vis des autres ? Peuvent-ils les exprimer à voix haute ? » (Young p. 157-158)

Dialogues en imagerie

« Les dialogues d'imagerie sont une de nos principales techniques émotionnelles de changement. Nous apprenons aux patients à mener des dialogues en imagination, à la fois avec les gens qui sont responsables de leurs schémas infantiles et avec ceux qui renforcent leur schéma dans leur vie actuelle.

Comme nous l'avons dit, les personnages significatifs de l'enfance sont le plus souvent les parents : les parents sont donc les premiers personnages que nous utilisons dans les dialogues d'imagerie. Nous demandons aux patients de fermer les yeux et de s'imaginer avec un parent dans une situation bouleversante. Ces images sont souvent les mêmes ou très similaires aux souvenirs qui sont apparus au cours de l'imagerie à but diagnostique. Puis nous cherchons à aider les patients à exprimer une émotion forte envers le parent, en particulier la colère. Nous aidons les patients à identifier les besoins que leurs parents n'ont pas pu combler et nous les aidons à se mettre en colère contre le parent à l'intérieur de l'image, la raison étant la non satisfaction de ces besoins. » (*op. cit.* p. 169-170)

Travail d'imagerie pour le re-maternage

« Le travail d'imagerie pour le re-matemage est particulièrement utile pour les patients dont la plupart des schémas sont situés dans le domaine de la Séparation et du Rejet (Abandon, Méfiance/Abus, Manque Affectif, Imperfection). Lorsque ces patients étaient enfants, leurs capacités a se sentir liés aux autres, à se sentir en sécurité et aimés, à se percevoir comme objets d'attention, ou à valoir quelque chose, ont été en grande partie détruites. Grâce au re-maternage au cours du travail d'imagerie, le thérapeute va aider ces patients à retourner dans le Mode d'Enfant, pour apprendre à obtenir du thérapeute, et par la suite d'eux-mêmes, une partie de ce qui leur a manqué. Cette approche est une forme de "re-maternage partiel".

Ce processus comprend les trois étapes suivantes : (1) le thérapeute demande la permission d'entrer dans l'image et de parler directement à l'Enfant Vulnérable ; (2) le thérapeute re-materne l'Enfant Vulnérable ; et (3) plus tard, l'Adulte Sain du patient, construit sur le modèle du thérapeute, va re-materner l'Enfant Vulnérable. » (*op. cit.* p. 176-177)

Imagerie de relaxation avec force émotionnelle progressivement croissante

« On peut contrer l'évitement de schéma en commençant par l'image d'un endroit sûr ou par une autre image relaxante et on passera progressivement à des éléments un peu plus menaçants. Il s'agit d'une sorte d'exposition graduée contenant une hiérarchie de personnages et de situations, et le thérapeute introduira des personnages et des situations au caractère progressivement plus menaçant au fur et à mesure que l'imagerie progresse.

Le thérapeute peut, par exemple, commencer avec une image d'un endroit sécurisant, puis amener dans l'image un des amis intimes du patient, puis amener la personne aimée (un peu plus problématique), et finalement faire entrer le père (beaucoup plus problématique). Le thérapeute pourra étaler cette hiérarchie sur plusieurs séances, en explorant à fond chaque étape avec le patient avant de passer à la suivante. » (*op. cit.* p. 191)

Le travail de Jeffrey E. Young, centré sur un diagnostic précis formulé comme « schéma précoce inadapté » et « mode », possède une force évidente qui permet de traiter les troubles de la personnalité les plus archaïques. Il enrichit et détaille ce que nous faisons dans les trois temps de la visualis'action avec la personne présente, une personne à relation difficile et une personne aimée, sauf que le déroulement de la rencontre et de la communication se fait chez nous librement. Tout ce que Young décrit ci-dessus peut arriver spontanément chez nous, et ça arrive effectivement. Mais nous pouvons aussi proposer un travail actif et volontariste comme décrit ci-dessus.

Ce deuxième cycle constitue une part importante de l'art de vivre et de l'autothérapie. Il prend toute sa place dans l'art du médecin, du paramédical et du soignant. Et qu'en est-il pour la méditation ? Ce cycle interpersonnel ne participe pas directement à cette dernière mais s'inscrit dans la démarche spirituelle en évitant deux écueils dangereux : l'amalgame au premier cycle et le clivage du troisième cycle. Le premier cycle est réconfortant et risque d'enfermer dans le plaisir personnel, dans l'amalgame de soi à soi. Le troisième cycle déploie ses ailes dans la transe, le vécu subjectif de l'infini et de l'éternel, dans l'expérience d'immanence et de transcendance. Le risque s'inscrit ici dans le clivage entre cet ailleurs et un ici relationnel bien réel. Amalgame et clivage constituent les deux processus pathogènes de base, à l'origine des principales maladies psychiatriques.

Le troisième cycle, transpersonnel

Cette nouvelle progression ne résulte pas d'un choix artificiel ou d'un effet de mode. Elle découle logiquement de la pratique assidue des deux premiers cycles. L'enseignement de la PJ en groupe prend une dizaine de séances (de 75 à 90 minutes) pour les deux premiers cycles puis impose une pause. Trois mois plus tard se propose le troisième cycle en 4 à 6 séances pour ceux que n'effraye pas cette dimension spirituelle (près de 80 % des participants). Nous entrons dans des dimensions de plus en plus complexes, authentiques, créatives, loin de la rationalité scientifique et des rituels figés. Nous entrons plus profondément dans l'essence de l'être, là où l'on tombe malade quand ça manque, là où l'on construit une vie exaltante quand on pratique. Quatre modes méditatifs (au sens large de l'adjectif) constituent ce dernier cycle : l'esthétique du monde, l'éthique de l'humain, la symbolique des maîtres et des valeurs et l'immanen-scendance.

■ Module 9 – L'esthétique du monde

Je ne suis pas seulement assis sur la chaise au-dessus du sol. Je me trouve sur la planète terre. La présence de cette dernière, je la salue généralement par mes balades, voyages, par mon tourisme et par ma participation artistique à sa beauté. Sa présence, je la reconnais en y puisant aliments, chaleur, eau, tous biens nécessaires à ma bonne vie. Sa présence s'impose aussi par sa souffrance, par le changement climatique. Nous nous exerçons ici aux attitudes d'admiration, de reconnaissance, de prolongement dans l'espace. Nous retrouvons les démarches artthérapiques, musicothérapiques. Nous retrouvons toute la positivité du chamanisme qui a peint les cavernes il y a trente mille ans. Nous nous extasions devant le beau qui est aussi le bon et nous nous restructurons dans notre responsabilité écologique. Pour la médecine conventionnelle et les médecines complémentaires, s'insèrent ici le soin du corps et de sa beauté et l'hygiène de vie jusqu'aux délices gastronomiques.

Arrivé à cette neuvième étape et à cette complexité croissante, on pourrait s'essouffler. On pourrait se décourager devant cette… complication supplémentaire. Pour prévenir ce danger, nous pouvons nous rassurer avec une autre tradition, gréco-latine, et avec la mystique occidentale. Platon nous offre ce recours.

Notre protocole à douze étapes allant du plus simple (relaxation) au plus complexe (l'immanen-scendance) correspond à la plupart des démarches spirituelles. Le « château de l'âme » de Thérèse d'Avila décrit l'initiation comme sept lieux d'un château, jusqu'au septième où l'on accède à l'extase. Plus loin, il y a deux mille cinq cents ans, Platon nous décrit la démarche mystique dans *Le Banquet*, en dix étapes selon nous. Voici d'abord la présentation de cette œuvre puis un extrait du *Banquet* lui-même duquel on peut déduire ces stades, bien qu'ils ne soient pas explicités comme tels dans le texte. Ces références sont tirées d'un précieux livret consacré aux « Grands Mystiques » et aux textes fondamentaux (*Le Point références*, janvier 2012).

Digression : des Mystères aux mystiques

« Dans *Le Banquet*, les convives célèbrent Éros, Dieu de l'Amour et de la Beauté. À la fin, Socrate qui prétend rendre le discours d'une prêtresse, Diotime, montre qu'Éros recherche non seulement la beauté visible, mais aussi et surtout la beauté invisible, celle de l'âme et des réalités véritables. C'est alors [...] qu'il décrit la montée de l'âme des beaux corps vers la Beauté incorporelle. Ce magnifique passage a inspiré et structuré tout ce que, par l'intermédiaire de Plotin notamment, on a qualifié d'"expérience mystique" dans le monde chrétien. Mais Platon s'inspire lui-même de la religion grecque des Mystères. Le mot grec ancien *mustikos*, d'où vient notre mot "mystique", renvoie d'ailleurs lui-même aux "Mystères" d'Éleusis. » (Luc Brisson, *op. cit.* p. 18)

Ce passage du *Banquet* montre l'art du discours de Socrate et l'art de l'écriture de Platon. On dirait que ça coule comme un long fleuve tranquille. Eh bien non. Il y a une progression explicite par étapes que nous soulignerons après lecture du texte.

« Voilà sans doute, Socrate, en ce qui concerne les mystères relatifs à Éros, les choses auxquelles tu peux, toi aussi, être initié. Mais la révélation suprême et la contemplation [...], je ne sais si elles sont à ta portée. Néanmoins, dit-elle, je vais parler sans ménager mon zèle. Essaie de me suivre, toi aussi, si tu en es capable. Il faut en effet, reprit-elle, que celui qui prend la bonne voie pour aller à ce but commence dès sa jeunesse à rechercher les beaux corps. Dans un premier temps, s'il est bien dirigé par celui qui le dirige, il n'aimera qu'un seul corps et alors il enfantera de beaux discours ; puis il constatera que la beauté qui réside en un corps quelconque est sœur de la beauté qui se trouve dans un autre corps, et que, si on s'en tient à la beauté de cette sorte, il serait insensé de ne pas tenir pour une et identique la beauté qui réside dans tous les corps. Une fois que cela sera gravé dans son esprit, il deviendra amoureux de tous les beaux corps et son impérieux amour pour un seul être se relâchera ; il le dédaignera et le tiendra pour peu de chose. Après quoi, c'est la beauté qui se trouve dans les âmes qu'il tiendra pour plus précieuse [...], en sorte que, même si une personne ayant une âme admirable se trouve n'avoir pas un charme physique éclatant, il se satisfait d'aimer un tel être, de prendre soin de lui, d'enfanter pour lui des discours susceptibles de rendre la jeunesse meilleure, de telle sorte par ailleurs qu'il soit contraint de discerner la beauté qui est dans les actions et dans les lois, et de constater qu'elle est toujours semblable à elle-même, en sorte que la beauté du corps compte pour peu de chose à son jugement. Après les actions, c'est aux sciences que le mènera son guide, pour qu'il aperçoive dès lors la beauté qu'elles recèlent et que, les yeux fixés sur la vaste étendue déjà occupée par le beau [...], tourné vers l'océan du beau et le contemplant, il enfante de nombreux discours qui soient beaux et sublimes, et des pensées qui naissent dans un élan vers le savoir, où la jalousie n'a point part, jusqu'au moment où, rempli alors de force et grandi, il aperçoive enfin une science qui soit unique et qui appartienne au genre de celle qui a pour objet la beauté dont je vais parler. [...] C'est à ce point de la vie [...] que se situe le moment où, pour l'être humain, la vie vaut d'être vécue, parce qu'il contemple la beauté en elle-même. Si un jour tu parviens à cette contemplation, tu reconnaîtras que cette beauté est sans rapport avec l'or, les atours, les beaux enfants et les beaux adolescents dont la vue te bouleverse à présent. Oui, toi et beaucoup d'autres, qui souhaiteriez toujours contempler vos bien-aimés et toujours profiter de leur présence si la chose était possible, vous êtes tout prêts à vous priver de manger et de boire, en vous contentant de contempler vos bien-aimés et de jouir de leur compagnie. À ce compte, quels sentiments, à notre avis, pourrait bien éprouver, poursuivit-elle, un homme qui arriverait à voir la beauté en elle-même, simple, pure, sans mélange, étrangère à l'infection des chairs humaines, des couleurs et d'une foule d'autres futilités mortelles, qui parviendrait à contempler la beauté en elle-même, celle qui est divine, dans l'unicité de sa Forme ? Estimes-tu, poursuivit-elle, qu'elle est minable la vie de l'homme qui élève les yeux vers là-haut, qui contemple cette beauté par le moyen qu'il faut et qui s'unit à elle ? Ne sens-tu pas, dit-elle, que c'est à ce moment-là uniquement, quand il verra la beauté par le moyen de ce qui la rend visible, qu'il sera en mesure d'enfanter non point des images de la vertu, car ce n'est pas une image qu'il touche, mais des réalités véritables, car c'est la vérité qu'il touche. Or, s'il enfante la vertu véritable et qu'il la nourrit, ne lui appartient-il pas d'être aimé des dieux ? Et si, entre tous les hommes, il en est un qui mérite de devenir immortel, n'est-ce pas lui ? » (*op. cit.* p. 19)

Voici les dix étapes initiatiques que l'on peut expliciter :

- « rechercher **les beaux corps**...
- tenir pour une et identique la beauté qui réside dans **tous les corps**...
- c'est la beauté qui se trouve dans **les âmes** qu'il tiendra pour plus précieuse...
- discerner la beauté qui est **dans les actions et dans les lois**...
- après les actions, c'est aux **sciences** que le mènera son guide...
- contemple(r) **la beauté en elle-même**...
- contempler **la beauté qui est divine**, dans l'unicité de sa Forme...
- c'est **la vérité** qu'il touche...
- être **aimé des dieux**...

– devenir **immortel.** »

Cette citation nous montre utilement que la démarche humaine de la relaxation à la méditation se fait par étapes. Nous nous inspirerons dans le chapitre XV de ces dix étapes de Platon pour esquisser notre « sagesse à vivre ». Diotime, la prêtresse, par la bouche de Socrate et la plume de Platon, nous enseigne que ces étapes sont inévitables et progressives. Passons nous aussi à l'étape suivante !

■ Module 10 – L'éthique de l'humain

Bien des thérapies véhiculent une morale plus ou moins explicite. L'ACT par exemple, Acceptance and Commitment Therapy, prône l'acceptation et l'engagement. Le concept de **morale** désigne la gestion des comportements et des mœurs. Elle est relative et évolutive. À travers la morale, nous insistons sur les limites posées à nos mœurs, sur nos devoirs, ceux de l'écologie par exemple. Et ces devoirs sont ceux de notre humanité, de notre nature d'humain. On peut y inclure les mœurs des financiers (les banksters), des politiques et autres dictateurs… jusqu'à celui de nos petites délinquances (polluantes) quotidiennes. Il s'agit de dire « non » à tout ce qui outrepasse la bonne vie et la bonne gouvernance. J'ai à tout moment quelque occasion d'exercer ce refus : **je dis « non ».**

Tout en proférant ce non, ces non, les occasions de le faire s'associent spontanément. « Dans quinze jours, j'aurai à dire non à… Mais l'obligation de renoncer à… va au-delà des situations précises et des comportements. Elle s'enracine dans **l'éthique** qui ne dépend pas de l'ambiance sociétale ni des opportunités. L'éthique se fonde en mon humanité même. Je la porte dans mes tripes plus que dans ma tête. L'éthique me connecte au choix des présidentiables (dans dix jours) : voterai-je pour celui qui prend aux pauvres pour enrichir les riches ou pour celui qui prend aux riches pour redistribuer aux pauvres ? Et toute la théorie sur la « main invisible » chère aux économistes libéraux n'y changera rien et mes intérêts financiers à moi non plus. On retrouve l'existentialisme de J.-P. Sartre qui s'oppose au déterminisme de Freud en insistant sur la responsabilité. La psychothérapie existentielle des May, Frankl, Yalom, nous y emmène inexorablement, dans les tripes, dans l'éthique. Nous résumons ces dimensions morale et éthique dans cet acte décisif du « non », laissant à l'association libre le soin d'y mettre des contenus plus précis.

Les médecins, les paramédicaux, soignants et psychothérapeutes se trouvent ici aux premières loges avec leur engagement éthique signé au bas du serment d'Hippocrate. Ils sont les garants de la vie et de la mort. La discussion sur l'euthanasie les confronte directement à cet engagement : le médecin peut-il donner la mort même si elle est « eu- » thanasie, « bonne » mort ? On oublie trop que Freud, médecin des âmes, s'est fait euthanasier par son médecin des corps, Max Schur. À un niveau moins radical, l'éthique se décline avec la règle d'or formulée en négatif : ne fais pas à autrui ce que tu ne veux pas qu'il te fasse. Cette règle d'or fait le socle de toutes les religions et de toutes les sagesses civilisationnelles. Elle s'inscrit tout autant dans notre démarche méditative, advenant tôt ou tard au décours de la pratique. Elle se décline aussi en altruisme et annonce l'étape suivante, celle des valeurs, de la morale, des déontologies et des maîtres.

■ Module 11 – La symbolique des valeurs et des maîtres

Quand je dis non, je suis libre, authentique, moi-même. Quelle jouissance que celle de l'enfant de 18 à 30 mois qui a découvert ce petit mot, ce gros mot : **non**. Encore 12 mois, et il dira **« oui »**. Ici nous atteignons le fin fond de nos tripes et de nos circonvolutions (préfrontales) qui recèlent l'autre aspect de l'éthique. Contrairement aux morales, cette dernière est universelle et immuable. Chaque humain y a spontanément accès, au fond de lui. Et alors, quid des Hitler, Barbie, Duch et autres Assad ? Voici bien la méditation à laquelle nous devons nous livrer ici. Mon éthique me fait contacter des valeurs au-delà des morales, mes valeurs à moi aussi symboliques soient-elles. L'expression de ces valeurs passe par l'enseignement/accompagnement des maîtres plus avancés que moi ; elle passe par le choix d'un maître privilégié : Bouddha, Jésus, Mahomet et pourquoi pas Freud ou Jung ? Le mot dévotion serait-il trop fort ? Allons-y pour dévouement. Le « oui » que je peux allouer à ces valeurs et maîtres me renforce dans mon engagement, me réunit à l'humanité, m'universalise. « **Oui** ».

Décidons-nous enfin. Définissons clairement éthique et morale. La médecine le fait qui différencie éthique et déontologie. Cette dernière répertorie les bonnes mœurs entre chers confrères. La morale est l'ensemble des règles et des mœurs qui organisent un groupe humain, ici celui des soignants. La morale est circonstanciée et évolutive tout en étant fondée sur l'éthique qui reste absolue et universelle. La morale finira bien par codifier le mariage des homosexuels au-delà de la bronca des religieux et des psychanalystes. Elle suivra même Freud en élargissant peu à peu les critères de l'euthanasie. Ici se place la forme positive de la règle d'or : fais à autrui ce que tu aimerais qu'il te fasse. Nous entrons plus prosaïquement dans le donnant-donnant. Quant aux maîtres, le serment d'Hippocrate nous enjoint à les respecter et honorer.

■ Module 12 – L'immanen-(trans)scendance

Je lâche cet oxymore dès à présent, mais nous reviendrons longuement sur la question de l'immanence *vs* transcendance. L'immanence désigne le fait que tout est en moi, en chaque humain, jusques et y compris le divin. Au contraire, le transcendant situe une entité extérieure dans un au-delà de moi. Ces réalités parmi les plus nobles de la pensée humaine ont suscité quelques belles joutes philosophiques et de moins belles guerres religieuses.

Quant à nous, nous arrivons au point où une sécurité suffisante permet de lâcher les dernières rationalités et structures (mentales, corporelles et relationnelles). Je peux m'abstraire des trois catégories de Kant, l'espace, le temps et la causalité, pour me retrouver dans l'infini, l'éternel et l'absolu. Les nombreuses psychosomatothérapies (tels la pneumanalyse et le tanking) qui induisent des états de conscience modifiés jusqu'à la dite expérience de mort imminente nous y préparent. Maintenant on peut y aller ! Nous accédons à la dimension la plus riche et la plus exaltante de la méditation. Chacun y va authentiquement, auto-, tout seul. À chacun de se fier à sa créativité.

Immanence, transcendance ? Et si on arrêtait de se faire la guerre ? L'immanenscendance signifierait qu'en cette dernière étape je ressens mon unité en moi, en soi, tellement fort (immanence) qu'elle entre dans une expansion tellement pleine que cet état devient différent (transcendance). Mais entre les deux il n'y a pas de rupture, seulement un seuil délicieux à franchir et en même temps étrange. Je dis bien étrange (*unheimlich*, l'inquiétante étrangeté de Freud) et pas dangereux. Le travail des onze premières étapes a apporté la sécurité suffisante pour s'y risquer.

La médecine est aussi mise à contribution ici, étonnamment. Elle ne s'engage pas directement dans cet acte méditatif et même mystique, mais elle y est engagée à son corps défendant par les expériences de ses patients. Un tiers de la population fait un jour ou l'autre une EMI spontanée. Ce vécu extrême transforme généralement les dits expérienceurs en bien, mais il provoque aussi de la pathologie lorsqu'il ne peut pas être transmis, au médecin pour commencer. Et l'on n'évoque même pas toutes les pathologies psychiatriques qui tournent autour de tels vécus. Que le soignant ait cette expérience par la Présence Juste améliore évidemment les choses.

Voilà la progression que proposent les douze psychothérapies intégrées dans notre protocole. La logique de ce développement s'impose d'elle-même. Après les dix étapes de Diotime, après les sept demeures de l'âme de Thérèse, allons-y pour douze ! C'est la naissance de la Présence Juste qui l'a voulu en une intuition créatrice. Mais autorisons-nous une illustration supplémentaire des étapes du cheminement personnel avec la référence à la kabbale. Il s'agit aussi d'une méthode de méditation. Cet extrait est tiré d'un magnifique livre doré diligenté par Jean-Paul Guyonnaud, Richard Meyer et M-A. Descamps : *La dimension spirituelle en psychothérapie ; corps et transpersonnel*, 1995, Éd. Somatothérapies, Strasbourg. Le texte cité est écrit par A. Van Eiszner.

La kabbale et l'arbre des sephiroth

« Chaque tradition apporte sa conception du chemin d'évolution. Contrairement à une image trop répandue, la kabbale offre une voie pratique, et non pas uniquement intellectuelle. Cela grâce aux "Sentiers". L'arbre séphirotique est composé de dix sphères archétypales et des 32 "sentiers" reliant ces dix sephiroth. Le tout constitue "les 32 sentiers de la sagesse" qui représentent un modèle de l'Univers et de la Vie. Chacun des 32 sentiers "reliant" les archétypes est une étape de l'évolution de l'Homme-matière vers l'Homme-Dieu.

Les 32 sentiers de la sagesse

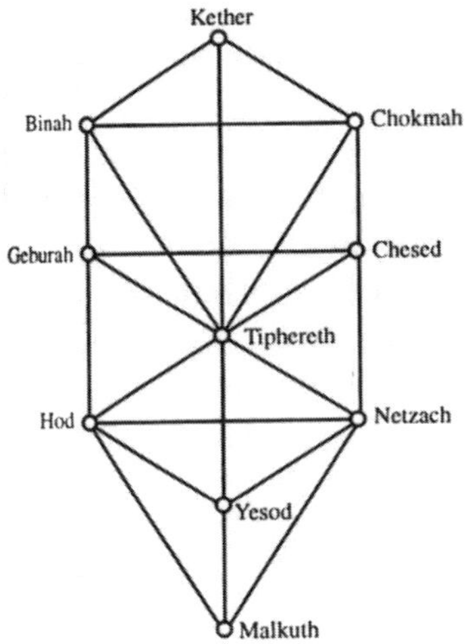

Chaque sephirah est un pôle défini par une qualité. Cette qualité est exprimée au moyen d'un vocabulaire traditionnel, mais souvent traduite de manière plus explicite. Par exemple, la qualité saturnienne de Binah.

Kether	Couronne
Chokmah	Sagesse
Binah	Intelligence
Chesed	Miséricorde
Geburah	Rigueur
Tiphereth	Beauté
Netzach	Victoire
Hod	Splendeur
Yesod	Fondation
Malkuth	Royaume

Tableau 3 : Les dix sephiroth.

« À chacune de ces étapes sont associés les symboles de la sphère de départ, de la sphère d'arrivée ainsi que ceux attachés au sentier lui-même. Ces symboles sont d'ordres psychologiques, visuels, auditifs, gustatifs, olfactifs et intègrent la guématrie (l'art du symbole par les nombres). On a ainsi développé des textes correspondant à chaque sentier, savamment composés de tous les symboles et archétypes qui lui sont liés. La longueur de chaque texte dépend, bien entendu, de la richesse symbolique du sentier et varie entre quinze et quarante pages lues respectivement en quarante-cinq minutes et deux heures. Ces textes s'écoutent et se vivent comme en rêves éveillés. On s'installe confortablement, décontracté et relaxé, l'esprit ouvert et “neutre”, de façon que les images et symboles accèdent directement au subconscient. Les 32 sentiers sont conçus pour opérer la transmutation vers le Divin en deux grandes séquences. La première séquence de neuf sentiers est le chemin du monde matériel vers les archétypes, images du Divin. La seconde séquence que nous n'aborderons pas ici conduit des images divines vers le Divin lui-même. Cette quête, par définition individuelle, ne peut se travailler en groupe : c'est le chemin solitaire de l'initié.

La première étape : le 32e sentier

La première étape (le 32e sentier), qui part de Malkuth (le Royaume), symbolisée par la Terre, pour arriver à Yesod (la Fondation, la Lune) nous fait quitter l'état où la conscience et la matière sont emprisonnées l'une en l'autre – dans une inconscience totale (le Nadir) – pour nous élever au plan de l'imaginaire (la Lune). C'est un sentier d'arrachement où les attachements sont dénoués, déchirés et où nous sommes invités à avoir une vision plus claire de la manifestation immatérielle.

Première approche de notre rapport avec le temps, ce sentier nous fait vivre parfois, dans les 3 jours qui suivent, des blocages dans nos prévisions, la sensation que le temps n'en finit pas. C'est dans ces moments que les machines tombent en panne pour nous retarder. Nous nous frottons à une dimension du temps qui nous avait paru jusque-là aller de soi. La conscience est comme une substance vivante qui se hisse par distillations successives hors de ses états précédents.

Arrivés au niveau lunaire, nouveau trouble. À peine dégagés des pesanteurs de la matière, nous voici dans nos fantasmes et illusions, perdus dans ce monde de l'imaginaire sans limite où l'émotion donne le change aux reflets de notre psyché. Monde trompeur, car à ce stade de conscience, nous sommes tentés de prendre l'image pour la réalité alors qu'elle ne fait qu'emplir sa fonction d'image. Monde trompeur car nous croyons fièrement avoir été très loin en dépassant la conscience de veille, et le sentier s'arrête là. Or, il s'agit d'un espace intérieur à intégrer tout naturellement, sans tomber dans son mirage. C'est l'univers que font découvrir les expériences de drogue, ou de délire. Univers où les lois de l'espace-temps terrestre n'ont plus cours, où l'on découvre la légèreté d'un corps imaginaire, les sensations les plus douces, mais parfois les plus terribles lors de délires ou de “bad trip”.

La deuxième étape, le 31e sentier

Après le monde de la terre et de l'air, le 31e sentier – de la Terre à Mercure – nous convie sur la voie du feu, ce grand purificateur du “corps psychique”. La sensation de combustion intérieure se renforce à mesure que nous passons du feu élémentaire au feu spirituel. Cette combustion s'accompagne d'une mélancolie, une sorte de deuil d'éléments anciens que nous brûlons. Purification, tristesse, remise en ordre, montée en lumière, sont vécues au cours de ce sentier qui apporte des souvenirs de feu, voire d'incendies ; il provoque aussi des rêves de fièvre, de chaleur, des rêves de bûchers, de sorcières brûlées, de peau en feu, de feu à la tête, etc. Son aspect mercurien suscite également des rêves de voyages dans la semaine qui suit. Dans ce sentier, la conscience brûle son ancienne demeure devenue vétuste et mal adaptée.

La troisième étape, le 30e sentier

Ce sentier va de la Lune à Mercure. C'est le sentier de l'alchimiste, de la créativité fantastique que peut produire l'union de l'imagination (la Lune) et de la règle (Mercure). Le 30e sentier fait opérer un tri dans les relations. Les amitiés fondées sur des fantasmes seront évincées, au profit d'attachements véritables enrichis de compréhension et d'attention oblative. On est non plus dans la projection illusoire, mais dans un amour plus vrai. Ce sentier provoque donc une remise en question des anciens fonctionnements avec parfois son aspect négatif “à quoi bon” ? La pensée acquiert davantage de lucidité, l'intuition se renforce. L'acuité d'esprit et l'ouverture de cœur diminuent le besoin narcissique d'être aimé et reconnu, rendant le participant plus autonome, moins sensible au regard des autres. Le sentier sculpte avec finesse dans une conscience encore pataude. Il ouvre à la compréhension des enfants, au respect de leurs personnalités.

La quatrième étape, le 29e sentier

Il va de la Terre à Vénus, planète symbolisant la générosité de la Nature. Nous nous hissons de la Terre pour nous unir aux largesses de la Nature. L'intelligence de ce sentier est celle du corps, car il matérialise toute forme conçue dans les mondes supérieurs, la faisant appparaître dans les mondes les plus bas. Ce sentier concerne le nettoyage intérieur du Mental. La philosophie épicurienne contenue dans ce sentier nous incite à nous libérer des concepts artificiels et des idées déformées qu'ils suscitent, créant des causes de douleur et de peurs imaginaires, inutiles. Nettoyage et détente en même temps qu'ouverture à la conscience de l'humanité sont les expériences propres à ce sentier.

La cinquième étape, le 28e sentier

Il va de la Lune à Vénus, c'est le sentier des fées. L'union du rêve et de la douceur donne non seulement un aspect euphorique et lénifiant mais aussi enchantement et facilité de contact. Pourquoi le sentier des fées ? Parce qu'après ce sentier, nos souhaits subconscients sont exaucés. Tout joyeux qu'il soit, ce sentier prépare au suivant, plus dur. Les impressions sont, en général, positives, mais ce sentier introduit sur une dimension imprévisible d'agressivité. Il y a comme une montée en force des énergies de destruction que l'on va rencontrer dans le 27e sentier.

La sixième étape, le 27e sentier

Il va de Mercure à Vénus. Nous partons de la règle et de la mesure de Mercure pour tendre vers la douceur et l'élan de Vénus. Mais cela ne peut se faire sans une destruction de la forme. Il faut détruire la tour qui, certes nous protège, mais nous enferme aussi. Ce sentier est fondamentalement subversif. Il indique que la forme, conservée par peur de la souffrance doit être détruite avec fermeté. Que les chagrins sont les fils qui tissent notre vie, et que la libération ne peut se faire sans geste guerrier. Inutile de préciser que les jours suivant cette étape sont riches en bouleversements : premier arrêt maladie depuis 5 ans, mises au point familiales, abandon d'anciennes structures, coups de foudre, agressivité, mais aussi un profond sentiment d'espoir, de persévérance et de renouvellement des énergies. Sur le plan de la conscience, cela signifie abandonner encore une charpente vermoulue, tous les préjugés, un mauvais fonctionnement. On se hisse vers un autre mode de conscience, le feu de l'esprit devient plus pur et plus discret.

La septième étape, le 26e sentier

Il va de Mercure au Soleil. C'est un sentier d'avertissement : comprenons bien que nous ne sommes pas obligés de suivre cette voie du retour, car il existe un danger de dissociation de l'affectif et de la conscience rationnelle. À ce stade, le potentiel divin en nous – l'Esprit intuitif supérieur – illumine la conscience rationnelle qui s'élève vers d'autres niveaux de compréhension et, dans cette quête, l'émotionnel doit pouvoir être fécondé lui aussi. Si la psyché est brisée par la culpabilité et les peurs – que nous sommes censés avoir abandonnées dans le 27e sentier –, elle risque de refuser l'évolution provoquant par là une dislocation de la personnalité, conduisant à la folie. Si notre rationnel a accepté – en le canalisant – l'émotionnel et lui offre ses nourritures paternellement, sans culpabilité ni préjugés, l'association de ces deux composantes de la psyché avec l'esprit intuitif supérieur sera des plus merveilleuses et des plus fécondes.

Depuis le 27e sentier, nous avons largement dépassé le mental matérialiste et les nourritures qui nous sont offertes sont d'ordre divin – si nous comprenons que le divin a besoin du corps et de ses désirs. C'est la "montée de la kundalini". Très souvent ce 26e sentier n'est pas "digéré" la première fois. Par exemple, certaines scènes orgiaques dont le but est de révéler nos pulsions, de nous les faire accepter sans culpabilité ni pruderie, mais également de nous apprendre à les contrôler tendrement et à les sublimer. Ces scènes primales sont soigneusement refoulées et certains participants sombrent là dans un sommeil profond et protecteur !

Pourtant, globalement, l'on vit un calme intérieur, l'on acquiert une nouvelle sagesse qui dépasse les tensions, les désirs, les peurs, les projections, voire les énergies perdues inutilement. Il y a comme une nouvelle conscience qui, détachée, regarde les anciens fonctionnements avec curiosité. C'est la réconciliation avec le moi intérieur dans la sérénité que procure l'acceptation indulgente des travers de la psyché humaine

La huitième étape, le 24e sentier

Sentier terrible, celui des morts et des renaissances accordées par la Grande Saturne, Mère archétypale. C'est la confrontation avec le désir de mort, cette forme de mort qui est oubli et reddition. Cette épreuve fait basculer véritablement la conscience dans l'univers supérieur. La mort y est vécue symboliquement, parfois sous forme de sommeil étrange, avec la sensation d'avoir "voyagé" très loin ; l'on prend une conscience plus subtile de l'incarnation, avec l'impression d'avoir franchi un seuil capital. C'est le sentier qui provoque le plus de réactions de la part des participants. Pendant la semaine qui suit le vécu de ce chemin, s'imposent des rêves de mort, de mort-résurrection et de renaissance.

Dernière étape, le 25e sentier

Il nous transporte de la Lune au Soleil, apothéose et but ultime du travail… » La lumière et la chaleur de l'astre du jour se font intenses, et brûlent notre peau, mais dans le ravissement de cette ascension, nous n'y prêtons pas attention. Nos vêtements disparaissent comme réduits en poussière par les rayons ardents qui semblent pénétrer aussi notre chair et dévorer lentement, mais régulièrement, tout ce qui nous donne poids et densité. Nous sommes épurés et transmutés par l'épreuve de l'air… Nous ne ressentons rien sauf une impression d'immense liberté et une joie dont l'origine nous est extérieure… ». Telle est l'une des expériences psychiques proposée ici.

Pour la première fois, nous rejoignons le plan des Archétypes en Briah. Nous ne pouvons plus voir et vivre de la même manière après avoir parcouru ce sentier. Non seulement, il nous insuffle une énergie insoupçonnée, élargissant notre univers, mais le franchissement du monde qu'il nous fait vivre en Briah se concrétise par des expériences psychiques très particulières comme la vision de puissants symboles archétypaux liés à la sphère du Soleil.

En synthèse, le but de ces travaux sur la conscience est d'amener l'individu à l'équilibre entre ses différents plans d'aspiration dans l'harmonisation de ses pulsions. L'équilibre est le maître-mot, le concept capital de ce chemin d'évolution. L'élévation du niveau de conscience ne doit pas se réaliser au détriment de la vie matérielle. Au plan personnel, l'on est amené à s'accepter et à s'aimer dans sa globalité, toutes composantes valorisées, qu'elles soient physiques, pulsionnelles, émotionnelles, rationnelles ou spirituelles. Chaque individu doit trouver son "Tao", sa juste mesure d'animus et d'anima, d'agressivité et de patience, d'intelligence critique et de compassion. Le travail accompli sur soi permet d'aimer son entourage, admirant ses qualités tout en acceptant ses défauts. » (*op. cit.* passim p. 187-195).

Conclusion

Nous nous reconnaissons bien dans ce qu'on entend couramment par kabbale. Au-delà des astres, sentiers, symboles et archétypes appartenant à la culture juive, nous retrouvons un certain nombre d'éléments qui nous renvoient à la PJ et qui l'illustrent :

- le cheminement par étapes ; la démarche spirituelle occupe toute la vie ;
- une logique de progression que l'on sent dans cette très belle présentation ; une logique qui rappelle les 12 modules de la PJ ;
- des effets directs de chaque étape : bienfaits à moyen et long termes, épreuves et méfaits à court terme ; nous sommes loin de tout angélisme ;
- « destruction de la forme » sur le 27e sentier ; « la forme, conservée par peur de la souffrance doit être détruite avec fermeté » ; au-delà du traditionnel lâcher-prise, il s'agit d'une véritable déconstruction, comme en psychanalyse et en mystique pour aller vers l'inconscient et le caché ;
- pour « amener l'individu à l'équilibre entre ses différents plans d'aspiration dans l'harmonisation de ses pulsions ».

Il n'y a pas que la PJ qui soit plurielle et complexe ! Ici comme là-bas, il s'agit d'un chemin de vie qui mérite de l'application et de l'assiduité. Au fur et à mesure de sa pratique, le fil conducteur de la PJ devient familier sinon automatique et permet une simplification que nous abordons à présent, simplification de la forme mais richesse plus grande du fond, à savoir des vécus chaque fois neufs et étonnants. Contrairement aux satisfactions venant de l'extérieur qui exigent des stimulations de plus en plus intenses, ici, le protocole s'adoucit tout en suscitant des résultats renforcés.

Chapitre VIII

La Présence : définition et illustrations

La présence, la simple présence, est un processus tellement complexe que seule l'expérience vivante peut la cerner. Si nous voulons ajouter qu'elle soit « juste », on se complique encore la tâche. Mais nous sommes dans l'écrit et il faut bien se soumettre à l'épreuve. Je propose une définition et deux illustrations.

« La présence juste est un état d'être ancré dans la situation du moment, dans la pleine conscience des principaux éléments externes, tout comme dans la pleine sensation des processus internes ; ces deux réalités y sont intégrées en un vécu unifié ».

Quels sont tous ces éléments externes et ces processus internes ? Nous les avons énumérés dans les chapitres précédents. Il ne nous reste qu'à souligner que l'externalité et l'internalité importent toutes deux et que cela s'inscrit dans un vécu unifié. Voici deux illustrations, l'une sur la présence à la musique, l'autre qui voit dans son acmé, l'expérience plénière, le principe thérapeutique commun à toutes les psychothérapies.

L'expérience plénière : Pleine Présence et processus thérapeutique

Nous proposons un schéma pour visualiser la Pleine Présence et le processus thérapeutique :

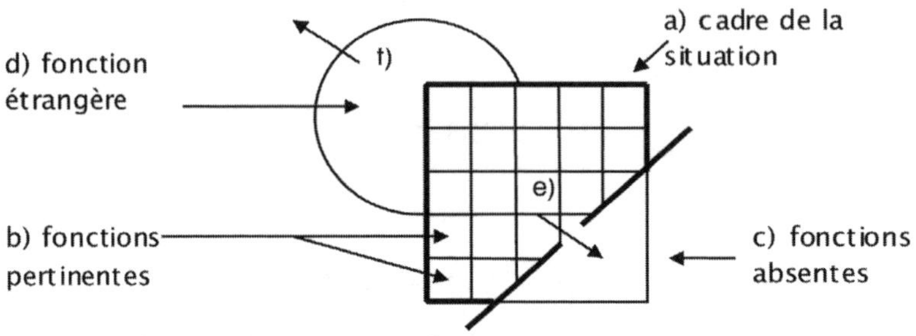

Schéma 2 : L'expérience plénière, les fonctions présentes, les fonctions en clivage et en amalgame, l'action thérapeutique.

a) Le moment présent est circonscrit par un **cadre** qui délimite la situation donnée ;

b) un certain nombre de **fonctions** sont pertinentes – et nécessaires – dans ce cadre situationnel (les carrés à l'intérieur du cadre) ;

c) l'une ou l'autre fonction peut être indisponible, absente, en **clivage** ;

d) alors qu'une autre fonction peut s'imposer, bien qu'étrangère au moment, elle **s'amalgame**.

L'expérience est plénière lorsque toutes les fonctions pertinentes sont présentes, à la fois **connectées et séparées**. Cette présence totale, dans le moment et dans la situation, cette présence de toutes les fonctions pertinentes, a un effet précis, thérapeutique :

e) elle **re-connecte** les fonctions clivées ;

f) **sépare** la fonction amalgamée, **et dé-bloque ce qui est répétitif.** (Ce dernier processus thérapeutique n'est pas représenté sur la schéma.)

Cette première définition de la présence se réfère au processus thérapeutique de base et peut sembler trop technique ou théorique. Proposons des illustrations plus vivantes.

Le processus de présence

La PJ a permis d'observer minutieusement les mécanismes de la présence, en particulier au niveau de la conscience. Il y a trois processus successifs et peu à peu simultanés : la concentration, l'attention diffuse et la contemplation.

La concentration

La concentration de l'esprit est bien connue, c'est la focalisation de la conscience sur un seul objet, au maximum deux objets. Il s'agit d'un processus volontaire, actif, parfois pénible quand l'objet n'exerce pas d'attrait suffisamment fort. En Présence Juste, il s'agit de la concentration sur l'élément évoqué à chaque étape du protocole : le sol, la chaîne musculaire postérieure, la personne qui apparaît dans la visualisation etc. La concentration est centrale dans la plupart des méditations.

L'attention diffuse

L'attention diffuse est un processus également actif mais moins intense qui peut se fixer sur 3 à 4 objets à la fois. On l'appelle aussi vigilance. On arrive ainsi à la saturation du champ de la conscience qui a comme caractéristique d'unifier ce champ et de l'harmoniser. Rien d'autre ne peut exister dans la conscience à ce moment, ni clivage, ni amalgame, ni blocage ; il n'y a pas de symptôme ni de possibilité de constitution de symptôme. L'attitude peut se refermer sur cette présence objective qui reste alors un état quantitatif, opérant, efficace. Les fonctions nécessaires à la situation du moment sont présentes, actives et justes. C'est la fiabilité du travailleur qui se focalise totalement sur les 3 à 5 paramètres en jeu dans sa tâche, sans autre état d'âme. Il y manque néanmoins la qualité ! Ça reste quantitatif, opératoire. Or, l'attitude peut aussi rester ouverte, le corps détendu, l'esprit apaisé et non focalisé uniquement sur les éléments externes. La relation aux autres peut rester connectée et bienveillante. À ce moment, advient le troisième processus qui est un fonctionnement spontané et imprévisible : la contemplation.

La contemplation

En plus des objets réels saisis par la concentration et l'attention, apparaissent de nouveaux objets subjectifs : sensations corporelles, éveil énergétique, émotions, sentiments affectifs, images et visualisations, pensées, souvenirs etc., se connectant par association. Nous appelons ces nouveaux objets des « contemplats ». Ils ont une véritable consistance, existent réellement mais sont insaisissables. Dès qu'on veut porter la concentration sur eux, ils se modifient, s'ils ne disparaissent pas carrément. En effet, leur complexité ne supporte pas la réduction qu'une concentration réflexive porte sur eux. Les contemplats font le bonheur de la vie. Ils viennent tout seuls et s'en vont de même, ils apportent leurs surprises. Nous avons appris avec Sid Kouider qu'il s'agit de la conscience phénoménale. Ils sont généralement agréables quand l'attitude est positive et s'appellent alors volupté, amour et félicité. Les insights sont un exemple de contemplation, c'est ce qu'a compris la psychanalyse qui fait associer librement sur le divan.

Le mécanisme de la conscience en jeu dans la Présence Juste est un mécanisme universel. C'est celui de la conduite automobile que nous aimons pour cela même, d'autant plus que la concentration s'y fait facilement, par attrait : concentration sur la route, attention diffuse sur les cadrans, rétroviseurs, pédales et cris des marmots, contemplats spontanés : bien-être corporel, souvenirs, réponse au problème de tout à l'heure, gros sentiment pour la covoiturée et… colère contre les chauffards !

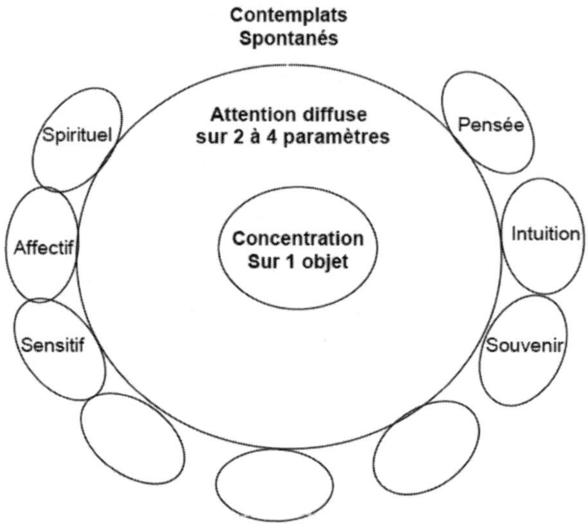

Schéma 3 : Les trois niveaux de la conscience en Présence Juste.

Pour rester réceptif aux contemplats, il faut se rappeler les deux règles suivantes, seules à même de faire basculer dans la plénitude : exercer une concentration active sur un objet central, sinon on tombe dans l'habitude et l'automatisme ; ne pas déplacer cette concentration sur le contemplat, mais rester sur l'objet du protocole ou, du moins, sur la globalité du vécu du moment.

Danse thérapie et Pleine Présence

Illustrons cette Pleine Présence par les effets d'une danse thérapie inspirée par Osho, ce gourou indien qui a si bien connecté les pratiques orientales et la psychothérapie occidentale. Je propose un exercice ramené à 45 minutes dans la grande salle de formation. Trois séquences musicales se succèdent de 15 en 15 minutes :

- une musique rythmée avec balafons et xylophones invitant à secouer et à éliminer les tensions musculaires par des mouvements de tout le corps ;
- une séquence harmonieuse, dansante et chantante, plus calme, invitant le corps à traduire les mélodies, les sons des instruments et les effets d'harmonie, en gestes, postures, statues vivantes ;
- une dernière séquence, vibrante, réceptionnée dans la position allongée, qui pénètre l'intérieur du corps et le fait résonner avec les vibrations de la musique.

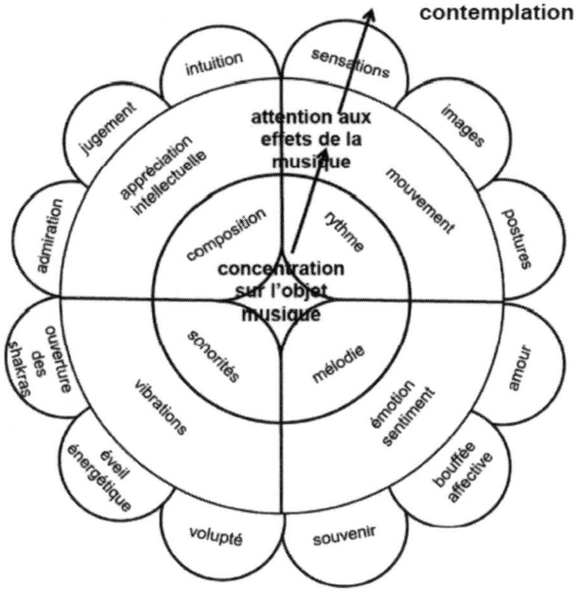

Schéma 4 : La Pleine Présence en danse thérapie.

Voici comment le schéma de présence se remplit de cet objet musique qui fait disparaître les défenses et résistances dans la sécurité du lieu et du groupe. **La concentration** se porte sur l'objet musique dont nous distinguons quatre paramètres : le rythme, la mélodie, les sonorités et la composition musicale. La concentration se porte activement sur l'un ou l'autre, éventuellement deux ou trois de ces paramètres en attendant la Pleine Présence.

L'attention diffuse investit plus légèrement les effets fonctionnels des quatre éléments musicaux : rythme à mouvement ; mélodie à émotion et sentiment ; sonorités à vibrations corporelles ; composition à appréciation mentale. On peut rester attentif à ces seuls phénomènes relativement objectifs, se refermer dessus, devenir opérant et efficace comme lors d'une danse de salon où il faut respecter le tempo, rester en rythme avec son/sa partenaire, gérer les vibrations énergétiques et apprécier la musique choisie (ou imposée). C'est la plénarité. Mais on peut aussi dépasser cette barrière maîtrisée et contrôlée tout en y restant investi en toute sécurité. On peut accorder moins d'importance à la danse elle-même et **s'ouvrir aux contemplats** :

– **rythme et mouvement** font tout d'un coup entrer dans l'ondulation d'une algue au fond de l'eau ou voler comme un condor toutes ailes déployées ; ici s'ajoutent et se contemplent des images, sensations, symboles, postures, états énergétiques, et toutes les qualités liées à ces images, grâce de l'algue, majesté du condor…

- **mélodie et émotions** rendent triste parce qu'elles évoquent le lieu merveilleux où j'ai entendu pour la première fois quelque chose d'analogue avec une personne aimée et perdue ; mais je dois rester concentré sur la musique et laisser repartir ce souvenir (ce qui réalise une désensibilisation de cet événement douloureux comme le fait l'acting d'EMDR ou la désensibilisation progressive de la TCC) ;
- **sonorités et vibrations** éveillent les chakras, l'un ou l'autre des sept, avec les sensations spécifiques à chacun jusqu'à faire circuler l'énergie dans tout le corps avec une volupté indicible ;
- **composition**, c'est-à-dire l'écriture musicale, peut amener de la pensée, des intuitions, du jugement, « j'aime, j'aime pas » ; pour les amateurs de musique et surtout pour les musicologues, toute appréciation spécialisée peut venir en association libre.

Chaque contemplat, à prédominance psycho- socio- ou somato-, a sa durée. Certains durent plus longtemps comme la circulation énergétique, d'autres sont brefs comme les images, intuitions, souvenirs. Mais tout se connecte avec la musique et avec ses effets immédiats pour mettre en état de plénitude jusqu'à l'extase. Et c'est thérapeutique dans la mesure où ce « plein » chasse le manque (clivage), le surplus (amalgame) et la répétition du même (bloc). Le patient redécouvre l'état normal, pleinement présent. Un texte de Bhagwan/Osho vient illustrer et enrichir cette présentation.

Méditation dynamique

Il s'agit d'un travail individuel qui se fait en groupe, debout, les yeux fermés, sur près d'une heure. Cinq séquences distinctes la constituent, se calquant sur autant de séquences musicales à la fois rythmées (pour le corps), mélodiques (pour l'émotion) et harmoniques (pour l'intelligence). Ces séquences sont : la respiration chaotique, l'expression cathartique, la méditation dynamique, la méditation immobile, la danse.

Nous y reconnaissons aisément les quatre temps du corps :
- le corps fonctionnel qui s'étire, bouge, danse, se détend ;
- le corps émotionnel, cathartique, qui crie, tape, pleure, exprime des affects ;
- le corps sensuel, qui se focalise sur les sensations internes induites par l'énergétisation respiratoire et par la libération cathartique ;
- le corps transfonctionnel enfin qui entre dans d'autres états d'être par l'hyperventilation et la danse dans la fusion avec la musique. (Meyer 1985)

« Ma méthode, explique Bhagwan, commence par la respiration et je suggère dix minutes de respiration chaotique comme première étape. Par respiration chaotique, j'entends une respiration profonde, rapide, vigoureuse et arythmique. Vous absorbez l'air et le rejetez ; vous l'absorbez, puis le rejetez, aussi vigoureusement, aussi profondément, aussi intensément que possible. C'est tout.

« La respiration chaotique est censée créer un chaos dans votre système réprimé. Quoi que vous soyez, vous respirez d'une certaine manière. Un enfant respire d'une manière particulière. Si vous avez la phobie du sexe, vous respirez d'une certaine manière. Vous ne pouvez pas respirer profondément, parce que chaque respiration touche le centre du sexe. Si vous êtes craintif, vous ne pouvez pas respirer profondément. La peur crée une respiration superficielle.

« La respiration chaotique doit détruire tous vos schémas passés. Elle doit détruire ce que vous avez fait de vous-même. La respiration chaotique crée un chaos, un chaos en vous, parce que sans ce chaos vous ne pouvez pas libérer vos émotions réprimées, ces émotions qui sont à présent logées dans le corps.

« La deuxième étape de ma technique de Méditation Dynamique consiste en une catharsis. Je vous dis d'être consciemment fou. Quoi qu'il vous vienne à l'esprit – n'importe quoi – permettez-lui de s'exprimer, coopérez avec. Ne résistez pas. Soyez simplement un flot d'émotion.

« Si vous voulez pleurer, et bien pleurez. Coopérez. Les larmes intenses, les larmes totales, où votre être entier est impliqué, ont une grande vertu thérapeutique, sont profondément thérapeutiques. Bien des choses, bien des maladies disparaîtront rien qu'en pleurant. Avec des larmes totales, tout votre être participe.

« Donc, pendant les dix minutes qui vont suivre (cette seconde étape est également de dix minutes), exprimez-vous par les larmes, la danse, les cris, les pleurs, les sauts, le rire ; "défoulez-vous" comme on dit. Après quelques jours, vous sentirez déjà ce que cela signifie.

« Au début, l'exercice risque d'être forcé, de demander un effort ou de n'être qu'un jeu. Nous sommes empruntés au point de ne pouvoir faire rien de vrai ou d'authentique. Vous n'avez encore jamais ri, jamais pleuré, jamais crié authentiquement. Tout en vous est façade, masque. Donc, quand vous commencez à pratiquer cette technique – au début –, il se peut que ce soit de manière contrainte. Peut-être aurez-vous à fournir un effort ; peut-être ne sera-ce que du théâtre. Qu'importe ! Continuez. Bientôt vous toucherez ces régions où tant de choses sont enfouies. Vous les toucherez et une fois qu'elles sont libérées, vous serez sans entrave. Une nouvelle vie vous sourira, une nouvelle naissance se produira.

« Ce processus de libération est fondamental… sans lui, il ne peut y avoir de méditation pour l'homme tel qu'il est.

« À la troisième étape, j'emploie le son hou. Bien des sons ont été utilisés dans le passé. Chaque son a un rôle spécifique… Les soufis ont utilisé le son hou et si vous prononcez hou à haute voix, il va loin, jusqu'au centre du sexe. Ce son est comme un martèlement intérieur. Quand vous êtes vide et vacant, il peut voyager au-dedans de vous.

« Mais pour pouvoir le faire, il faut le vide. Si vous êtes plein de répressions, rien ne se passe. Parfois il est même dangereux d'utiliser un mantra ou son quand vous êtes plein de répressions. Chaque couche de répressions change le parcours du son, et le résultat ultime risque d'être quelque chose que vous n'avez jamais imaginé, que vous n'avez jamais escompté, jamais souhaité. Pour qu'un mantra soit utilisable, l'esprit doit être vacant.

Par conséquent, je ne suggère jamais l'emploi d'un mantra à qui que ce soit tel qu'il est. Il faut d'abord une catharsis. Le mantra hou ne doit jamais être pratiqué sans les deux étapes préalables – jamais. Il est pour la troisième étape (pendant dix minutes) et doit être aussi sonore que possible ; vous lui donnez toute votre énergie. Martelez votre énergie avec le son. Et quand vous êtes vide (grâce à la catharsis de la deuxième étape), ce hou descend loin et atteint le centre sexuel.

Hou atteint le centre énergétique, par l'intérieur. Et quand le centre sexuel est atteint de l'intérieur, l'énergie se met à circuler au-dedans de vous. Ce courant d'énergie interne vous change complètement. Vous vous transformez, vous donnez naissance à vous-même.

À la quatrième étape, je vous dis : "Stop !" Et quand je dis stop, arrêtez-vous. Ne faites plus rien du tout, parce que tout ce que vous feriez risquerait d'être une diversion, et vous manqueriez le but. Tout – par exemple tousser ou éternuer – peut vous le faire manquer, à cause de la distraction provoquée. Le flot d'énergie s'arrêterait immédiatement de monter parce que votre attention se serait déplacée ailleurs.

Ne faites rien. Vous n'en mourrez pas. Même si vous éprouvez le besoin d'éternuer et que vous n'y cédiez pas pendant dix minutes, vous n'en mourrez pas. Si vous éprouvez le besoin de tousser – une irritation dans la gorge – et que vous ne faites rien, vous n'en mourrez pas. Laissez votre corps être comme mort, en sorte que l'énergie puisse monter en vous dans un flot unique.

Lorsque l'énergie monte dans votre corps, vous devenez de plus en plus silencieux. Le silence est le produit de l'énergie qui monte, alors que la tension est le produit de l'énergie qui descend. Maintenant votre corps entier va devenir silencieux – comme s'il n'existait plus. Vous ne le sentez plus ; vous êtes devenu sans corps. Et quand vous êtes silencieux, l'existence entière devient silence, l'existence n'étant qu'un miroir : il vous réfléchit. Quand vous êtes silencieux, toute votre existence devient silencieuse.

Dans ce silence, je vous dirai de n'être qu'un observateur, d'être vigilance constante, de ne rien faire, de rester un observateur, de simplement rester avec vous-même, sans rien faire – sans mouvement, sans désir, sans devenir, vous restez immédiatement à observer silencieusement ce qui se passe.

De rester dans le centre, dans vous-même, est rendu possible par les trois premières étapes. Si vous ne les avez pas franchies, vous ne pouvez pas rester avec vous-même. Vous pourrez continuer d'en parler, d'y réfléchir, d'en rêver, mais vous ne connaîtrez pas cet état, parce que vous n'êtes pas prêt pour cela ».

Après dix minutes de silence, la Méditation Dynamique se termine avec dix minutes de célébration : des chants, des danses et l'expression de toute sorte de joies et d'extases. » (Bhagwan p. 46 à 53)

Il n'y a rien à ajouter à ce texte merveilleux, à la fois court, précis et rempli de toute la sagesse orientale. Il ne nous reste qu'à le paraphraser à l'occidentale, à montrer comment il peut préparer à la Présence Juste avec le minimum de consignes à donner une fois pour toutes. Au niveau thérapeutique, on peut y voir la succession classique des trois temps de la cure : la levée des blocages et des résistances grâce à la respiration chaotique, l'émergence des éléments inconscients, infonctionnants, refoulés, grâce à la catharsis, la constituance par les purs processus vitaux, dans le corps plus précisément. Dans une lecture plus « humaniste », on peut dire qu'il se fait un entraînement efficace à la présence, à l'ici et maintenant, avec une attention à la musique constamment requise.

Le vécu de Pleine Présence n'est pas une réalité nouvelle, bien au contraire. Par contre, ce processus trouve un regain d'intérêt en psychothérapie, sans oublier que la catharsis de Breuer et Freud a plus de cent ans et celle des dramaturges grecs deux mille cinq cents.

De quelques concepts analogues chez Csíkszentmihályi, Stern, Veldman

Le phénomène de « Peak experience » ou expérience des sommets a permis à Abram Maslow de lancer la « psychothérapie transpersonnelle », il y a soixante ans. Très récemment, Mihály Csíkszentmihályi a systématisé le même vécu sous l'appellation « d'expérience optimale », à la différence près qu'il envisage un événement plus actif et volontariste : l'attention est librement investie en vue de réaliser un but personnel parce qu'il n'y a pas de désordre qui menace le soi. On l'appelle aussi « expérience flot » (flow experience). L'expérience optimale rend le soi plus complexe, ce qui permet qu'il se développe. L'auteur énumère huit caractéristiques que nous reprenons dans le tableau suivant (Csikszentmihalyi p. 52 à 59). Mais c'est Daniel N. Stern, psychiatre et psychanalyste, auquel nous avons déjà emprunté le terme « d'accordage » (tuning), qui présente l'analyse la plus fine de ce processus sous la notion de « moment présent », à partir de l'expérience psychothérapique verbale. Il évoque onze caractéristiques que nous mettons également dans le tableau suivant en les classant – comme celles du flow – en regard du déroulement de la PJ.

Nous voyons que ces descriptions renvoient aux principaux points de la Pleine Présence. Néanmoins, les deux auteurs insistent sur l'aspect qui les intéresse le plus. Csíkszentmihályi investit le point de départ qu'est le défi, comme tout Américain conquérant, dans le cadre du développement et du bonheur personnels. Stern part de la psychothérapie verbale, analytique, et décrit les moments présents comme arrivant soudainement au décours de l'entretien.

On peut se référer à un troisième auteur, Frans Veldman, le concepteur de l'haptonomie que nous connaissons à présent. Son point de départ est le toucher en prolongement (hapsis = toucher), et son insistance va à l'affectif. Son texte accumule les caractéristiques de ce qu'il appelle « still point » en hommage au poète **T. S. Eliot.**

La Pleine Présence en Présence Juste	L'expérience optimale de Mihály Csíkszentmihályi ;	Le moment présent de Daniel N. STERN
I. Entrée en Présence Juste	1) La tâche entreprise est réalisable mais constitue un défi et exige une aptitude particulière. 3) La cible visée est claire.	11) Différents moments présents ont des importances différentes. 5) Le moment présent a une fonction psychologique.
II. Concentration et attention sur les étapes du protocole	2) L'individu se concentre sur ce qu'il fait. 6) La personne exerce le contrôle sur ses actions.	1) La conscience primaire ou réflexive est une condition nécessaire.
III. Plénarité et Pleine Présence	5) L'engagement de l'individu est profond et fait disparaître toute distraction. 4) L'activité en cours fournit une rétroaction immédiate.	2) Le moment présent n'est pas le compte rendu verbal d'une expérience. 3) Le moment présent est une expérience ressentie. 6) Le moment présent est un événement holistique.
IV. Abandon au processus	7) La préoccupation de soi disparaît mais, paradoxalement, le sens du soi est renforcé à la suite de l'expérience optimale.	7) Le moment présent est dynamique sur le plan temporel. 10) Le soi qui vit l'expérience adopte une position en rapport avec le moment présent.
V. Contemplation et Plénitude	8) La perception de la durée est altérée.	4) Le moment présent est de courte durée. 8) Le moment présent est en partie imprévisible alors qu'il se déroule. 9) Le moment présent implique un certain sens de soi.

Tableau 4 : Trois conceptions de l'expérience plénière : Meyer, Csíkszentmihílyi, Stern.

Le still point, de T. S. Eliot à Frans Veldman

« Depuis plus d'une trentaine d'années, j'ai introduit la notion de "still point" afin d'expliquer un moment caractéristique.

Le "still point" représente un point de suspension, de vigilance, silencieux, actif ; il n'implique pas un arrêt ou une stagnation, mais représente une source de mouvement prêt à ré-agir, plein d'élan vital : un état "dansant". Ce n'est pas un point mécanique, statique, mais un point dynamique.

Le “still point” haptonomique est donc un “point” indéfinissable, plein de vie, d’élan vital, de vitalité, de vigilance, d’attention et de nature confirmante, qui crée une ambiance de confiance et de sécurité, point sensitif de départ d’un agir ensemble en confiance réciproque. On peut dire de ce “Still-point” qu’il s’agit d’un être-avec, ensemble, de nature non directive, chargé de sentiments de consensus – de consentir – transparents, réassurants, respectant l’autonomie, l’autodétermination, des personnes qui se rencontrent. Il porte en son sein la danse qui résonne de bien-être, qui donne à vivre, mutuellement et de concert, le plaisir de Bon, la *delectatio* du bien vital de la rencontre.

C’est là, dans ce “Still point” – au centre de la Philia – que se révèle dans ce “moment” émouvant, éveillé, la “danse de vie” – vitale – dans l’“Affectif” des personnes qui se rencontrent. Y règne une activité, un acte sans action, vivant et animé : une présence affective limpide et claire. Point de départ pour l’être-là-avec, affectif et confirmant, pour une rencontre respectueuse et affective, véritablement humaine. » (Veldman passim p. 471-475.)

Ces considérations sur la présence nous permettent de développer notre protocole des douze psychothérapies agencées en Présence Juste et de déceler dans chaque étape particulière cinq états d’être distinctifs.

Présence Juste : de la concentration à la contemplation

Nous donnons l’impression d’évoquer trop souvent l’aboutissement de la pratique à savoir la méditation jusqu’à l’expérience mystique alors que chaque étape constitue un fait en soi, aussi importante que toutes les autres. Nous abordons là la caractéristique propre qui nous éloigne de la simple psychothérapie et de l’exercice de développement personnel et nous fonde en méditation.

Jusqu’à présent, nous avons insisté sur le déroulement chronologique du protocole, partant de la relaxation pour déboucher sur la méditation. Nous pouvons y reconnaître l’**aspect diachronique**. Mais chaque étape de ce déroulement donne lieu à un **développement synchronique**. Toute étape de la pratique génère cinq états différents, distinctifs et simultanés :

- la concentration sur l’étape du protocole ;
- l’attention diffuse à l’attitude globale et à la situation alentours ;
- la contemplation d’effets spontanés.

Nous retrouvons ici les trois premières dimensions de la Pleine Présence. Quant à la contemplation, elle comporte elle-même trois états :

- l’éveil de contemplats locaux ;
- la plénarisation comme contemplat global ;
- la plénitude comme transe générale.

Ici nous connectons avec l'écologie : think global, act local. Il suffit d'ajouter « durable » à la plénitude. Gregory Bateson a écrit *Vers une écologie de l'esprit*. Pourquoi ne pas emboîter son pas : « Vers une écologie de la présence » ? Reprenons ces cinq phases.

Concentration sur l'objet du protocole

Notre pratique commence comme toute praxis, en se concentrant sur l'objet précis du protocole : « les deux bras sont lourds... le haut du corps se prolonge jusqu'au plafond... je dis non à tout ce qui s'oppose à mes devoirs... » La focalisation persévérante sur l'objet de chaque induction conditionne les vécus subtils, en particulier la survenue de la contemplation.

Attention diffuse au cadre, à la posture et à l'attitude, à l'environnement

La pratique nécessite une attitude pertinente à même de faciliter concentration et contemplation : posture assise, dos droit, ambiance calme, respiration régulière, yeux fermés ou ouverts en cas de risque d'endormissement, lieu sécurisant, solitude ou groupe d'appartenance, écoute fidèle de l'animation, accueil de tous événements inattendus tels des bruits... Cette attitude de base est ouverture active et volontaire.

L'éveil du vécu induit ou « contemplat » local

Attention et concentration permettent d'échapper aux préoccupations et activités distrayantes. Puis quelque chose se passe au lieu du corps qu'évoque le protocole : lors de la proposition du bras lourd un flux de détente coule de l'épaule jusqu'à la main à une allure qui s'impose d'elle-même ; après l'induction du prolongement vers le plafond, épaules et tête s'étirent vers le haut en un mouvement qui rappelle un vérin qui sort de son fût et qui progresse régulièrement ; à mon « non » s'associe une scène qui se déroulera probablement dans trois jours... Je suis surpris, je contemple, je prends, mais ne me fixe pas dessus. Concentration et contemplation locale s'harmonisent.

La globalisation de plusieurs vécus corporels ou plénarisation

Plein, plénier, plénarité, plénitude, voilà des mots essentiels pour nous. Pleine Présence, expérience plénière, plénarisation, développent ces concepts en des processus des plus puissants. En voici le troisième, la plénarisation. Le contemplat qui m'envahit découle de l'induction sur plusieurs lieux du corps à la fois (bras et jambes) ou sur plusieurs sensations simultanées (périnée, énergie, rouge, tourbillon du cyclone) et s'élargit à une portion plus importante du corps sinon à tout le corps. Les quatre membres évoqués, les trois sensations du périnée, saturent le champ de la conscience et empêchent toute distraction. Aussi je ne pense plus ; je ne bouge plus ; je ne m'attache pas. Je contemple ; j'en jouis. J'oublie presque le protocole et reste suspendu à cette merveille, le temps que ça dure. Et ça dure d'autant plus longtemps que je ne veux rien faire durer ! Le processus de plénarisation décrit ici la connexion de plusieurs lieux du corps et de plusieurs fonctions, des principales fonctions mises en œuvre par le protocole. Néanmoins, je reste concentré sur le protocole et cela favorise l'efficacité de la praxis, l'efficacité objective sinon matérielle. C'est grand. Mais il y a encore mieux. Les contemplats globaux me communiquent que je suis sur la bonne voie, proche de la plénitude.

Plénitude

Alors que les quatre premiers concepts (concentration, attention, contemplat local et plénarisation) indiquent des processus en cours, lavoro in corso, work in progress, le mot plénitude signifie un état abouti. Ça y est, j'y suis. La prise de conscience du fait ne l'altère pas. Elle ajoute une dimension supplémentaire, elle le met encore plus en expansion. J'y suis. Le protocole est mis en suspens, inutile et dérangeant ; le temps de la contemplation absolue s'impose. Mais ça s'arrête aussi, tôt ou tard, et le protocole nous remet le pied à l'étrier.

La plénitude se différencie de la plénarité par la connexion de ce que nous appelons « purs processus » : essence de l'énergie, nature de l'esprit, intime du lien ; ici volupté, félicité, amour. Ils s'annoncent tout seuls et s'en vont à leur heure.

La genèse et la constituance de la plénitude

Dans ce dernier paragraphe, nous décrivons la plénitude phénoménologiquement tout comme les auteurs cités tout juste. Nous pouvons produire des explications complémentaires, non pas des concepts uniques et réducteurs, mais une genèse, une fabrication de cette plénitude. Le tableau suivant y pourvoit, quoique de lecture difficile parce que très synthétique, en quatre étapes regroupées en quatre colonnes.

Les trois dimensions ontologiques	Les processus essentiels	La structuration existentielle	L'irruption des purs processus	La plénitude par les purs processus
somatologique	l'énergie	tempérament et caractère	énergétiques	l'essence de l'énergie jusqu'à la transe voluptueuse
psychologique	l'esprit	conscience	inconscients	la nature de l'esprit jusqu'à la vérité
relationnelle	le lien	attachement	passionnels	l'intime du lien jusqu'à l'amour inconditionnel

Tableau 5 : La genèse et la constituance du vécu de plénitude.

1) Les trois dimensions de l'être nous rappellent que nous sommes constitués du somato- (corporel), du psycho- (mental) et du socio- (relationnel) ; nous soulignons l'aspect vécu de ces trois constituants en leurs sciences qualitatives : somatologique, psychologique, sociologique.
2) Les processus essentiels qui assurent la vie de ces trois dimensions sont : l'énergie, l'esprit et le lien. Ces trois processus dynamisent l'ontogenèse depuis la cellule primitive jusqu'aux êtres merveilleux que nous sommes vous et moi.
3) Ces processus originaires se structurent dans les cadres de vie de l'existence : l'énergie s'inscrit en tempérament et caractère, l'esprit s'affûte en conscience et le lien devient attachement.
4) La notion d'irruption des purs processus décrit ce qui se passe dans les vécus spontanés et les pratiques méditatives : ça vient subitement et même violemment ; ça échappe aux structures stabilisatrices ; ça dérange jusqu'à perturber ; ça risque de rester en suspens si ce n'est pas intégré. Il s'agit de l'éveil énergétique intempestif, de la révélation de vérités inconscientes, du tomber passionnément amoureux.
5) Avec un peu de chance et surtout avec une pratique telle la PJ, ces purs processus s'intègrent dans des expériences justes et pleines : essence de l'énergie jusqu'à la transe voluptueuse, nature de l'esprit jusqu'à la vérité, intime du lien jusqu'à l'amour inconditionnel.

La présentation de ce tableau est un raccourci vertigineux, c'est la synthèse de toute l'expérience rapportée dans ce livre. Pour que cela ne reste pas une nouvelle irruption de purs processus déstructurants, tout le livre est là pour l'expliciter et le tome II à venir encore plus. Quoi qu'il en soit, ce ne sont que des descriptions d'expériences vécues, que des phénomènes tombant dans le principe d'inconceptitude. Ce ne sont pas des concepts absolus et réducteurs. Ce ne sont que les vivances de plénitude ! Et cela peut se dire plus simplement encore :

1) L'être global se constitue de trois dimensions essentielles : psycho-, socio- et somato-,
2) représentées par les trois forces de vie : énergie, esprit et lien.
3) L'être-dans-le-monde se structure pour assurer son ex-istence pendant la première moitié de la vie.
4) Cette structure est entamée par les forces vives trop brimées qui font irruption plus ou moins violemment pendant la deuxième moitié de la vie, forces énergétiques, inconscientes et passionnelles.
5) Cette remobilisation des processus constitue l'être dans sa pleine authenticité : voluptueuse, véridique et amoureuse.

Ce sont les deux dernières étapes qui nous intéressent ici : l'éveil désordonné des processus et leur intégration en ces moments de plénitude qui constituent l'être authentique.

Le questionnaire PJ

Après les protocoles, les questionnaires. Que de complications alors que la vie est pourtant simple. Voici un petit livret de Françoise Héritier, une anthropologue. J'ai calculé rapidement : dans son mince opuscule le mot est dix fois plus cher que dans mes gros bouquins, celui-ci y compris. Il s'appelle *Le Sel de la vie* et se contente d'énumérer les grains… de sel, de sa vie. Voici les extraits les plus goûteux.

« J'ai omis bien des choses dans la liste de celles qui font le sel de la vie. Je poursuis donc en suivant la méthode des surréalistes : associations d'idées et laisser-venir à soi. Tout cela risque de vous paraître hédoniste car j'ai laissé de côté tous les raffinements du plaisir intellectuel ou de celui qu'on éprouve dans des engagements — et bien peu sérieux même si je ne parle pas de sexe. Il s'agit néanmoins de choses très sérieuses et très nécessaires pour conserver du "goût" : je vous parle des frémissements intimes qu'apportent de petits plaisirs, des interrogations et même des déconvenues si on leur laisse le loisir d'exister. Je continue.

[…] j'ai oublié les fous rires, les coups de fil à bâtons rompus, les lettres manuscrites, les repas de famille (certains) ou entre amis, les bières au comptoir, les coups de rouge et les petits blancs, le café au soleil, la sieste à l'ombre, manger des huîtres en bord de mer ou des cerises sur l'arbre, les coups de gueule pour rire, l'entretien d'une collection (de pierres, de papillons, de boîtes, que sais-je ?), la béatitude des fraîches soirées d'automne, les couchers de soleil, être éveillé la nuit quand tout le monde dort, chercher à se remémorer les paroles de chansons d'autrefois, la recherche d'odeurs ou de saveurs, lire en paix son journal, feuilleter des albums de photos, jouer avec son chat, construire une maison de fantaisie, mettre un beau couvert, tirer négligemment sur une cigarette, tenir son journal, danser (ah ! danser !), sortir et faire la fête, aller au bal du 14 Juillet, écouter le concert du Nouvel An comme des millions d'autres Français, se vautrer sur un canapé, flâner dans les rues en faisant du lèche-vitrines, essayer des chaussures, faire le pitre et des imitations, aller à la découverte dans une ville inconnue, jouer au foot ou au Scrabble ou aux dominos, faire des jeux de mots ou des calembours, raconter des calembredaines, préparer un plat compliqué, pratiquer la pêche à la ligne ou le jogging ou la pétanque, ruminer autour d'une idée, regarder un vieux film à la télévision ou dans une salle d'Art et d'Essai, siffloter les mains dans les poches, avoir l'esprit vacant, les moments de silence et de solitude, courir sous une chaude pluie, les longues conversations dans la pénombre, les baisers dans le cou, l'odeur des croissants chauds dans la rue, les clins d'œil de complicité, le moment où tout se tait dans la nature…, écouter les cris joyeux d'enfants en récréation, se repaître de glaces ou de chocolats, les moments où l'on sait qu'on plaît, qu'on vous regarde et qu'on vous écoute, se sentir leste et ingambe, faire la grasse matinée, monter sur un bateau de pêche, observer un artisan, s'arrêter pour un bonimenteur (tiens ! cela fait longtemps !), jouir du spectacle de la rue, retrouver des amis qu'on n'a pas vus depuis des lustres, prêter vraiment l'oreille aux autres…

J'oublie tellement de choses encore.

Et vous, qu'est-ce qui vous manquerait le plus si tout cela devait disparaître à jamais de votre vie ? » (*op. cit.* p. 15-17)

Après soixante-dix pages très aérées, notre auteur conclut :

« Il ne s'agit pas là de hautes spéculations métaphysiques ni de réflexions très profondes sur la vanité de l'existence ni de l'intimité brûlante de tout un chacun. Il s'agit tout simplement de la manière de faire de chaque épisode de sa vie un trésor de beauté et de grâce qui s'accroît sans cesse, tout seul, et où l'on peut se ressourcer chaque jour. Rien de tout cela n'est vraiment sorcier n'est-ce pas ? Il y a sûrement dans ce fatras hétéroclite des sentiments, des sensations, des émotions, des bonheurs que vous avez éprouvés et que vous éprouvez toujours. Et vous avez votre provende de souvenirs propres qui ne demandent qu'à resurgir pour vous tenir compagnie et vous soutenir dans tous vos actes à venir. J'ai appris à les reconnaître pour ce qu'ils sont : les jalons goûteux de notre vie. Du coup, elle devient tellement plus riche et plus intéressante que ce que l'on croit. Et surtout, dites-vous bien que rien de tout cela ne pourra jamais vous être enlevé. » (*op. cit.* p. 81-82)

« Le bras droit est lourd… le front est frais… mes deux flancs s'élargissent jusqu'aux deux murs… l'énergie coule sur le ventre… je dis non, puis oui. » Cela ressemble à du Prévert, à de l'Héritier et c'est le sel de la vie. La PJ construit elle aussi son art de vivre avec des choses simples.

La PJ vient de et retourne à… la psychothérapie. Comme cette dernière, elle fonde son efficacité sur d'autres choses simples, à savoir des questionnaires. Parce que les psychothérapies courtes se limitent à une dizaine de séances pour éviter que le patient ne s'attache à son thérapeute et ne transforme sa cure en un remède pire que le mal, en dépendance ou en rejet du thérapeute, on confie au patient du travail à faire à la maison : séances de relaxation, questionnaires à remplir, tableaux à compléter, MBSR, PJ.

De leur côté, les psychothérapeutes se font superviser par plus anciens qu'eux. Au noviciat, j'allais tous les jours rendre compte de l'évolution de ma spiritualité au maître des novices. Dans cette démarche, il faut des maîtres sinon des gourous. N'oublions pas que la démarche spirituelle peut devenir l'œuvre de toute une vie, au couvent, à l'ashram ou en communauté. Même le simple art de vivre occupe de longues heures de la journée pour respecter son nouveau régime minceur par exemple, jusqu'à trouver qu'il n'y a que le manger moins et le cuisiner varié qui soient efficaces !

Résumons. Nous voulons arriver à la simplicité du… sel de la vie. Mais la voie n'est pas simple. Aussi devons-nous recourir à des questionnaires que nous appellerons « Questionnaires PJ, QPJ. » Les cinq états synchroniques qui constituent les étapes de la PJ débouchent sur un tel tableau. Je donne ici le détail pour les trois premiers modules du premier cycle. Il s'agit aussi d'approfondir l'apprentissage de la thérapie et d'affiner les perceptions et sensations.

Venons-en à notre questionnaire et aux tableaux annoncés. Ils reprennent le protocole de base avec de nouvelles variantes. Dans les cinq cases de la synchronicité, je suggère les contemplats les plus logiques sans vouloir influencer les vécus d'un chacun. De temps en temps, je demande à mes élèves de mettre une note à l'une des lignes du protocole (par exemple, ligne 7 du module 1). Cette note va de 1 à 7 selon l'échelle de Likert : de « il ne se passe rien » (= 1) jusqu'à « c'est parfait » (=7). Ce travail didactique permet un approfondissement de la richesse des vécus. Quant au patient, il remplit le tableau à la maison et l'apporte pour debriefing au thérapeute.

Premier cycle personnel					
1) relaxation de Schultz					
2) expansion haptonomique dans l'espace					
3) énergétisation : éveil et circulation de l'énergie					
4) ouverture sensori-sensitive					
Deuxième cycle interpersonnel					
5) visualisation					
6) sensation					
7) recentrement					
8) communication					
Troisième cycle transpersonnel					
9) esthétique du monde					
10) éthique de l'humain					
11) symbolique des valeurs et maîtres					
12) mystique et immanen-scendance					
diachronicité / synchronicité	concentration	attention diffuse	éveil local	plénarisation	plénitude

Tableau 6 : Les douze modules du protocole et les cinq vécus de chaque étape.

Concentration sur le protocole et le signifiant inducteur	Attention diffuse sur la posture, l'attitude et le cadre	Perception et sensation de l'effet induit au lieu de l'induction	Plénarisation : présence simultanée sur plusieurs lieux	Plénitude : contemplation des purs processus jusqu'à la transe
1) Le bras droit est lourd 2) Le bras gauche est lourd		relâchement des muscles		
3) Les deux bras sont lourds		pesanteur des bras sur le matelas	sensation simultanée des deux bras	
4) La jambe droite est lourde 5) La jambe gauche est lourde		relâchement des muscles		
6) Les deux jambes sont lourdes		enfoncement des membres dans le matelas	absence de distraction mentale	
7) Les bras et les jambes sont lourds ④	⑤	détente et relaxation globale ⑤	perception distincte des quatre membres ③	/
8) Le bras droit est chaud 9) Le bras gauche est chaud		je perçois les 37° dans mes bras, les 35° de leur peau		
10) Les deux bras sont chauds		je sens le rayonnement de cette chaleur autour des bras		
11) La jambe droite est chaude 12) La jambe gauche est chaude		je perçois les 37° dans mes bras, les 35° de leur peau		
13) Les deux jambes sont chaudes		je sens le rayonnement de cette chaleur autour des jambes		
14) Bras et jambes sont chauds ⑤	⑤	détente et relaxation globale ⑥	saturation du champ de la conscience par les quatre membres ④	/
15) La respiration est calme et profonde		- l'inspiration bute en haut sur la ceinture scapulo-humérale ; - l'expiration bute en bas sur les os du bassin	la respiration occupe et apaise le tronc de par son mouvement régulier	
16) Le ventre est chaud		l'intérieur du bassin déjà massé par la respiration se remplit de chaleur	la chaleur du bas du corps fait lien avec les jambes chaudes	
17) Le cœur bat calme et fort		je laisse venir la perception du battement derrière le sternum		
18) le front est frais		vent frais sur le front et le visage	rappel de l'attention et de la concentration sur le lieu du protocole	
19) Présence relax ④	④	vécu de détente globale et de bon fonctionnement végétatif ⑤	l'attention active du haut du corps autorise le lâcher prise du reste du corps en un écoulement de bien-être ⑥	peut-être déjà dans la tête félicité et / ou sensations énergétiques du bassin montant vers le haut ②

Tableau 7 : Le questionnaire de Présence Juste : module I, relaxation de Schultz.

Mettez une note de 1 à 7 dans chaque case, ou dans les cases importantes : 1 = il ne se passe rien ; 7 = c'est parfait ; 4 = bonne moyenne. Les chiffres dans un cercle sont des exemples de telles réponses pour les séquences 7, 14 et 19.

Concentration sur le protocole et le signifiant inducteur	Attention diffuse sur la posture, l'attitude et le cadre	Perception et sensation de l'effet induit	Plénarisation : présence aux lieux de l'induction	Plénitude : contemplation des purs processus
1) La montée des sensations allant du ventre chaud vers le cœur calme et le front frais, mouvement accompagné par l'inspiration qui soulève les épaules, invite le haut du corps (épaules, nuque, tête) à s'allonger vers le haut, à se prolonger jusqu'au plafond. **Je suis grand(e)**		L'inspiration soulève les deux épaules, esquisse l'étirement puis l'accompagne.	Je prends contact avec le plafond, je sens les cheveux être écrasés et je ralentis le mouvement.	
2) La poussée de l'inspiration vers le bas se prolonge du ventre chaud et du périnée jusque dans les jambes et pieds et les étire jusqu'au sol en un mouvement calme, constant, régulier **Je suis posé(e)**		C'est comme si cette partie inférieure du corps était un vérin qui sort de son fût d'un mouvement régulier et constant.	J'amortis mon contact avec le parquet puis sens la dureté et froideur de ce parquet.	
3) **Je suis grand(e), posé(e)**		Le prolongement se fait conjointement vers le haut et le bas et se maintient.	Je me vois agrandi à quatre mètres (dans la salle de Strasbourg), svelte et droit.	
4) Les deux flancs, mes deux côtés, s'élargissent, s'épaississent, glissent sous le plafond et sur le sol, jusqu'aux deux murs que je touche des épaules et des hanches. **Je suis large**		L'inspiration élargit le thorax des deux côtés et emmène les deux flancs jusqu'aux murs et les y maintient.		
5) **Grand(e), posé(e), large**		La poussée se fait vers les quatre directions	J'occupe toute la section de ce lieu	Je me visualise dans tout l'espace mais aplati.
6) L'arrière du corps s'épaissit jusqu'au mur et me fait occuper tout le volume postérieur de la salle. **Je suis profond(e)**		Mon corps expansé aux quatre parois prend une troisième dimension et occupe tout le volume arrière.	Je commence à me sentir léger, confiant, à l'aise, dans ce lieu que j'occupe déjà à moitié.	
7) L'avant du corps se dilate dans l'espace antérieur et complète l'occupation du lieu. **Je suis dilaté(e)**		Je suis chez moi, familier, en contact agréable avec les six parois.	Le mot dilatation évoque la joie, l'affirmation, la présence spacieuse et paisible.	
8) Chaque inspiration élargit le thorax dans les six directions, me prolonge aux six parois et m'y maintient doucement. **Je suis spacieux(se)**		Présence spacieuse	Je sens glisser les six parois insensiblement au centre de la pièce et visualise tout.	A l'expiration je laisse revenir mes deux poumons à leur place anatomique et je dissocie ainsi mon enveloppe en expansion de mes poumons en rétraction. Mon corps se transforme, se transcende.

Tableau 8. Module II : l'expansion dans l'espace en ses cinq somatèmes.

Concentration sur le protocole et le signifiant inducteur	Attention diffuse sur la posture, l'attitude et le cadre	Perception et Sensation de l'effet induit	Plénarisation : présence aux lieux de l'induction	Plénitude : contemplation des purs processus
1) Le corps dilaté donne de l'espace à l'énergie tapie dans le bas-ventre ; le mouvement respiratoire et le ventre chaud ont déjà relâché le périnée et ses sphincters ; en les relâchant encore plus je libère l'énergie qui s'y concentre.		C'est entre anus et coccyx que se ressent cette énergie chaude, voluptueuse et pas sexuelle, tourbillonnant dans le périnée.	Pour les orientaux, ce lieu est le panier qui contient le serpent Kundalini, symbole de l'énergie ; le fakir que je suis libère ce serpent et le laisse se redresser.	
2) L'énergie du périnée est rouge.		La couleur, d'un rouge éclatant, renforce la sensation et le tourbillon.	et connecte avec l'énergie du cœur de la terre.	
3) L'énergie monte le long de la colonne jusqu'aux lombes ; elle y devient orange.		Je sens la puissance de cette énergie dans le creux des lombes ; elle me redresse ; elle englobe la sphère génitale et l'utérus.	et s'enrichit éventuellement d'une certaine sensualité ; une excitation sexuelle peut même se focaliser dans la sphère génitale.	
4) L'énergie continue sa montée à l'avant de la colonne thoracique ; sa couleur s'adoucit en jaune.		La sensation s'adoucit au fur et à mesure de la diffusion dans tout le tronc ; l'éventuelle excitation sexuelle s'atténue et devient délicieuse et soutenable.	Ces couleurs, de l'arc-en-ciel et des chakras, sont les teintes d'une flamme qui remplit mon corps de chaleur, force, lumière ; cette flamme ondule dans mon tronc.	Je peux visualiser le serpent Kundalini et revoir les charmeurs de serpents de New Delhi. Je peux m'abandonner au charme de ma compagne qui m'accompagnait.
5) L'énergie continue son mouvement ascendant jusqu'au plafond où je suis déjà expansé et devient dorée ou blanche. **Dorée.**		Je retrouve le vécu du prolongement vers le haut sans effort et avec délectation.	La flamme devient pointe qui se balance au-dessus de ma tête.	
6) Cette énergie dessine un axe à l'arrière du corps, un axe de force et de volupté ; c'est l'axe en soi, mon axe central.		Ce centre constitue l'affirmation la plus pleine de moi-même, en soi.	Sensation énergétique, mouvement ascendant et teintes arc-en-ciel s'additionnent en une plénarité fusionnante.	
7) Comme dans toute flamme, il y a une tache sombre : l'énergie est verte aux épaules, bleue dans la nuque et violette à l'arrière du crâne. **Verte, bleue, violette.**		Le mouvement se ralentit et la tache sombre s'incruste dans l'arc-en-ciel formant un axe complet du sol au plafond.	La perception des sept couleurs se fait de façon floue et, de temps en temps, très nette, pleine.	C'est l'axe en moi, mon axe central, l'axe en soi.
8) Présence Energique		Le mouvement ascendant devient une force.	Cette force centrale s'élargit dans tout le corps.	L'axe en soi, réalise mon identité constituante.

Tableau 9. Module III : éveil des sept centres énergétiques et circulation de l'énergie.

Ces tableaux reprennent les protocoles des trois premiers modules dans la colonne 1. La colonne 2 n'est pas commentée et chaque pratiquant évalue l'état de son attention et de sa vigilance à sa guise. Les colonnes 3, 4 et 5 comportent des commentaires indicatifs qui devraient être facilitateurs (comme sur les cassettes audio). Ces descriptions peuvent aussi déranger et bloquer dans un premier temps. Mais comme nous œuvrons dans la Présence Juste, nous devons intégrer ces commentaires malgré tout. Quand cela se fait, sans leur prêter trop d'importance, sans s'y attacher, on s'ouvre encore mieux à la Pleine Présence.

Avec la répétition de ces questionnaires, le patient peut comparer les appréciations et trouver pourquoi tel jour les notes sont comme ceci et tel autre jour, comme cela.

Chapitre IX

La Médecine Méditative et Intégrative (MMI)

Kabat-Zinn a décrit l'accueil de la méditation par la médecine nord-américaine transformant cette dernière en médecine intégrative. J'ai moi-même écrit des textes sur une telle expansion du monde du soin. Nous en trouvons l'un d'eux ici. À l'époque, il s'agissait d'intégrer la psychothérapie enrichie du corps qualitatif, somatologique, à la médecine. C'est ce qui se fait dans le groupe de formation des médecins à l'Eepssa. Ces derniers ont déjà élargi pour la plupart leur pratique aux médecines complémentaires, homéopathie, acupuncture, phytothérapie par exemple. Il se constitue une première expansion de la médecine :

médecine conventionnelle (ou organiciste ou scientifique),
+ médecines complémentaires,
+ psychothérapies et somatothérapies.

Certains de ces médecins basculent dans l'exercice principal de la psychothérapie tout en gardant leur vigilance organiciste et tout en incluant la bonne gestion du mode de vie telle que le postulent les approches dites douces. D'autres élèves continuent leur pratique médicale avec une nouvelle attitude psychothérapique et l'ajout de thérapies courtes : relaxation, désensibilisation comportementale, EMDR, travail sur les pensées automatiques et les problèmes interpersonnels, vision systémique des difficultés relationnelles et… Présence Juste. Avec le développement de la pratique personnelle de cette dernière, se réalise un nouvel élargissement du champ médical :

médecine conventionnelle
+ médecines complémentaires + psychothérapies
+ méditation.

Nous arrivons ainsi au plein exercice de l'art de guérir que nous pouvons appeler :

Médecine Méditative et Intégrative (MMI)

Nous venons de voir que la Présence Juste se constitue de douze méthodes psycho- et somato-thérapeutiques. La maîtrise de ces techniques nécessite évidemment une formation spécifique. En attendant cette dernière, on accède par la PJ à une bonne expérience et à une pleine compréhension de leurs processus de base : détente contre le stress, expansion contre la restriction d'être, éveil énergétique contre le vide intérieur, contact et communication comme solution à l'isolement, responsabilité et affirmation de soi ainsi qu'engagement sur les valeurs notamment. C'est sans fausse modestie que je propose ce nouveau saut qualitatif qui nous permet de contourner les querelles d'écoles, de pratiques, de théories et de business pour nous retrouver tout simplement soignants, avec des savoirs, des pratiques et une attitude juste face à la personne en souffrance. Cette ambition se fonde sur la quinzaine de livres dans lesquels se prépare cette intégration :

- intégration du psychocorporel aux psychothérapies comme « psycho-somatothérapies » ;
- intégration du psychocorporel à la psychanalyse comme somatanalyse puis psychanalyse intégrative ;
- constitution de la « psychothérapie/psychanalyse intégrative » ;
- intégration des psychopathologies en ontopathologie ;
- intégration des psychothérapies à la méditation par la Présence Juste ;
- et enfin Médecine Méditative et Intégrative.

Mes trois derniers livres décrivent cette démarche et cette ambition en mille six cents pages :

- ***Le Manifeste de la Psychothérapie intégrative***

La créativité de centaines de thérapies. La convergence des cinq grands courants. Le thérapeute en éthique et science. (2010)

- ***Stress, Angoisse, Pulsion de mort***

Clinique et psychopathologie. Cinq psychanalyses intégratives avec Freud, Ferenczi, Reich, Jung, Lacan. (2011)

- ***Nouvelles Pathologies psy***

Les quinze troubles de la personnalité, les symptômes médicalement inexpliqués. (2012)

Ces livres récents, nourris par quinze années de silence, de réflexion et de méditation, reprennent l'essentiel des douze premiers ouvrages et développent les règles de l'intégration, à savoir la triple exigence de :

- **exhaustivité :** prendre en considération toutes les méthodes, pratiques et théories psychothérapeutiques ;

- **scientificité :** développer une méthodologie et une épistémologie propres à cette intégration ;
- **authenticité** : laisser à chaque praticien le soin de faire son intégration personnelle, sur la base des deux premiers critères.

Ce quatrième tome de la nouvelle série de livres reprend ces trois exigences pour la PJ. Nous voyons que le choix des techniques est exhaustif, que l'abord de la méditation se fait avec science et que l'intégration est personnalisée pour chaque pratiquant.

La Médecine Intégrative

Placebo : je lui plairai
Nocebo : je me nuirai
Sanabo : je me guérirai

La continuité de la médecine

Cent cinquante ans après *L'introduction à l'étude de la médecine expérimentale* de Claude Bernard (1865) et cent quinze ans après la naissance de la psychanalyse (1897), le moment est propice et solennel. En effet, la société occidentale a accepté la tâche ingrate mais indispensable de fonder la **Médecine Moderne** en science, méthode et technique. Mais en privilégiant l'anatomie et la biophysiologie, le scalpel et la chimie, elle a troqué l'ensemble contre la partie et renié la personne derrière le « cas ». Elle a perdu son âme. Les tentatives de réparation n'ont pas manqué, à commencer par celle de la psychanalyse qui s'est élargie à la **Médecine Psychosomatique**. La parole a été redonnée au patient ainsi que sa qualité d'être. Mais il manque aux médecins les outils du social. La société reconnaît de plus en plus que la maladie est « **biopsychosociale** » donc globale, même la plus grave comme le cancer, l'infarctus ou l'immunodépression. Mais il manque un maillon entre l'être parlant et le corps de la médecine.

On redécouvre les **tradipraticiens** des civilisations les plus diverses. On remet au goût du jour maintes médecines traditionnelles parfois rebaptisées alternatives ou holistiques, mais le fossé avec la médecine moderne est grand sinon postulé. Après la parole de la psychanalyse, le courant psychothérapique a réintégré d'autres aspects du fonctionnement humain : la dynamique de groupe, les comportements, les convictions, les systèmes familiaux et conjugaux. Cela nous donne les Sociothérapies, le Comportementalisme, le Cognitivisme, les Thérapies systémiques, entre autres. Tous ont des résultats, mais beaucoup se laissent aussi piéger par le passage de la pratique unique à la pensée unique.

Il s'impose donc une nouvelle étape qui se fonde sur l'intégration des démarches précédentes et sur le dépassement des handicaps recensés. La Médecine Intégrative revendique l'honneur de participer à cette étape. Elle reconnaît les progrès de la médecine moderne et les apports des démarches complémentaires, psychosomatiques et biopsychosociales, et s'inspire de certains aspects des tradipraticiens. Elle ajoute sa spécificité qui relie les maillons séparés de la médecine du corps et des médecines de l'âme :

- son approche du corps qualitatif qui fait lien entre l'organe, la psyché et l'environnement ;
- sa pratique des méthodes corporelles /somatothérapiques qui mettent en jeu les trois dimensions psycho-, socio- et somato- de la personne ;
- ses bases théoriques qui, avec les modèles holanthropiques, rendent justice à la complexité de la personne humaine.

En effet, la psychosomatothérapie n'a pas seulement assis la réalité et la solidité des pratiques psychocorporelles, elle a aussi suscité une « somatologie » comme « science du corps qualitatif ». Aujourd'hui, elle est suffisamment avancée pour relever le défi d'une médecine globale, thérapeutique et préventive, qui veut faire avancer « la » médecine vers son excellence. Cette Médecine Intégrative se constitue de deux aspects bien distincts quoique complémentaires, d'un principe général qui régit toute la médecine et de principes particuliers qui concernent les approches spécialisées de la médecine, telle l'approche psycho- et somato-thérapique et méditative.

Le principe général de la médecine intégrative : les états d'être qui rendent malade, l'état d'être qui guérit

La médecine quantitative n'existe que dans les livres de médecine et dans les morgues. Elle est une moyenne statistique et une norme pour étudiants. Car toute médecine est qualitative, unique et singulière. Toute maladie est un processus complexe, corporel, psychique et écosocial. Le malade est une personne et pas un cas standardisé. Nous reconnaissons chez le patient des états d'être pathogènes et un état d'être sanogène (qui se guérit) qui se constituent des différents niveaux du fonctionnement humain :

- un niveau génétique, épigénétique, anatomique et biophysiologique qui est l'infrastructure matériellement accessible et qui crée la tentation d'une médecine mécanique et chimique ;
- une intégration psycho-, socio- et somato-logique qui module cette infrastructure vers la singularité personnelle, sans laquelle les interventions mécaniques et pharmacologiques restent équivoques sinon inefficaces.

C'est cette modulation qualitative que la Médecine Intégrative considère pour faire basculer le patient des états d'être pathogènes à l'état d'être sanogène dans lequel l'intervention médicale anatomo-bio-physiologique, et bientôt génétique, peut avoir une efficacité univoque. En effet, le passage de la maladie à la santé se fait dans un état d'être particulier et précis, connu par toutes les civilisations et affiné par la médecine moderne et les psycho- et somato-thérapies. Nous l'appelons tout simplement « état d'être sanogène », au-delà d'appellations comme « effet placebo », « alliance thérapeutique », « transfert », « empathie » ou « autoguérison ». Plutôt que placebo (littéralement : je plairai) nous proposons « sanabo » (littéralement : je guérirai), faisant de ce processus un effet de bascule très précis et parfois spectaculaire. Toutes les méthodes de soin efficaces font intervenir cet état d'être spécifique. C'est l'état d'unification de l'être humain (unification verticale, psychosomatique, et unification horizontale, de l'individu et de son cadre écosocial) qui constitue l'essence de cette bascule. Cette unité d'être de l'individu permet aux différentes dynamiques biophysiologiques, psychologiques et écosociologiques, de fonctionner dans le sens de la santé et du bien-être. Elles se regroupent en deux catégories :

- les niveaux de la médecine organique :
  - du corps génétique, épigénétique, anatomique et biophysiologique ;
  - des soins et médicaments ;
  - du thérapeute ;
- les niveaux de la médecine humaniste :
  - l'être soi ou l'unification psycho- et somato-logique ;
  - le changement ou la dialectique structuro-fonctionnelle ;
  - les positionnements relationnels : groupal, conjugal et solitaire ;
  - les étapes du développement ontogénétique.

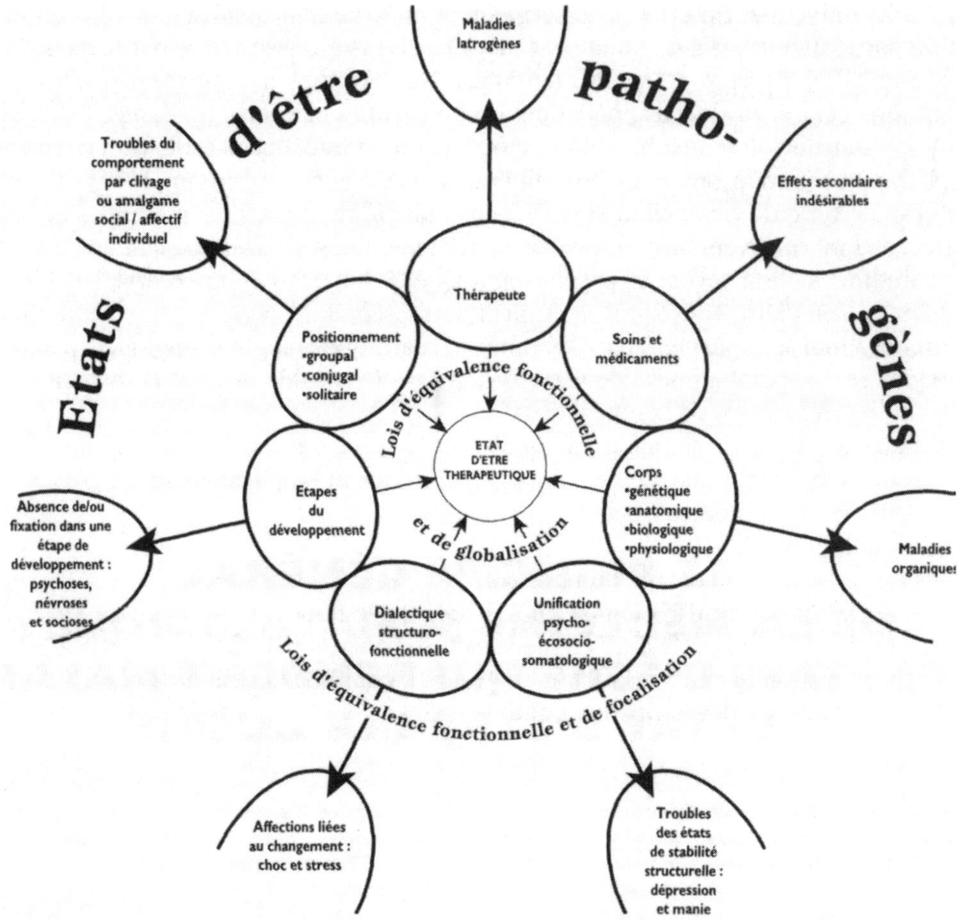

Schéma 5 : Le modèle de la médecine intégrative.

Ce modèle nous montre clairement le principe général de la Médecine Intégrative. L'état d'être sanogène (qui guérit) est un état basique qui harmonise les sept lieux de fonctionnement impliqués dans la santé. Il est au centre. Les états d'être pathogènes (qui rendent malade) sont des états multiples, clivés, focalisés sur l'un ou l'autre des lieux évoqués. Les flèches convergentes (sanogènes) et divergentes (pathogènes) renvoient à la dynamique des états de santé et de maladie. Il faut aller plus loin et postuler de véritables lois qui régissent ces dynamiques.

- **Loi d'équivalence fonctionnelle** : les sept niveaux fonctionnent selon des processus équivalents, dans les deux sens de la pathogenèse et de la sanogenèse, chacun d'eux peut déclencher l'effet de bascule, l'effet sanabo (je guérirai) ou l'effet nocebo (je me nuirai), ainsi qu'entretenir ou aggraver cette dynamique ; il faut donc accorder une égale importance à chacun des sept niveaux et pas seulement à l'un ou l'autre d'entre eux.

– **Loi de globalisation sanogénétique** : chacun des sept niveaux peut être à l'origine de l'unification qui constitue l'état d'être thérapeutique et redonne mouvement à la guérison.
– **Loi de focalisation pathogénétique** : chacun des sept niveaux peut être le lieu de la focalisation particulière entraînant un clivage dans le fonctionnement du patient et la fixation sur ce dysfonctionnement localisé.
– **Loi de pluralité des soins** : l'obtention de la relance curative doit se rechercher au niveau le plus apte, donc avec toutes les spécialités médicales disponibles.

Le principe général de la Médecine Intégrative est d'une importance majeure. Bien qu'il ne constitue que le principe de base de la médecine tout court, nous en faisons le cheval de bataille de notre approche et l'argument qui justifie la nouvelle appellation que nous donnons à la médecine. En effet, les mots peuvent initier à eux seuls le changement de mentalité, puis de pratique, qui réalise enfin le changement de paradigme. Car, ne l'oublions pas, autour de soixante pour cent de la médecine se résument à faire passer le malade de son état d'être pathogène à l'état d'être sanogène par des moyens non spécifiques, parfois appelés « effets placebo », « effets médecins », « foi au traitement » ou, mieux encore, « foi en sa capacité de guérison » jusqu'à la méditation. En effet, quelque soixante pour cent des motifs de consultation concernent des symptômes fonctionnels ou subjectifs, sans aucune lésion, et qui peuvent donc basculer dans l'instant même de la rencontre soignant/soigné. Ces moyens non spécifiques se trouvent dans une relation à un thérapeute, mais aussi dans un changement d'être initié individuellement, dans un matériau techno-pharmaco-logique ou un simple comportement humain. Tous les acteurs de la médecine et des soins sont capables de provoquer cette bascule vers l'unification de l'être qui est thérapeutique, chaque acteur le faisant à partir de sa spécialité propre.

Nous ne considérons pas la santé et la maladie comme des états statiques mais comme des états dynamiques : on glisse dans la maladie et on l'aggrave ; l'on entretient la santé et on la consolide. Il s'agit d'états d'être qui se constituent et se reconstituent chaque jour avec des mouvements de bascule de l'un à l'autre état. Le psycho-somatothérapeute occupe une place privilégiée à la jonction du corps somatique quantitatif et du corps somatologique qualitatif, à la rencontre du corporel, du psychique et de l'écosocial. C'est ce qui lui vaut d'engager l'aventure de la Médecine Intégrative. De plus, il a une spécialisation qui lui confère la maîtrise de certains niveaux particuliers du fonctionnement humain, à savoir la Présence Juste.

Les principes particuliers : les quatre topiques du fonctionnement humain

La psycho-somatothérapie s'en remet à la science moderne pour le fonctionnement biophysiologique et à la pratique médicale pour tout ce qu'elle définit scientifiquement. En effet, l'un de ses principes lui impose de considérer tout ce qui est acquis expérimentalement et scientifiquement. Mais il reste toute l'inscription personnelle

et sociale de cette infrastructure biophysiologique qui postule une vision globale en distinguant quatre principes fondamentaux :
- principe d'unité psycho-, socio- et somato-logique ;
- principe de dualité structuro-fonctionnelle ;
- principe de séparation des trois positions de vie : sociale, conjugale, individuelle ;
- principe de développement : les six étapes de vie.

Être Soi ou principe d'unité psycho-, socio- et somato-logique

La maladie et la santé s'inscrivent conjointement dans les trois dimensions, psychique, écosociale et somatique, qui, tout en étant distinctes, fonctionnent uniment selon les deux lois d'équivalence et de globalité :
- **la loi d'équivalence fonctionnelle** stipule que les trois dimensions, tout en ayant leurs spécificités, interviennent selon des processus communs dans la maladie et la santé.
- **la loi de globalité** postule que les processus pathogènes et thérapeutiques qui se déroulent de façon prévalente dans l'une des dimensions (psychique, écosociale ou somatique), se déroulent tout autant dans les autres dimensions. Le corollaire veut que tout obstacle dans l'une des dimensions empêche les processus de se dérouler dans les autres dimensions.

Ce principe d'unité doit provoquer le « big crunch », à savoir le rapprochement des spécialités médicales en inversant le « big-bang » de la médecine moderne, à savoir son éclatement en disciplines exclusives. Cette nouvelle collaboration concerne surtout la psychiatrie et la psychothérapie qui doivent se réinscrire au cœur de la médecine, tout comme la médecine doit se réapproprier la psychiatrie ainsi que le montrent déjà la « psychiatrie de liaison » nord-américaine et le retour des psychiatres français à l'hôpital général. Cette collaboration concerne tout autant la médecine et le socio-politique, l'une veillant à la santé de l'individu, l'autre à la prévention et à la survie de l'humanité et de la planète.

L'unification de la personne est le garant de la santé et l'état privilégié pour la récupérer, permettant aux différents processus psycho-, écosocio et biophysiologiques de fonctionner au mieux. Le clivage entre les trois dimensions est un facteur de maladie comme le montrent la psychose, le cancer et les guerres par exemple. Il en résulte que la thérapie et la prévention doivent s'effectuer dans les trois dimensions.

Nous retrouvons ici notre approche phénoménologique et pragmatique, issue de l'expérience pratique. Pour compléter, nous pouvons refaire le saut épistémologique que nous avons tenté ci-dessus à propos de la conscience phénoménale, et de sa présentation scientifique. Rappelons-nous que la conscience n'est liée à aucun lieu spécifique du cerveau, même pas du seul lobe préfrontal, mais qu'elle consiste en :
- une diffusion aux principaux centres cérébraux ;
- par des réseaux neuronaux multiples ;
- grâce à la synchronisation oscillatoire de ces réseaux et nœuds de connexion ;

– débouchant sur une complexité telle qu'on ne peut plus la conceptualiser ni la théoriser, ni surtout en faire un objet transcendant.

C'est ce que reprend ici le « phénomène » d'unification psycho-, socio- et somatologique comme processus de guérison suffisamment complexe pour qu'il échappe à nos machines et médicaments et reste l'apanage de la relation soi/nous médicale.

Gérer le changement ou principe de dualité structuro-fonctionnelle

La maladie et la santé surviennent dans un état d'être fondateur qui se constitue de deux processus opposés et complémentaires intervenant selon une dialectique complexe et toujours présente :

- **le processus fonctionnel** qui est mouvement et dynamique et qui se constitue des cycles biophysiologiques et écosystémiques, ainsi que des événements instantanés, psychiques et sociaux ;
- **le processus structurant**, qui est stabilité et permanence, et qui se constitue de constances biophysiologiques et éco-systémiques ainsi que de programmations psychiques et de régulations sociales.

Le jeu des deux processus se déroule dans les trois dimensions psycho-, éco socio- et somato-logiques en vertu du principe d'unité, oscillant entre :

- expansion et focalisation de l'état de conscience ;
- détente et tension des muscles et viscères ;
- lâcher-prise et prendre-prise écosocial, par exemple.

La maladie survient dans la rupture de l'équilibre structuro-fonctionnel qui entraîne l'emballement de l'un des processus :

- vers le stress dans l'exagération structurante, jusqu'au clivage et à la dissociation ;
- vers le choc dans l'excès fonctionnel, jusqu'à l'amalgame et la dissolution ;
- sans oublier le bloc, qui empêche l'adaptation aux changements et à l'expansion.

L'équilibre structuro-fonctionnel introduit l'histoire personnelle dans ce qui ne voudrait être que constantes biophysiologiques, ces dernières prenant un sens ou son inverse en fonction de cet équilibre complexe. Il en résulte que la thérapie et la prévention doivent s'élargir à cette dualité structuro-fonctionnelle dont l'état d'équilibre est particulier à chaque personne pour optimiser les conditions de la guérison et du bien-être.

Le principe de séparation des trois positions relationnelles : sociale, conjugale, individuelle.

La maladie et la santé s'inscrivent dans une position de vie, à savoir dans la prédominance de l'un des trois cadres de vie et de sa fonction spécifique :

- le groupe social comme lieu de sécurisation et de puissance ;
- le couple intime comme matrice affective et attachement ;
- l'univers individuel comme lieu de créativité et de valeurs personnelles.

Ici s'impose la différenciation de modes de fonctionnement distincts qui modulent les troubles biophysiologiques jusqu'à provoquer des maladies propres à chaque cadre. Il y a des troubles spécifiques :

- dans la dynamique de sécurisation du groupe social : socioses addictives et transgressives, effets des guerres et violences, accidents du travail et de la circulation, maladies dues à la pollution, maladies iatrogènes, nosocomiales, etc.
- dans la matrice affective du couple : névroses, troubles sexuels, MST, sida, mélancolies, manies, etc.
- dans la créativité de l'univers individuel : psychose maniaco-dépressive, troubles alimentaires, maladies dégénératives, tentatives de suicide, etc.

La position de vie donne à la maladie et à la santé une spécificité qui se décline en terme « d'exigence d'existence », à savoir respectivement de sécurité, d'affectivité et de développement personnel. Il en résulte que le traitement et plus encore la prévention doivent élargir l'approche des seuls symptômes et syndromes aux exigences de sécurité, d'affectivité et de créativité. Ici s'explicite le mieux la nécessité de la double démarche médicale, somatique d'un côté, psycho-, socio- et somato-thérapique de l'autre. La démarche spirituelle dépend elle aussi de ces trois positions de vie. Elle se déroule au mieux dans un groupe spécialement dédié à cette tâche. Mais de nos jours, elle est plus individuelle, créative et donc différenciée, telle que la méditation pleine présence le propose.

Gérer son devenir : les étapes de développement

La maladie et la santé s'inscrivent dans des moments déterminés du développement de l'être humain, l'ontogenèse se faisant par étapes chronologiquement distinctes. Chacune de ces étapes se subdivise en un « état de stabilité structurelle » au cœur de son stade et en un « passage catastrophique » entre deux stades. La maladie et la santé se distinguent également selon les états de stabilité structurelle et les processus de changement. Le tableau suivant récapitule notre modèle des six étapes relationnelles dont chacune se subdivise en stabilité et changement.

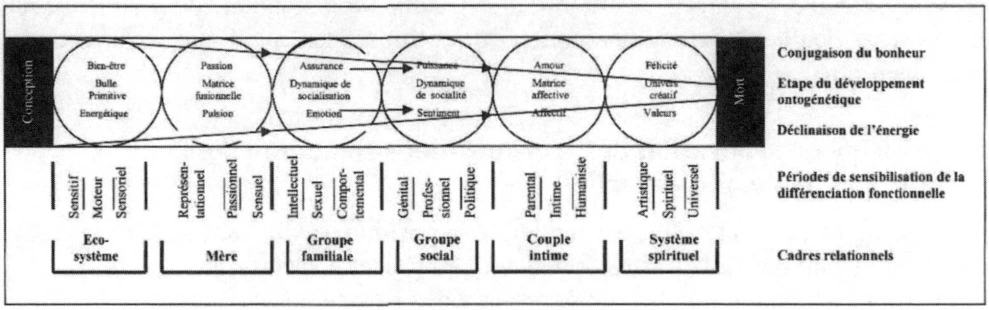

Schéma 6 : Les six étapes du développement ontogénétique.

La Médecine Intégrative s'inspire des positions de vie (groupe, couple, solo) et, les redoublant autour du passage à l'âge adulte, propose les six étapes évoquées. Ici s'introduit un nouvel élément de référence ; la maladie et la santé prennent un sens différent selon l'étape. Dans l'état de « stabilité structurelle » au cœur d'une étape ou dans l'état de « catastrophe », au passage entre deux étapes, les tendances au choc et au stress, par exemple, changent de sens selon ces états. La même cause provoque un stress en état de stabilité et un choc en état de changement par exemple. À chaque étape du développement, le même processus de base provoque des maladies différentes. Le stress, par exemple, provoque :

– le spasme du pylore dans la bulle primitive ;
– l'asthme bronchique dans la matrice fusionnelle ;
– la dyslexie dans la dynamique de socialisation ;
– l'infarctus dans la dynamique de socialité ;
– l'alcoolisme dans la matrice affective ;
– la paranoïa dans l'univers créatif.

Ces exemples montrent que différents spécialistes travaillent sur un même processus mais à des âges différents : le pédiatre, l'orthophoniste, le cardiologue, l'alcoologue, le psychiatre et… le psycho-somatothérapeute et enseignant de la méditation pleine présence, dans les cas évoqués ci-dessus. La thérapie et la prévention doivent donc se différencier selon les étapes de vie et les moments de stabilité ou de changement. Les quatre principes de la somatologie forment un tout qui, ajouté aux principes bio-physiologiques de la médecine moderne, constituent un ensemble apte à constituer une véritable Médecine Globale. La Présence Juste familiarise avec ces principes, les fait vivre et ajoute toute la dimension spirituelle et méditative.

Principe de proximité et de communauté

La Médecine Méditative et Intégrative ne postule ni supertoubib ni holothérapeute qui saurait tout et pratiquerait au sommet. C'est à la base qu'elle s'implante, confiant au praticien le plus proche du malade et au savoir le plus spécialisé la charge de créer la dynamique de sécurisation et l'empathie qui permettent à la créativité personnelle de remettre les processus de guérison en marche. Cela s'appelle « subsidiarité ». Puis vient la « complémentarité » des membres d'une équipe soignante qui reconstitue ce qui manque le plus à notre société occidentale, à savoir les associations de proximité et l'esprit communautaire. Elle comprend :

– le médecin, le psycho-somatothérapeute et l'enseignant de la méditation ;
– le praticien et le théoricien ;
– le soignant, le politique et le sage, autour des principes d'unité et de dualité, des positions de vie et des étapes du développement.

Conclusion : des principes à la pratique

Il est important de définir le cadre général de cette nouvelle Médecine Méditative et Intégrative. Ce cadre est à la fois très large et précis. Chaque acteur de la thérapie y trouve sa place, sans exclusion et sans limitation de sa pratique antérieure. Au contraire, nos propositions ne peuvent qu'enrichir son rôle de thérapeute et le relier aux autres praticiens par le principe général commun et c'est la Présence Juste qui réalise ce lien au mieux. Il reste à donner quelques indications pour le développement pratique de notre démarche. Les pistes à suivre peuvent se ramener à quatre directions majeures.

L'héritage constitué par toutes les médecines

Il est évident que si la MMI innove en conceptualisant de nouveaux principes, elle n'invente pas la maladie ni la santé ni les médecines, elles-mêmes toutes efficaces en leurs domaines. Il y a donc tout un travail de recherche et de réflexion sur les médecines existantes, en particulier sur celles qui redonnent au patient sa caractéristique de personne globale, plurielle et complexe.

Les groupes de sensibilisation à la médecine méditative et intégrative

Toute médecine a généré sa forme de transmission, du passage initiatique dans les médecines traditionnelles jusqu'aux études universitaires dans notre médecine techno- et pharmaco-logique. La psychosomatique a suscité les groupes Balint que certains d'entre nous (André Moreau) ont enrichi avec le travail corporel et le point de vue humaniste. Il reste à trouver les moyens de transmettre l'accès au corps qualitatif et l'ouverture à la globalité psycho-, socio- et somato-logique pour tous les médecins, paramédicaux et soignants. La méditation pleine présence se met sur les rangs.

L'état d'être thérapigène : l'effet sanabo

Ce nouveau concept formalise un point de vue qui s'envisage de plus en plus sans que l'on aille jusqu'au bout de l'intuition. Les uns ridiculisent l'effet placebo, les autres font l'impasse sur la relation soignant-soigné, d'autres encore dénient à certaines médecines, celles des concurrents, l'accès à cet état d'être mobilisateur. Chaque pratique et chaque patient possèdent des aspects précis de ce processus pluriel et complexe. Chacun peut et doit essayer de définir cet art, théoriquement et pratiquement. « Considère ces autres aspects comme tu aimerais que l'on considère les tiens. »

Les niveaux d'intervention particuliers

Chaque psycho-somatothérapeute privilégie des lieux d'intervention spécifiques. Classiquement, il ne s'agissait que d'actions limitées aux troubles psychopathologiques et existentiels. Mais l'expérience nous apprend que notre champ d'action est bien plus large puisqu'il nous remet au cœur de la médecine. Il faut néanmoins reconnaître avec rigueur et probité que chaque méthode est délimitée de par la matérialité de son organisation, ce qui oblige à explorer l'apport précis et particulier de chaque méthode à la Médecine Méditative et Intégrative. Mais cette dernière se développe à grande vitesse avec encore une nouvelle avancée : la médecine centrée sur la personne.

Auparavant, l'on se demandera pourquoi avoir inséré ce texte très raisonné, argumenté et résumé, dans ce livre qui veut échapper à la « conscience d'accès » (ou pensée mentalisée) pour aboutir à la « conscience phénoménale » (mystique). Rappelons que la méditation compte particulièrement sur la capacité de concentration, d'attention et de vigilance. Par ailleurs, la démarche bouddhiste désigne l'ignorance comme cause prioritaire de la souffrance et se base sur un corpus de connaissances très riche. Ce texte ardu oblige à la concentration et apporte des connaissances ! Ces dernières annoncent et complètent nos fondements théoriques qui, à travers des schémas et tableaux, posent les vraies questions qui seraient presque nos « nobles vérités », à nous autres Occidentaux.

- Qu'est-ce que l'être humain ? Réponse dans le modèle ontologique, (Meyer 2010).
- Selon quels stades se développe cet être ? Réponse avec le modèle ontogénétique, à trois pages de là, ci-devant ;
- Comment réagit l'humain aux stimulations ? Réponse du modèle ontodynamique, au chapitre XIII.
- Pourquoi tombe-t-on malade ? Voir le modèle ontopathologique (Meyer 2012).
- Qu'est-ce qui guérit ? Revoir le modèle ontothérapeutique, au chapitre VIII.

La médecine centrée sur la personne

Notre démarche de médecine méditative et intégrative (MMI), bien modeste pour le moment, rejoint une démarche analogue au niveau le plus élevé avec des intentions ambitieuses mais des moyens modestes là aussi. Il s'agit du nouveau courant qui anime la psychiatrie mondiale et qui devrait déboucher sur des apports majeurs dans nos manuels de psychopathologie, CIM et DSM. Voici comment le présentent leurs concepteurs. (Salloum, Mezzich, in *Lettre de Psychiatrie Française*, n° 187 oct. 2009 p. 11 et 12)

« Le projet d'élaboration du Diagnostic Intégré centré sur la Personne (*The Person-centered Integrative Diagnosis model-PID*) est le projet diagnostic du Programme Institutionnel pour la Psychiatrie de la Personne (*IPPP*). Ce programme est une initiative importante de la *World Psychiatric Association (WPA)* qui l'a décidé lors de son assemblée générale de septembre 2005 au Caire. Il se propose de faire de la personne, toute entière et dans son contexte, le centre et l'objectif principal du soin clinique et des projets de santé publique en psychiatrie. Le *PID* est le chaînon opérationnel entre les principes de la Psychiatrie de la Personne et la démarche diagnostique. L'objectif final est de développer un modèle de cette psychiatrie qui soit applicable dans le cadre de tous les dispositifs ordinaires de pratiques cliniques et qui mette effectivement en acte les appels répétés et unanimes à placer la personne au centre de la psychiatrie et à adopter une perspective holistique dans l'approche des questions de santé mentale […]

« Le modèle proposé par le *PID* ne propose pas une évaluation diagnostique centrée essentiellement sur le trouble. Ainsi, elle prend en compte deux grands domaines, les aspects positifs et pathologiques de l'état de santé du patient. Ceci conduit à une formulation "multi-niveaux" qui permet au processus diagnostique de prendre en compte à la fois les dimensions positives et les dimensions négatives de santé au travers d'une démarche interactive, qui implique le clinicien, le patient et ses proches, en utilisant des outils, tous les outils pertinents (catégoriels, dimensionnels et narratifs). »

SCHÉMA DES DOMAINES DU *PID*	
Domaine des dimensions négatives de santé	Domaine des dimensions positives de santé
I. État de santé	
Maladie et ses conséquences a. Les troubles b. Les handicaps	Bon état de santé Rémission/Récupération Fonctionnement
II. Vécu de l'état de santé	
Vécu de la maladie (par exemple; souffrances ou valeurs, perception, compréhension et sens de la maladie)	Vécu du bon état de santé (par exemple : sentiment d'identité, de satisfaction, de réussite, etc.)
III. Facteurs contribuant à l'état de santé	
Facteurs contribuant aux dimensions négatives de santé	Facteurs contribuant aux dimensions positives de santé

Schéma 7 : Les domaines du diagnostic centré sur la personne.

Pour comprendre, nous devons repartir en arrière dans l'histoire de la psychopathologie telle que je l'ai résumée dans *Stress Angoisse* (2011). Il y a une cinquantaine d'années, la psychiatrie occidentale a réagi à la multiplicité des théories autant nationales que scolastiques, psychanalytiques en particulier. Les équipes de l'OMS et de l'APA (Association américaine de psychiatrie) ont choisi une approche athéorique (apatride et non scolaire) se contentant de décrire des « troubles » et d'en déduire l'importance par des statistiques. Il y eut là un progrès par le consensus international, mais aussi un appauvrissement du fait de l'impasse sur cœur, corps et âme. Et c'est contre cette froideur que réagissent nos auteurs. Ça ne remonte qu'à 2005. Voici quelques précisions supplémentaires apportées par Salloum et Mezzich, les principaux auteurs de cette démarche qui se réfère à la définition de la santé de l'Organisation mondiale de la santé.

« Le diagnostic est plus que l'identification d'un trouble (le diagnostic nosographique) ou la différenciation des troubles entre eux (diagnostic différentiel) ; le diagnostic, c'est réellement comprendre ce qui se passe dans le corps et dans l'esprit de la personne qui a besoin de soins. C'est aussi dans ce sens que l'OMS a défini la santé comme "un état de complet bien être, physique, émotionnel et social, et non pas simplement comme l'absence de maladie". » (WHO, 1946), (Salloum p. 12).

Cette nouvelle définition se fait à trois niveaux. Le premier niveau « **l'état de santé** » est classique avec ses troubles et handicaps d'un côté, ses « rémission/récupération, fonctionnement » de l'autre côté. C'est au deuxième niveau que nous rencontrons du neuf, au niveau du « **vécu de l'état de santé** », vécu, vivance, état d'être. Du côté pathologique, nous avons : « vécu de la maladie (par exemple : souffrances ou valeurs, perception, compréhension et sens de la maladie) » ; du côté positif, on cite : « vécu du bon état de santé (par exemple : sentiment d'identité, de satisfaction, de réussite, etc.). » Enfin au troisième niveau, les auteurs apostrophent les « **facteurs contribuant à l'état de santé** » facteurs négatifs versus facteurs positifs. Toutes ces citations sont reprises du tableau.

Voilà les intentions. Mais comment s'étoffent plus précisément les six cases du schéma des domaines du PID ? Voici les grands principes. « Pour chacun des domaines, le PID utilisera tous les outils descriptifs pertinents, c'est-à-dire à la fois des approches catégorielles, dimensionnelles et narratives. Ces approches permettront des définitions quantitatives et catégorielles du trouble à partir de l'établissement d'un seuil, tandis que la place donnée aux propos et récits du patient permettra une approche plus approfondie, plus riche et plus personnalisée de chacun des domaines évalués. » (*op. cit.* p. 12). On l'aura retenu, la démarche évoquée ne concerne que l'établissement du diagnostic. On n'évoque pas le traitement et l'attitude du thérapeute et pour cause, par manque d'avis suffisants et consensuels. Dans *Le Manifeste*, je propose les modèles du paradigme holanthropique pour arriver à un diagnostic intégratif et personnalisé centré sur la personne. Nous venons tout juste d'insister sur cet apport avec les modèles qui répondent aux questions essentielles et existentielles : qui, quoi, comment, pourquoi, quand, y a-t-il de l'humain, y a-t-il quelque chose plutôt que rien.

La Médecine à venir et ses deux pôles d'excellence, scientifique et méditatif

Nous n'avons pas la prétention d'aller beaucoup plus loin que ce qui se développe partout comme élargissement de la médecine, un peu plus quand même. L'entrée du médecin dans la méditation pleine présence et la familiarisation avec les principales psychothérapies représentent cet apport. N'acceptons-nous pas à propos de la psychothérapie que 70 % de son efficacité repose sur la personnalité du thérapeute et sur sa capacité à établir une relation adéquate avec son patient ? Cette relation commence par l'alliance thérapeutique (en thérapie courte), continue avec l'attachement (en psychothérapie d'un à deux ans) et s'élargit à l'affectif dans la névrose de transfert (en analyse longue). La médecine généraliste qui gère des fidélités de dizaines d'années passe par les trois mêmes degrés de reliance. Donnons-nous la peine de resituer les étapes de la médecine jusqu'à la MMI que nous prônons.

La médecine organiciste officielle

J'ai passé les deux dernières années de couvent à Echternach au Luxembourg où se déroule une curieuse procession en l'honneur du saint local. J'ai moi-même porté sa statue à cette occasion. Cette procession avance de trois pas puis recule de deux pas, c'est en tout cas la rumeur qui circule. La médecine fait de même. Elle avance et recule, dans le sens de la science puis de nouveau de l'humanisme et *vice versa*. Aujourd'hui même, je lis qu'un diurétique améliorerait l'autisme ainsi que le fait déjà l'ocytocine. Mais en France, la Haute Autorité de santé a décidé que la psychanalyse n'était pas *persona grata* pour l'autisme. Les nouveaux manuels diagnostiques, DSM et CIM, sont secs comme des triques, au point de devoir y ajouter le nouveau diagnostic intégratif centré sur la personne. Après le tout génétique, voici qu'on investit l'épigénétique : les caractères acquis se transmettraient aussi, tels ceux acquis par une méditation régulière. C'est ce que défendait la méditation transcendantale qui prétendait que si 1 % de la population méditait, la face de la terre serait transformée.

La médecine psychosomatique

La psychanalyse a réagi à la pure organicité de cette médecine scientifique il y a cent ans déjà avec le concept psychosomatique. Il y aurait des maladies organiques qui découlent d'une cause psychologique tels l'eczéma, l'asthme, la maladie de Crohn (inflammation du colon). Il n'y en aurait qu'une demi-douzaine de pures. Il n'a jamais été prouvé que ces élues se distinguent radicalement des autres pathologies. Cette innovation a pourtant permis un pas important puisqu'on accepte actuellement que toutes les maladies sont psychosomatiques, psycho- et somato-, en attendant d'y intégrer la dimension socio-. De mon côté, j'ai dû beaucoup batailler pour imposer notre psycho-somatothérapie avec un tiret et ne pas tomber dans le flou de cette psychosomatique à présent vidée de sa spécificité.

Les médecines complémentaires, alternatives, douces

Elles ont toujours existé. Longtemps il n'y avait qu'elles, à commencer par la médecine d'Hippocrate fondée sur l'équilibre des quatre humeurs (sang, lymphe, bile jaune et bile noire). Après l'éclipse due aux progrès des sciences, elles reviennent en… douceur. Les médecines complémentaires sont fondamentalement centrées sur la personne, c'est ce qui fait leur qualité. On discute encore de l'effet pharmacologique des dilutions homéopathiques, mais on reconnaît que le long temps que consacre l'homéopathe à sa consultation provoque au moins les 70 % d'efficacité que nous attribuons à la qualité de la relation psychothérapique. La foi du patient ajoute encore 10 à 30 % de résultat. Il ne faut pas appeler cela effet placebo puisqu'il s'agit de l'action relation qui est bien réelle. Ces formes dites complémentaires incluent les médecines chinoises et ayurvédiques (indiennes) qui reposent sur des sagesses millénaires et des méditations de formes diverses : yoga, taï-chi, zazen, tantrisme par exemple, sans oublier le travail sur les énergies que fait l'acupuncture. Parmi la soixantaine de médecins que j'ai formés à la psychothérapie en France, près de la moitié était déjà engagée dans l'exercice de ces médecines du monde qui ne dispensent pourtant pas d'une initiation aux psychothérapies occidentales. Les médecins qui s'impliquent dans la MBSR de Kabat-Zinn ou la MBCT de Segal et Teasdale n'ont pas plus de véritable formation aux psychothérapies ni surtout aux psychanalyses.

Médecine et psychothérapie

Maintenant que tous les médecins ont droit au titre de psychothérapeute en même temps que les psychologues (selon la loi française), il se passe quelque chose d'étrange. Ils se forment moins et moins bien aux psychothérapies. Ils se contentent des ateliers ponctuels que la loi les oblige à suivre cinq jours par an et que la Sécurité sociale leur rémunère. Pourtant, la psychothérapie constitue actuellement le meilleur et seul complément à l'approche organiciste des souffrances et des troubles. Pendant mes études de médecine (généraliste), on m'a prodigué en tout et pour tout dix petites heures de psychopathologie mais aucune approche de la relation au patient. Or, l'on convient que 50 % des consultations concernent des souffrances existentielles sans lésions organiques ni dérèglement biophysiologique. Certes, l'exercice psychothérapique codifié est difficile à faire cohabiter avec la médecine classique. C'est pourquoi, parmi mes élèves, la moitié des diplômés a basculé dans l'exercice exclusif de la psychothérapie. Par contre, aucun d'eux ne s'est engagé dans la recherche sur la médecine intégrative que j'avais proposée. La connexion de médecine et psychothérapie ne va pas encore de soi.

Le médecin à venir et ses deux caractéristiques : savant et méditant

Deux révolutions attendent le médecin de l'avenir : la science et l'humanisme. Les politiques l'ont compris qui imposent aux médecins des journées de formation obligatoires et… rémunérées. Par contre, ils n'ont pas encore saisi l'importance de la dimension humaine, humaniste, humanitaire, puisqu'ils ne veulent toujours pas obliger les jeunes à s'installer dans les déserts médicaux. Les découvertes scientifiques sont de plus en plus pointues et souvent contradictoires. Avant-hier, nouveau massacre aux États-Unis, vingt-sept victimes dont vingt enfants. Dans des cas de ce genre, on commence à incriminer le diagnostic d'autisme de haut niveau ou syndrome d'Asperger. On s'achemine donc vers la règlementation des… autistes au lieu de celle des… armes !

La médecine sera méditative et intégrative ou ne sera pas. Et c'est le médecin qui y poussera. Il se laisse de plus en plus déstabiliser par l'avalanche de nouvelles scientifiques. Après le Médiator, c'est la pilule de troisième génération qui génère des nuisances, des thromboses en l'occurrence. Comment survivre à l'éclatement des savoirs et résister au matraquage des laboratoires pharmaceutiques ? En se réunifiant par la méditation, en se recentrant en son être, en se référant à sa propre humanité, authentiquement. Cinquante pour cent des consultations ne se font-elles pas pour des troubles existentiels ?

Le médecin sera savant et méditant ou il ne sera pas

La Présence Juste offre un double apport, la psychothérapie et la méditation. Du côté de la thérapie, elle forme à des protocoles simples et efficaces : relaxation, désensibilisation progressive (module 8), correction cognitive (modules 10 et 11), prolongement haptonomique (module 2), travail émotionnel par la visualisation (modules 5 à 8), rééducation de la communication (module 8) par exemple.

La PJ familiarise avec les processus pathogènes de base (stress, choc et bloc, à approfondir dans le chapitre XV) et les processus sanogènes : énergie, sensitivité, affectivité. Elle donne accès aux purs processus : essence de l'énergie, nature de l'esprit, intime du lien. Toutes ces habiletés et capabilités contrebalancent et complètent le déferlement de connaissances et de techniques. La PJ transcende l'art de vivre en une « sagesse à vivre », et la technique psychothérapique en une attitude à la fois médicale et humaniste.

La seule question à surgir encore a trait à la compatibilité de la rigueur médicale et de l'ouverture humaniste. En tant que médecin et formateur de nombreux médecins et paramédicaux (sages-femmes, orthophonistes, kinésithérapeutes), je peux affirmer que l'exercice de notre art médical tient autant de l'intuition et du feeling que du raisonnement scientifique, que les pathologies les plus courantes incluent autant l'existentiel et le spirituel que le biophysiologique et que la guérison découle autant de la bonne relation que de la médication. Cette ouverture au cœur de l'humain et à la profondeur de l'âme se montre dans la troisième partie de ce texte où se livre ce médecin que je suis en son cheminement entre science et mystique, en son intégration de science et spiritualité.

Troisième partie

De Présence Juste en Pleine Présence une démarche personnelle et initiatique en cœur, corps et âme

Chapitre X

L'itinéraire d'un religieux récalcitrant devenu psychiatre méditant

Une enfance religieuse

Au moment de commencer la rédaction de ce nouveau livre, je refais un rêve dans lequel je me retrouve en… soutane. Voilà quarante-sept ans que je le fais, ce rêve, sous des formes diverses comme nous le verrons plus loin. Aujourd'hui, je me trouve avec des gens inconnus et sympathiques. Le haut et le bas de la soutane n'étaient pas boutonnés ; ça faisait débraillé. Je m'y sentais bien tout en étant étonné. Il s'agissait de la soutane d'antan, sans boutons en fait, croisée et maintenue par une large ceinture à laquelle on attachait un immense rosaire. Je la reconnaissais parfaitement. Le rêve s'arrête là.

Je suis né dans une famille catholique pratiquante. Nous allions tous les dimanches à la messe. La paroisse avait la particularité d'être dirigée par des religieux de la congrégation des Rédemptoristes. On les appelait « jésuites de campagne » du fait d'un investissement intellectuel développé, mais pas tant que chez les jésuites ! Je suis aussi le cadet (de campagne) avec un grand frère héritier de l'entreprise familiale et une petite sœur devenue l'adorable bâton de vieillesse. Depuis quarante ans, j'habite la campagne où se trouve mon centre de formation.

Dès mes cinq ans, je fus enfant de chœur et, à six ans, j'officiais à la messe de minuit à Noël. Mes parents me rappelaient tendrement que je piquais du nez toutes les trente secondes lors du sermon. Ce couvent possédait une immense cave dans laquelle nous courions à perdre haleine parce qu'elle était interdite. Aux réunions des enfants de chœur, les grands me prenaient sur leurs genoux mais je n'ai jamais subi de geste déplacé. C'était l'immédiat après-guerre et les nombreux terrains vagues attiraient la bande de gamins de l'âge de mon grand frère. Moi, le plus jeune, je courais derrière quand on nous chassait, avec la peur au ventre. Les parents nous ont envoyé dans la meilleure école de Mulhouse tenue par des religieux, mais je donnais l'air de sortir là aussi de la campagne, avec des habits démodés.

À treize ans, lors d'une colonie de vacances, l'aumônier barbu et pieds nus me prit à part, sur ses genoux, respectueusement, et me montra des photos du séminaire des Capucins. Je me rappelle l'image de grands gaillards jouant au basket. Ma vocation naissait là instantanément, mais ma mère me recommanda les Rédemptoristes et m'imposa une année d'attente et des cours privés de latin. Ma vocation a tenu le coup et m'envoya dans des lieux merveilleux : les Trois Épis au sommet des Vosges, Fribourg en Suisse, Echternach au Luxembourg. Je pris goût aux études et devins l'un des meilleurs élèves parce que j'avais repiqué une année pour rattraper le latin. J'y appris l'harmonium puis le piano en autodidacte, parfois aidé par les aînés. À vingt ans, j'étais organiste remplaçant. Ce furent de très belles années de camaraderie et de recueillement. Ma famille ne me manquait pas. Une fois par trimestre, elle venait me rendre visite.

Trois années de couvent

À dix-neuf ans, j'entrai au noviciat pour une année entière à me familiariser avec la vie conventuelle et spirituelle. J'y ai pris l'habit, la fameuse soutane, et j'ai émis les vœux temporaires de chasteté, pauvreté et obéissance. J'étais fier de porter cet habit distinctif. Un jour, je déambulais dans l'église et j'eus une illumination : je voulais sauver dix mille âmes. Par la suite, je déplaçai mon vœu sur les élèves psychothérapeutes, dix mille aussi... à former ! Je n'y suis pas encore ! Autre résolution après ma sortie du couvent : je voulais faire l'amour au moins autant de fois que j'avais été à la messe ! Et ça en faisait des messes, quotidiennes, pendant dix ans. Et là, j'ai réussi depuis belle lurette !

À vingt-deux ans, j'effectue mon service militaire à Nîmes. Je devins l'aide de camp de l'aumônier et obtins la permission d'aller à l'université de Montpellier un jour par semaine pour étudier la sociologie et l'ethnologie avec Jean Servier. C'était le lundi et ça me faisait de longs week-ends de trois jours dans cette ville merveilleuse et animée. Quel bonheur que de découvrir le « monde », comme on disait chez les religieux, le monde de la liberté, du savoir et des femmes. Dès le premier cours, ma voisine me hèle, m'invite chez elle et me propose de m'héberger. Elles étaient trois filles dans une maisonnette au pied de la place de l'Œuf, au cœur de la ville. Je dormais chastement avec l'une d'elles, une Américaine ; j'étais amoureux de l'autre, une bigleuse, et la troisième l'était de moi ! Ça m'a protégé ! *Divide et impera.*

J'écris des lettres enthousiastes à mes copains du couvent et le supérieur les lit évidemment toutes ! Puis, vers la fin, j'écris au supérieur lui-même, évoquant des interrogations quant à ma vocation. Il me répond par retour de courrier que je ferais mieux de laisser tomber. Je me suis senti renvoyé. De nombreux rêves ponctuent ce rejet/abandon. Je les ai déjà décrits dans *Le Manifeste* (Meyer 2010) dans une longue étude sur l'analyse des rêves. Je propose de les relire ici, ces rêves, dans ce contexte biographique nouveau et sans les encombrer des théorisations qui se terminent par: « le rêve ne serait-il qu'un rêve ? »

Un demi-siècle de rêves du couvent

Ces rêves à contenu « religieux » se découpent en cinq séquences homogènes de par la chronologie. Les premiers rêves se sont répétés pendant trois à quatre ans autour du renvoi de la communauté. Au début du rêve, je me trouve au milieu de mes confrères et je porte la soutane. Je fais partie de la communauté. Tout d'un coup, on me renvoie et je vis des départs poignants où je m'éloigne à pieds, toujours en soutane, la mort dans l'âme.

La deuxième période dure elle aussi trois à quatre ans et se caractérise par l'absence de rêve ayant trait à la communauté. J'en fais une séquence importante à cause de l'absolu de l'absence. Une troisième période a débuté après dix ans avec des rêves encore une fois homogènes et répétitifs. Je me retrouve au couvent et en soutane, au contact de mes compagnons d'autrefois, sans animosité ni émotion, avec une grande paix intérieure. Tout d'un coup, le commutateur switche l'image. Je me retrouve dans ma vie actuelle et m'y sens tout aussi bien, sans regret par rapport à la communauté. Je suis psychiatre, paisible, content de ce rôle.

Après une nouvelle absence de ce rêve, une cinquième période s'étend sur quatre autres années. Je cumule les deux fonctions. Je suis religieux et psychiatre. Je suis en soutane et je dirige un groupe de socio-somatanalyse. Je suis un religieux psychothérapeute et cela crée un vécu de plénitude. Il n'y a pas d'image particulière, d'anecdote ou de scénario, c'est seulement une pensée et un ressenti. Je suis religieux et thérapeute de groupe. Depuis quelques années, le rêve d'appartenance à la communauté religieuse est de nouveau absent à part des rêves ponctuels comme celui cité ci-dessus.

Ce qui se visualise dans ces rêves, c'est le communautaire, le groupe des frères, et donc le religieux. *Religare* veut dire lier, réunir. Il y a la soutane qui montre l'appartenance à cette communauté. L'évolution du rêve nous donne aussi la part sensitive, ressentie : il y a d'abord une grande paix (troisième période) puis une plénitude profonde (cinquième période). C'est ainsi que j'avais vécu ma « foi », dans la paix et l'entièreté. Mais il n'y avait ni jouissance mystique ni illumination spirituelle. C'est probablement pour cela que j'avais hésité à retourner au couvent. »

Mysticisme

Je ne veux pas entrer dans les tenants et aboutissants de cette vocation ni dans les considérations de foi, croyance, pratique, confraternité. J'aime pourtant me rappeler deux événements que je cachais jusqu'à présent et qui me semblent évidents depuis que j'en parle ouvertement : j'ai vu un ange et Dieu lui-même. Décrit ainsi ça semble énorme et pourtant c'est simple. J'avais cinq ou six ans ; mon frère et moi étions envoyés dans notre chambre, le 24 décembre au soir, pour laisser aux parents le temps d'installer l'arbre de Noël et de déposer les cadeaux. En descendant l'escalier, je vis un ange, j'en mets ma main au feu ! En fait, il s'agissait d'une silhouette blanchâtre ressemblant à une nappe de brouillard, point barre. Mais c'était un ange !

Quinze ans plus tard, au début du noviciat, se plaçait une retraite silencieuse de quinze jours. Lors d'une pause dans le parc du couvent je vis Dieu en personne. C'était aussi une silhouette éthérée, blanchâtre et c'était Dieu, j'en mets encore la main au feu ! Ces deux visions n'ont rien d'extraordinaire ni de remuant. Je n'en parlais néanmoins pas. Aujourd'hui elles me semblent claires : ce sont des visualisations telles qu'on les vit couramment dans la quatrième étape du rebirth /pneumanalyse comme nous le décrirons dans le tome II. Le seul étonnement vient de l'occurrence spontanée de ces deux visualisations /hallucinations, notion que nous verrons aussi longuement. Il est vrai que les deux événements se situaient dans des contextes à forte charge émotionnelle.

Avec le départ/renvoi du couvent, je perds la foi. Je ne crois plus en Dieu. Je n'ai plus besoin d'un Dieu. Il n'y a pas d'objet transcendant dissocié, il n'y a plus d'au-delà à quoi me rattacher si ce n'est cette appartenance à la terre, à l'humanité, au divin qui s'éveille en Présence Juste. Il n'y a pas « d'inconscient » réifié comme entité, concept qui est instrumentalisé par les psychanalystes comme une référence transcendante ; il n'y a pas de grand Autre à la Lacan ! Ça me manque évidemment. Probablement que mes rêves ne concernent pas seulement le sentiment communautaire (le Gemeinschaftsgefühl cher à Alfred Adler), mais aussi le défaut de l'objet transcendant.

L'expérience religieuse du petit enfant de chœur

Jusqu'à mes quatorze ans, l'appartenance aux enfants de chœur produisit une imprégnation certaine, mais de quel ordre ? J'étais reconnu, gratifié, valorisé. J'avais une place à part. Je me distanciais de ce grand frère qui prenait tant d'espace et, plus tard, de la petite sœur ; j'y gagnais en autonomie et rencontrais autre chose que la gestion d'une petite entreprise et de sa comptabilité dans laquelle ce frère était déjà intégré. L'immensité du couvent offrait un terrain de vie sécure où s'épanouissait l'insouciance enfantine. La camaraderie allait de soi jusqu'à ce sentiment de communauté que je théorise comme consensus dans le modèle sociodynamique (Meyer 2012). Les relations étaient respectueuses et espiègles sans aller jusqu'à l'affection. Les offices stimulaient l'affirmation de soi avec la récitation du chapelet, le chant et l'exhibition de cet acteur en herbe qui parade en habit noir et blanc, dans le chœur, devant toute la paroisse. L'imprégnation s'est faite parfaitement et a préparé l'éveil de la vocation religieuse en cinq minutes de séduction par le père capucin. En reconnaissant cette vocation, je faisais plaisir à ma mère qui ajouta néanmoins qu'elle s'attendait à ce que ce soit plutôt mon frère qui l'aurait ! En quittant le couvent, je faisais plaisir à mon père qui n'y croyait pas. J'ai gagné sur les deux tableaux !

La fuite… au petit séminaire

À quatorze ans, commença la vie communautaire en internat avec retour en famille pour les vacances. Le grand frère apprenait le métier du père et la bureautique avec la mère. Et moi ? Je devins aussi sacristain, paradant à présent devant les copains. J'y devins pieux, appréciant les messes et offices, allant prier tout seul devant l'autel de la Vierge, les bras en croix. La messe catholique est un véritable bain émotionnel où tous les affects s'extériorisent l'un après l'autre. Ça commence par confesse et demande de pitié (confiteor) ; ça chante bruyamment la gloire de Dieu ; ça s'extériorise dans l'acte de foi : credo. Puis vient cette chose étrange pour celui qui l'observe de l'extérieur : la transmutation du pain en corps du Christ. Et dire qu'on traite toujours encore lesdits animistes de primitifs ! Piété et communauté. Hébergement en grand dortoir. Le consensus sociodynamique se développa jusqu'à son achèvement à savoir le don (selon Marcel Mauss) : le groupe me fit don de la musique et de la connaissance. Quoique « jésuites de campagne », nos enseignants excellaient en pédagogie et m'introduisaient dans la pensée et le savoir. Mais c'est surtout la musique qui me fut donnée, harmonium puis piano. Les grands m'enseignaient un rudiment après l'autre et les supérieurs me permettaient de m'entraîner pendant les récréations. Les environnements transpiraient la beauté, naturelle dans les Vosges, architecturale à Fribourg en Suisse.

Tout fut cadeau, grâce, charme, audace, mais pas encore extase ; piété, communauté jusqu'au don. Mais c'est la musique qui a fait irruption et ouvert la brèche mystique qui s'est ajoutée à l'éveil émotionnel des offices religieux. En fait, mes parents pratiquaient, ma mère le piano et le père, le violon, mais je ne les ai entendu jouer ensemble qu'une seule fois. Par la suite, mon père pratiquait le baryton dans un orféon.

Ce livre est lui aussi musical, polyphonique, symphonique. Il y a de la biographie, il y a des exercices thérapeutiques, il y a de la théorie, il y a enfin la recherche de ce que serait la plénitude aux bons soins de la méditation, de ce qui approcherait la mystique aux bons soins des psychanalyses. Voici une évocation très personnelle liée à la musique et, par-delà le piano, à l'esthétique. Ce texte présente rapidement la formation de ce que j'appelais au début le musico- et art- somatothérapeute. Il décrit ensuite un moment musical personnel.

Le musico-, art- et somato-thérapeute

Ce n'est pas un hasard si les trois lieux dits « médiateurs » que sont la musique, les arts plastiques et le corps se réunissent pour définir une nouvelle profession psy. Les deux premiers lieux constituent la musicothérapie et l'artthérapie ; le troisième s'individualise comme somatothérapie et somatanalyse. Dans les faits, ces trois investissements thérapeutiques collaborent : on dessine et danse sur de la musique, on enrichit le théâtre de masques et de marionnettes, on laisse aller l'écoute artistique jusqu'au vécu émotionnel et à la rencontre des corps. Musique, art et corps s'allient pour une formation des plus logiques traquant l'affectif, le symbolique et l'énergétique, les trois fonctions majeures de l'humanité, aux bons soins de l'esthétique.

Les sons, les formes et le mouvement se ligueraient-ils contre quelque chose en l'homme ? Il se pourrait bien que oui, contre quelque chose qui fait contrainte, stress et malaise, mal-être et maladie. Voilà le défi lancé, le défi d'une autre approche de la thérapie qui est aussi une autre approche de l'humain. À peine vient-on de recentrer les mœurs dites dissolues par Mai 68 sur un « politiquement correct », à peine voit-on le retour du « psychanalytiquement tout aussi correct » qui encadre à nouveau les thérapies, que la créativité individuelle repart de plus belle dans son besoin de libération, d'affirmation et d'épanouissement, au prix de l'essai et de l'erreur, du tâtonnement et du risque.

L'art, comme l'amour, est enfant de bohème et ne connaît pas de loi.

L'art est créateur de soi.

C'est bien le but ultime de toute thérapie, que d'être soi, au-delà du soin.

Voilà bien le défi, voici la nouveauté que de prendre derechef des risques. Les psychothérapies commençaient enfin à bien se structurer, théoriser, enseigner, évaluer et superviser et voici que des artistes du son, de la matière et du corps se mêlent de la santé de notre société, eux qui sont si peu structurés, théorisés et évalués ! Il est vrai que le music-art- et somatothérapeute tient de l'artiste plus encore que le psychothérapeute que l'on compare volontiers à l'artisan.

L'esthétique fonctionne comme la libération corporelle, comme la catharsis émotionnelle, comme la bouffée d'amour, comme l'éveil spirituel. Elle est un facteur de guérison à travers le beau. Mais ça fonctionne comment ? Ça déjoue les mécanismes de défense et les résistances. Pour le ressentir, mettez-vous au piano, laissez-vous imprégner par les couleurs d'une fleur, dansez en diable. Et moi, oserai-je me donner en spectacle, moi, petit pianiste autodidacte, intermittent de l'art comme de… l'amour ?

L'inconscient

L'esthétique est l'âme et l'énergie de l'art. L'esthétique est le cœur du processus art-thérapique, même si la pudeur nous pousse trop souvent à éviter ce terme dans le champ clinique. Art brut, art des fous ou simple squiggle (Winnicott) et griffonnage ? Les plus courageux des professionnels se réfèrent à cette spécificité même de l'art, mais en le camouflant trop vite derrière cet autre concept paresseux qu'est l'inconscient. Oyez bonnes gens tout est dit, « c'est inconscient », pliez bagage et rentrez chez vous ; le spectacle est terminé ! Dans notre profession, on ne s'attaque pas à l'inconscient sans se saborder ! L'inconscient conceptualise évidemment quelque chose de réel qu'on ne peut nier mais, après cent ans de bons et loyaux services, le concept est éventé ! Il y a cent ans, deux concepts phares énonçaient des réalités ultimes et indivisibles : l'atome et l'inconscient. En 1897, Becquerel a découvert la radioactivité et l'atome, a-tome : ce qu'on ne peut pas dé-couper ; aujourd'hui pourtant, nous connaissons une cinquantaine de particules constitutives de cet atome réputé non sécable.

Mais l'inconscient, lui, résiste ! On ne veut toujours pas le démembrer. Pourtant, nous savons qu'il englobe de nombreux processus et fonctions, dont l'esthétique. L'esthétique est une réalité *sui generis* qui se définit de façon objective dans le champ de l'art et subjective dans le champ de la thérapie. L'esthétique est un ensemble de caractéristiques qui définissent l'art, même si ces caractéristiques sont en partie sociales et historiques. L'esthétique tient de la « conscience phénoménale » qu'on ne peut pas conceptualiser. Nous ne nous aventurerons pas ici dans cette définition mais nous en ferons le fil conducteur du music-, art- et somatothérapeute.

L'éveil musical comme esthétique et mystique

Vendredi saint, seul à en crever, seul à se créer

« À cinquante-cinq ans, je viens d'entamer ma quatrième carrière de pianiste bricoleur, avec un bonheur sans égal. Pour les besoins de la nouvelle formation de musicothérapeute, j'ai fait installer mon piano – un Petrof trois-quarts-queue – dans la grande salle du centre de formation alors que je ne jouais plus depuis cinq ans ; j'avais mieux à faire : lire, écrire, méditer ! Lors de la dernière formation de la promotion polonaise, Marie-Christine était là, elle, l'artiste lyrique qui s'occupe de la voix dans cette formation. Je l'avais conviée au piano pour découvrir la sonorité de l'instrument dans ce nouveau lieu. Elle n'était pas en forme et, de séduction las, je m'y suis mis moi-même, pianotant les beaux restes d'antan !

Je viens aussi de laisser partir la femme que j'aime… et qui m'aime. Aussi ai-je le temps de jouer et du sentiment à revendre !

Quel bonheur. La sonorité, d'abord. Elle est fantastique dans cette salle, couvercle grand ouvert, surtout dans les notes aiguës. Jamais je n'avais tant apprécié les aigus qui me semblent aussi riches que les graves. La vibration ensuite. Je la sens dans les doigts, remontant dans les bras, dans le pied posé sur la pédale, puis dans le corps entier. Certes, quand je m'abandonne à ce fin tremblement, je perds de mon attention et… me plante plus souvent ! Mais quel délice que d'être entièrement là, dans la vibration du son, du piano, de la salle, du printemps naissant, de l'univers.

Ayant débuté en autodidacte à quinze ans, je n'ai jamais eu une très bonne technique. Je sentais en particulier que mes accords arrivaient souvent en cascade. Mais aujourd'hui, je sens qu'il suffit de poser souplement la main sur les touches et d'enfoncer les doigts pour qu'ils se mettent à l'unisson et… à vibrer tout autant. C'est toute une attitude qui se modifie, tout un état d'être à investir ce toucher de deux, quatre, six doigts simultanément, l'instant d'un éclair, à répéter d'instant en moment, jusqu'à l'explosion de lumière et des sons.

Ma troisième carrière musicale avait démarré après mon divorce, il y a douze ans et vingt années de silence. Tiens donc, la musique remplacerait-elle la femme, l'affectif, la volupté fusionnelle ? Du coup je me rappelle que mes débuts à l'harmonium datent de mon départ à l'internat, loin des parents, frère et sœur !

Après vingt années d'arrêt, je tombe un jour sur une copine qui... joue du piano, modestement mais avec cœur. Je m'y essaye aussi, timidement, persuadé d'avoir été un piètre pianoteur et que même ce statut-là je ne le retrouverai pas. Non seulement j'ai rapidement récupéré mon niveau d'autrefois, mais je l'ai largement dépassé en cinq années, toujours autodidacte.

Je passais des nuits à jouer, tard le soir, tôt le matin, avec une frénésie insatiable et me suis constitué un répertoire de près de deux heures que je connaissais par cœur et dans lequel j'avais inclus les morceaux de maître que j'adorais : *Clair de lune* (Beethoven et Debussy), *Marches Turque et Funèbre*, *Pathétique*, *Appassionnata*, jusqu'à *la « Révolutionnaire »* de Chopin. J'atteignais là quelque chose qui me semblait à jamais inaccessible. J'arrivais à ce que je fantasmais parfois : être musicien. Certes, je biaisais ; je jouais plus lentement que les tempos indiqués, j'excluais les passages trop rapides et trop compliqués. Mais c'était divin ! Je préférais même les sons imparfaits de mon propre jeu à ceux des disques parce qu'ils me parvenaient plus vibrants, plus pleins et vivants.

Elle, celle que je viens de laisser partir, était arrivée en pleine euphorie « pianistique ». Elle a aimé. Au début, elle s'asseyait à côté de moi pour m'écouter. Quand elle traînait à se maquiller, je déposais mon impatience sur le clavier. Et pourtant j'ai flanché, joué de moins en moins et, lors d'un déménagement, arrêté définitivement. Il me semble que cette période-là était aussi celle de l'affirmation, de la puissance, du pouvoir même, au détriment de l'âme.

En cet instant même, je retombe dans cette tentation de l'avoir, du savoir et du pouvoir. Je commence à jouer calmement, profondément, avec sensibilité et concentration, puis le besoin de retrouver mon répertoire d'antan m'envahit. Je veux le posséder au plus vite, le connaître par cœur, le jouer au mieux... avec une avidité qui n'amène pas seulement les fausses notes, mais qui fige aussi les doigts et le corps, les privant de toute vibration. L'avidité investit le note-à-note, oubliant les nuances et phrases musicales, étouffant la sensibilité, empêchant de percevoir l'émotion du morceau. C'est une façon de ne pas me laisser envahir par elle.

Quand je m'en aperçois, j'arrête de jouer, je me mets en Présence Juste, je recontacte ma kundalini puis je m'y remets : morceaux simples, lents, lecture puis par cœur, pose sensible des doigts, vibrations, nuances, phrasée... (rien que d'écrire cela me fait retrouver une délicieuse énergie dans mon ventre et dans mon dos). Je rejoue le morceau jusqu'à ce que je dépasse la pure technique et l'exécution potable pour entrer dans l'esthétique : pureté du son, harmonie de l'accord, beauté de la mélodie, composition de l'ensemble.

Pour entrer dans l'émotion, je joue la *Marche funèbre* de Chopin, ses deux passages centraux (simples et lents) et là c'est le déluge. Elle est là, son image, son absence ; ma solitude est là, totale, peut-être définitive (mes yeux s'humectent à l'écrire). Me vient l'image de Lino Ventura jouant le thème central, funèbre, dans les *Dix petits nègres* me semble-t-il, chacune des apparitions au piano annonçant une nouvelle mort.

Son image à elle vient toute seule mais ce sont les accents du morceau, la tristesse des accords, l'accompagnement lourd, lugubre et obsédant de la main gauche avec ses deux uniques accords répétitifs et lancinants, qui ébranlent les tripes et le cœur. Et la main continue inlassablement son martèlement : « faut y aller, faut avancer », tel un rouleau compresseur. La main droite égrène le thème, trois notes seulement, consolateur, une descente dont on dit qu'elle est dépressogène… J'y mets plus de cœur et de… pleurs. J'y mets plus d'accents et de… sentiment. Et les mains continuent imperturbablement.

Vient une rupture radicale, une mélodie en haut, belle, douce, avec un accompagnement montant en arpège, une seule note par main mais la pédale pour faire plein. C'est le printemps en ce week-end de Pâques, c'est le soleil, la tendresse, l'espoir. C'est même tellement d'attente que ça coule encore, des yeux ! La mort, l'absence, la plénitude, l'espoir. C'est aussi cela la musique, c'est aussi cela l'esthétique. J'y suis bien resté une demi-heure à cette *Marche funèbre*, un peu dans l'apprentissage, beaucoup dans l'émotion et l'affectif. J'ai pu vivre toute la douleur et toute l'absence. J'ai pu fusionner la musique et le sentiment, la mélodie et la vie, l'harmonie et le beau.

Pour illustrer l'effet subjectif du « beau » voici quatre effets tirés de l'expérience de la *Marche funèbre* :

- **L'esthétique « touche »** là où c'est sensible, urgent et à fleur de peau : Chopin pose son doigt directement sur la plaie vive de son absence à elle, c'est la catharsis émotionnelle.
- **L'esthétique « contacte »** plus profondément au niveau de l'énergétique et du sentiment : les vibrations sonores affaiblissent les tensions défensives laissant l'harmonie et la mélodie pénétrer au cœur de l'être : plus besoin d'elle, il n'y a pas de manque dans cette plénitude.
- **L'esthétique « relie »**, elle fait sortir l'être de son tréfonds et le reconnecte avec l'Autre, les autres, même si c'est douloureux comme lorsque c'est elle ; l'art réunit, rapproche, pacifie.
- **L'esthétique « transcende »**, connecte avec les valeurs fondamentales qui sont aussi les valeurs communes : même si elle n'est plus ma compagne et dans mon lit, nous partageons encore cet univers-là comme lorsque nous visitions les musées, main dans la main, au même rythme, avec les mêmes intérêts, émerveillements et commentaires. Elle parlait même de « synchronicité » à propos de ces goûts communs (petite larme à l'œil).

L'esthétique est conscient ! Mais il est tellement plus riche que ce « conscient » réducteur qui affiche à peine deux ou trois items à la fois. On pourrait l'appeler « transconscient », au-delà du conscient, conscient + inconscient réunis. Le transconscient, c'est toute la complexité des processus inconscients avec la conscience en plus. L'esthétique est transconsciente. Nous venons de reprendre tout juste la

notion de « conscience phénoménale ». Tous ces termes expriment la même chose. (En PJ, elle prend toute sa place dans le module 9 avec « l'esthétique du monde ».)

Après cela, j'ai repris le *Clair de lune* de Beethoven, avec partition, sans avidité. Pour moi, c'est la sérénité, une sérénité un peu grave ; les arpèges montants et continus de trois notes marquent le mouvement absolu, l'avancée, la progression, mais en douceur : ça y va, ça avance pas à pas ! Après deux heures de jeu, je me retrouve au salon, à lire les... manuels de musico- et art-thérapie. C'est calme et recueilli dehors en ce Vendredi saint.

Une énergie immense m'envahit à partir du bassin, pleine et stable, douce et voluptueuse. Je suis là, simplement là, à la fin de ce premier des quatre jours de solitude : je n'ai besoin d'aucun expédient, ni de manger, ni d'aller à la télé, ni même de méditer. Je n'ai pas besoin d'elle. On m'a invité à un concert ce soir. Je n'irai pas. Je reste ici, plein de bonheur, avec plein de livres. C'est cela la musique. Une musique toute simple et avec cœur. C'est cela l'esthétique, une simple note qui vibre et fait éclater les rigidités comme le fait le cri strident du petit Oscar dans *le Tambour*. Avec la vitre brisée se libèrent la vie, la santé, le bonheur.

Je pourrais dire la même chose de l'acteur. J'en ai quelques-uns sur le divan : ils me parlent de la jouissance de la scène. Et du chanteur, comme Thomas dont j'entends la plénitude sur la cassette qu'il m'a donnée à écouter et qui en a pourtant vu des vertes et des pas mûres dans son passé : le chant harmonique et l'assise (méditative) l'ont sorti de là. Ma propre histoire avec le piano montre combien ce dernier est thérapeutique, analytique, maître de vie.

Dimanche de Pâques, catharsis

Samedi matin, j'ai réessayé la *Marche funèbre*, j'ai laissé venir son image... Non, ce n'était plus ça. De l'émotion, bien sûr, mais sans plus. Elle ne me prenait plus aux tripes. Car la musique a pris la place. Le martèlement de la main gauche, les deux accords lugubres amplifiés à la main droite par les mêmes deux notes séparées d'un demi-ton, *fa-sol* bémol, ressortait de plus en plus. Tout d'un coup, je me suis senti envahi par le crescendo irrésistible de cet accompagnement. Une énergie puissante se libérait, gueulait. Samedi soir, de retour de ma tournée en ville avec le courrier et plein de revues, je ne me suis pas jeté sur les news mais sur mon piano. J'ai fait une merveilleuse séance de près d'une heure et demie pendant laquelle les morceaux s'égrenaient avec légèreté, sérénité, rapidité. Tous mes tempos s'accéléraient. Le par-cœur rentrait facilement, même le *Clair de lune*. Un peu d'euphorie me gagnait. Puis j'ai fait un écart alimentaire ce qui m'a réveillé à trois heures du matin. Levée, café, assise patiente, pour faire passer la lourdeur digestive. Petit somme, levée, écriture puis piano.

De nouveau, légèreté, esthétique, beauté. Tout d'un coup, j'ai vu que Beethoven proposait un tempo de 60 pour son *Clair de lune* ; j'y suis allé beaucoup plus vite, avec partition, et tout d'un coup la première note de l'arpège inlassablement répété me frappait comme un battement cardiaque. Ta-ta-ta, Ta-ta-ta, Ta-ta-ta. Ce rythme devient familier, important, proéminent. C'est lui qui occupe bientôt toute la place, lui, la vie, un rythme, une cadence entraînante, belle, harmonieuse, tantôt grave quand l'accompagnement descend, tantôt léger quand la main droite égrène son chapelet de notes légères et cristallines. Puis je ralentis imperceptiblement, et constate que ce n'est pas du 60, ce n'est pas le rythme cardiaque, le rythme de la vie, que c'est trop lent. Et ça reprend en 60, dans le familier, l'évident, le vivant, l'entraînant.

Du coup, j'ai enchaîné avec le mouvement lent de la *Pathétique*, avec cette mélodie si belle qu'elle a été reprise dans *Midnight blues* (me semble-t-il). Je l'ai joué deux fois plus vite qu'auparavant et il était quatre fois plus prenant, poignant, grisant. La catharsis du Vendredi saint avait fait son effet.

Lundi de Pâques, éveil

Ce n'est qu'en soirée que je suis retourné au piano, mais quelle soirée. J'ai retrouvé la frénésie que je connaissais il y a dix ans. J'avais commencé très calmement les premiers morceaux du répertoire avec l'inévitable *Lettre à Élise*, un *Andante grazioso* de Mozart et la *Marche funèbre*, longuement. Quelque chose semble acquis avec cette dernière : pas de trop grosse émotion mais beaucoup de beauté. Je fantasmais mes élèves en train de me demander ce morceau et moi de le jouer, sachant qu'ils savaient à quoi il me renvoyait. Ils la connaissent, ils attendent la larme au coin de l'œil. Je le jouerai… au risque de la larme !

J'ai enchaîné sur le *Clair de lune*, de plus en plus vite, une bonne demi-heure. Puis *Midnight blues*, vingt minutes. Puis… une valse du même Beethoven, une valse très puissante, avec de gros accords à marteler puis des petites mélodies cristallines assez simples pour que je puisse m'y adonner à cœur joie. Ça devenait de la frénésie, de la folie. Je ne voulais pas repartir dans les nuits cathartiques d'autrefois, et pourtant ça y allait presque automatiquement. Un flash obnubilait mon esprit, et si elle était là et entrait tout d'un coup dans la salle ? Non, ce n'était qu'un craquement des colombages.

Ça s'accélérait ; ça jouait de plus en plus fort. Et les doigts suivaient. Je ne me souvenais pas d'avoir joué cette valse aussi vite, juste et nuancée, avec folie. Le morceau se terminait, ça recommençait *da capo* ; le tempo de la valse s'imprimait dans le jeu, j'allais commencer à tourner, j'aimerais danser la valse avec elle. Et ça s'accélérait, ça sautillait, ça se terminait et recommençait. *Repeat*, j'avais dû appuyer sur *repeat* ! Une frénésie me gagnait, l'euphorie m'envahissait. Ce n'est pas possible, pas juste après trois semaines de reprise ! J'ai arrêté après une heure et demie. Ce ne sera pas une folle nuit. Je m'assis près d'une porte fenêtre en Présence Juste, face au soleil couchant. Quelle beauté là dehors, à travers le parc. Un avion dans le ciel, tous phares scintillants. Un corbeau entre les arbres. La Kundalini est montée, la paix est descendue.

En fait, ce n'est pas de l'avidité, ce n'est pas de la folie ! C'est du *Canada Dry*, couleur alcool, sans être de l'alcool. Menace de folie sans être folie. Défoulement ? Je n'aime pas ce mot ! Libération ? Oui, libération d'une puissance inouïe, d'une pulsion monstrueuse, mais en même temps paix dans ce corps qui ne s'émeut plus trop. Je me demandais déjà : et après, que ferai-je ? Comment réatterrir ? Eh bien, tout simplement, sur mon coussin qui trônait devant la porte-fenêtre. J'ai réussi à manger frugalement et à me remettre au bureau pour écrire ce texte. Nulle autre situation ne permet un tel défoulement… pardon, une telle libération de puissance contrôlée, sans danger pour autrui, avec quelque frayeur pour soi seulement, pour sa santé mentale !

Week-end de Quasimodo : extase

Quatre jours à Vienne pour le Forum des créateurs de somato-psychothérapies. Arrivé à l'aéroport à six heures du soir, je me retrouve au Konzerthaus dès sept heures et demie pour un récital de piano avec Beethoven, Schubert et Brahms au programme et, au clavier, un Japonais blanchi sous le harnais. Brahms d'abord, une sonate très longue que je ne connais pas, un début grave, pathétique, qui me plonge dans ma souffrance : la dernière fois c'est avec elle que j'étais là.

Je lâche mes tripes, la douleur pénètre avec des accords puissamment martelés, puis quelque discordance me rappelle à la vigilance ; de brefs passages harmonieux et mélodiques me redonnent l'espoir. L'énergie monte, descend. Les aigus font lâcher ma tête, libèrent quelques endorphines et m'inondent de douceur. Beethoven avec *Les Adieux* : des accents tristes et des envolées sereines. C'est pour découvrir autre chose qu'on quitte, pour changer, pour assouvir la curiosité, pour enrichir.

Entracte : je m'imprègne de ce décor mythique, en contact avec une énergie forte et voluptueuse dans mon dos, proche de ces Viennois endimanchés, fins connaisseurs, aux applaudissements généreux qui obtiendront trois « bis » de grande qualité. Après l'entracte, une *Fantaisie* de Schubert : c'est de la pure musique, de la pure beauté ; il n'y a plus d'idées ou d'images, il n'y a que du ressenti. Les sons me font vibrer ; ce n'est plus seulement dans le dos, une kundalini un peu diffuse, ce n'est pas uniquement à l'avant du corps, une bouffée d'amour ; ça s'élargit, ça englobe tout le corps, ça dépasse les contours du corps. Je me transforme en une espèce de masse vibratoire aux limites de plus en plus floues. Il ne s'agit pas d'une intention comme lorsque je me « prolonge » dans l'espace, dans les six directions ; ça se fait tout seul. Les vibrations du piano se fondent dans ma propre vibration et la modulent, me transformant moi-même en moments d'attaque puis de retombée, en vagues de violence puis de douceur, en sensations de suffocation puis de soulagement.

Les accords deviennent autant d'émotions : tristesse et bonheur, peur et joie. Les mélodies dessinent des lignes affectives, pures et éthérées. Elle, elle se fond dans cette esthétique. Elle se perd dans cette beauté ; ça se passe ailleurs, au-delà, ce n'est plus un problème. La nuit j'ai fait un rêve étrange et délicieux. Une main de femme stimulait les deux extrémités de mon périnée, l'avant et l'arrière, en un mouvement alternatif très rapide. Elle réveillait une double sensation, sexuelle en avant et mystique en arrière qui ne devenait bientôt qu'une seule sensation à la qualité nouvelle : ce n'était pas purement érotique, ce n'était pas le canal de la kundalini. Et ça s'est terminé en un paroxysme bien délicieux !

Parler de soi donne en vie

Je traîne cette dernière partie de texte depuis cinq jours bien que j'aie le temps, les idées et le plan. Mais ça ne s'assied pas devant la feuille blanche, ça n'agrippe pas le stylo et ça ne laisse pas démarrer la rédaction. Ça bloque ! Je vais méditer, pianoter, manger pour fuir. En ce moment même, je grignote des gâteaux et me reverse du café pour installer enfin le bon équilibre, la bonne proportion de maîtrise/jouissance.

Zut, je n'ai plus de gâteau… vais-je en rechercher ou rédiger ? Je rédige ! Et voici que me vient une nouvelle idée, hors plan, hors propos, mais avec… jouissance : parler de moi encore, truffer cet écrit d'une nouvelle indiscrétion personnelle comme je le fais régulièrement depuis mon premier livre. Mais pourquoi ? Eh bien, au moment même où j'ai écrit « parler de moi », quelque chose s'est réveillé dans mon ventre, une vague d'énergie, un élan de vie, qui me donne envie de continuer, qui me « donne en vie. »

Depuis 1980, j'en ai trouvé des rationalisations pour justifier ces intrusions du privé dans mes écrits… Et voici qu'en ce moment même en vient probablement la plus réelle : elles « me donnent en vie », et cela suffit. Je sais pourtant que c'est un manque de maîtrise patent que de bavarder ainsi avec soi-même dans les écrits et que cela fait beaucoup de tort à mes livres. Un jour, peut-être, ce sera perçu comme du génie ? Actuellement, il suffit que je m'y sente « en vie ».

Fête de la musique : mort et résurrection

Ma fille Aurore devait me rejoindre pour aller à la Fête de la musique et fêter les pères. Elle n'est pas venue. Trois heures plus tard, c'est moi qui l'ai retrouvée en *Réa Chir.* Son frère lui fera un montage de ses musiques préférées pour les lui passer. Après trois semaines, elle s'est réveillée.

L'évocation de l'expérience pianistique ne vient évidemment pas par hasard. Ce n'est pas du pur narcissisme, d'autant plus que les circonstances affectives restent douloureuses. Il y a un message : la musique est un puissant outil de l'art de vivre et de la méditation. Les descriptions des effets de la PJ décrites ci-dessus rappellent clairement ces vivances au piano. La musicothérapie aide à ouvrir à ces vécus méditatifs et mystiques et nous l'utilisons dans l'entraînement à la Présence Juste. Pour le module 9, centré sur l'esthétique du monde, je passe le *Boléro* de Ravel dirigé par Celibidache. Sa composition très simple avec seulement trois lignes instrumentales répétitives (mélodie, accord d'accompagnement et rythme des caisses claires) invite à s'y plonger en Pleine Présence jusqu'à la transe et l'extase.

Noviciat et Studentat : intériorité et intellectualité

Lors d'une de nos dernières rencontres, Pierre Weil me demanda avec quelque agacement : « mais de quel droit enseignes-tu le transpersonnel ? » Pierre Weil était

Strasbourgeois d'origine, psychologue, pionnier du courant transpersonnel, sujet de deux retraites bouddhistes de 3 ans, 3 mois, 3 jours en Dordogne. Il partit au Brésil fonder une université, transpersonnelle me semble-t-il, et fut chargé par l'Unesco (ou l'ONU ?) de développer des « ateliers pour la paix ». Pierre a participé à plusieurs Congrès internationaux de somatothérapie que j'avais organisés à Paris et à Strasbourg notamment. Je lui répondis calmement, mais dans mes petits souliers quand même, que j'avais passé trois années au couvent !

La première année appelée noviciat était dédiée à l'apprentissage de la vie monastique et à l'ouverture spirituelle. On n'étudiait pas, je ne jouais pas du piano, on balayait, nettoyait, priait, méditait, lisait les livres édifiants et on se taisait beaucoup, notamment pendant la retraite de quinze jours qui me fit voir Dieu. Cette retraite préparait la prise d'habit, de cette fameuse soutane qui fait symbole et métaphore dans mes rêves. Nous prononcions des vœux temporaires de pauvreté, chasteté et obéissance, pour les trois années précédant le service militaire. Nous avions un « maître des novices » qui nous recevait quotidiennement pour accompagner nos progrès (ou blocages) sur la voie spirituelle. Ça se passait à Luxembourg-ville, très bel environnement encore une fois. Quand nous sortions en promenade, on nous demandait de baisser le regard à cinq mètres devant nous sur le sol. Je pensais que cette attitude devait nous éviter la tentation… des femmes. En fait, la PNL (programmation neuro-linguistique) nous apprend que le regard porté vers le bas nous connecte aux sensations kinesthésiques et donc à l'intériorité.

C'est là que j'ai ajouté la méditation guidée à ma pratique religieuse. Toute la communauté se réunissait deux fois par jour pendant une demi-heure, à genoux sur les bancs d'église, pour écouter la lecture d'un texte et pour méditer cette bonne parole. Cela ressemble aux « exercices spirituels » du fondateur des jésuites, Ignace de Loyola, religieux « de ville ». Je n'ai pas de souvenir particulier de cette pratique. J'étais paisible, compliant. Le texte ne me convenait pas toujours. Il n'y eut ni insight fulgurant ni transe mystique. C'était sécurisant et paisible.

Question intellectualité, je fus servi pendant les deux années suivantes appelées « studentat ». Elles étaient consacrées à l'enseignement de la philosophie (scolastique surtout) et j'adorais. C'est là que je remplaçais l'organiste de temps en temps. Pour le mémoire de fin d'études, j'ai choisi… *Le Manifeste du parti communiste* de Karl Marx. Il y avait de l'ouverture d'esprit là-bas en plus d'une immense bibliothèque que j'aimais explorer. Un jour, je cherchais un livre de Simone de Beauvoir et comme il n'était pas à sa place, je collai un Post-it sur le tableau d'affichage, ce qui fit jaser car Simone de Beauvoir était en « enfer », ce lieu maudit de Sade et Sartre notamment.

Je suis conscient que je raconte surtout des anecdotes sur ces trois années, ce qui montre que la vie s'écoulait paisiblement, sans grande surprise. Presque la routine. Il aura suffi que je retrouve le « monde » durant le service militaire pour que tout cela bascule. Depuis lors, je me répète que si on m'avait fait découvrir tout ce qui s'est éveillé grâce aux somatothérapies puis à la PJ, j'y serais probablement encore, au couvent.

La description de ces années conventuelles semble banalisée avec des mots comme anecdote ou routine. En fait, ce côté paisible (qui fait quand même voir Dieu !) est un aspect important de la vie religieuse : pas d'occupation stressante, pas de préoccupation obsédante, pas d'attachement. La vie s'écoule calmement. C'est aussi l'un des effets majeurs de la méditation. Mais à vingt ans, ce n'est pas encore le temps ! À soixante-dix, après vingt-cinq années à méditer, il est au contraire grand temps !

La disparition de ma vocation, la perte de la foi et le départ/rejet de la communauté m'ont néanmoins marqué comme le montrent les rêves. Ce fut un syndrome de stress post-traumatique avec de doux cauchemars. Mais je ne me donnais pas le temps de languir bien longtemps puisque je quittai la caserne pour emménager le jour même dans ma piaule d'étudiant à Strasbourg et commencer médecine.

Les étapes du développement et l'inversion de la socialité et de l'univers créatif

Ce stress post-traumatique peut se comprendre à partir de notre modèle ontogénétique. En principe, les étapes du développement se succèdent dans l'ordre comme le postule ce modèle que je reproduis ici encore une fois et qui propose trois étapes adultes en symétrie avec les trois étapes classiques de l'enfant :

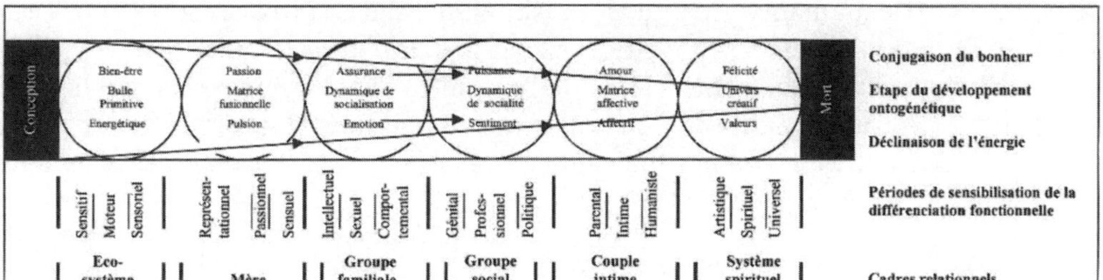

Schéma 8 : Le modèle ontogénétique et les six étapes de développement.

étape 1 : de la conception à 6 mois, mise en place des équilibres de base

étape 2 : de 6 mois à 3 ans, attachement à une personne privilégiée, à la mère le plus souvent ;

étape 3 : enfance et adolescence, socialisation et acquisition de la protection ;

étape 4 : adultat, exercice de la socialité et développement de la puissance ;

étape 5 : engagement profond dans l'affectif et l'intimité conjugale grâce à la sécurité acquise précédemment, de protection et de puissance ;

étape 6 : univers créatif, éveil spirituel, gestion du grand âge et de la mort.

Dans mon cas, l'univers créatif, spirituel, a pris place à l'adolescence et a prolongé cette adolescence par la protection du couvent, reléguant à plus tard le développement de la puissance adulte. L'étape de socialité est retardée et remplacée par l'univers créatif. Dans ce cas, après cet amalgame (fusion de deux étapes), le passage à l'étape de socialité, se fait dans un certain clivage, c'est-à-dire plus violemment que prévu. Et c'est cette intensité qui aggrave le traumatisme (de la perte de la vocation). Heureusement que cela s'est fait à vingt-deux ans, donc relativement tôt. Je me suis marié deux ans plus tard, comme pour prolonger encore l'amalgame (adolescent et religieux) et j'ai ajouté dix années d'études supérieures. La planque, quoi ! Mais il aura fallu taire (cliver) tout cela pendant une trentaine d'années.

Cette théorie personnelle qui veut que la fusion de deux étapes (ici socialisation et créativité) provoque un clivage d'avec l'étape suivante (de socialité) est longuement décrite dans *Stress Angoisse* (Meyer, 2011). Quelles en furent les conséquences dans mon développement ? Je donnerai quelques indications de temps en temps, comme les deux suivantes pour commencer :

– quand cet amalgame se défait, la transition vers l'étape suivante (de socialité) se fait en clivage : perte de la foi, départ, rejet, syndrome post-traumatique et cauchemars ;
– pour limiter la casse, je me réfugie dans dix années d'université et me marie très vite !

Dans *Stress Angoisse*, ça s'appelle « bloc fusio-protecteur et clivage aval ». Quand deux étapes restent amalgamées, sans transition marquée, la troisième étape ne peut s'installer que violemment, en clivage. Si on généralise, cela nous montre que la démarche spirituelle doit arriver en son temps, après avoir acquis les capabilités de protection, puissance et intimité. Et c'est ce qui se pratique de nos jours où on ne va plus au séminaire à quatorze ans mais où l'on se consacre au diaconat à quarante ou cinquante ans par exemple.

Service militaire

C'est le passage dans le « monde » qui a ouvert les nouvelles perspectives de vie. J'avais soigné et sauvé mon âme puisque les trois années pieuses m'ont assuré trois places au ciel. C'est là le troisième miracle après les visions de l'ange et de Dieu, sauf que je ne sais pas à qui est destinée la troisième place. J'ai donc découvert le reste du monde et de la plus belle des façons en plus des trois copines. Jean Servier, professeur de sociologie générale et d'ethnologie, était un savant remarquable ; Montpellier, une ville exubérante et mes trois copines, des passeuses délicates et respectueuses. Je ne perdais rien. Je trouvais tout comme le montrent mes derniers rêves qui connectent mes deux qualités de religieux et de psychiatre. Le rêve récent me représente dans ce « monde » et avec soutane.

Il me fallait compléter ma quête. Les sciences humaines, je les ai menées jusqu'au doctorat de sociologie et d'ethnologie qui m'a familiarisé avec une autre spiritualité, celle du mythe dogon (que nous visiterons dans le tome II). Après l'esprit et l'intellect, il fallait encore s'occuper du corps et je me lançai dans les études de médecine à vingt-trois ans. À mi-chemin de ce nouveau cursus, je me décidai pour la psychiatrie. Ainsi se parachevait la mise en place de la sécurité totale : assurer âme, corps et psyché. Plus rien de grave ne pouvait m'arriver. J'avais les outils. La meilleure illustration m'a été donnée au printemps dernier quand s'est manifesté l'insuffisance coronaire ; lundi matin on me fait une coronarographie et le samedi suivant les chirurgiens me posent un quadruple pontage. Ce prodige et cette diligence sont évidemment à relier à la confraternité médicale ! Et tant qu'à faire, j'ai pensé que ces huit jours exceptionnels pourraient être des moments expérimentaux à cause des anesthésies générales et des préparations médicamenteuses.

Le charme, la grâce, l'audace, l'extase

Trois jours après la coronarographie, à trois heures du matin, j'étais à la fenêtre de ma chambre, à admirer le spectacle : la cathédrale de Strasbourg cachée en partie par les deux tours de l'église Saint-Paul, le tout entouré par des formes architecturales dans le flou de la nuit et des illuminations : toits pointus, arbres majestueux, une tour carrée en avant plan. Le tout évoquait un ensemble médiéval d'une extrême beauté et d'une grande puissance. Je n'avais jamais admiré une vue aussi saisissante et riche, et cela deux jours avant l'effraction de mon thorax et du cisaillage de mon sternum.

La télé m'avait replongé dans la tragicomédie de New York (DSK *vs* Diallo) et dans la folie de la Libye. Comment faire coexister tout cela ? J'entrai en Présence Juste et tout d'un coup me vinrent des mots pour ce livre : charme, grâce. Oui, ça existe. Oui, c'est aussi cela la vie. Je me décidai fermement à oser enfin ce livre sur la méditation. Audace. Et j'entrai plus profondément dans l'extase moyenâgeuse.

Deux jours plus tard, on me transfère en chirurgie cardiaque. Prise de contact avec le staff. C'est un chef de clinique qui m'opérera ; on ajoute qu'il est en troisième année de clinicat et qu'il a trente ans ! Moi je décide qu'il m'arrivera une expérience MI (dite de « mort imminente », NDExperience). À six heures du matin, l'infirmière me prépare, me file encore un Atarax (tranquillisant). Je me rendors et me réveille avec une « vision éblouissante ». J'en ai eu quatre dans ma vie, décrite dans *Le Manifeste*, en voici la cinquième. Je vois la première page du journal *Le Monde* occupée par une mappemonde dorée, étincelante, avec les cinq continents. En bas, à droite, est assis un personnage âgé habillé comme à Versailles, somptueux, chamarré d'or. Ce pourrait être Galabru, mais c'est DSK. Qu'importe le personnage, la vision est exaltante. À la porte de la salle d'op, j'en parle à l'équipe soignante qui me chahute et ça deviendra : il voulait s'autohypnotiser ! Heureusement que leur anesthésie était plus puissante !

Au sortir de l'anesthésie, pas d'expérience MI ! Mais une autre vision pendant deux jours, vision de plages de couleur, d'abord violettes puis alternativement bleues et jaunes sous formes d'hiéroglyphes, évoquant les écritures arabe ou juive, qui se superposaient à l'image réelle des murs et du paysage alentour. Ça s'imposait d'office, je m'en réjouissais puis m'en inquiétais car, contrairement à la méditation réglée, je n'avais aucun pouvoir sur elles. J'ai demandé à ma compagne de se documenter. Marie-Christine, elle, connaissait. Puis ça a disparu.

Enfin vinrent les douleurs postopératoires et pendant ces dix jours, la pratique de la Présence Juste m'a apaisé ; mais point de charme ni de grâce, encore moins d'extase. J'avais seulement l'audace d'y croire encore. J'imaginais DSK dans la prison de Spiker Island, le Christ sur la croix demandant à son Père pourquoi il l'avait abandonné ! Depuis cette intervention, je dois prendre un béta-bloquant pour atténuer le travail cardiaque. Ce médicament diminue aussi la sensibilité générale et l'émotionnalité, ce qui oblige à une pratique de la PJ plus longue et plus assidue pour retrouver les effets d'avant.

Chapitre XI

Médecine, Psychiatrie, Psychanalyse, Somatanalyse

Les deux années de studentat m'avaient relancé dans les études. La soif de savoir et de comprendre reprit le dessus après la pause du noviciat. On peut évoquer un rebond, une réaction après l'inaction, parce que la richesse intérieure n'avait pas compensé l'appauvrissement extérieur. Il n'était pas seulement ardu de me lancer dans les sciences exactes de la médecine, mais je menais de front le doctorat de sciences humaines et je me mariais. Nous avons aussi adopté trois enfants après quelques années d'essais de conception. Je taisais, et refoulais même, ma période conventuelle. Je ne fréquentais plus l'église. Pourtant le choix de la psychiatrie constituait bien un retour du psy-, de psycho-, par la bande. Psycho- désigne l'esprit et l'adjectif qui en découle n'est autre que « spirituel ». Quant au lieu où ça se passe, à savoir l'hôpital psychiatrique, c'est évidemment une communauté des plus intimes quand on s'y investit comme je le faisais. Je m'y retrouvais enfant de chœur lorsque j'étais externe à l'hôpital général. Quand j'étais interne en psychiatrie, je devins à nouveau sacristain ! J'y ai même enseigné le premier président de la Tunisie libre, étudiant en médecine à Strasbourg. J'avais assez de pain sur la planche pour ne pas cuisiner mes patients du côté du religieux et du spirituel. J'ai expérimenté le fait qu'un psychiatre fermé à ces dimensions profondes empêche les patients de s'y ouvrir et d'en parler. J'ai compensé par beaucoup de proximité relationnelle et de disponibilité en temps. La chaire de psychothérapie du CHU était occupée par Lucien Israël, psychanalyste lacanien pur et dur. Tous ses internes entraient dans le rituel de l'analyse personnelle, lacanienne évidemment. J'ai moi-même grimpé sur l'un des divans patentés jusqu'à ce que j'en retombe.

Le passage par la psychanalyse

Le choix du psychanalyste se fait selon un rituel communiqué par les initiés : on démarche les professionnels agréés, on se présente, parle et essaye d'avoir des avis. Puis on se fie à son feeling. Le premier sur la liste m'a amené à parler du capucin et de sa barbe et m'a renvoyé que cette dernière devait regorger de morpions ! Du sexe donc ! Mon feeling n'a pas été bon. Peut-être que ma pudeur était encore trop grande. Le second était un petit bonhomme trapu comme mon père. Il a emporté le morceau.

Mais la seule communication verbale, psychanalytique, a fonctionné comme la méditation chrétienne, trop austère et trop verbale. De plus, il, le psychanalyste, ne disait strictement rien. J'ai interrompu cette première tranche de psychanalyse et raisonnai comme suit : j'ai dix années devant moi ; je peux les utiliser à essayer de comprendre Lacan ou alors à expérimenter toutes les autres psychothérapies/psychanalyses ! Cette chute du divan fut vécue comme un nouveau rejet et m'a coupé des collègues lacaniens qui en rajoutaient en pureté et dureté psychanalytiques. Mais il n'y a pas eu de rêve cauchemardesque. J'avais de quoi me nourrir amplement, j'avais du nouveau pain sur la planche avec le somato-, avec le corporel. Le texte qui suit faisait l'ouverture de mon premier livre, *Le corps aussi, de la psychanalyse à la somatanalyse*. Son côté partiellement autobiographique n'a pas été apprécié à l'époque, en 1981. Le sera-t-il aujourd'hui, trente ans plus tard ? Toujours est-il que c'est le passage par le corps qui a stimulé la profondeur méditative et la volupté mystique qui m'habitent à présent.

Nous entrons dans la somatanalyse que j'ai créée sous ses trois formes : de groupe (socio-somatanalyse), en individuel (psycho-somatanalyse) et en pratique solo (la Présence Juste). La somatanalyse est l'intégration du corporel et du groupal à la psychanalyse, sans oublier la connexion du spirituel et du mystique. Pour comprendre notre thème, il est bon de faire le détour par ces somatanalyses comme j'ai dû le faire moi-même. Car nous ne voulons pas lancer une simple méthode méditative, une simple pratique du bien-être ou le dernier protocole de l'art de vivre. Il y aura tout ça bien sûr. Mais ce livre va plus loin, jusqu'à l'essence même des vécus et de la plénitude. Il va aussi loin que possible dans l'existence de l'holanthrope, de l'être humain (*anthropos*) dans son intégralité et son intégrité (*holos*). Faire justice à cette complexité nécessite des abords multiples, pluriglobaux. La psychothérapie/psychanalyse en sa démarche intégrative est le lieu privilégié pour fonder cette démarche. Quant à la dénomination de « Présence Juste », au lieu de méditation, je l'assume totalement. Il s'agit d'une dimension plus large et plus profonde que la seule méditation. Cette dernière advient de surcroît.

Naissance du psycho- et socio-somatanalyste

La psychiatrie a la fâcheuse tendance à médicaliser, à technologiser, à institutionnaliser le patient. En France, elle récupère volontiers l'apport psychanalytique, mais beaucoup plus sous forme de discours que de pratique. Je pensais que les thérapies corporelles allaient y changer quelque chose ; mais elles se heurtent à l'autre corps… de doctrine, à celui que constitue la psychanalyse, paradoxalement. On peut même craindre que le corps ne soit déjà dépassé et ne doive encore rester marginal. Car on lui préfère les thérapies comportementales et les théories systémiques. Ces nouveaux courants répondent mieux aux besoins traditionnels de la psychiatrie : ne pas s'impliquer personnellement, créer de la distance grâce au savoir et au pouvoir. On retrouve ainsi les vieux démons de la psychiatrie classique qui « sait », en se basant sur l'hérédité, sur l'organicité et les acquis récents des neurosciences, qui « peut », en enfermant, en prescrivant et en expertisant. La méditation n'y a pas non plus de place. (En tout cas, pas en 1981.)

La psychanalyse constituait longtemps la seule alternative à cette position de savoir et de pouvoir. Elle réintroduisait la relation d'homme à homme. Elle reste encore l'un des meilleurs champs d'observation et de recherche sur la folie et la santé, sur le mal- et le bien-être. La psychanalyse reste une thérapie majeure, chaque fois que « la parole suffit à la tâche ». Mais elle présente aussi des limites par rapport au corps précisément, en se privant ainsi d'efficacité dans des indications de plus en plus nombreuses, l'autisme notamment. Il en va de même par rapport au groupe : la dissolution de l'École freudienne de Paris par Lacan (en 1980) a illustré cette carence, non pas à cause des réactions aussi humaines que dans n'importe quelle autre association, mais à cause de l'absence d'analyse de ces faits de groupe, de la dénégation de ces limites et à cause des manifestations de plus en plus impérialistes que cela entraîne. (La décision de la Haute Autorité de la santé en 2012 de dénier à la psychanalyse la capacité de soigner l'autisme vient confirmer ces intuitions.)

La psychanalyse devient une nouvelle position de savoir et de pouvoir. Je l'ai vécu, au quotidien, avec Lucien Israël, mon patron d'internat qui était aussi le chef de file du groupe lacanien régional ; il ne cessait d'affirmer que l'analyse de groupe n'existait pas et laissait entendre que tout ce qui n'était pas psychanalyse était charlatanisme. C'est lui pourtant qui m'a dit un jour, en parlant d'une clinique psychosomatique du pays de Bade en Allemagne voisine : « Il y a là-bas des gens qui travaillent en groupe et au corps et qui ont quand même l'air bien » ! Ils étaient recommandables parce qu'ils venaient se former au lacanisme chez lui !

Psychothérapie analytique de groupe

J'ai suivi ce conseil et je suis allé voir ce qu'on pouvait faire en groupe et au corps, et qui reste « quand même bien ». J'ai commencé par participer à un groupe… verbal ! À croire que le passage au corps est difficile à quelqu'un qui a dû se bourrer de connaissances pendant plus de dix-sept ans. J'ai participé à un groupe de psychothérapie analytique inspiré par le setting de Foulkes. Huit personnes se réunissent avec un analyste pendant une heure et demie, une fois par semaine, durant des années. La règle d'abstinence y fonctionne bien ; elle interdit les contacts entre participants en dehors des séances. Ce type de méthode sert principalement à la formation et se fait souvent en complément à un travail individuel. La règle fondamentale est reprise de la psychanalyse : parler sans censure en se laissant aller à ses associations qui s'avèrent rapidement être liées au groupe. Les rêves eux-mêmes se mettent peu à peu à intégrer le groupe dans leur contenu. L'analyste interprète ; il intervient après coup en partant d'un fait de groupe pris globalement ou d'un fait individuel analysé dans le contexte du groupe.

Cette expérience constituait pour moi une merveilleuse transition entre la relation duelle et le futur groupe de douze à dix-huit personnes de la somatanalyse, entre la parole repliée sur elle-même et la parole donnée en partage. Car en psychanalyse orthodoxe s'est opéré un glissement progressif de la parole comme moyen vers la parole comme fin. De nécessité, elle a fait vertu. Par contre, le groupe vient rappeler utilement que la parole est un mode d'expression et un mode de communication. La parole est un objet que l'on échange entre participants. C'est la médiation qui permet la constitution du groupe, sa dynamique et le positionnement d'un chacun dans ce groupe. La parole sert à faire acte de présence, à s'affirmer et à se créer une place dans le groupe. La parole devient le moyen principal de la lutte pour le pouvoir, que cette lutte se joue sur le mode de la séduction ou de la rivalité, que cette lutte se fasse entre membres du groupe ou avec l'analyste. Le silence peut être un moyen tout aussi efficace comme manœuvre d'attente, round d'observation ou tactique d'embuscade. Le corps y prend une place appréciable dans le face à face où toutes les mimiques et toutes les attitudes sont aussi des discours. Ne nous méprenons pas, cela se passe de la même façon dans les couvents, ashrams et autres groupes mystiques !

Du fait de la non-directivité, toutes ces manifestations (paroles, silences, mimiques) constituent des moments authentiques qui expriment chacun de leur auteur en vérité. Comme sur le divan, chacun se met à reproduire ses scénarios habituels ; il s'y engouffre, s'y enferre et s'en rend compte tout d'un coup, après coup. Il lui faut alors s'en sortir et créer de nouveaux modes de communication, de nouvelles façons d'être. Il faut lâcher prise, plier devant ce koan zen.

Konzentrative Bewegungstherapie

Puis, un jour, j'avais fait le tour de la question, en me disant qu'il y avait encore autre chose que la parole et le groupe. Cette autre chose, c'est le corps. J'y ai accédé grâce à une méthode déjà ancienne et toujours jeune, la Konzentrative Bewegungstherapie. La dénomination de cette méthode médicalisée désigne les deux axes majeurs de ce travail « au corps » – la concentration (Konzentration) et le mouvement (Bewegung). Ça se pratiquait dans la fameuse clinique psychosomatique. J'y avais même emmené ma femme, kinésithérapeute, à qui j'avais promis, en cadeau de fiançailles, de m'intéresser au corps.

L'exercice de base se fait dans une position immobile, couchée, assise ou debout, et consiste en un balayage de toute la surface et de toute l'épaisseur du corps par une conscience centrée sur ce dernier. Cette concentration intensifie les sensations du segment perçu et devient ainsi un moment actif et créatif. Il ne s'agit pas seulement d'une perception passive qui viendrait à la place d'autre chose, à la place de la pensée par exemple. Il s'agit de la création même de la sensation grâce à une certaine tension à la fois relaxante et agréable, souvent sensuelle et parfois sexuelle, que la concentration provoque au lieu pris en considération. La sensation du corps devient un moment qui se suffit à lui- même. Ce moment est sensitif mais aussi expressif, puisque cette tension consiste en un travail musculaire qui s'élargit jusque dans la mimique et l'attitude globale. Ce moment est enfin signifiant, puisque la conscience y adhère pleinement et y associe un sens. Ce sens est qualitatif sous forme de détente, de bien-être et de plaisir, ce sens est imaginaire sous forme de souvenirs, d'images et de fantasmes. Ce moment est créatif : on le provoque consciemment, neuf et original à chaque fois, c'est pourquoi il se suffit à lui-même. Nous nous retrouvons proche du « bodyscan » de la mindfulness et de l'ouverture sensori-sensitive de la quatrième étape de la PJ. La sophrologie n'est pas loin non plus, issue du même vipassana que le bodyscan. Nous retrouvons la « conscience phénoménale » décrite ci-dessus.

Le travail en mouvement se fait de deux manières apparemment opposées, en douceur ou en force ; mais le but est le même : déboucher sur la sensation pleine et créative du corps décrite ci-dessus. En douceur, il s'agit d'introduire un mouvement léger puis de plus en plus animé, dans une sensation pleine, avec une progressivité qui évite de perdre cette plénitude. On pense au yoga et au taï-chi intégrés dans la méditation pleine conscience de Kabat-Zinn. En force, on propose un mouvement suffisamment intense pour qu'il provoque l'adhésion de la conscience de par cette intensité même tout en restreignant le champ de la conscience.

On reconnaît ici des mécanismes d'action essentiels : le premier, en douceur, renvoie au travail de la parole ; le second, en intensité, annonce l'expression par le cri. Ces mécanismes sont sollicités tout autant dans la vie quotidienne : le premier dans la marche, le second dans les sports intenses par exemple. L'accès à la créativité corporelle, à la détente, au bien-être, au plaisir tendre, fut une découverte pour moi. Certes, cet accès au corps peut se déclencher ou se débloquer sur un divan ou dans un groupe verbal, quand les bonnes indications ont sélectionné les bonnes personnes. Dans les autres cas, il faut passer au travail corporel plus intense. Il en va de même pour les démarches spirituelles qui préconisent la mortification quand la douceur ne suffit pas.

Les limites des groupes directifs

La Konzentrative Bewegungstherapie se pratique en groupe et dépend fondamentalement de l'animation donnée par le thérapeute. C'est lui qui choisit et propose les exercices ; c'est lui qui imprime le rythme et le déroulement ; c'est lui qui crée l'ambiance ou l'entrave. Le participant doit accepter cette directivité, il doit se soumettre et adhérer aux intentions de l'animateur. Dès le départ, il se fait donc une sélection de participants plus ou moins dociles, donnant à ce genre de groupe une allure bon-enfant, chaleureuse et sécurisante ; les personnes avides et ambitieuses ou trop bloquées y trouvent plus difficilement leur place. Mais un groupe, aussi facile soit-il au départ, développe peu à peu une dynamique qui devient dynamite. Il n'existe cependant que peu de possibilités pour exprimer les émotions individuelles exacerbées ou pour analyser les dynamiques groupales perturbatrices. Aussi ce type de groupe est condamné à se fixer des limites de durée : 10 à 20 séances espacées, ou deux à trois ateliers de plusieurs jours. Cette nécessité de limiter la durée des sessions et de les espacer se retrouve aussi pour les groupes de méditation.

Après cette formation à la Konzentrative Bewegungstherapie, je commençai ma propre pratique groupale et corporelle fondée sur cette méthode. Je proposais des week-ends en complément aux psychothérapies individuelles verbales et à la psychanalyse. Les participants y venaient avec plaisir et revenaient avec régularité, d'autant plus que nous partions ensemble dans un petit château des Vosges et que je vivais avec eux. L'ambiance y était bon enfant, au début du moins. Mais le prolongement de cette expérience avec un groupe relativement homogène m'accula rapidement aux deux limites décrites ci-dessus : l'absence de moyens de perlaboration des émotions intenses et la difficulté à métaboliser les mouvements de groupe massifs. À cela venait s'ajouter une situation de plus en plus inconfortable dans l'animation : chaque participant affirmait de plus en plus précisément ses besoins propres ; il n'existait plus aucun exercice qui convienne à tous à la fois ; jamais tout un groupe ne se retrouvait unanimement dans le même état. Et je n'avais pas la puissance suffisante pour imposer un programme tout fait. (Cela peut aussi se retrouver dans un groupe d'entraînement à la PJ qui dure trop longtemps.)

La naissance de la somatanalyse

Ces trois limites m'ont obligé à modifier ma pratique et m'ont permis d'accéder à la somatanalyse. Je voulais un travail prolongé et approfondi où chaque participant puisse faire une cure complète. Le changement s'est fait progressivement jusqu'au jour où il fut assez significatif pour permettre l'intuition fondatrice de la théorie et la dénomination qui l'exprime : somatanalyse ou somatoanalyse. Quant aux moyens du changement, ils me sont venus des deux expériences du groupe analytique d'une part et du « New Identity Process » de Daniel Casriel d'autre part. Ce psychiatre et psychanalyste new-yorkais a développé une thérapie par le cri pratiquée uniquement en groupe. Par la suite, il a introduit le « bonding » ou contact jusqu'à l'enlacement systématisé. Ces techniques sont insérées dans un groupe directif et fondées sur la théorie cognitivo-comportementale.

Casriel s'occupait de toxicomanes et fut amené à visiter les communautés autogérées de drogués du type Synanon. Il y découvrit les séances marathon de plusieurs heures, de vingt-quatre heures et même plus pendant lesquelles le cri débouchait sur des catharsis résolutives et des changements d'attitude importants. Aujourd'hui la méthode s'appelle « Bonding psychotherapie ». Voici comment Casriel a lui-même décrit sa découverte de la proximité physique.

« Un samedi soir, à la fin d'une séance, les participants du groupe s'enlaçaient et une femme me disait : "laisse-moi te serrer dans mes bras".

Je disais : "Merci. Ça va comme ça" parce que je ne voulais pas me rapprocher d'elle, pensant que ce ne serait pas professionnel.

Elle disait : "Laisse-moi t'enlacer".

Je disais : "Non. Il est déjà au-delà de minuit. Laisse nous aller à la maison."

Elle disait : "Laisse-moi te prendre dans mes bras".

Je disais : "Je n'ai vraiment pas besoin d'étreinte".

Elle disait : "Mais ce n'est pas pour toi, c'est pour moi".

Je disais : "Comment penses-tu cela, pour toi ?"

Elle disait : "Je trouve ça beau de t'enlacer".

Je disais : "Tu trouves cela beau, de m'enlacer ?"

Elle disait : "Ce que tu peux de nouveau être dans tes pensées".

Elle a ouvert ses bras pour m'enlacer et j'ai fait un pas en arrière et tombai sur le matelas. Et alors cette femme folle et incontrôlable sauta sur moi, comportement qui n'était à proprement parler pas adapté, surtout pas en ces temps-là. J'ai eu très peur et regardai rapidement vers la porte parce que je voyais déjà l'Association psychiatrique américaine comme elle entrait et me retirait ma licence ; puis je vis ma mère passer la tête par la porte et dire : "Ah bon, c'est ainsi que tu gagnes ton argent". Puis je me demandai ce que diraient les patients du groupe s'ils voyaient leur psychiatre sur le matelas avec cette femme incontrôlable.

Je réfléchis : "Comment puis-je la faire descendre de dessus moi ?" Elle ne ferait rien de déplacé, mais comment puis-je la faire descendre sans la blesser dans ses sentiments ? J'essayais de la bousculer loin de moi lorsque je remarquai qu'une émotion montait dans ma poitrine. J'en savais assez de ce processus pour savoir que cette émotion devait être de la souffrance. Je ne le sentais pas encore vraiment comme de la souffrance, mais je savais que c'étaient les prémices de la douleur et je devins curieux. Je pensais : "*Damned*, d'où cela peut-il venir ?"

J'étais vraiment curieux et à cause de cela je commençai à exécuter l'exercice du cri. Je fis "Ahh, Ahhh", de plus en plus fort. Alors que je continuais, j'entendis mon côté intellectuel, critique – et il était extrêmement critique –, dire à mon côté émotionnel : "à présent arrête donc tout ça". Que veux-tu prouver – que tu crois à ton propre processus ? Arrête ! Que vont penser tes patients, quand ils voient leur propre psychiatre faire ces bruits ici à minuit ?"

Tous les observateurs critiques en moi disaient que je devais enfin arrêter, arrêter, arrêter ! Mais il y avait une autre partie en moi qui ne voulait tout simplement pas arrêter et les cris devinrent plus forts, plus forts, plus forts, et tout d'un coup j'arrêtai de penser et commençai tout simplement à ne faire que sentir. Pour la seule fois de ma vie, je vécus ce que les psychiatres appellent abréaction. Je passai par un sentiment d'absence de temps et d'absence d'espace. Puis je sentais comme si j'étais jeté en l'air et de nouveau rattrapé et de nouveau jeté en l'air et de nouveau rattrapé. J'entendais un homme rire et siffler et taper dans les mains et crier. Je m'entendais rire et glousser et j'entendais comme je criais : "Oncle Wuui ! Oncle Wuui !" C'est ainsi que j'appelais, vers deux, trois ans, mon oncle Louis, un homme que je voyais rarement mais aimais toujours. Et quand je le vis, ça faisait mal en moi. Je ne le comprenais pas. Je voulais le voir mais je voulais aussi ne pas le voir, parce que ça éveillait cette émotion en moi. Et toujours quand je le voyais, j'avais alors ce sentiment de souci, de souffrance et de joie en moi.

Je sentais de nouveau comment ce petit enfant fut jeté en l'air et de nouveau rattrapé et nous riions et gloussions et avions beaucoup de plaisir ensemble. Ensuite mon attention fut à nouveau orientée vers la femme qui cherchait toujours encore à m'enlacer. Et je l'enlaçai et lui rendis son amour. À ce moment, mon ventre explosa de douleur. Jusqu'à ce jour, je ne sais pas combien de temps j'ai crié. Quand j'arrêtai je savais que quelque chose de vraiment profond avait eu lieu. À l'époque, je ne savais pas ce que c'était. Il a fallu quelques semaines pour l'analyser. Je pris conscience que j'aimais cette femme et je ne culpabilisais pas pour cela ; je ne me sentais pas tenu à quoi que ce soit, je ne lui devais rien, je n'avais pas à avoir honte et cela ne devait pas m'être pénible. La joie se fondait sur la réciprocité.

Cet événement me transforma dans mon essence même… J'étais joyeusement étonné… Il est plus important de passer du temps à ressentir joie et amour que de ne seulement en parler. » (Stauss p. 34-36, traduction de l'allemand par R. Meyer)

Dans un premier temps, j'ai introduit le cri et le bonding comme moyens de perlaboration des émotions les plus intenses. Au début, ces deux techniques ont permis d'évacuer les émotions fortes qui bloquaient, puis elles sont devenues des modes de travail systématiques en vertu de leurs mécanismes d'action tout à fait remarquables. Je me suis aussi appliqué à l'analyse de la dynamique de groupe, y consacrant de longs moments d'échanges verbaux. Ces deux premiers changements ont provoqué une transformation importante du travail corporel. Il ne s'agissait plus d'exercices impliquant le corps comme cela se fait en Konzentrative Bewegungstherapie, mais de ce qu'on désigne maintenant comme « travail émotionnel ». Par là se fait un recentrage sur l'essence même de la psychothérapie et de l'analyse, à savoir sur l'émotion et sur son ressenti. Cette focalisation se fait sur un vécu global, sur un sujet, et pas seulement sur un corps. Ce recentrage se base sur les émotions qui prennent la place centrale, les émotions amenées par l'histoire de chacun et les émotions provoquées par le groupe. Elles ne se refoulent plus mais se laissent exprimer en sons, cris, rires, contact, gestes, bonding. Bien plus, les émotions naissent, se développent et s'intensifient grâce aux nouveaux modes d'expression puis se résolvent. Le cri primal de Janov fait accéder préférentiellement à la souffrance. Le cri de Casriel travaille la colère et l'affirmation de soi. Le contact physique privilégie la tendresse, la joie et le plaisir.

Le travail émotionnel

Le corps n'est plus amené à fonctionner dans des exercices prévus à cet effet mais participe spontanément au vécu émotionnel : il ressent, il exprime, il parle ou crie, il bouge. Il fonctionne ou… ne fonctionne pas. J'ai proposé le concept « d'infonctionnant » pour situer au corps ce que l'inconscient est à l'esprit. Quand tout d'un coup, ça fonctionne à nouveau dans une irruption intempestive, l'infonctionnant révèle « l'essence de l'énergie » mais ce n'est pas encore assimilable car trop étrange. L'approche émotionnelle est primordiale car l'émotion est un moment plein. Elle naît comme réponse à une stimulation externe, à une image ou à une sensation interne ; elle « s'agit » puisque l'émotion est mouvement (*motio* = mouvement) ; elle est assez forte pour promouvoir la pleine adhésion de la conscience à ce vécu immédiat. Dans le moment émotionnel, il ne reste plus de place pour autre chose. L'émotion occupe toute la place, consciemment, authentiquement. Le sujet est là, présent. Plaisir et souffrance, peur et colère, joie et tendresse deviennent ainsi les contenus privilégiés du travail somatanalytique. Lorsqu'il règne beaucoup d'émotion dans le groupe, ce dernier marche bien. Quand l'analyste vit en résonance avec cette émotion, il travaille bien. Dès qu'il s'en distancie par la rationalisation, dans la peur de ce trop de sentiment ou à cause de sa problématique personnelle, il entrave la bonne marche du groupe.

Il faut saisir et suivre les enchaînements émotionnels parce que les émotions, quand elles s'expriment, varient et se succèdent rapidement. L'un des enchaînements des plus courants est celui qui débute par la colère pour passer à la peur puis à la douleur. La colère est une émotion fréquente, mélangeant l'attente de plaisir et l'éventualité de douleur. Exprimée, cette colère devient peur, peur d'une douleur qui se précise mais cette peur cède peu à peu la place à la douleur. Vécue, cette douleur s'élimine elle aussi pour laisser une ouverture plus grande au plaisir. Un tel enchaînement se voit, s'entend, de même que se manifestent les blocages qui s'y opposent. Lorsque la colère ne passe plus, lorsque son cri s'éteint, c'est parce que le passage à la peur ou à la douleur ne se fait pas. C'est là que trouve place une des formes de l'interprétation dans la simple constatation : « ce n'est plus de la colère, c'est de la peur ; ce n'est plus de la peur mais de la tendresse et de la joie, exprime-le. »

Dans une pratique telle que la Konzentrative Bewegungstherapie, on considère le corps comme une terre inconnue et prometteuse qu'on va explorer, défricher et habiter selon un rythme d'occupation bien dosé et progressif, programmé par un guide qui connaît et qui sait y faire. Ici au contraire, le corps apparaît comme un champ de bataille où s'affrontent une armée d'émotions prête à tout envahir et une force de maintien de l'ordre, musculaire et raisonnante, qui doit les contenir. Ici le corps s'insère dans la dialectique globale du sujet. La pratique devient à nouveau thérapie au plein sens du terme, au sens de psychothérapie et d'analyse.

La Présence Juste est de cet ordre, comme le sont la mindfulness et toute pratique médicale méditative. Il faut ajouter deux autres niveaux d'élaboration de cette réalité, la mise en ordre des émotions par rapport aux sentiments et à l'affectif, et l'apport des neurosciences, puisqu'il suffit de planter une électrode au cœur du cerveau pour provoquer un vécu mystique et susciter une neurothéologie. Pour voir Dieu, il n'est plus nécessaire de se cacher dans la grotte du mont Sinaï comme l'a fait Moïse. Il suffit de s'engouffrer dans le tunnel de l'IRMf, imagerie par résonance magnétique fonctionnelle, enrichie de la nouvelle technique par « tenseur de diffusion », à condition de viser le bon endroit avec l'aiguille !

Émotions, sentiments et affectivité

Toute langue bien développée possède des milliers de termes pour décrire les qualificatifs de l'être humain, dans sa vie relationnelle plus particulièrement, jusqu'à dix-huit mille. Que faire avec toutes ces nuances ? Le thérapeute, tout comme le maître des novices et autre gourou, a besoin de quelques mots simples et précis pour signifier les expériences et vécus les plus importants. Après avoir suivi Casriel du côté des émotions, j'ai complété son approche en différenciant les trois types d'affects de base : émotion, affectivité et sentiments.

Tonalité de l'émotion / **Lieu d'investissement prédominant**	**Agréable**	**Désagréable**
Psychique **relationnel** **corporel**	joie tendresse plaisir	peur colère souffrance

Tableau 10 : Les six émotions et leurs caractéristiques.

Tonalité de l'affectif / **Lieu d'investissement prédominant**	**Agréable**	**Désagréable**
Psychique **relationnel** **corporel**	confiance amour attachement	méfiance haine abandonnisme

Tableau 11 : Les six sentiments affectifs et leurs caractéristiques.

La distinction entre émotions et sentiments affectifs est radicale et repose sur des critères simples dont nous décrivons les trois principaux ci-dessous.

Fonction plénière / Caractéristiques	Émotionnelle	Affective
Durée du cycle de vie	quelques minutes	quelques semaines, mois ou années
État de l'énergie	prendre-prise, stress	lâcher-prise, état de choc
Mouvement relationnel	centripète : retour sur soi	centrifuge : investissement de l'autre

Tableau 12 : Les critères distinctifs des six émotions et des six sentiments affectifs (Meyer 2010, p. 206).

Quant aux sentiments qui seraient donc 18.000 – 2 x 6, soit 17.988, ils se constituent d'alliages, assemblages, connexions d'émotions et d'affectif avec des durées de vie et des états énergétiques variables. Ces sentiments sont à décrypter et à déconstruire en leurs éléments de base, à savoir la part émotionnelle d'un côté et la part affective de l'autre. Cette catégorisation simplifie et clarifie les vécus. Dans la relation thérapeutique tout comme dans l'accompagnement spirituel, les protagonistes se mettent facilement d'accord sur les six émotions et les six sentiments affectifs, avec feeling et intuition, et cela suffit en attendant de décrypter l'un ou l'autre sentiment plus complexe.

L'émotion, la transe et l'extase aux bons soins des neurosciences

Les continuateurs de l'œuvre de Casriel piquent également leur électrode intellectuelle dans le cerveau pour essayer de valider le travail émotionnel de la « Bonding Psychothérapie ». Comme le vécu émotionnel fait accéder à la Pleine Présence et aux vécus mystiques, nous devons évoquer cette hypothèse neuroscientifique. Nous savons à présent que le cerveau constitue des réseaux neuronaux dont chacun assume une fonction précise. Chaque souvenir se conserve dans un tel circuit. Lorsqu'un événement traumatogène est trop intense, il provoque le clivage de ce réseau et le fait tourner en boucle jusqu'au cauchemar et au stress post-traumatique (Meyer 2010). Il en va probablement de même pour une extase foudroyante qui imprime la foi dans un réseau neuronal indélébile. En va-t-il de même après une prise unique d'un produit psychédélique comme le prétend O. Chambon ? Stadtmüller et Gordon étudient l'action cérébrale lors de l'émotion intensément exprimée (par le cri, le pleur, la proximité physique). Il y aurait trois niveaux de connexions intracérébrales selon l'intensité de l'expression. Le cri primal de Janov et le cri groupal de Casriel (et de la somatoanalyse) permettent de passer par le circuit le plus abouti à savoir par le système limbique et le néocortex. À ce niveau supérieur, s'associent spontanément les deux dimensions cognitives fondamentales, la connaissance des erreurs de vie passées et l'intuition des solutions à mettre en œuvre pour y remédier.

L'émotion est thérapeutique par elle-même. On peut illustrer ce passage supérieur par l'aventure de Paul de Tarse il y a deux mille ans. Pour des raisons inconnues, il tombe en une extase suffisamment intense pour que son néocortex soit sollicité et lui communique les intuitions suivantes : en persécutant les chrétiens, tu succombes à tes travers de toujours ; le Christ a apporté la meilleure réponse aux problèmes de l'être humain. Et Paul s'est converti. Ces explications concernent aussi le processus psychothérapique de base qui s'enclenche de par l'intensité de la somatanalyse. La tâche du thérapeute réside dans l'art de faire accéder le patient à cette intensité d'expression et de l'accompagner jusqu'à l'intégration de ce nouveau circuit. Mais intensité ne veut pas nécessairement dire pléthore de décibels et d'ébats. L'intensité est aussi interne et profonde comme dans la démarche spirituelle.

Retour à la création de la somatanalyse

Personnellement, il m'a fallu apprendre que l'on s'en sortait infiniment mieux que l'on n'y entrait, dans une telle expression émotionnelle. Puis il m'a fallu croire que ça se passerait de la même façon pour mes clients, même pour des psychotiques. Car le cri de l'hystérique est beau, plein et chargé d'une émotion que l'on comprend presque directement. On peut l'assumer voire l'aimer. Mais le cri du psychotique fait peur. Il est dysarthrique comme son émotionnalité, bloqué ou effrayant de puissance, trop grave ou trop aigu. Les mots qui s'y associent sont disproportionnés et se réfèrent autant à Dieu qu'au diable, autant à l'envie de tuer qu'à la crainte de devenir fou. Aujourd'hui encore, il m'arrive d'avoir peur et je dois m'armer de toute mon expérience et de celle de mes maîtres pour me rappeler qu'un tel travail est thérapeutique et même… méditatif.

Les transformations qu'ont introduites le cri et le contact sont capitales. Elles ont permis de proposer des concepts généraux, de les réunir en une théorisation globale, et de faire de cette pratique une méthode qui se présente clairement dans sa dénomination de socio-somatoanalyse. Ces concepts sont au nombre de trois : constitution d'un groupe analytique, définition du corps comme discours, position du thérapeute comme analyste.

L'attitude somatoanalytique

En privilégiant l'émotion, le corps, le face-à-face et le toucher, les nouvelles thérapies bouleversent les anciens équilibres. En me voulant analyste, je rends la question plus épineuse. Comment peut-on être analyste et prendre son client dans les bras ? Je ne connais que trop bien cette interrogation indignée ou sceptique de mes collègues. Quant à la réponse à donner, elle doit se situer aux deux niveaux du thérapeute et du contexte social.

En ce qui concerne le thérapeute, la réponse est simple : il doit cadrer ce qu'il fait, il doit assumer la proximité qu'il laisse s'établir, il doit savoir ce qui se passe au niveau des corps quand ils se contactent. Il lui faut une grande expérience de la relation et la conviction qu'on ne rend service à l'autre qu'en le percevant « autre » et autonome. Cette altérité ne change en rien l'ambiance chaleureuse et affectueuse, elle la renforce au contraire. Le corps y contribue, car un corps détendu et chargé de tendresse par le contact reste détendu et tendre longtemps encore après la fin de la séance. Il apprend à se sentir bien en lui-même sans devoir posséder l'autre ni dépendre de lui.

Quand le corps est « plein », il n'a pas d'autre besoin, il n'est ni avide ni compulsif. L'illustration la plus démonstrative nous vient du petit enfant qui commence à marcher. La mère constitue pour lui le pôle de sécurité et de charge affective. Lui, il se dynamise auprès d'elle puis part à la découverte de l'espace alentour. Il revient de temps en temps pour se recharger et repart. Si la mère ne l'en empêche pas par peur ou par possessivité, l'enfant s'autonomise ainsi progressivement. Cela est tout aussi vrai pour l'adulte. Même dans le couple uni et amoureux, chaque partenaire revendique un espace de liberté : social, professionnel, relationnel et affectif même. Le travail au corps et en groupe, l'échange de contact et de tendresse, enseignent que la satisfaction a une action thérapeutique autant que la frustration. Le bon chasse le mauvais. De façon plus précise, c'est l'équilibre entre satisfaction et frustration qui est thérapeutique. On peut associer ici avec la place des mystiques dans les Églises constituées. Ces dernières les craignent à cause de leur liberté d'expression et de pensée.

L'intense présence en socio-somatanalyse

Dès mon installation en libéral, j'ai animé des groupes de Konzentrative Bewegungstherapie puis de New Identity Process à la Casriel et de somatanalyse enfin selon le développement décrit ci-dessus. J'ai construit un centre de thérapie de groupe dans la grange de ma ferme avec hébergement pour des ateliers de deux à trois jours. Aujourd'hui, le centre sert à la formation des psychothérapeutes et psycho-somatothérapeutes. Pris dans l'ambiance post soixante-huitarde, j'ai fait mettre un sauna et je l'ai fréquenté avec les patients. Cette intimité a permis beaucoup d'ouverture corporelle sans causer d'abus. Seules les rumeurs étaient alarmistes dans le landerneau strasbourgeois.

Avec les patients, dont des psychotiques en rémission, le travail émotionnel était intense. J'y participais tout aussi intensément, donnant de la voix pour encourager et accompagner le groupe. Je faisais aussi du « bonding » et cet engagement émotionnel a largement contribué à l'ouverture de mon corps et de mon âme. En soirée, je proposais deux exercices, la danse cathartique d'Osho présentée ci-dessus et le rebirth/pneumanalyse pour préparer un sommeil détendu. Cette phase rappelle des périodes analogues chez nos illustres maîtres. En tant que biologiste, le jeune Freud s'est vu confier l'expérimentation de la cocaïne pour l'anesthésie du globe oculaire. Il a probablement passé par une phase de toxicomanie à cette occasion et de... déstructuration ! Par la suite, il s'est défendu contre les états de conscience modifiés tels que les provoquent musique, spiritualité, toucher thérapeutique et transfert trop affectif. De son côté, Carl G. Jung a connu une période de plusieurs années avec visions (hallucinations selon certains, imagerie active d'après lui-même), régression (psychotique pour les mêmes « certains », individuation pour lui) et retrait de la vie publique. Il s'est restructuré en rédigeant « cahiers noirs » puis « livre rouge ». Ces remarques nous rappellent que l'on peut aller loin dans la démarche émotionnelle et/ou spirituelle, dans l'accès aux processus inconscients, y compris dans cette « nature de l'esprit » comme nous l'appelons, alias processus mystiques, « cachés », comme psychanalyste aussi.

Les vingt années de somatanalyse de groupe furent de très belles années. Le cadre analytique non directif établi une fois pour toute dispensant de tout souci d'organisation, il n'y avait qu'à accompagner les patients dans leur évolution en constituant la relation la plus profonde avec chacun. J'étais leur maître des novices autant que leur thérapeute. Et les résultats furent bons comme on peut le lire dans *Stress, Angoisse, Pulsion de mort, cinq psychanalyses intégratives* (Meyer 2011).

Les vécus les plus intenses dans ce groupe émotionnel évoquent les transes et les extases connues dans toutes les traditions. Une patiente les a dénommés « orgasmes cosmiques ». Ils débloquent les inhibitions les plus fortes, reconnectent les clivages les plus tenaces et restituent l'unité en soi quand la sécurité est assurée par celui qui accompagne sur une durée prolongée. Personnellement, j'ai pu déposer toutes les trois semaines mes propres tensions et préoccupations en criant moi aussi en ce lieu magique dont Janine Fontaine (auteur de *Médecine des trois corps*) a attesté le haut niveau énergétique. L'ouverture du corps et du cœur dans le groupe a permis un travail serein en psycho-somatanalyse individuelle puis en Présence Juste, débouchant sur volupté, félicité et agapé. L'expérience somatanalytique est une bonne préparation à la Présence Juste.

La Pleine Présence en psycho-somatanalyse

Ce que je décris pour le moment de la somatanalyse concerne principalement la forme groupale, la socio-somatanalyse. Parallèlement, je pratiquais la psychanalyse orthodoxe en individuel après avoir fait une deuxième tranche didactique pour conclure ma thérapie personnelle et ma formation. Comme les lacaniens, j'étais assis derrière le divan. À un certain moment, j'ai ressenti une douce chaleur dans mon ventre puis une certaine volupté qui montait vers le haut et cela pendant plusieurs semaines. Puis ça s'est arrêté sans que je sache trop bien ce que c'était. Il s'agissait évidemment d'un éveil énergétique spontané, en fin de matinée, le plus souvent pendant la fringale. Mais mon intérêt pour ce cadre neutre, purement verbal, s'est éteint et j'ai arrêté de pratiquer la psychanalyse freudo-lacanienne. Le fossé entre la richesse des groupes et l'austérité du divan s'est élargi. La perte de ce cadre de travail pour analyses longues a été douloureuse.

Un jour, mon nouveau fauteuil (à roulettes) m'a emmené spontanément contre le divan, à mi-hauteur, vers une patiente en apprentissage de la relaxation. C'était chouette, ce face-à-face. Le fauteuil a pris ses habitudes de cette excursion/incursion et, quelques semaines plus tard, c'est ma main droite qui est partie se poser sur l'épigastre d'un client. C'était encore plus riche et j'y ai reconnu un nouveau cadre de travail, analytique et intégratif, qui est devenu la psycho-somatanalyse. J'avais retrouvé le moyen de mener des analyses longues, moins longues néanmoins que les psychanalyses classiques. Actuellement, l'ensemble des socio- et psycho-somatanalyses ainsi que l'auto-somatanalyse ici décrite (la PJ) prennent place dans la « psychanalyse intégrative » (Meyer 2010, 2011).

Tout s'éveille dans cette écoute qui reste flottante comme en psychanalyse, dans cette proximité visuelle et sous cette main sensible : la vérité personnelle, l'attachement jusqu'au pur amour et la circulation énergétique. Pour l'analyste, le secret de la réussite se cache dans la Pleine Présence. Cette rencontre proche et intime débouche paradoxalement sur l'autonomie et la liberté qui viennent à chacun des protagonistes tant qu'il reste centré en son esprit, dans son corps et dans la douceur du lien. Le Pr Haynal et son alter ego, Falzeder, spécialistes de Ferenczi, y ont reconnu la présence du parent assis au bord du lit de l'enfant et le confiant aux bras de Morphée. On peut retrouver Breuer visitant Anna O. pour la talking cure, assis lui aussi sur son lit. Faut-il se rappeler la bande d'enfants de chœur où les aînés choyaient les petits et même le père capucin qui me prend sur ses genoux pour vanter et éveiller la vocation religieuse ? Après l'éveil en force aux transes et extases, voici l'avènement du méditatif.

La méditation et le cycle émotionnel

L'une des fonctions principales de la méditation consiste à atténuer, aplatir, écrêter sinon abolir le cycle émotionnel, celui que nous venons de décrire avec sa force cathartique bienvenue en somatoanalyse. Pourtant, l'émotion ne disparaît pas comme le reconnaissent les êtres éveillés, mais elle ne dérange plus. Pour fonder ce principe il faut revenir à l'émotion pure qu'illustrent au mieux le cycle proposé par Reich et son application à la sexualité. Voici leurs présentations reprises du *Manifeste* (p. 394 à 397).

« L'acte sexuel est centré sur le cycle émotionnel tel que Wilhelm Reich l'a déroulé. Ce cycle émotionnel est aussi le cycle sexuel et permet d'y situer toutes les grandes sexopathies (à l'exclusion des paraphilies) telles que répertoriées par les DSM et CIM. Voici cette double application à l'acte sexuel normal et à ses troubles.

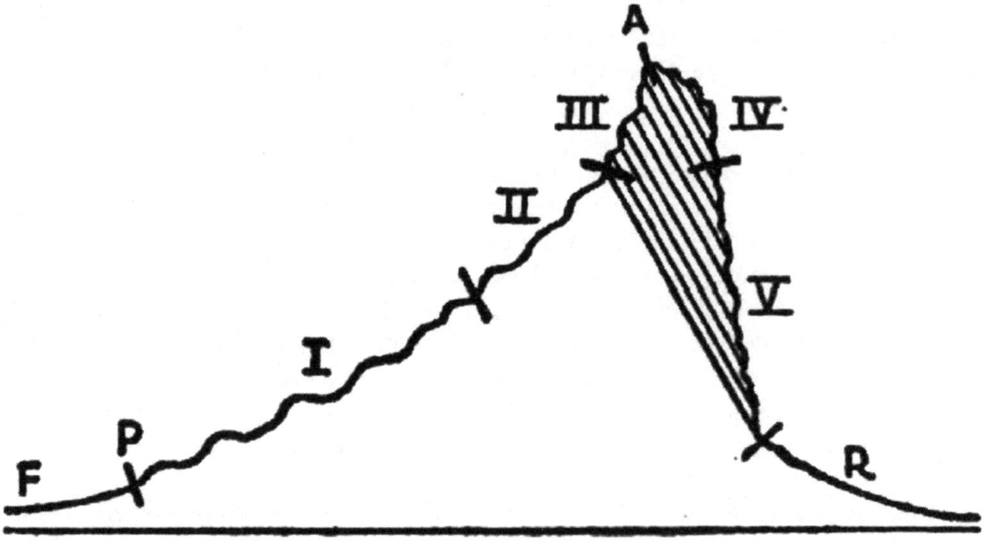

Diagramme des phases typiques de l'acte sexuel avec puissance orgastique dans les deux sexes.

F = avant-plaisir (1,2). P = pénétration (3).

I (4,5) = phase de contrôle volontaire de l'accroissement de l'excitation, dans laquelle la prolongation volontaire est encore inoffensive.

II (6 a-d) = phase de contractions musculaires involontaires et de l'accroissement automatique de l'excitation.

III (7) = montée soudaine et abrupte vers l'acmé (A). IV (8) = orgasme.

La partie *hachurée* représente la phase des *contractions involontaires du corps*. V (9-10) = « chute » abrupte de l'excitation.

R = relaxation. Durée : entre cinq et vingt minutes.

Schéma 9 : Le cycle émotionnel selon W. Reich.

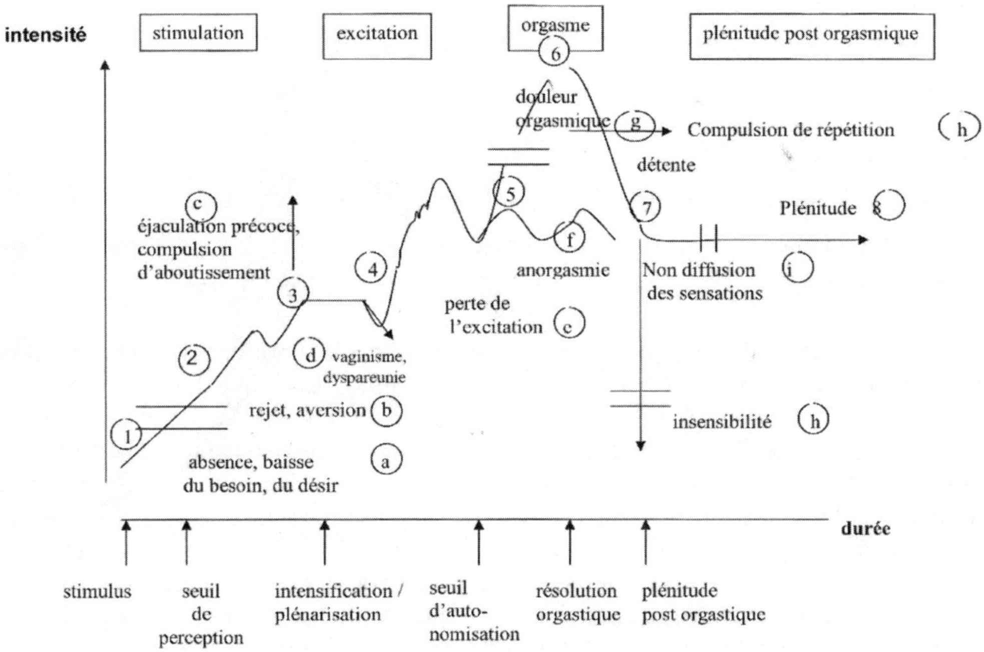

Schéma 10: Le cycle sexuel et ses pathologies.

Voici, face à face, les étapes du cycle émotio/sexuel et de ses pathologies :

Cycle normal	Pathologies
1) stimulation inconsciente	a) absence de besoin, de désir
2) excitation	b) rejet, aversion du sexuel
3) intensification de l'excitation	c) éjaculation précoce chez l'homme d) vaginisme et dyspareunie chez la femme
4) détente et diffusion de l'excitation	e) chute de l'excitation et du désir
5) vagues suborgastiques répétitives	f) anorgasmie
6) orgasme résolutif	g) douleur orgastique
7) détente	h) compulsion de répétition
8) plénitude post orgastique	i) non diffusion des sensations
	h) insensibilité

Les raccourcis entre émotion, sexe (pris comme génitalité) et sexo pathologies sont raides comme l'érection. Et nous allons ajouter la quatrième association, celle de la méditation. En effet, nous pouvons paraphraser le cycle normal en huit étapes en lui enlevant la décharge orgastique comme le font le tantrisme et l'abstinence des moines et religieux. Lisons ce schéma en donnant aux étapes les vécus méditatifs :

1) pratique méditative ;
2) éveil énergétique et mystique ;
3) stabilisation du vécu énergético-mystique,... ;
5) vagues de transe extatique... ;
7) plénitude et détente ;
8) Pleine Présence.

La méditation intervient aux deux extrêmes du cycle émotionnel. Elle rapproche le seuil de perception et éloigne le seuil d'autonomisation. En effet, la stimulation vient des bons souvenirs de la pratique antérieure et agit presque immédiatement, encore que l'absence du besoin de pratiquer et même son aversion peuvent survenir par moments. À l'autre extrême, la satisfaction du vécu énergético-mystique est tellement délicieuse surtout lorsqu'elle est agrémentée de vaguelettes subextatiques (pour ne pas dire suborgasmiques) qu'on n'a pas besoin d'évacuer. Ici les femmes (mais aussi les hommes) étiquetées d'anorgasmiques se transforment en initiatrices de tantrisme ! Il s'agit d'empêcher la décharge énergétique, ce qui amènerait la petite mort et la nuit de l'âme. Il suffit de persévérer dans le bon et de gérer son intensité de plus en plus grande.

La Présence Juste et la stabilisation énergétique

La somatoanalyse apporte un complément radical à la psychothérapie avec sa méditation. Elle corrige les excès de Freud, Reich et Perls entre autres. Freud professait que la montée en puissance de la pulsion était désagréable et que seule sa résolution procurait le plaisir. En Présence Juste, nous développons au contraire le maintien de la puissance énergétique à un haut niveau et le transformons en transe stabilisée. Wilhelm Reich a emboité le pas de son maître avec sa courbe émotio-génitale. Le réflexe « orgasmique » y devient une nécessité. Enfin, dans la gestalt therapie de Fritz Perls, il faut « achever le cycle de la gestalt », à savoir boucler la boucle. Certes, la séance de méditation pourrait aussi se concevoir comme un besoin à satisfaire en la considérant superficiellement. En réalité, la pratique nous emmène dans les préliminaires énergético-mystiques et nous y maintient, sans décharger. Et c'est là la difficulté : apprendre à gérer un niveau de transe énergétique de plus en plus élevé et à le faire durer. Soixante-dix années d'âge ne sont pas de trop pour y arriver !

Mais il y a aussi l'inverse, l'absence d'énergie. Parmi les érémites des premiers siècles chrétiens se propageait un trouble appelé acédie qui n'était autre que la dépression jusqu'à la mélancolie. Satan savait diagnostiquer ce mal et accourait avec ses tentations, féminines en particulier, comme pour Antoine. Les tankas tibétains prêtent à Bouddha un joli trio de tentatrices à poitrines aussi généreuses que celles qui agrémentent les temples hindous, à Kajurao notamment. Pour éviter ce vide, l'assise orientale qui étire les ligaments des hanches, des genoux et chevilles est réputée intensifier le niveau énergie.

L'émotion et les recherches scientifiques récentes

La revue *Cerveau et Psycho*, déjà citée à propos de la conscience, complète son dixième anniversaire avec un article sur les connaissances actuelles sur l'émotion. C'est David Sander de Genève, directeur du Laboratoire d'étude de l'émotion qui le signe. Nous devons faire le détour par cette approche scientifique pour montrer la complémentarité des approches et la validation réciproque des deux démarches. Comme pour la conscience, notre étude de l'émotion est d'abord pragmatique. Nous pratiquons les états de conscience et le cycle émotionnel par les thérapies. Elle est ensuite phénoménologique : nous décrivons les vécus qui en résultent. À partir de là, l'abstraction théorique se construit, prudemment, jusqu'à des limites que nous posons clairement avec le principe d'inconceptitude. Il en va de même avec la troisième dimension, méditative : pratique, phénoménologie, théorisation par paliers.

Puis viennent les concordances avec d'autres approches scientifiques comme ici. Lisons David Sander et d'abord le résumé de l'étude.

« L'émotion correspondrait à un processus rapide, focalisé sur un événement, qui déclenche une réponse émotionnelle formée de plusieurs composantes. Pour certains chercheurs, des systèmes cérébraux spécialisés seraient impliqués dans chaque émotion primaire, telles la peur et la joie. Mais cette conception a été remise en cause : aujourd'hui, on étudie plutôt les fondements cérébraux des composantes communes aux diverses émotions. » (*op. cit.* p. 47)

Nous retrouvons le « processus rapide, focalisé » qui nous permet d'opposer clairement l'émotion courte et l'affectif à durée longue. Les scientifiques font consensus sur une définition de l'émotion caractérisée par cinq composantes.

« Une personne qui se retrouve face à un ours est envahie par la peur. Comment définir l'émotion liée à cet événement ? Elle se compose d'une cognition (par exemple, la personne se rend compte qu'elle est en danger), d'une expression, notamment faciale (de peur), d'une motivation à agir (par exemple fuir), d'une réaction corporelle (le rythme cardiaque s'accélère) et d'un sentiment désagréable et intense qui sous-tend la prise de conscience de la peur. Ainsi, depuis dix ans, les scientifiques se sont mis d'accord sur une définition de l'émotion. C'est un processus rapide, focalisé sur un événement et constitué de deux étapes : un mécanisme de déclenchement, fondé sur la détection que cet événement est important pour l'individu, et une réponse émotionnelle, qui implique une expression, une motivation, une réaction corporelle et un sentiment. » (*op. cit.* p. 48)

Les cinq composantes (que nous isolons aussi) rendent compte de la complexité et de la globalité du vécu émotionnel. Cette caractéristique la désigne comme temps thérapeutique privilégié, puisqu'elle unifie le fonctionnement, ce qui lui laisse aussi toute sa place dans la méditation, tout en douceur évidemment.

Voici une autre étude qui prouve qu'il vaut mieux vivre les émotions jusqu'à résolution plutôt que les étouffer. « De nombreux travaux ont comparé les résultats observés lorsqu'on proposait à des participants d'utiliser soit une stratégie de "réévaluation", par exemple en réinterprétant la valeur affective de stimuli auxquels ils étaient confrontés, soit une stratégie de "suppression" où les sujets devaient gommer toute expression de l'émotion face à des stimuli à valence émotionnelle élevée. De façon générale, les stratégies centrées sur une modification du déclenchement de l'émotion (stratégie de réévaluation) semblent plus efficaces que celles centrées sur le contrôle de la réaction émotionnelle (stratégie de suppression). » (*op. cit.* p. 52)

La méditation est l'une de ces « réévaluations ». Quant à l'utilité du travail émotionnel, en voici une nouvelle démonstration. « Dans l'esprit humain, de nombreuses études montrent les effets positifs de l'émotion sur la perception, l'attention, la mémoire, la prise de décision ou le jugement moral. Par exemple, on a décrit "l'attention émotionnelle" pour rendre compte du fait que les stimuli émotionnels, qu'ils soient agréables ou désagréables, capturent l'attention et la retiennent. Par ailleurs, l'émotion faciliterait la mémorisation durant les trois étapes mnésiques que sont l'encodage, la consolidation et le rappel. » (*op. cit.* p. 53).

Conclusion

La présentation des deux somatoanalyses (socio- en groupe et psycho- en individuel) ne reste pas une simple séquence de mon histoire personnelle ni la seule promotion de la somatoanalyse. Cette dernière est toujours encore marquée par son époque d'origine, l'après Mai 1968, et par l'audace de l'époque. La proximité émotionnelle que permettent le toucher et le bonding font encore peur. Aussi trouvons-nous chez David Sander (après Antonio Damasio) une véritable confirmation et revalidation de l'émotion en général et du travail émotionnel en psychothérapie et donc en méditation. L'accès à l'éveil provoqué par les maîtres hindous, bouddhistes et zen, se fonde souvent sur une provocation forte (jusqu'au jet de pierre, *confer* Sogyal Rinpoché) à l'origine d'une émotion résolutive et fondatrice. Par la suite, chez l'être éveillé, les émotions ne disparaissent pas, elles s'atténuent mais agissent encore comme moments d'unification et de présence, de globalisation et de pleine conscience.

La socio-somatanalyse libère d'abord l'affirmation de soi et la confiance en soi. Puis, elle fait accéder au sentiment communautaire (cher à Alfred Adler). Enfin, elle donne accès au vécu consensuel et à la disposition au don : le groupe consensuel fait don à chaque membre de se manifester dans son authenticité, mystique éventuellement.

La psycho-somatanalyse, elle, peut commencer par un éveil sensitif, sensuel et même sexuel. Cette ouverture est déjà art de vivre ou thérapie. Dans la relation analytique, cette résurgence se transforme peu à peu en circulation énergétique. Toutes ces charges énergétiques et affectives se connectent à l'éveil spirituel et se globalisent en transes donnant accès à la relation soi/nous, dans une conscience phénoménale.

Chapitre XII

Naissance de la Présence Juste

La naissance de la Présence Juste est une histoire étonnante qui nous donne aussi les indications de sa pratique. C'est pendant les vacances de Noël avec mes trois enfants aux Deux Alpes que je me suis retrouvé sur ce télésiège subitement immobilisé à cinquante mètres au-dessus du champ de neige. Après le temps de surprise, puis après le temps qui m'était offert pour admirer le paysage, une sourde angoisse m'a envahi. J'ai cherché quelques exercices pour me remettre le moral : relaxation, prolongement haptonomique, respiration, invocations, circulation de l'énergie, prière, états de conscience modifiés, etc.

Tout est venu comme par enchantement et, dans les jours suivants, ça s'est agencé en un ensemble structuré. Les pièces du puzzle se sont emboitées en une méthode thérapeutique en bonne et due forme. Je l'ai enseignée à mes élèves ; j'en ai proposé l'expérience en ateliers lors de congrès. Cela passait bien. Je l'ai baptisé « Présence Juste ». J'en ai rédigé le texte fondateur dont je propose la relecture ici. Le principe de ce travail s'inscrit dans la reconnaissance de la complexité du présent et dans la nécessité de s'ouvrir au maximum de ses éléments constitutifs. Il s'agit d'en intégrer les plus importants pour saturer la conscience et la rendre pleine.

Nous arrivons au protocole des douze étapes comme cela apparaît sur le tableau ci-après (et que nous connaissons bien à présent). Le deuxième tableau montre que, pour chaque élément du présent, nous travaillons successivement neuf états de présence. Là nous entrons dans du neuf qui pourrait perturber au départ, mais qui enrichit dès que nous établissons les associations avec les protocoles I et II.

	CYCLE I		
séance 1	séance 2	séance 3	séance 4
la force de gravité	le sol	le dos	la face antérieure du corps
	CYCLE II		
séance 5	séance 6	séance 7	séance 8
le mental	le ventre	l'espace postérieur	l'espace antérieur
	CYCLE III		
séance 9	séance 10	séance 1 1	séance 12
la planète	l'éthique du «non»	l'éthique du «oui»	l'univers

Tableau 13 : Les douze séances et les douze éléments du présent.

1) présence de:	exemple: séance 1
a) - situation	- force de gravité
b) - sensation	- penché en avant
c) - signification	- «écrasé»
2) présence à:	
a) - situation	posture contre-gravitationnelle
b) - sensation	se redresse
c) - signification	«effort»
3) présence dirigée	
a) - situation	- étirement vers le haut
b) - sensation	- visage se détend
c) - signification	- «équilibre»

Tableau 14 : Le protocole de la séance en ses neuf états, ici séance 1.

Une séance de Présence Juste Primitive

Cycle I – séance 1

1) Présence « de »

1a) Nous vivons constamment avec une force au-dessus de nous qui pèse sur nous, nous donnant 50, 70, 100 kilogrammes… c'est la situation présente.

1b) Cette force de gravité provoque dans notre corps des sensations qu'il s'agit de percevoir. « Que sentez-vous dans votre corps par rapport à cette pesanteur ? »

1c) Après un temps, j'ajoute : « ces sensations ont aussi un sens, une signification, et cela s'exprime par des mots, des images, des souvenirs qui s'associent à ces sensations. Dès qu'ils se manifestent, partagez-les à haute voix. » Il arrive alors une foule de choses que j'écoute silencieusement : « écrasé, lourd, chape, redressé, plié, énergie, punition, ciel, grandir, étouffement, étroit, petit, respirer, déprimé, lutter, mon père autoritaire et tyrannique. » Lorsque la liste est assez riche, je commente ces réponses ou passe directement à la « présence à ».

2) Présence « à »

2a) « Cette force de gravité vous oblige à avoir une attitude active sans cela vous seriez tous couchés et plaqués au sol. Or vous êtes assis ou debout. Voilà une autre réalité du présent. »

2b) « Essayez de sentir dans votre corps ce que provoque cette attitude que vous adoptez par rapport à cette force. »

2c) « Là encore ces sensations ont un sens, une signification, qui s'inscrivent dans des mots, images, souvenirs, fantasmes. Dès que ces sens se précisent, partagez-les avec nous. » Il vient alors : « résister, se redresser, un jour j'ai dit merde à mon père, défaite, abattement, circulation de l'énergie, équilibre, m'envoler, Atlas portant la terre, m'agripper, léger, Bouddha, le roseau plie et ne rompt pas, je respire, je m'efforce, etc. »

À cette étape de la séance et si l'on doit passer à la « présence dirigée », s'il y a donc quelque chose à corriger, il faut commenter et analyser ce qui s'est vu et entendu jusque-là. Ce qui se voit du corps de l'autre est tout aussi important que ce qui en est dit. Lorsqu'on travaille avec une personne seule, l'analyse est nécessairement personnalisée et l'attitude corrective s'adapte au cas particulier. Dans un groupe, il faut faire comprendre que tout ce qui se dira ne conviendra pas nécessairement à chacun.

3) Présence dirigée

Ici, nous ne nous arrêtons qu'à un seul cas de figure, celui qui s'est signifié par : « écrasé, lourd, chape, plié, abattement, je m'enfonce. » Les personnes qui ont donné ces avis ressentent la force de gravité comme quelque chose qui les écrase. Leur posture spontanée est insuffisante pour contrebalancer ce poids. Il faut donc leur proposer une attitude corrective qui leur permette d'équilibrer ces forces.

3a) Je vous propose de vous étirer vers le haut, de vous prolonger vers le plafond comme si votre thorax et votre tête se continuaient en un haut-de-forme de deux mètres qui va toucher le lambris. Ce n'est pas une image ou une simple idée, c'est une sensation corporelle qui vous fait occuper toute la place au-dessus de vous. Et votre respiration entre dans ce corps étiré jusqu'au plafond.

3b) « Cette nouvelle posture provoque des sensations qu'il faut détecter. »

3c) « Ces sensations liées à l'étirement vers le haut ont un sens qu'il faut aussi reconnaître et éventuellement partager avec nous. » On peut alors entendre des choses comme : « les statues de l'Île de Pâques, léger, épanoui, kundalini, j'ai peur d'échapper vers le haut, vertige, lévitation, Dieu, exaltation, bloqué, bien-être, éthéré, équilibre, opposition, effort, barrière, clarté de l'esprit, ventre dégagé, illusions. On entend, et j'ai pu voir dans les corps et sur les visages, l'effet fantastique de ce qui n'est qu'un étirement, qu'un prolongement, que le « circumsensus » décrit par Frans Veldman. Les mots suffisent pour attester cet effet qui se reproduit avec n'importe quel public lorsque le travail d'étirement vient compenser et équilibrer l'écrasement dû à la force de gravité. On entend que les deux attitudes extrêmes s'annoncent :

- l'impossibilité de s'étirer : « bloqué, effort, opposition, illusion » ;
- l'excès de prolongement qui amène à perdre contact avec le sol et à s'échapper dans le vide : « j'ai peur d'échapper vers le haut, vertige. »

À partir de là, il y a tout un travail personnalisé à proposer aux deux derniers types de patients, travail sur l'étirement et le prolongement (par l'haptothérapie par exemple), travail sur l'enracinement et le contact (par la bioénergie par exemple). Ce travail peut être structuré et directif ou alors rester analytique dans une écoute non dirigée de ce qui s'associe sur ces vécus.

La deuxième séance de Présence Juste

Jérôme est l'un de ceux qui partaient en voltige lors de l'étirement du corps vers le haut, ressentant à la fois de l'ivresse et du vertige, de la légèreté et de la peur. Je ne l'ai pas laissé filer ainsi, je ne l'ai pas abandonné à planer entre deux couches de l'atmosphère au gré des vents. Je lui ai bien indiqué que cet étirement vers le haut se faisait jusqu'au plafond et pas plus loin. Enfin, je lui rappelais qu'il avait des pieds à garder sur terre. Les deux semaines d'entraînement lui ont permis de donner plus de place à la légèreté, d'éliminer la peur, même s'il restait un peu de vertige. La limite du plafond était cruelle parce qu'il partait volontiers au-delà pour y retrouver l'ivresse du début. Voici ce qui s'est passé pour lui lors de la deuxième séance.

1) Présence du sol

1a) Après la restitution de ce qui s'est passé durant les quinze jours de battement, je propose le second élément du présent, le sol. « Il y a en dessous de nous quelque chose qui nous porte, une chaise pour les fesses, des accoudoirs pour les bras et surtout le sol pour les pieds, un sol en moquette moelleuse mais aussi en béton. Il est bon de prendre conscience de cette réalité. »

1b) « Ces supports provoquent en nous un certain nombre de choses qui se traduisent par des sensations corporelles. Essaye de réaliser ces sensations. » Je vois Jérôme fermer les yeux et s'intérioriser tout en s'empêchant de changer de posture.

1c) « La présence au sol et notre attitude correspondante ont aussi un sens. Notre cerveau a besoin de signifier. Laisse venir les mots, images, souvenirs… ». « Dur, pointu, équilibre fragile… » laisse venir Jérôme au compte-gouttes. À ma demande d'explication, il répond que le siège est dur et que ses deux fesses s'y posent comme deux pointes avec un brin de douleur. Quant aux deux appuis, chaise et sol, ils sont en discontinuité et donnent une sensation d'équilibre fragile. Jérôme ne parle même pas des bras et des accoudoirs.

2) Présence au sol

2a) « Ces supports, sol et chaise, qui s'opposent à la force de gravité, entraînent une posture et une attitude définies, même si elles ne sont pas conscientes. Qu'elle est cette posture pour toi en ce moment ? » Après un instant, je vois les coudes de Jérôme s'appliquer aux accoudoirs.

2b) « Cette posture crée des sensations dans ton corps. Quelles sont-elles ? » Il se fait encore un mouvement très léger d'occupation du siège par le bassin et, en même temps, de redressement vers le haut.

2c) « Cette posture et ces sensations ont un sens. Laisse-le venir. » « Tendre, effort, application, se plaquer, tester… », sont les mots qui sortent du fond des entrailles de Jérôme.

Jérôme entre dans un contact plus proche avec ses supports mais ce contact est un test, une tentative d'affronter ce lieu. Il s'efforce de s'y fier mais ne le fait que dans une attitude tendue. La rigidité de ses membres inférieurs lui donne l'impression de relier le siège et le sol ; la contraction du dos réunifie les fesses et les bras. Toutes ces sensations sont contenues par la tension musculaire et l'unité de son corps se réalise dans cet effort même. C'est le travail de la chaîne musculaire postérieure qui réunit le bas et le haut. Ici nous pouvons comprendre combien l'étirement vers le haut était libérateur et, en même temps, vertigineux, non ancré dans le sol.

3) Présence dirigée

3a) « Eh bien, Jérôme, j'ai déjà fait allusion à la grande chape de béton qui constitue le sol, une chape d'une solidité à toute épreuve. Toi-même, tu décris la dureté du siège, ce qui évoque une même solidité. Alors, confie-toi résolument à ces supports, prends contact, pose-toi et n'essaye pas de faire un travail qui est dévolu au sol et à la chaise, à savoir de te porter. » Je vois Jérôme s'asseoir enfin. Il se glisse en arrière du siège, se penche légèrement en avant, s'abandonne à l'assise. Les bras prennent un contact plus large avec les accoudoirs et les pieds se posent à plat, talons et pointes. De petits mouvements du buste indiquent la recherche de la position en équilibre entre l'affaissement et le redressement.

3b) « La confiance que tu accordes à tes supports et la nouvelle posture provoquent des sensations corporelles. Les ressens-tu ? »

3c) « Et cela prend un sens, à expliciter » : « gros cul, largeur, pacha, détente, lourdeur... » viennent résolument.

Les significations que donne Jérôme sont mitigées, mais sa posture entre adéquatement dans cette « présence dirigée ». Il s'abandonne enfin à ses supports et relâche ses muscles fessiers, ce qui élargit la surface de contact et lui inspire ce « gros cul » très « large ». En effet, auparavant, il était assis sur la « pointe des fesses ». Détendues à présent, ces fesses s'étalent, deviennent charnues sinon voluptueuses et transforment Jérôme en « pacha ». La détente est évidente. Les muscles non nécessaires à l'assise ne travaillent plus et il ne reste que le dos pour assurer la posture. Cela fait une économie d'énergie. Mais Jérôme y sent aussi de la lourdeur. Voilà l'entraînement à faire : s'asseoir en toute confiance et privilégier la détente sans craindre la déstructuration musculaire. On peut lui donner cette consigne pour donner sens aux deux semaines d'entraînement qui l'attendent. Voilà la forme directive de la thérapie. On peut aussi embrayer sur un travail analytique classique. « C'est étonnant que cette économie d'énergie ne devienne pas une détente agréable », lui dis-je.

« Oui, c'est exact », répond-il. « Il me manque quelque chose. Une certaine tension m'est plus familière. J'ai l'impression d'être sans ressort au fond de cette chaise. S'il arrivait quelque chose, je ne pourrais pas me relever assez vite ».

– « Ça semble donc dangereux ? »
– « Je ne sais pas pourquoi. Ce n'est pas ici que ça se passe ; avec toi, je me sens en confiance. Dans mon enfance, on n'avait pas le droit de se prélasser dans un fauteuil. Dès que ma mère venait, elle me trouvait un petit boulot à faire. Elle n'aimait pas que je lise ou que je rêvasse... »

On peut proposer un travail en Gestalt ou un jeu de psychodrame si cela se passe en groupe. En Gestalt, on propose le travail du « hot seat », de la chaise brûlante. On met une chaise vide en face de Jérôme et on y place symboliquement sa mère. Elle va lui parler à travers la bouche de Jérôme. Puis Jérôme change de chaise et prend le rôle de l'enfant qui doit répondre à la mère. Peu à peu s'installe le dialogue qui n'a jamais eu lieu parce que l'enfant ne pouvait pas répondre franchement à sa mère. L'ambiance aidant, la scène débouche sur un moment émotionnel après lequel le petit et le grand Jérôme peuvent enfin savourer le bonheur de la détente dans un fauteuil. »

Éveil de la kundalini et de la circulation énergétique

Voilà ce que j'écrivais en 1992. On y sent la méthode thérapeutique, le travail psychologique et... le spirituel en filigrane. Pendant six ans, je pratiquais un peu, j'enseignais la méthode à mes élèves, je la proposais aux congrès. Puis, en 1996, deux événements ont précipité le cours des choses : d'abord l'imminence d'un texte à écrire pour le livre collectif dirigé par Jean-Paul Guyonnaud, *La dimension spirituelle en psychothérapie*, et l'obligation d'avoir plus d'expérience personnelle de cette pratique. Puis une crise existentielle, le départ de ma compagne, ce qui m'a donné beaucoup de souffrance et de temps libre. Ces deux événements m'ont amené à une pratique assidue, pluriquotidienne, qui a fondamentalement transformé le vécu de cet exercice. La kundalini (à savoir la montée de l'énergie du périnée jusqu'à la tête) s'est éveillée brutalement et ne me quitte plus depuis lors, même si c'est plus doux. De méthode thérapeutique, la PJ est devenue une pratique de bien-être et de méditation. Les effets ont été fulgurants, et le besoin de me mettre en présence juste est devenu un besoin impérieux qui me prend plusieurs fois par jour. Cette nouveauté a aussi changé la façon de pratiquer.

La vivance du troisième cycle, du temps transpersonnel, est différente des deux premiers cycles. Au premier cycle, l'énergie de vie est très forte, souvent sensuelle, jouissive. Au deuxième cycle, l'amour envahit tout, surtout lorsqu'on se trouve dans un état amoureux par ailleurs. Mais la souffrance peut aussi s'inviter. Dans le cycle transpersonnel, la vivance de l'être a moins d'intensité parce que l'expansion se fait à l'infini. C'est comme si la même quantité d'énergie se diluait dans un plus grand espace. C'est l'entropie énergétique dans laquelle Freud avait détecté la « pulsion de mort ». Certains jours on ne veut pas perdre l'intensité de la kundalini ou de l'amour et on s'abstient de passer au troisième cycle ; d'autres jours on se sent bien dans l'apaisement et on prolonge la durée du troisième cycle. La pratique de la Présence Juste peut s'arrêter là, après vingt à trente minutes. S'il faut retourner à des occupations imposées, on choisira la vivance la plus adaptée à la situation : l'énergie de vie et le sentiment de Soi, la convivialité et l'amour, l'apaisement et l'être, en revenant au cycle correspondant. Mais on peut aussi continuer à approfondir et enrichir la pratique dans deux directions : vision et révélation. Beaucoup de personnes ont une facilité à laisser venir des visions. Les autres peuvent y arriver en évoquant ou regardant des images sacrées ou en suivant les phosphènes à l'intérieur des paupières. La recherche de visions doit se nourrir de toute l'expérience des pratiques traditionnelles. On cherche du côté des mêmes traditions les enseignements les plus sûrs comme de lire un texte sacré par exemple, tout en développant une pratique personnelle révélant la vérité comme quelque chose de consubstantiel à soi-même.

Après que la kundalini se fut éveillée dans mon périnée, soit remontée le long de la colonne jusque dans le chignon et que ce réveil se produisit presque chaque fois que je m'asseyais en Présence Juste, quelque chose a basculé dans la conception de la Présence Juste. D'une pratique du bien-être et de l'être juste, elle est devenue une méditation. L'une des participantes du premier groupe de patients est allée bien plus loin puisqu'elle a eu la vision du « diamant bleu » sortant du front avec une expérience de bonheur extraordinaire qui l'habite toujours encore, plusieurs mois après. Parmi les somatanalystes en formation, la moitié des élèves éveillent régulièrement cette énergie de vie, et presque autant parmi les patients. Ce que trois ans de couvent, dont une année entière de noviciat vouée aux exercices spirituels, n'avaient pas obtenu, l'assise de la Présence Juste l'a réussi. Quand j'ai commencé à pratiquer les somatothérapies et que j'ai ressenti le plaisir que pouvaient procurer ces exercices corporels, je me disais que si le maître des novices avait su libérer le même bonheur en moi, j'y serais encore, au couvent.

Il est vrai qu'un énorme détour de plus de trente ans entre ces deux époques de ma vie s'est imposé, le temps de réparer mon passé insécure par mes thérapies personnelles, d'acquérir la puissance sociale par l'exercice de ma profession et d'installer ma matrice affective. Le temps spirituel ne vient vraiment qu'après les temps sociaux et affectifs. Après l'essai avorté à vingt ans, ça s'est fait à cinquante. Malgré la perte de la foi qui a suivi (ou précédé ?) mon départ du couvent, je gardais toujours une sainte frousse du divin et du sacré. Je laissais modestement aux seuls religieux le droit de régner sur le spirituel. Lorsque certains « nouveaux thérapeutes » se sont reconvertis en gourous, je désapprouvais le fait qu'ils y entraînent leurs patients. En serais-je là aussi, à présent ? Vu de l'extérieur, peut-être. Vu de l'intérieur, je propose tout simplement une voie du bonheur, scientifique et humaniste, car la méditation c'est la vie pleine, la vie juste, la présence aux choses et aux actes. La méditation, c'est la contemplation de ce qui nous entoure, c'est la concentration sur ce qui est en nous. Contemplation et concentration, plus quelques autres ingrédients, voilà le secret du sacré.

La méditation, c'est aussi la Pleine Présence. Je le reconnais avec d'autant plus de sérénité que je ne l'ai pas recherché expressément ; je n'ai pas voulu créer une Xième méditation, il en existe déjà 64 000 dans le bouddhisme dit-on métaphoriquement ! La Présence Juste, s'avère tout simplement méditation occidentalisée pour Occidentaux, mieux encore, médicalisée pour patients. C'est ainsi qu'on peut comprendre la forme particulière de la PJ avec ses caractéristiques propres :

- l'ensemble des exercices qui sont autant de guides pour les Occidentaux pressés, agités ;
- la multiplicité des exercices et leur variabilité pour échapper à la routine du rituel unique et pour retrouver la spontanéité créatrice ;
- l'analyse des résistances à l'éveil des purs processus et des souffrances ; ces résistances sont l'expression des mécanismes de défense qu'on a mis en place jusqu'au clivage, à l'amalgame et à l'ambivalence ;
- l'accompagnement sécure du plaisir qui bouscule les structures personnelles et sociales péniblement mises en place pendant des dizaines d'années.

Pendant toutes ces années, je me suis documenté, je me suis référé aux traditions, j'ai trouvé les concordances validantes. La Présence Juste est une méditation que j'ose appeler scientifique parce qu'elle respecte les règles du fonctionnement humain ; elle est une méditation humaniste parce que toute la jouissance ne justifie pas que l'on tue au nom d'un Dieu quelconque. » (Meyer in Guyonnaud, 1995)

Chapitre XIII

La Présence Juste et la démarche spirituelle

Vous avez dit « spirituel » ?

C'est bien de cela qu'il s'agit, du spirituel, du mystique, du transcendant et de sa pratique spécifique, la méditation. Tous ces termes suscitent beaucoup d'émotion, d'affect et même d'agressivité. Qui ne se rappelle ces pavés jetés dans la mare avec l'« opium du peuple » et la « névrose collective » ?

De l'individu « spirituel », on accepte volontiers les jeux de mots et les traits plaisants qui, tout en cultivant les associations du cerveau droit, répondent malgré tout à une logique du cerveau gauche. Mais le spirituel, c'est autre chose, c'est ladite « nature de l'esprit », c'est cette sécrétion très spécifique du cerveau qui va au-delà des règles de la raison pour n'en faire qu'à sa tête.

Il y a le fameux « éveil spirituel » qui nous conduit de l'autre côté des choses, comme Alice. Tout y est différent, une fois traversé le miroir… des illusions. Malheureusement, seuls de rares élus y arriveraient, au-delà, trans-. En lisant les livres d'initiation, on se sent comme ces chômeurs auxquels un milliardaire promettrait de rejoindre son club ! Mais il y a aussi l'ouvrier de la onzième heure dont la parabole a fait scandale parmi les disciples de Jésus. Eh oui, l'ouvrier de la onzième heure reçoit le même salaire que ceux qui ont trimé toute la journée ! Il ne s'agit donc pas exactement d'une histoire de milliardaires. D'ailleurs, les milliards des Églises instituées n'intéressent plus tellement le peuple. Par contre, les ouvriers de la onzième heure se pressent à l'embauche. C'est ainsi qu'il faut voir ces nouveaux modes de vie qui facilitent et préparent l'accès aux dimensions spirituelles et mystiques :

– les longues heures à scruter l'ordinateur libérant le contemplatif par le concentratif ;
– les nuits passées à danser dans les boîtes et à entrer dans de véritables transes ;

- les sports extrêmes qui amènent le déclic, la « zone » des tennismen, l'état de grâce d'Ayrton Senna à 300 km à l'heure ;
- les drogues, avec l'inconvénient qu'on ne les gère pas longtemps soi-même et que ce sont elles qui nous gèrent très rapidement, jusqu'au tout récent binge drinking (biture express) qui doit emmener l'adolescent dans les expériences extatiques, mais aussi comateuses ;
- les extases sexuelles et passionnelles, passerelles vers la mystique comme pour St Augustin et le tantrisme ;
- toutes ces libertés accordées par la société actuelle qui favorisent les expériences les plus variées dont les états de conscience modifiés et les accès au spirituel, fut-ce dans une secte.

Car le spirituel, c'est une processus anatomo-bio-physiologique et psychologique dont le contenu a sa spécificité culturelle jusques et y compris… Dieu. Il ne faut pas s'étonner qu'il apparaisse à tous les détours de la vie et même dans la pathologie. Seuls les modes de vie, sociaux et culturels, le modèlent et le structurent. La psychologie et les neurosciences proposent également leurs règles, comme ces concepts de conscience d'accès et de conscience phénoménale.

Clinique du spirituel

Le spirituel est une fonction potentielle du cerveau humain, que nous devons structurer solidement pour éviter qu'une intrusion inopinée n'effracte cette protection. Quand il n'advient pas normalement, il fait irruption sous forme de symptôme et maladie, de souffrance et crise existentielle. Voici deux exemples de pathologie, l'un du côté du psy-, l'autre du côté du soma.

Nicolas, l'expérience paroxystique et l'épisode confusionnel

II était jeune avocat, avec plein d'idéalisme et peu de travail. Il vivait avec une jeune femme éclatante de vitalité qui le submergeait de son appétit de vivre. Il vint me voir dans un état confusionnel évoluant à bas bruit depuis plusieurs semaines. Son histoire est exemplaire… Trois ans auparavant il connut une expérience de vie paroxystique : il roulait en voiture et entra subitement dans une transe extatique de près de trois heures. Cet épisode unique, fait à la fois de jouissance charnelle et de révélation spirituelle, lui laissa un souvenir tellement délicieux qu'il n'eut cesse de le retrouver. Il se mit à étudier la littérature ésotérique, au hasard des trouvailles, puis à pratiquer certains exercices décrits dans ces traités jusqu'à une période d'intense expérimentation respiratoire qui devait déboucher trois mois plus tard sur sa confusion.

Après la disparition de la bouffée subaiguë, il continua une psychothérapie analytique. Il s'avéra qu'il s'agissait d'une personnalité narcissique, exigeante quant à la qualité de sa vie mais peu ouverte sur les autres, affectivement surtout. Il fit tant et si bien que sa jeune compagne le quitte, puis il fit deux rencontres féminines bien éthériques, du genre de ces partenaires non disponibles qui ne risquent pas d'exiger quelque engagement que ce soit. Il se retrouva seul, sans comprendre que le charme qu'il se croyait n'avait plus de succès. Au travail, il finit par lasser ses associés, pourtant amis, qui s'en débarrassèrent.

Mon travail interprétatif consista à lui décrire l'absence des bases corporelles, sociales et affectives nécessaires à l'accueil du spirituel. Son expérience paroxystique s'était greffée artificiellement sur une faille ponctuelle de son narcissisme. Aussi le travail respiratoire dut-il être long pour retrouver les processus paroxystiques qui se transformèrent malheureusement en état de conscience confus. Mes conseils thérapeutiques allaient dans le sens du retour aux bases corporelles, sociales et affectives, à leur accomplissement et ouverture, et d'une grande prudence face aux pratiques ésotériques solitaires. Il faut un maître pour accompagner l'éveil spirituel, sinon c'est le psy.

Romy, spasmophilie, vertiges paroxystiques et éveil de la kundalini

Romy est une femme d'âge mûr aussi excessive que l'autre Romy que nous avons tant aimée, si, si ! Elle revient me voir après trois mois d'interruption de la thérapie et trois semaines d'arrêt de travail pour des vertiges paroxystiques, genre Ménières. Examens neurologiques, médicaments, EEG, scanner : rien ! Je lui diagnostique tout à trac : « c'est le refus de l'éveil spirituel. » Or, nous n'avions pas encore les résultats des examens neurologiques. Elle est dubitative et presque en colère : « je suis venue voir un psychiatre et pas un gourou. » Je lui propose le divan pour une psycho-somatanalyse, pose ma main sur son corps. Dès qu'elle s'allonge, elle redémarre un énorme vertige et veut se relever. « Non, non, restez, lui dis-je, on va le traverser, ce vertige ». Elle se calme effectivement et elle repart rassérénée. Le vertige disparaît définitivement dans les trois semaines, sans médicaments.

Romy était venue nous voir huit mois plus tôt, ma compagne et moi, elle pour des séances d'expansion de conscience et moi comme psychiatre. Elle faisait des crises de spasmophilie depuis deux ans avec des lipothymies au volant de sa voiture, ce qui rétrécissait gravement son espace vital puisqu'elle conduisait de moins en moins. Au sortir de la première séance d'expansion de conscience, elle planait, survolait, euphorisait. Elle aurait pu rouler d'une traite jusqu'à Paris. En six mois, elle a lâché ses symptômes fonctionnels et se sentait assez solide pour lâcher également ses deux thérapeutes. Acte impulsif et excessif parmi tous les autres. Trois mois après elle revenait, avec les trois semaines d'arrêt de travail à la clé. Dès les premières séances, j'appris des choses surprenantes. Les vertiges actuels s'étaient déclenchés après la visite de lieux sacrés. Or, dix ans auparavant, elle avait déjà connu un tel épisode vertigineux au moment où elle déambulait dans une chapelle dotée d'un ossuaire avec plein de crânes empilés… Durant l'une des séances d'expansion de conscience, elle ressentit une quasi brûlure dans son dos, ce qui lui fit explorer les lieux à la recherche d'un réchaud ; en vain, cela venait d'elle. Quelques questions plus précises permirent de comprendre cette sensation comme une énergie de chaleur localisée devant la colonne vertébrale et montant de SI jusqu'à C6 (première vertèbre sacrée, sixième vertèbre cervicale). J'en profitai pour insister sur mon diagnostic : c'était le réveil de la kundalini avec son blocage au niveau cervical. Le mental bloquait cet écoulement de vie au cou et provoquait une accumulation d'énergie au niveau de la tête qui disjonctait en vertiges paroxystiques. Les séances de psycho-somatanalyse assouplirent ces blocages et firent disparaître les vertiges. Mais une des séances fut un peu plus… excessive. Le concept de kundalini m'amena à quelques explications apparemment trop orientales pour cette catholique. Aussi « me » fit-elle (comme disent les braves mères de leurs gamins) un autre symptôme aussi spectaculaire. Pendant près d'une heure et demie, elle eut des éclairs dans les yeux, ce qui ne fit que la paniquer à nouveau et lui faire perdre confiance au psychiatre. Elle resta assise dans le fauteuil à la séance suivante. Je lui proposai une nouvelle interprétation au niveau énergétique : le blocage de l'anneau cervico-scapulaire (épaules-cou) s'était levé et permettait maintenant à l'énergie de monter jusqu'au sixième chakra dans la tête. Mais le dernier chakra était encore fermé, celui du sommet de la tête qui donne du champ au-delà des limites du crâne. Cette énergie était trop forte et se déchargeait par ces éclairs oculaires. Le dialogue qui s'ensuivit nous livra une autre trouvaille. Elle avait déjà connu ces éclairs dans les yeux, dix ans auparavant aussi, après une consultation chez une voyante. Il reste donc ce septième chakra à ouvrir, celui du spirituel. S'il m'avait fallu un dernier argument pour croire à la réalité de la kundalini, il m'aura été donné là et de façon magistrale :

- la circulation de l'énergie vitale le long de la colonne vertébrale, du périnée jusqu'au vertex se libère spontanément chez certaines personnes ; c'est reproductible et transmissible ;
- en l'absence du savoir correspondant et d'ouverture corporelle, affective et mentale, cette énergie est bloquée et provoque des symptômes connus : vertiges paroxystiques, spasmophilie, lipothymie, décharges oculaires ;
- cette double réalité a été décrite par les Orientaux d'un côté avec les concepts de kundalini et de chakras, et par Wilhelm Reich de l'autre avec les concepts d'anneaux musculaires, de levée progressive de ces constrictions, du 1er au 7e, pour libérer la circulation énergétique jusqu'au réflexe orgasmique.

Il reste que ces deux corpus explicatifs (chakras et anneaux reichiens) nous semblent trop ésotériques à nous, Occidentaux rationnels et psychothérapeutes confortablement engoncés dans nos fauteuils verbaux. Il nous manque du cœur et de l'âme, il manque une expérience suffisante du corps subtil et de la nature intime de l'esprit. Corps et âme vont de pair comme la mystique et le spirituel, comme les symptômes fonctionnels de Romy et la confusion de Nicolas.

Sociologie de la spiritualité contemporaine

« Le vingt et unième siècle sera spirituel ou ne sera pas. » Cette proposition d'André Malraux arrive à échéance et on aime à la citer de tous côtés. Pourtant, à l'entame de ce nouveau siècle, la réalité est contrastée et pour le moins paradoxale. Il y a des avancées prometteuses du côté de la spiritualité avec son éveil chez les adultes et la création de nouvelles églises, jusques et y compris de cette étonnante religiosité laïque qu'est le Nouvel Age. Il y a, à l'inverse, la désaffection des Églises constituées avec la disparition des vocations religieuses juvéniles. L'observation sociologique nous apporte d'autres faits d'importance tout aussi grande :

– l'inadéquation du cadre ecclésial pour la spiritualité actuelle ;
– l'ajournement de l'éveil spirituel vers l'âge adulte ;
– le déplacement du noyau de la spiritualité du contenu dogmatique vers l'état d'être ;
– enfin la reconnaissance de sa finalité comme voie du bonheur.

Ces observations méritent un développement pour situer l'importance du phénomène après ce que la clinique nous a déjà montré. La spiritualité a besoin d'un cadre social structurant. La sociologie nous montre que cette nécessité a donné naissance aux Églises, en particulier aux trois grandes Églises monothéistes, juive, chrétienne et musulmane. Or, ces institutions ont évolué comme toutes les institutions. Elles se préoccupent plus de leur pouvoir formel que de leur mission fondamentale. La religion musulmane flirte dangereusement avec l'intégrisme qui fait du spirituel une arme politique. La chrétienté s'enferme dans des dogmes et rituels rigides, décalés et contraignants. Elle excommunie les divorcés alors qu'il y a 50 % de divorces actuellement ; elle interdit le préservatif alors que le sida risque d'éradiquer l'humanité. Aussi, les Occidentaux fuient-ils ces Églises obsolètes qui ne constituent plus des accès au bonheur ; ils cherchent leur épanouissement ailleurs : confort matériel, paradis artificiel avec drogues, médicaments et musique étourdissante, plaisirs intenses dans le sexe et la passion, jouissance douce dans l'amour et l'affectif, communauté sécurisante sur Internet, Facebook et jeux vidéos. Cette désaffection touche surtout les jeunes qui n'ont plus la « vocation » à 10 ou 15 ans et ne partent plus au séminaire à 20 ans comme moi. Au contraire, l'éveil spirituel se fait plus tard, à 30 ou 40 ans. Il aura d'abord fallu asseoir la sécurité par le social, le couple et les enfants. On ne veut plus de célibat, on ne veut plus se désintéresser des devoirs citoyens. Mais là, à 40 ans, naissent de nouvelles vocations, de moine et de moniale, de diacre et de diaconesse. Et c'est là, à 30 et 40 ans, que se réveillent ces religieux laïcs que sont les adeptes du Nouvel Age et des mouvements charismatiques.

Il se fait un autre déplacement, concomitant, celui qui fait passer du contenu à l'état d'être. Tout comme on rejette l'organisation sociale des Églises, on évacue les savoirs dogmatiques. L'objet du spirituel devient interchangeable, que ce soit un Dieu paternel ou une nature animiste, un gourou ou les espaces infinis. La morale ne vient plus d'un magistère mais de l'enseignement de la nature, de l'expérience personnelle et/ou des nécessités sociales. Le spirituel se révèle à partir du corps, à partir d'une expérience issue d'une pratique respiratoire, type rebirth, ou même sexuelle. Le religieux se révèle dans les petites communautés transpersonnelles, charismatiques ou sectaires. La mystique explose auprès d'un gourou voluptueux.

Le spirituel s'affiche enfin comme une recherche de jouissance et une voie du bonheur. Ce n'est plus dans l'autre vie qu'on veut la félicité, c'est ici et maintenant. La voie spirituelle entre en compétition avec les voies du bonheur déjà évoquées : confort, drogues, musique, sexe, amour, créativité artistique, intellectuelle et/ou sociale. On dit parfois que le spirituel est la voie du pauvre puisqu'elle ne coûte rien, ou très peu. Il permet de se contenter de moins de biens matériels, c'est même écologique !

Du point de vue de la quantité, André Malraux a tort : il y a moins de pratique religieuse. Mais il se passe quelque chose de fondamental au niveau qualitatif. Il ne s'agit plus de la même spiritualité. Ces quadras qui se proposent au diaconat, ces psychothérapeutes qui deviennent transpersonnels, ces couples branchés qui se regroupent en communautés de vie et abandonnent leurs biens matériels, le succès de librairie des Coelho et autres Castaneda jusqu'à Christophe André ont quelque chose à nous apprendre. Malraux aurait raison quand même. Au-delà de la sclérose ecclésiale se fait un éveil spirituel. Pourtant, que de convulsions. Cet éveil se fait en petits groupes, puis en sectes, puis en dérapages suicidaires. Même les communautés charismatiques se font attaquer pour dérive autoritaire. L'argent souille les meilleures intentions. Les autorités séculières mettent les renseignements généraux à la trousse des rassemblements douteux, mélangeant les sectes, la psychanalyse et les nouvelles écoles somatothérapiques comme le fait la Miviludes (la commission anti-secte.). Il y aurait donc danger. Oui, il y a danger. Comme il y a deux mille ans, on craint les prédicateurs aux idées nouvelles. Cette réaction sociale frileuse doit nous interroger au même titre que les autres observations sociologiques tels la prise de distance par rapport aux cadres religieux contraignants, le déplacement de la réalisation spirituelle vers un âge plus avancé, avec plus d'hédonisme, avec égoïsme même. Nous voilà devant un rébus, ce qui est bien le comble pour une démarche spirituelle qui devrait nous donner les réponses que la science ne possède pas. Aussi devons-nous faire le détour par une définition du fait spirituel.

Définition du fait spirituel

Les définitions usuelles vont de l'objectivité dogmatique, quand elles émanent des Églises, jusqu'à la subjectivité pure, quand la psychologie s'en mêle. La somatologie, science issue de la somatanalyse, nous permet une approche globale et nuancée, pour peu qu'on veuille faire le détour par sa modélisation topographique. C'est à l'aide de schémas que la somatologie, la science du corps qualitatif, cherche à concilier la complexité de l'être humain et l'unicité de chaque vécu, spirituel ici.

Le schéma de la dynamique existentielle

Le schéma de base représente la réalité existentielle, à savoir celle d'un individu dans son cadre de vie, ici dans le cadre thérapeutique ou dans un groupe d'enseignement spirituel. Nous situons le vécu subjectif de l'individu en une sphère au milieu du schéma et le cadre objectif comme une deuxième sphère creuse entourant l'individu. Nous subdivisons les deux parties, vécu subjectif et environnement objectif, en leurs trois dimensions : psychique, sociale et somatique de haut en bas. Des stimuli arrivent de la gauche sous forme de messages : messages psychiques (souvenirs, rêves), sociaux (le thérapeute ou le maître) et corporels (relaxation sur le divan de la psychanalyse par exemple). Ces signaux provoquent un vécu que le patient élabore à travers six fonctions principales pour déboucher sur une réponse. La dynamique de la thérapie est aussi la dynamique de la vie, et de la vie spirituelle par conséquent. Il faut suivre cette dynamique de gauche à droite et compléter par une boucle de rétroaction de droite à gauche qui entretient le mouvement existentiel.

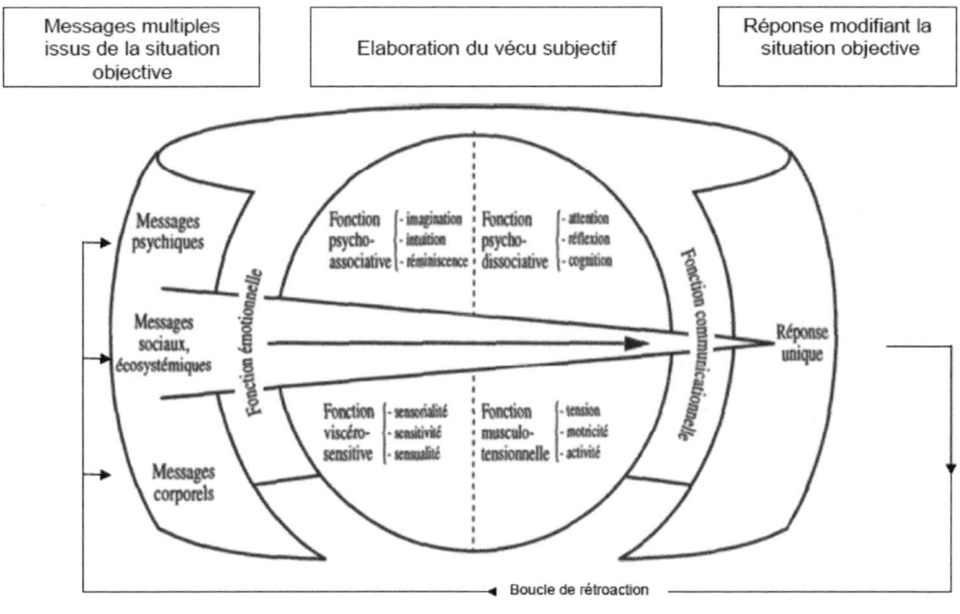

Schéma 11 : La dynamique existentielle : vécu subjectif et cadre objectif.

La richesse de ce schéma découle du respect de la complexité humaine. Il faut souligner :

– l'opposition entre la situation objective et permanente à l'extérieur et le vécu subjectif et ponctuel dans la sphère interne ;
– l'équivalence fonctionnelle des trois types de stimuli, psycho, écosocio et somato, qui produisent les mêmes processus existentiels formels, ces stimuli viennent du thérapeute mais aussi du mental (constitué depuis toujours) et du corps tout aussi ancien ;

– le mouvement dynamique de gauche à droite, du réceptif à l'émissif, du passif à l'actif et de la jouissance à la maîtrise ;
– les six fonctions principales du vécu : émotion, intuition, sensation, action, réflexion, communication avec leurs sous-fonctions.

Les six dimensions du spirituel

Ce schéma permet de mettre en place les six éléments constitutifs du fait spirituel pris au sens large : processus spirituel, religieux et mystique d'un côté ; dogme, église et rituel de l'autre. Le schéma suivant nous les montre superposés aux six grandes fonctions existentielles. Cette modélisation nous apporte une définition plus précise de notre objet. Si le concept « spirituel » a été pris dans un sens large jusqu'à présent, il faut distinguer ce sens élargi (qui inclut les six éléments du schéma) et le sens strict qui limite le concept à son essence même, à sa dimension « psycho-associative », caractérisée par l'imaginaire, l'intuitif et le mnémonique. À présent nous pouvons aborder l'analyse de la spiritualité prise dans son sens restreint sans oublier qu'il s'agit aussi d'un état d'être global qui connecte les six fonctions.

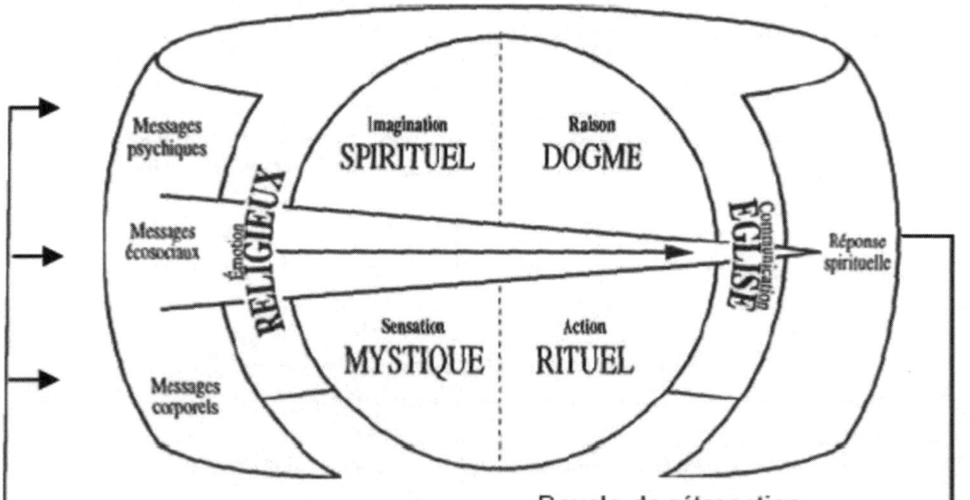

Schéma 12 : Les 6 composantes du fait spirituel.

Le spirituel comme fonction spécifique

C'est une fonction différenciée, comme le sont les fonctions sexuelles, cognitives ou motrices par exemple. Elle existe toujours et partout, du moins potentiellement. Comme toute autre fonction, il faut la développer, la réaliser. Quand on parle des maîtres hindous ou bouddhistes, on les appelle des êtres « réalisés ». Toutes les sociétés et civilisations, aussi petites soient-elles, ont élaboré un corpus religieux et spirituel, même les tribus de 100 à 200 personnes perdues dans un coin de forêt vierge.

Il ne s'agit donc pas de « l'opium du peuple », comme le voulait Marx, ni d'une « névrose collective » comme l'insinuait Freud. Ces deux auteurs n'ont perçu de la chose que les aspects de maîtrise (dogme, rituel et Église) partiels et contraignants, comme il en existe dans toute réalisation humaine. Ils méconnaissent le besoin pour tout individu de développer les fonctions spirituelle, mystique et religieuse. En effet, l'absence de ce développement provoque des troubles et des pathologies, comme certaines formes de dépression. Son absence dans une société en produit d'autres comme la déliquescence du communisme l'a montré. Et si la psychanalyse n'a pas suivi ce sort, c'est qu'elle constitue une quasi-spiritualité avec dogmes, chapelles et tous traits névrotiques que Freud dénonçait chez les autres. Nous le vivons douloureusement avec la loi sur le mariage des homosexuels et sur l'homoparentalité. Ce qui est en danger, dans ces couples homos, ce n'est pas l'enfant mais la théorie psychanalytique ! De par son parti-pris de rendre justice à la complexité de l'être et à la pluralité des sociétés, notre démarche ne peut s'abandonner à des condamnations aussi réductrices. Elle ne peut pas jouer l'individu contre la société, comme l'a fait Adler, (vitupérant le narcissisme de l'individu), ou la société contre l'individu comme l'ont fait Freud et Reich (accusant la société de répression) ; elle ne peut pas opposer la psyché au corps (comme certains courants transpersonnels) ou le corps à la psyché (comme certains reichiens).

La méditation pleine présence met l'individu et la société face à la complexité de leurs fonctionnements et analyse les processus d'intégration dans toutes leurs subtilités. L'éveil spirituel est un besoin, puis un choix, de se focaliser sur la fonction psycho-associative et ses trois processus : imaginaire, intuition et mémoire. L'imaginaire (ou imagination ou imaginal) intègre le visuel (les icônes et autres représentations de Dieu), l'auditif (la musique sacrée), l'olfactif (l'encens), le goût (le sel du baptême). L'intuitif décline les dizaines d'analogies du divin, du cosmos, du sacré et de satan. Le mnémonique puise dans la mémoire les souvenirs et fantasmes relatifs au spirituel, y compris dans l'inconscient collectif de Jung. Faut-il ajouter que le spirituel réside dans le cerveau droit comme on le dit couramment ? C'est globalement vrai bien que ce soit plus complexe, les données récentes sur la conscience nous l'ont montré. Faut-il ajouter cette autre réalité qui veut que ce cerveau droit soit capable de concevoir un Dieu et même de le postuler alors que le cerveau gauche ne peut pas le tolérer en l'absence de preuve rationnelle ?

Le spirituel comme état d'être et lieu de vie

Le spirituel est un lieu de vie dont nous pouvons lire les caractéristiques sur notre carte topographique, avec son positionnement en haut et à gauche, dans le psychique. C'est aussi un état d'être réceptif et associatif. Toutes les réalités psychiques font spontanément irruption dans la conscience du simple fait de l'ouverture de la conscience ; puis elles s'associent librement. La vision de l'icône de la Vierge évoque les ors de l'Église orthodoxe, puis l'odeur de l'encens et déclenche enfin la félicité de ce moment de grâce, au son de chants graves et sereins. La spiritualité est créative. C'est ce qui m'est arrivé dans les monastères roumains lors de mes formations que je donnais là-bas.

Dans l'autre signification du mot spirituel, à savoir « plein d'esprit », on souligne cet aspect créatif, à savoir création de sens et d'humour. Ouverture, réceptivité, associativité, créativité... À investir ce lieu de l'image, de l'intuition et du souvenir, on s'éloigne des processus de maîtrise : réflexion, cognition, tension musculaire, observance des règles de communication. Dans la méditation, on ne communique d'ailleurs pas (sauf avec Dieu), on vit en soi, avec sa réalité psychique. Cet état d'être est à la détente ; l'énergie se fait douce sinon basse, au point que Freud pouvait parler de « pulsion de mort » à propos de cet état qui lui évoquait le renoncement à la vie. À cause du défilement même des visions et contemplations et en l'absence de maîtrise, l'état est labile et fragile, c'est pourquoi on ne s'y adonne qu'en lieu protégé avec des compagnons sûrs : groupe spirituel, église, ashram.

C'est de cela que se nourrit la jouissance issue de la spiritualité. Ce mot de jouissance est dangereux ; il ne faut pas le prendre dans son sens de plaisir sexuel ; il renvoie ici au plaisir mystique et à la certitude spirituelle, à la félicité douce, profonde, stable malgré le défilé des contenus. Parfois, elle s'enrichit de plaisir charnel comme dans la transe, ou de plaisir convivial comme dans l'appartenance communautaire. La sociologie nous l'a révélé : on s'avoue enfin que la recherche spirituelle est une recherche de bonheur. Ce dernier évoque un état d'être qui n'est pas spécifique du religieux ; il fait aussi le fond de la créativité poétique, d'une visite de musée ou d'une thérapie respiratoire (rebirth) à contenu fantastique.

Le contenu spécifique : l'objet transcendant

En Occident, dans les trois religions dites révélées, l'objet de la spiritualité est l'objet divin, qu'il soit Jaweh, Dieu ou Allah. Il s'agit d'un objet de l'au-delà, d'au-delà du visible, du rationnel, de l'humain, du social. La divinité s'élargit aux lieux géographiques avec les sites sacrés, à la musique, sacrée elle aussi. Ce Dieu peut être philosophique ou « comme si » pour ne pas effaroucher les révoltés et déçus des églises, comme le prônent les Alcooliques anonymes. En Occident, on méprise tous ceux que l'on taxe d'animistes. Pourtant les animistes vivent leur transcendance à travers les choses les plus proches, comme les vaches de l'Inde par exemple. Quand j'ai débarqué à New Dehli comme formateur encore, j'ai été étonné par la présence de ces vaches dans les rues. Je me suis émerveillé que cela ne provoque pas plus de dérangement. En fait, les vaches se regroupent à quatre ou cinq sur les terre-pleins qui séparent les deux chaussées des avenues ; elles évitent ces chaussées aussi encombrées que chez nous. Elles sont propres car prises en charge individuellement par un responsable. Après l'étonnement, je me suis rappelé que ces vaches étaient divines, qu'elles étaient Dieu. Rajat, mon élève hindou, me le rappelait le plus simplement du monde. Et quand j'ai commencé à les regarder comme des êtres divins, j'ai senti monter en moi la sérénité et la félicité des meilleures périodes de ma vie conventuelle. Oui, le divin était simplement là, devant moi. Restons chez les Orientaux. Ils ont aussi des dieux, beaucoup, comme les Grecs et les Romains autrefois. Chaque émotion, chaque sentiment, chaque fonction sociale est transcendée en un Dieu ou une déesse. Il y a le cosmos et l'univers, au-delà de la nature immédiate, divins eux aussi. Il y a même soi : quand l'Oriental découvre qu'il est Dieu, on le félicite ; quand c'est l'Occidental qui y accède, on l'enferme en psychiatrie. Mais quelle jouissance, là encore, que de se sentir partie prenante du divin. En évoquant Dieu, nous nous référons à l'objet le plus transcendant qui soit. La fonction spirituelle est capable de concevoir un Dieu absolu. Il y a pourtant un problème à propos de cet objet transcendant. D'un côté, plus il est absolu, plus il provoque d'adhésion, de confiance et de bonheur jusqu'à la foi. C'est la dimension subjective, de jouissance. Mais de l'autre côté, la constitution de cet absolu aboutit à un seuil au-delà duquel l'objet se « réalise », s'autonomise, se détache de la personne qui l'a créé et pensé. L'objet acquiert une réalité propre qui peut... se retourner contre la personne, lui imposer des choses à faire tel le meurtre de son fils pour Abraham, le meurtre en masse dans les guerres de religion. Ne va-t-on pas jusqu'à affirmer que le monothéisme est un terrorisme... puisqu'il doit se débarrasser des infidèles ? C'est ce que développe l'égyptologue Jan Assmann.

Démarche transcendante ou objet transcendant ?

Approchons la question de l'objet par un autre côté, celui de la pratique méditative. Il y a différents types de méditation selon l'état de permanence et de stabilité de l'objet. Certains objets sont fixes, permanents et incontournables, transcendants : c'est Dieu incarné dans le saint sacrement que l'on adore pendant des heures en égrenant le chapelet, c'est la Vierge en son icône que l'on vénère en la fixant sans sourciller, c'est le Gohonzon, parchemin sacré d'une branche bouddhiste japonaise. Il n'y a rien de personnel là quant à l'objet, si ce n'est l'état d'illumination qui s'installe en retour si cet objet est absolu.

Dans un second type de méditation, quelqu'un lit un texte sacré, une page des Évangiles par exemple, une phrase toutes les minutes, laissant ainsi la possibilité d'associer librement. Ici l'objet est défini et évolutif pour le méditant. Il en va de même du chemin de croix des catholiques qui fait passer par quatorze stations en une demi-heure. Cela ressemble au rêve éveillé dirigé et aux exercices de visualisation dans lesquels le thérapeute propose la trame d'une histoire, énonçant une étape de temps en temps. Le bonheur peut aussi en découler, très fort.

Enfin, il y a la méditation sans objet ou avec défilement libre des objets mentaux jusqu'à leur extinction. C'est le cas de l'assise zen où on laisse libre cours à la pensée, aux images et aux souvenirs qui défilent sans frein ni élaboration. Après un certain temps, pensées et images se calment pour laisser place à la paix, jusqu'à l'illumination, jusqu'à l'éveil de la kundalini. Quelque succincte que soit cette évocation des différents modes de méditation – nous verrons plus loin les transes soufis induites par la respiration ou l'extase des derviches suscitée par le mouvement giratoire-nous voyons que l'éveil spirituel et la félicité mystique ne découlent pas seulement de l'existence de l'objet transcendant. Il y a aussi une démarche personnelle, subjective, corporelle, et cela nous rappelle entre autres l'expansion dans l'espace de la PJ avec son prolongement haptonomique, nous l'appellerons transcendance, cheminement.

L'enseignement de l'haptonomie

Le «prolongement» charnel de l'haptonomie que nous avons décrit ci-dessus est l'équivalent fonctionnel de la transcendance spirituelle, à condition d'entendre le mot transcendance dans sa dimension de mouvement: **transcendance = mouvement d'aller au-delà et non pas lieu d'arrivée sur un objet absolu**. Car, ici, l'arrivée est située à… l'infini ; aussi ne risque-t-on pas d'arriver, on reste en mouvement ! Cet équivalent fonctionnel qu'est le prolongement haptonomique nous indique tout ce qui se passe dans le spirituel. Tant qu'on reste replié sur soi-même, on est en état d'alerte, en vigilance, en défense ; on se bagarre dès qu'il y a approche, agression de quelqu'un d'autre ; on est inquiet, sans confiance. C'est ce que les adeptes du transpersonnel appellent «être dans son ego». Dès que le prolongement/transcendance se met en mouvement vers l'autre ou la nature, le passage se fait insensiblement vers la détente, l'apaisement, la confiance, la sérénité, la félicité. Il s'agit bien d'un état d'être. Quand vous êtes devant une cathédrale et que vous regardez le sommet de la tour, quand vous vous prolongez/transcendez jusqu'à la flèche, vous vous sentez envahi par les sensations et sentiments évoqués lors de la séance d'haptothérapie. Quand vous vous placez exactement au centre de la cathédrale, à l'entrecroisement des deux branches de la croix architecturale, vous vous «élevez». L'espace qui se dégage au-dessus de vous jusqu'au point le plus élevé de la voûte vous aspire malgré vous, vous ravit, vous étire spontanément. Partout les lieux religieux sont élevés ou situés en hauteur. On n'a pas beaucoup copié l'étouffante basilique souterraine de Lourdes !

Mais il y a un troisième mouvement équivalent, c'est le mouvement affectif, passionnel, amoureux. Il y a des personnes qui vous «ravissent» malgré vous, et c'est le coup de foudre. Il y a des personnes dans lesquelles vous vous prolongez volontiers, vous les adoreriez même, si Dieu ne l'interdisait. Ce n'est pas par hasard que Veldman, le créateur de l'haptonomie, oubliait de plus en plus que l'haptonomie est à base charnelle, somatothérapique ; il ne parle plus que de «philia» à propos de cette affectivité dont l'haptonomie serait devenue la science.

Revenons à la transcendance. Son stimulus doit susciter le mouvement, faire décoller de la fixité du matériel, du banal et du connu, de l'ego, pour aspirer au-delà, trans-. Comme une transe, il doit arracher à l'état de conscience habituel. Et c'est le vécu du divin, du sacré, qui devient consubstantiel de ce mouvement, en une unité qui ne se laisse pas cliver, même par Descartes qui se gardait bien de perdre ce repère divin comme garant de sa science. Cette sensation du divin est efficace dans la véritable spiritualité qui est mouvement vers, transcendance. Mais quand elle devient objet et se matérialise, devient rationnelle, elle se transforme en dogme. À partir de là, il «faut» croire, il «faut» faire ceci et cela, jusqu'à tuer ou se faire tuer. Dans le meilleur des cas, ce dogme a comme effet de mobiliser vers l'avant. Mais trop souvent ce dogme rebute, repousse, ferme et fige. Les jeunes Occidentaux rejettent le Dieu de leurs parents qui est comme un haptothérapeute distant qui agresse et provoque les réflexes de défense : *fight* (Voltaire, Marx, Freud), *flight* (les matérialistes épicuriens), *or fright* (les athées).

Au départ, le concept « Dieu » est construit de façon telle qu'il soit mouvement : infini, inconcevable, parfait, inatteignable. « Tout ce que vous pouvez dire de Dieu est juste, mais Dieu est encore tout autre chose à la fois. » Telle est une des définitions qu'en donne Thomas d'Aquin. Nous comprenons ainsi que la pratique méditative soit basée sur le mouvement : défilement des contenus jusqu'à l'arrêt de contenu ; textes édifiants à lire, à faire défiler ; icônes et musiques sacrées, analogiques, transrationnelles. Ailleurs, l'islam interdit la représentation de Dieu pour ne pas la... figer. Mais on peut aussi jouer sur la qualité « transcendante » de l'objet spirituel et se jouer des naïfs comme le font les sectes.

Nous voilà arrivés au bout de cette caratérisation : le spirituel est une fonction parmi les autres fonctions de l'être humain ; elle se spécifie par un contenu propre qui possède un seuil précis où le mouvement de transcendance bascule dans la réalité de l'objet transcendant. La démarche personnelle se fait récupérer par l'Autre. Cette réification nous ouvre à la dimension de la structuration.

Le cadre structurant du fait spirituel

Les deux premiers éléments de définition, état d'être en transcendance et objet transcendant suscitant la foi, ne suffisent pas encore. Il faut un troisième ingrédient, une structure, sinon c'est la pathologie : délire mystique, hallucination à contenu spirituel, conviction paranoïaque, gourou sociopathe... Mais l'absence de spiritualité peut aussi être pathologique, du côté de la manie et de la mélancolie en particulier. L'évocation d'une pathologie possible nous oblige à évoquer la cause responsable de cette fragilité. C'est le modèle structuro-fonctionnel qui nous met encore sur la piste. Pour cela, il faut interroger le « schéma de position » qui dispose dans trois cercles concentriques les trois positions de vie avec leurs finalités spécifiques : le groupe social qui assure la sécurité, le couple intime qui distille l'amour, le solitat (position isolée) qui permet la créativité (artistique et de soi-même). En y superposant les six fonctions on obtient l'enseignement suivant.

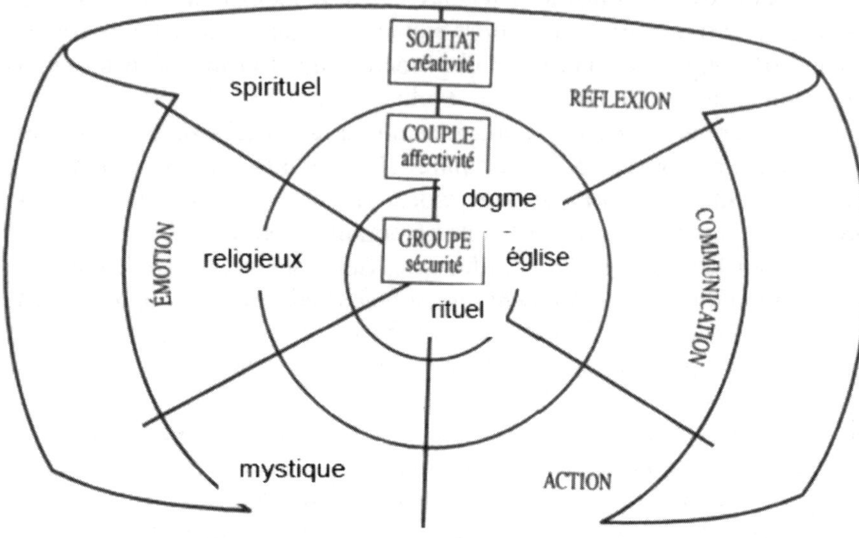

Schéma 13 : Le schéma de position (groupe, couple, solitat) et les six déclinaisons du spirituel.

Nous voyons que le spirituel pris dans son sens restreint est une fonction excentrée, en haut et à gauche, une fonction exclusive, pure, réservée à l'individu dans son solitat (célibat). Au contraire, le social, central, est le lieu de rencontre des six grandes fonctions, de toutes les fonctions, mais d'un peu seulement de chaque, ce qui donne un équilibre stabilisateur et fait que le social est le lieu de la sécurité. L'investissement du seul spirituel, excentré, est aussi fragile qu'exaltant, aussi labile qu'extasiant. Il faut donc l'équilibrer en le… structurant. Le cadre structurant et la fonction de maîtrise s'exercent dans les trois dimensions de l'être, psycho-, socio- et somato-.

La première structuration du spirituel est mentale et s'inscrit dans la stabilisation de l'objet : le divin, au lieu de défiler comme en zazen, se fixe, se stabilise en concepts, en images, icônes, personnages, jusqu'au… dogme. Le risque est grand, puisque le dogme peut tuer la spiritualité ou provoquer la paranoïa. Nous retrouvons ici tout ce qui a été écrit à propos de l'objet transcendant.

Le second niveau de stabilisation est celui du corps. Tous les courants spirituels prônent des pratiques corporelles, ascétiques ou hédoniques (tantra), pourvu qu'il y ait du rituel stable. Les uns exigent la prière mahométane, les autres l'agenouillement, d'autres encore l'assise zen ou la déambulation du pèlerinage. Les soufis donnent dans l'hyperventilation contrôlée, les charismatiques dans la danse et le chant, certains transpersonnels, dans la respiration holotropique de S. Grof. Et puis il y a les jeûnes, l'abstinence sexuelle, le voile et la « discipline » (coups de fouet sur le corps). Tous ces rituels ne doivent pas seulement éviter les emballements, mais aussi favoriser la félicité. Les uns le font en synergie (sexuel et spirituel dans le tantrisme), d'autres en clivage (ascétisme corporel et visions luxuriantes).

Mais la sécurité est aussi sociale parce que le groupe réunit toutes les fonctions en un même lieu et en un équilibre stable. Cette réunion se fait par la présence de plusieurs personnes qui incarnent chacune ces différentes fonctions. De ce fait, ceux qui veulent donner la plus grande exclusivité possible au spirituel d'un côté se réunissent en couvent, ashram et communauté de l'autre côté. Les ermites et autres stylites se font rares et pas seulement parce que la planète est surpeuplée. Il s'agit autant de la communauté immédiate et proche que de la société éloignée, anonyme, à Rome, Bénarès ou La Mecque. La société organise les Églises, fixe les croyances, impose une morale et pousse à la conformité. Celle qui était secte il y a 2 000 ans, rejette maintenant tout ce qui pourrait ressembler à ce qu'elle était alors ! La structure protège et fige.

Un personnage particulier émerge de ce groupe social, lieutenant de cette communauté et spécialiste de la chose, c'est le directeur de conscience, le guide spirituel, l'initiateur, le gourou et/ou maître. J'insiste d'emblée sur sa fonction de lieutenant du groupe. En effet, il est beaucoup plus cela qu'un partenaire affectif. L'initiateur ne constitue pas de matrice amoureuse avec le novice parce que l'amour humain ferait mauvais ménage avec le spirituel. Le maître spirituel reste un maître hiérarchique, distant et différent, du fait de son avance en la matière alors que dans l'amour, les partenaires sont égaux. À présent, la structuration est en place et la spiritualité peut s'épanouir en sécurité et confiance. En fait, nous retombons dans le sens large de la spiritualité, dans cet ensemble fait de spirituel, religieux, mystique, savoir, communauté et pratiques.

Le développement spirituel par la somatanalyse

Le psychiatre rencontre toutes les pathologies qui accompagnent la fonction spirituelle et le psychothérapeute tout autant. Mais pourquoi travailler à l'éveil spirituel ? Pour faire plaisir à André Malraux et coller à l'air du temps ? Pour drainer une clientèle intéressante, cultivée, ouverte, bien plus solvable que les malades mentaux ? Pour bisquer Marx et Freud ? De mon côté, il s'agit d'un choix personnel qui repose sur quatre principes :
- la nécessité de la fonction spirituelle pour l'être humain ;
- le besoin de son intégration dans une attitude global ;
- le refus des dogmes, églises et pratiques uniques et surtout du fanatisme religieux ;
- le respect des spécificités de chaque personne.

La somatanalyse est une méthode thérapeutique nouvelle qui tire sa dénomination de son intention première, à savoir intégrer le travail corporel (soma) à la méthode analytique freudienne. En vingt années de développement, cette méthode est devenue trois : thérapie de groupe ou socio-somatanalyse, thérapie duelle ou psycho-somatanalyse, pratique de développement personnel et méditation ou Présence Juste.

Ce trio de pratiques repose sur le concept de « position de vie » ainsi qu'on peut le voir sur le tableau suivant.

Processus existentiels / Cadre de vie	Positions de vie	Exigences d'existence	Fonctions privilégiées	Règles de fonctionnement	Somatanalyses correspondantes
Groupe	dynamique sociale	sécurité	émotion et communication	hétéronomie	socio-somatanalyse
Couple	matrice affective	amour	affectivité	compromis	psycho-somatanalyse
Solitaire	univers créatif	développement personnel	intuition, sensation, réflexion, motricité	autonomie	Présence Juste

Tableau 15 : Les trois cadres de vie (groupe, couple et solo), leurs caractéristiques et les trois somatanalyses.

Ces bases méthodologiques (les trois méthodes thérapeutiques) et épistémologiques (la somatologie, le modèle structuro-fonctionnel et ses schémas) débouchent sur des « somatanalyses appliquées », centrée sur l'éveil spirituel notamment. Il s'agit de la somatanalyse qui va au-delà, trans- sous deux formes : la séance de socio-somatanalyse centrée sur le vécu spirituel et les exercices somatothérapiques d'ouverture psycho-associative.

La séance de socio-somatanalyse est plus directive que dans sa forme typique pour créer l'ambiance propice à l'ouverture de l'âme. Le thème des échanges verbaux est plus spécifiquement tourné vers l'expérience spirituelle mais pas exclusivement. Cette séance structurée quant à son setting permet la mise en place du cadre sécurisant du fonctionnement spirituel, à savoir l'insertion sociale et la convivialité. Ainsi peuvent s'expérimenter le fonctionnement de la communauté, l'affectivité qui ne recherche pas d'exclusivité conjugale et la relation entre le disciple et le maître.

À côté de cette séance communautaire, se proposent des exercices d'ouverture corporelle et spirituelle, d'ouverture globale, par des somatothérapies structurées. Chaque participant se retrouve seul dans l'exercice pendant un long temps et avec des consignes simples qui laissent toute la place à la créativité personnelle. Parmi ces exercices, je privilégie le travail respiratoire du rebirth, la danse cathartique, la transe giratoire, l'écoute musicale, le prolongement haptonomique dans l'espace, les visualisations et relaxations. Ces exercices sont de puissants moyens d'ouverture qui facilitent l'exercice de « Présence Juste ». Voici les effets les plus généraux de ces pratiques :

- la détente et l'apaisement, la sortie du stress corporel et des préoccupations mentales ; il s'agit du travail sur le « corps de maîtrise » ;
- le dépassement du schéma corporel, la libération des contraintes sociales et des relations figées aux autres, l'accès à l'image du corps (de Dolto) ;

- la sérénité et la félicité, le sentiment de plénitude ; il s'agit du remplissage énergétique du « corps de jouissance » ;
- l'accès au mystique jusqu'à la transe et à l'« orgasme cosmique » ;
- l'intuition de réponses riches et fortes à des questions actuelles, mais aussi aux questions éternelles sur la vie et la mort, sur Dieu et l'univers.

Bien qu'il s'agisse au début de vécus ponctuels qui se laissent étouffer par les préoccupations et activités quotidiennes, ces vécus et intuitions se stabilisent peu à peu en attitudes nouvelles, façons d'être, convictions structurantes, et servent d'impulsion à des changements de vie. L'énergie douce et impérieuse qui se dégage de ces pratiques permet d'agir là où une longue paralysie régnait auparavant. Il faut pourtant se méfier des impulsions et intuitions isolées et attendre leur intégration dans la globalité de l'être.

Nous sentons combien tous ces vécus informent le spirituel, le religieux et le mystique, sans pour autant enfermer dans les dogmes, sectes et rituels rigides. Ne s'agirait-il pas tout simplement d'un humanisme qui associe la planète à l'humanité, d'un éco-humanisme qui refuse d'aller à l'encontre de ce que la science peut affirmer ?

L'État de Constituance par les purs processus

Réveil à trois heures du matin. Tube digestif paisible. Je ne bois pas tout de suite mon café. Je pourrais me recoucher. Je préfère « chanter matines » comme les moines et moniales à la même heure. Je me cale dans mon gros fauteuil face à Brahman aux trois visages, à un Bouddha doré et à une ancienne chaise alsacienne avec un angelot joufflu.

Le ventre se remplit rapidement d'une boule d'énergie voluptueuse que je fais monter le long de la colonne avec les couleurs correspondantes : rouge, orange, jaune. Elle inonde le cerveau d'une douce félicité. Je la fais couler sur l'avant du corps. Au niveau des yeux et des oreilles, je constitue le bandeau qui se transforme en auréole, un peu faiblarde ce matin ! Ça bruine sur la poitrine et y dépose de la tendresse. Ça ruisselle sur le ventre et renforce la volupté. Cette dernière est renvoyée dans le cerveau et y magnifie la félicité. Je relance ce circuit quelques fois : volupté, félicité, agapé. Il s'agit encore des préliminaires volontaristes : concentration, effet local puis plénarisation quand je prends plus de temps sur une étape précise.

Puis je demeure au niveau de la tête apaisée, envahie d'énergie transmutée en douceur puis bonheur. La tête ne pense plus, elle sent. Le cerveau ne sécrète plus des idées, il diffuse du bien-être. Je laisse le flux d'énergie montante traverser le crâne d'arrière en avant puis sortir par le front. L'autre jour, j'avais un peu trop bu et constaté que dans ce cas mon front était opaque et arrêtait l'énergie à son niveau. Ce matin, la félicité rayonne. Je sens le mouvement vers l'avant. Parfois, il tourbillonne même et dessine vaguement le cône qui constitue la forme du tunnel noir de l'EMI et de la pneumanalyse. Ça part tout seul et j'accueille. D'autres fois, j'y ajoute un commentaire et ça raccourcit le vécu. Tout en étant dans la contemplation, je reste attentif à voir, regarder, par ce troisième œil, dans l'attente de la lumière qui doit poindre au bout du tunnel. Elle apparaît puis disparaît, remplacée par une plage plus sombre. Elle revient plus ou moins longuement. Chaque fois qu'elle apparaît, elle déclenche une petite transe dans le corps. Tout s'unifie : le ventre, le cœur, la tête, l'environnement. C'est tout un et délicieux. Je connais bien cette phase de la méditation qui esquisse des vécus quasi mystiques. L'autre jour, c'est le visage de ma mère (décédée il y a vingt ans) qui m'apparaît à la fois flou et reconnaissable, paisible et beau, sans éveiller d'émotion particulière ; que du bonheur. Ce n'est pas une vision remarquable comme celle de DSK.

Les trois temps de la psychanalyse et de la spiritualité

Ce nouveau vécu personnel témoigne de la façon dont le troisième cycle de la PJ, cycle appelé transpersonnel, invite à la méditation la plus profonde. Il esquisse aussi la concordance étonnante avec le travail psychanalytique intégratif, toutes explications qui feront le thème du tome II à venir. La Présence Juste passe par trois phases tout comme une psychanalyse intégrative (associant Freud, Ferenczi, Reich, Jung et Lacan) :
- déconstruction des structures contraignantes ;
- irruption des purs processus ;
- stabilisation en soi à partir des processus constituants, authenticité.

Nous connaissons ces trois temps (qui peuvent prendre des années et même toute une vie à se réaliser). La concentration sur le protocole réalise le premier temps, transformant les rigidités en contemplats locaux. La persévérance dans la pratique libère ces purs processus que sont volupté, félicité, tendresse, tunnel noir et visions. Parce qu'ils dé-structurent, ou du moins dé-construisent, ces vécus non structurés dérangent. Que faire si la volupté devient trop sexuelle ? Comment ma compagne réagit-elle à mes méditations qui prennent de plus en plus de temps et exigent silence et calme dans la maison et au pied du Mont-Blanc ? Où me mènent les intuitions, telles celles que je retranscris ici ? Nous aboutissons aux extrêmes qui pourraient nous conduire au monastère ou à l'ashram ! En même temps, c'est évidemment bon, beau, bien et plein ! Ce n'est pas structuré, ça ne s'intègre pas assez et dérange en un premier temps.

La Pleine Présence

Après deux heures trente de pratique – et petit déjeuner néanmoins –, j'entends le livreur des journaux matinaux, *Le Monde* et les *Dernières Nouvelles d'Alsace*, vers cinq heures trente. Je me lève souvent à cette heure-là et me réveille avec les malheurs de ce monde et un bon café. D'autres fois, j'interromps la pratique personnelle pour me laisser happer par l'agitation du monde, mais aussi l'esthétique du monde et la symbolique des maîtres et valeurs.

Aujourd'hui, je ne cours pas à la boîte aux lettres. Je reste là dans mon gros fauteuil, dans la bibliothèque remplie de livres et de statues. Pourtant il se passe quelque chose que je connais bien et qui prend tout son sens : les processus énergétique, spirituel et intime me stabilisent en soi. C'est la « constituance » de l'être dans toute son authenticité. Mon esprit reconnecte l'extérieur comme si la méditation se terminait. Et pourtant ça ne s'arrête pas. Je reste en contact avec volupté, félicité, agapé et même avec la plénarisation des trois. Je prends contact avec l'extérieur et toutes ses sollicitations : lire les journaux, rejoindre Marie-Christine, rédiger tout de suite, reprendre un café. Toutes ces possibilités s'affichent simplement. *May be*. Il n'y a ni contrainte, ni avidité, ni possession, ni attachement. Ça peut. Mon esprit est clair. Tout est simplement possible et peut se réaliser sans effort. Mon bien-être ne pâtit en rien de la décision à prendre, de l'acte à réaliser, du sens à lui donner. Je me rappelle la dernière lecture dans *Sciences Humaines* sur « Gérer son temps, un art de vivre », n° 239 juillet 2012). J.-F. Dortier y rappelle la loi des 20/80. « Dans l'exécution d'une tâche on ne passe que 20 % du temps à faire l'essentiel du travail. Les 80 % du temps restant sont consacrés à finir la tâche. » (*op. cit.* p. 50) Les 20 % m'ont pris entre trois et cinq heures trente du matin pour la pratique. Maintenant, en rédigeant, je finis la tâche. Puis je verrai mes trois enfants pour deux anniversaires… Elémentaire, mon cher Watson. Au-delà de l'humour qui revient au galop, je témoigne de cette constituance qui ne vient pas à quatorze heures mais qui est déjà là à midi. C'est comme à la fin d'une psychanalyse : « cher docteur, aujourd'hui j'arrête ; tout va bien ; je vous aime beaucoup mais je n'ai plus besoin de vous ; j'ai tout en moi. »

Le principe d'inconceptitude

Quant à ce troisième cycle transpersonnel que j'ai présenté aussi objectivement que les autres modules, aussi bien que la relaxation ou la visualisation des relations, il fera l'essentiel du tome II annoncé tout juste. Nous verrons qu'il s'avère plus complexe, mais que ce sont encore les psychothérapies, la psychanalyse en particulier, qui nous guideront. J'essayerai d'associer les manifestations mystiques et les processus inconscients. J'insisterai sur les purs vécus qu'il faut protéger de toute conceptualisation. Je proposerai le « principe d'in-concept-itude ». Rappelons nos classiques : la physique quantique se cogne au « **principe d'incertitude** » de Heisenberg. On ne peut pas observer en même temps ce qu'est une particule et où elle est. C'est l'un ou l'autre à cause de l'intervention de l'observation. Les mathématiques se fracassent contre le « **principe d'incomplétude** » de Gödel. On ne peut pas prouver la vérité. La psychologie elle aussi est limitée par le tout nouveau **principe d'inconceptitude**. Ce mot barbare qui veut rimer avec les deux premiers principes exprime qu'il y a une limite à la possibilité de conceptualiser certains vécus humains : les états de conscience les plus modifiés, les vécus de transe et d'extase, la mort, et même l'inconscient si l'on accepte qu'il est in-conscient et la conscience elle-même qui n'est ni universelle ni quantique. Les formes les plus abouties de méditation et de mystique en font partie.

Méditation et contemplation, mystique religieuse et mystique ontique

Nous annonçons un tome II qui abordera l'un des aboutissements de la méditation, à savoir les manifestations mystiques. Comme la pratique proposée ici peut faire accéder dès aujourd'hui à ces vécus, nous n'allons pas bouder le plaisir de les esquisser. Voici les éléments les plus importants. La Présence Juste repose sur une pratique active et volontariste. C'est même la condition pour accéder à l'art de vivre d'abord (relaxation, habitation de l'espace, éveil énergétique) puis à l'autothérapie dans sa dimension relationnelle (voir, sentir, centrer, communiquer). Même pour la dimension transpersonnelle et mystique, il faut encore pratiquer, s'y mettre et persévérer. Nous avons pu lire à différents endroits que ça bascule tout d'un coup dans la contemplation grâce à la plénarisation (sentir les quatre membres à la fois par exemple) et surtout grâce à la plénitude (lorsque les purs processus s'y joignent spontanément). La pratique y trouve son aboutissement et sa récompense.

Objet transcendant, foi et bonheur

Il y a une situation particulière qui déclenche la contemplation spontanément, c'est lorsque l'objet de la dévotion exerce un attrait suffisamment fort pour éveiller (presque) automatiquement les délices de la contemplation : le mont Blanc, le morceau de musique préféré, la personne adorée et… l'objet transcendant : un maître, Jésus ou Mahomet, Yahvé, Dieu ou Allah. Ce saut qualitatif s'appelle la foi. Cette foi absolue (elle ne peut pas l'être à moitié) transporte dans la contemplation et le bonheur dès qu'il y a contact avec son objet. Cette occurrence fait exploser la transe et l'extase quand c'est positif, et la souffrance tout aussi absolue quand ça manque. Ici, on ne met pas en question la foi, on ne la discute pas, surtout quand elle est chevillée au corps comme celle du charbonnier. Nous n'abordons pas ici les conditions d'une telle foi ni les obligations imposées par l'objet transcendant. Nous reconnaissons seulement ce saut qualitatif que représentent la foi véritable et le bonheur qui en découle. Et quand on a perdu la foi ? On ne la retrouve généralement plus, du moins pas dans l'absolu décrit ci-dessus.

La mystique ontique

La mystique reste-t-elle également perdue pour ceux qui ont perdu la foi ? La mystique (cette dimension « cachée » et in-concept-uelle) est classiquement reliée au religieux. La mystique renvoie principalement aux monothéismes et nous retrouvons les définitions de la foi données ci-dessus et du bonheur qui en découle. Si l'on campe sur cette définition stricte, la mystique échappe aux mécréants.

Mais ce n'est pas notre expérience. La notion de mysticisme recouvre un ensemble de processus – cachés et/ou inconscients – qui font irruption en-dehors et au-delà des croyances religieuses, monothéistes en particulier. Les transes et extases dites mystiques éclosent dans les EMI, dans ces expériences dites de mort imminente et dans les pneumanalyses (hyperventilation en position immobile), tout comme dans le caisson d'isolation sensorielle (tanking), toutes situations qui seront longuement décrites et analysées dans le tome II. Je propose une dénomination à cette forme non religieuse : mystique ontique, mystique de l'être. Cette découverte des vécus « cachés » ne le cède en rien aux expériences que les religions codifient. Parfois elle mène (même) à la foi, comme pour Paul sur le chemin de Damas et pour Claudel dans la basilique du Sacré-Cœur. On peut résumer ces deux processus opposés comme suit :

– **attrait → contemplation → foi → mystique religieuse ;**
– **Présence Juste → Pleine Présence → contemplation → mystique ontique.**

Avec cette dernière évocation, nous clôturons cette troisième partie dédiée à l'initiation personnelle. À l'âge où l'on n'a plus d'âge, il ne s'agit pas de narcissisme ni de marketing. Il n'y a qu'honnêteté et modeling. Ce dernier terme, chéri par les cognitivo-comportementalistes, désigne la disponibilité du thérapeute à servir de modèle. Pour ma part, empreint d'une timidité qu'on ne me reconnaîtra probablement pas, j'y mets autre chose. Je ne me sens pas comme un modèle, d'autant plus que je ne livre pas tout un pan de ma vie, à savoir ma vie affective où j'ai cafouillé autant que la plupart des concitoyens. J'aimerais que l'on trouve dans ce témoignage le fait que chacun passe par une histoire particulière qui n'empêche en rien d'arriver à la démarche spirituelle et d'y progresser. Chacune des étapes de vie, et des plus douloureuses en particulier, donne l'occasion d'approfondir ce cheminement et d'ajouter un bonheur de plus à ce développement, l'un après l'autre.

Je voudrais conclure avec de nouveaux rêves. Depuis quelques temps, je rêve que les deux dernières partenaires affectives se retrouvent dans deux lits individuels, séparés mais rapprochés, et qu'il y en avait même trois de ces êtres proches et passés. Ce n'était nullement sexuel et ça se passait même dans le dortoir de l'internat de Fribourg en Suisse, celui de mes études secondaires. Je les vois avec satisfaction et sérénité. Je rapproche ces rêves de ceux de la cinquième période de rêves d'après couvent dans lesquels je me ressens comme religieux, psychiatre et psychothérapeute de groupe tout uniment. Dans ces nouveaux rêves, ces amours se connectent en un vécu commun qui serait l'amour inconditionnel. Je n'aime pas ces femmes de la même façon, ce qui réaliserait l'amour universel. J'aime tout court, j'aime absolument, et toutes ces femmes ont contribué au développement d'agapé et de philia, du pur amour.

La présence est l'affaire de chaque instant.
La méditation est l'œuvre de toute une vie.

Deviens qui tu es (Nietzsche)
Wo es war, soll ich werden : là où était le ça,
le moi doit advenir (Freud)
Initiation, Individuation (Jung), Authenticité (Meyer)

Les concepts, logos et trouvailles des marketteurs ne manquent pas pour dénommer les cheminements personnels tel celui que j'ai dépeint impudiquement. Développement personnel, art de vivre, autothérapie, accès au self (Assagioli), au vrai self (Winnicott), ontogenèse… Nous tombons dans l'embarras du choix, jusqu'à la publicité douteuse. Qu'est-ce enfin qu'une histoire de vie de soixante-cinq ans comme la mienne qui arrive enfin à se raconter ? Encore ai-je oublié les cinq premières années de ma vie qui valent leur pesant d'or. À deux ans, en 1944, j'ai connu la reconquête de l'Alsace sur les Allemands. J'ai subi un exode parce que nous habitions au bord du Rhin, vers Bâle, près de la première centrale hydroélectrique où travaillait mon père. J'allais même à l'école maternelle, mon grand-frère m'y emmenant. Quand les avions arrivaient, il m'entraînait dans le fossé. Nous étions d'ailleurs les seuls élèves. La cave nous servait d'abri antiaérien et le seul mot drôle que j'aurais prononcé à cet âge était « guigui » et ça désignait les avions qui s'annonçaient par sirènes et vrombissements.

Les termes et expressions choisis en sous-titre se rangent en deux catégories. D'un côté, nous avons des concepts qui décrivent un aboutissement avec une ligne d'arrivée : moi, soi, self, vrai self. De l'autre côté, nous désignons des processus, des mouvements, une dynamique, des cheminements : deviens qui tu es, initiation, individuation, authenticité. C'est en train de se passer, de se faire, même à l'âge où il n'y a plus d'âge. **Voilà un premier message** : ça prend du temps, tout son temps.

Ça s'inscrit subrepticement dans les événements de ma vie jusqu'aux plus inattendus. Partir au séminaire pour échapper à cette famille qui adoube le grand frère, tout en faisant plaisir à maman en y allant, puis à papa en le quittant ; faire médecine pour échouer en psychiatrie comme pour s'occuper encore de l'âme ; contourner le pur verbal psychanalytique pour accéder aux processus existentiels vitaux, corporels et spirituels ; hyperventiler en pneumanalyse pour retrouver l'ange et Dieu plus vrais que dans les hallucinations éveillées ; aimer des femmes dont l'une me replonge dans les transes musicales, l'autre dans le new age et la troisième dans le bonheur du bouddhisme ; créer sa propre méditation puisqu'on n'est jamais mieux servi que par soi-même ; attendre quand même un quart de siècle pour en faire part. Toutes ces péripéties pourraient découler du hasard. Non, elles relèvent de la nécessité. Développer l'art de vivre et s'engager dans la démarche spirituelle ne sont pas facultatifs ; c'est nécessaire et même obligatoire. Ce n'est pas parce que mes parents étaient de braves chrétiens que la voie me fut tracée. La voie s'impose d'office. **Voilà le deuxième message** : de toute façon, faut y aller, par l'expérience et le vécu.

J'ai théorisé ce parcours avec le modèle ontodynamique dont la traduction serait : dynamique de l'être. Ce qui se complète ici par rapport aux six étapes de l'ontogenèse (développement personnel), c'est qu'à partir d'un certain âge, après les vingt-quatre ans qui marquent la fin de l'adolescence, l'adulte doit s'atteler à l'expansion de son être avec une volonté certaine, avec la « volonté d'expansion ». Même quand ça coule tout seul, faut y mettre son coup de pouce. Ce modèle rappelle la bobine du diabolo. Vous vous rappelez ce jeu qui permet à l'enfant de développer les habiletés, à contrôler le mouvement qui catapulte la bobine en l'air et maîtrise son rattrapage. L'enfant et l'adolescent s'astreignent aux règles de vie de plus en plus contraignantes. Je vais chez les Rédemptoristes parce que la mère l'a voulu et je laisse tomber le capucin et ses morpions. Je fais les vœux de pauvreté, d'obéissance et de chasteté à vingt ans. La moitié gauche de la bobine montre que les contraintes se resserrent jusqu'à ce qu'on soit un bon citoyen discipliné. À vingt-trois ans, je commence à repousser ces limites et me jette dans le monde. La bobine s'élargit de nouveau à droite. Toutes les étapes, les six, participent du développement personnel et de l'art de vivre, mais la dernière prend une importance particulière, celle de l'univers créatif. Regardons cette bobine ontogénétique qui doit nous inspirer de par sa forme même et de quelques indications plus théoriques.

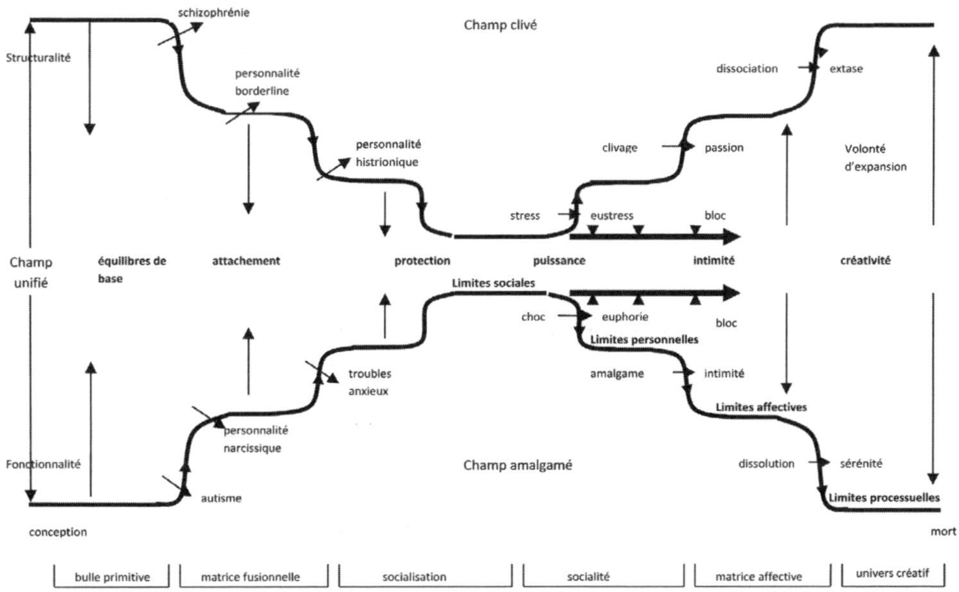

Schéma 14 : Le modèle ontodynamique enfant/adulte.

Nous ne développerons pas tous les enseignements de ce schéma qui se trouvent dans les trois livres précédents (Meyer 2010, 2011, 2012) et n'indiquons ici que les grandes lignes de ce schéma :

- de gauche à droite, se placent les six étapes du développement relationnel comme marqué en bas ;
- les deux lignes épaisses délimitent les vécus dynamiques à l'intérieur et les dérapages pathologiques à l'extérieur ; à l'intérieur du champ unifié se constitue le moi, le soi, le self ;
- chaque étape ontogénétique installe une habileté spécifique : équilibres de base, attachement, protection, puissance, intimité, spiritualité ; l'absence de ces qualités provoque les pathologies correspondantes dont les plus importantes sont répertoriées à cheval sur la limite ;
- pour l'adulte, la volonté d'expansion s'applique à ces limites qu'il faut élargir, limites sociales, personnelles, affectives puis créatives.

Nous pouvons revisiter ici l'inversion des étapes que j'ai décrite à mon propos en allant au couvent à dix-neuf ans. J'avais intercalé l'univers créatif entre la socialisation et la socialité, entre l'acquisition de la protection et celle de la puissance. Socialisation et univers créatif se sont amalgamés dans la même recherche de protection. L'acquisition de la puissance adulte a été clivée et retardée. Nous pouvons aussi lire sur ce schéma le pourquoi de l'ajournement de l'engagement spirituel de plus en plus tard dans la vie adulte puisqu'il ressortit de l'univers créatif qui ne prend toute sa place qu'à la maturité. Ces explications permettent de comprendre le sens du concept : « bloc protecteur et clivage aval », fusion de la protection adolescente et de la protection conventuelle et même de celle d'un mariage précoce entraînant un passage ajourné à la puissance adulte. J'associe à cette dernière difficulté les trente années à me protéger encore par la technicité professionnelle. En effet, tout en créant les deux somatanalyses, groupale et individuelle, j'ai cherché à les valider par l'extérieur, en les sécurisant dans le cadre élargi des somatothérapies, de la science somatologique puis de l'intégration de toutes les méthodes, au lieu de consacrer toutes mes forces à la clinique de la somatanalyse. Il n'y a ni reproche ni regret par rapport à ces choix ; ce n'est qu'une observation après coup. À l'inverse, le maintien de la curiosité et le besoin d'ouverture joints à l'isolement dans la campagne alsacienne ont favorisé l'éclosion et l'expansion de la démarche spirituelle.

Troisième message : l'expansion à l'univers créatif est nécessaire sous peine de pathologie. **Quatrième message** : cette ouverture, à la spiritualité en particulier, se fait en des séquences de vie relativement précises sous peine de trouble.

Conclusion

Le développement de la dimension spirituelle doit se faire lors de la dernière étape de vie sous peine de pathologie. Ça prend du temps, beaucoup de temps, et ça emprunte les méandres les plus étonnants. Ce temps d'expansion est créatif et constitue la dernière et la plus importante des étapes de vie, incluant la préparation à la mort et la mort elle-même. Cette créativité qui inclut le spirituel est réparatrice des traumas et des maladies que la vie nous impose.

Et si ma démarche psychothérapique m'a poussé à tout embrasser, il ne pouvait pas en être autrement pour la Présence Juste : il faut l'enrichir avec les méditations classiques.

Chapitre XIV

L'enrichissement de la Présence Juste par les méditations classiques

Introduction

Les fondements pragmatiques et théoriques de la Présence Juste m'ont amené à un dialogue simple et profond avec les méditations classiques. Nous les avons déjà citées pour illustrer des points précis. À présent, nous voulons chercher auprès d'elles les apports qui enrichissent notre protocole, ses effets et leur compréhension.

Nous commencerons par un avant-propos de Marc-Alain Descamps qui avait déjà contribué à notre livre collectif *La Dimension spirituelle en psychothérapie, corps et transpersonnel* sous la direction de Jean-Paul Guyonnaud. Marc-Alain est un grand connaisseur et auteur d'une quinzaine de livres sur la question, et méditant réalisé. Dans son texte, il dresse un inventaire des méditations orientales et de leur intégration en Occident. Il s'appesantit sur certains méfaits de ces accaparements et devient parfois cet imprécateur que je me défends d'être. Mais il est bon de l'entendre d'une bouche qui fait autorité en la matière. Jacques Vigne, autre coauteur sollicité, fera de même en postface, mais nous le trouverons d'abord dans ces « enrichissements » que nous proposent les grands maîtres comme lui.

Avant-propos de Marc-Alain DESCAMPS

« Ce vingt et unième siècle voit l'union de l'Orient et de l'Occident. Cela révolutionne ses techniques de réalisation de soi et fait que la spiritualité succède aux religions. Cela commence avec le yoga, la méditation et le soi.

Le YOGA est une discipline unique qui unit le corps et l'esprit et qui se propage aux Indes depuis plus de 5 000 ans. Quand il est arrivé en Occident, il a paru vraiment urgent dès le début de l'occidentaliser. C'était une voie spirituelle de réalisation et l'Occident en a fait une simple gymnastique. De plus, le hatha-yoga est fait de postures immobiles que l'on tient le plus longtemps possible sans bouger, et la gymnastique occidentale est faite de mouvements et de répétitions par séries de vingt. Donc, les postures immobiles ont été transformées en enchaînements et chacun a voulu inventer son yoga de gestes et mouvements. Cela a commencé en 1960 avec le Dr Caycedo qui a nommé son yoga la sophrologie. Puis cela a continué avec la confusion avec l'aérobic, le stretching, l'eutonie, le pilate, le feldenkrais, le fitness, l'antigymnastique, le holistique, le reiki, etc. Tous les jours est lancé par son « inventeur » un nouveau yoga : airyoga, flowyoga, acroyoga, poweryoga, shadowyoga, sphuranayoga, viniyoga, bikramyoga, yogalates, ashtangayoga, jivamukti, kundalini, anusara, swasthya… jusqu'au serenityyoga et gentleyoga !

Et il va en être de même avec la méditation.

La MÉDITATION est l'obtention de l'état suprême de conscience : le quatrième (turya) ou le cinquième (turyatita), le samadhi ou le samyama, l'Éveil (satori). Alors se produit une mutation ou métamorphose et la chenille humaine devient un papillon céleste ou Éveillé. La méditation s'apprend et se pratique dans les écoles soufis, chinoises, japonaises, birmanes, tibétaines, hindoues, du yoga, etc. « Le brouillard incessant de la pensée cérébrale nous masque le divin », écrit Alain Daniélou (*Le Yoga*, p. 9). La méditation commence avec le pouvoir de penser à ce que l'on veut, de contrôler sa pensée et de ne pas être victime de distractions. Soudain, on s'arrête de penser, on fait l'expérience d'un état différent de paix, de silence, de vide (Shunyata). Puis, après avoir ouvert les yeux et s'être étiré, la pensée repart, mais différemment. Comme pour tout apprentissage (violon, chant, tennis…), il faut une vie de travail. L'apprentissage de la posture de méditation a été fort bien assuré en France par Deshimaru en 1967, qui a lancé le zen.

Puis le Dr Kabat-Zinn au Massachussets (USA) a fait des expérimentations avec le yoga, les a publié et a inventé une méthode d'apprentissage de la méditation en huit semaines qui se diffuse dans le monde entier. Malheureusement, elle a été accaparée par la Cognitive Therapy (CT et TCC) dans un esprit matérialiste. Et c'est tout le mérite du Dr Meyer et de ce livre de restaurer la part de spiritualité de la méditation, puisque c'est le chemin direct pour atteindre le divin.

Il y a eu pire, sous le nom de vipassana s'est diffusée une contemplation de ses idées « comme les nuages du ciel chassés par le vent de l'orage » au lieu de les stopper. Il y a incompréhension et déformation de la voie birmane et du système Goenka. De toute manière, le dalaï-lama ne retient pour les expérimentations IRM du Mind and Life Institute que des lamas qui ont 40.000 heures de méditation. On est loin des huit semaines de stage.

Le SOI est la reconnaissance de la Liberté et donc de la responsabilité. On peut se tromper et choisir le mauvais numéro, alors on a perdu sa mise et son temps. Le SOI est l'objet d'une confusion : on le confond avec le moi ou pire avec l'ego. L'ego est la maladie du moi ou son hypertrophie. L'ego c'est l'égoïsme, l'orgueil et la colère. Certaines personnes se font remarquer en se dandinant comme des canards ou en faisant la roue comme le dindon. Ils ne parlent que d'eux et de leurs richesses, ils se vantent, sont narcissiques et tyranniques. Les bouddhistes tibétains ont mis les trois poisons au centre de leur Roue de Vie : le sanglier représente l'égoïsme, le coq l'orgueil et le serpent la colère. Jung a écrit : « une vie qui n'a en vue que le moi est étouffante », et il a décrit le processus d'individuation qui permet de construire le Soi et qui demande toute une vie.

On a le même processus en Orient pour atteindre l'Atman dans le Védanta hindou. Le SOI est le Divin (Atman = Brahman) et l'atteindre est la voie mystique.

Mais une confusion est possible quand on parle de soi (soi = self, SOI = Atman) qui est l'ego ou quand on croit que tout est déjà là. Actuellement, cela a beaucoup de succès auprès des jeunes qui se jugent déjà arrivés, économisant le chemin et la lutte. Ils ne peuvent pas se tromper car ils sont au-delà du bien et du mal. Alors ils entrent glorieusement dans le Transpersonnel par un truc qui est « facile, rapide et pas cher ». Mais ils ne sont entrés que dans le supermarché du spirituel. Ils sont dans un ersatz, un succédané, un *Canada Dry*. Extérieurement cela ressemble, mais c'est un mensonge. Ils ne pensent qu'à eux et ne se dévouent pas pour les autres.

Le chemin du SOI demande toute une vie,
lire le livre du Dr Meyer vous en apprendra beaucoup. »

La présentation des psychothérapies et des psychanalyses qui ont débouché sur la Présence Juste souligne la prolifération de ces méthodes. Il en va de même pour les pratiques méditatives, le seul bouddhisme lançant le chiffre symbolique de 64.000 formes différentes. Depuis quarante années que je travaille à la pleine intégration des thérapies, je constate que les méditations sont tout autant intégrées dans leur aboutissement commun. Psychothérapies et méditations ne sont que les deux versants de la même montagne, cette dernière se proposant d'ailleurs comme une image forte de l'attitude méditative : stable comme une montagne.

Ce premier acquis explique la synergie entre les deux grands types de pratique et l'accueil enthousiaste des méthodes orientales par les Occidentaux : vipassana a inspiré la sophrologie de Caycedo et la MBSR de Kabat-Zinn. Dans l'autre sens, un gourou indien comme Bhagwan Shree Rajnesh alias Osho a intégré dans son centre de Poona de nombreuses méthodes occidentales, psychocorporelles en particulier, faisant de son ashram le plus grand lieu de psychothérapie du monde. Aussi faut-il aller au-delà des associations et concordances ponctuelles que nous avons décrites jusqu'à présent, pour aller aux apports que constituent les principales méditations à la Présence Juste. Pour éviter un long inventaire à la Prévert, nous devons classer ces apports selon les trois constituants de toute méditation/psychothérapie : protocole de la pratique, mode de vie et sagesse à vivre. Si la pratique régulière se prône partout comme élément clé, on l'élargit rapidement à un art de vivre cohérent. Ces conduites et attitudes relèvent tout autant d'un savoir : doctrine jusqu'au dogme, préceptes jusqu'aux commandements, connaissances ésotériques jusqu'à de réelles constructions psychologiques, ces dernières s'enrichissant à présent des sciences cognitives et des neurosciences. Savoir-faire, art de vivre et sagesse à vivre interagissent et favorisent les effets, ici la Pleine Présence et l'authenticité. Encore faut-il accompagner ces effets d'autant plus riches qu'ils sont subtils et sujets à des dérapages dangereux. Au-delà de deux mois d'accompagnement de la MBSR, il faut assurer les années de pratique prônées par la Pleine Présence tout comme par la psychanalyse. Développons cet apport des méditations classiques selon ces trois constituants.

L'enrichissement du protocole de la Présence Juste

Ma spécialisation dans les thérapies psychocorporelles est un atout puisque les protocoles méditatifs se construisent fondamentalement sur le corps. Il en est de même pour Kabat-Zinn qui est professeur de yoga. Par contre, Ignace de Loyola a dû restreindre ses exercices spirituels à la seule visualisation accompagnée de descriptions verbales à cause de l'ambiance religieuse de l'époque largement hostile au corps. Nous développerons les fonctions les plus utiles à la méditation : posture, respiration, concentration sur les lieux du corps, vipassana, mouvement et action.

La posture

Au couvent, nous commencions la méditation à genoux sur des bancs austères avant de pouvoir nous asseoir. C'est de la mortification ! En Orient, se propose la fameuse assise en lotus avec ses variantes quant au croisement des jambes et à la position des mains. Pour les Occidentaux, c'est souvent aussi de la mortification ! Mes articulations se sont révoltées contre ces élongations à un certain âge. L'étirement des ligaments articulaires libère de l'énergie et la posture sans adossement stimule la vigilance et l'attention. N'oublions pas que les Orientaux n'utilisent pas les chaises alors que nous autres ne savons plus nous en passer.

En Présence Juste, la posture est libre, allant de l'assise zen jusqu'à la chaise, à condition que le dos reste droit et que les pieds soient bien à plat sur le sol. Les bras tombent librement pour relâcher les épaules, et les mains peuvent emprunter à zazen le contact avec le ventre au niveau du hara, six centimètres sous le nombril, contactant ainsi le centre vital du corps. Pour les hindouistes, les doigts se touchent selon des variantes multiples qui répondent à des symboles précis au risque de nécessiter une certaine tension pourtant énergogène (générant de l'énergie) comme l'est le croisement des jambes. Tourner les paumes vers le haut symbolise l'ouverture sur le monde.

En Occident, l'ordination des prêtres passe par une séquence d'allongement sur le ventre. Ici, l'énergie n'a pas à monter du périnée au chignon dans un dos bien droit puisqu'elle est donnée par l'évêque comme lorsque le gourou pose sa main sur la tête pour éveiller la même énergie (Shaktipat). Toutes ces postures sont à essayer et à expérimenter au fur et à mesure, à partir du moment où l'éveil énergétique est stabilisé et ne peut que s'accroître avec une nouvelle attitude plus adéquate. Sinon on laissera tomber !

La respiration

La respiration est au cœur de la plupart des méditations. Dans de nombreuses langues, le mot qui désigne le souffle évoque l'esprit, l'âme et le principe de vie. Il en va ainsi du Saint-Esprit des chrétiens qui est *pneuma*, le souffle (des pneumologues et de notre pneumanalyse). L'évidence enseigne que nous fonctionnons toujours avec ce souffle, automatiquement. La question qui surgit ici concerne la modification volontaire de ce fonctionnement et de son utilisation par les pratiques. En Occident, un connaisseur aussi éminent que Frans Veldman père a interdit toute incursion dans ce fonctionnement. Il n'en va pas de même en Orient. Toutes les modulations existent. Nous en retiendrons deux, le kriya yoga et zazen. Le kriya yoga est une école de yoga développée par Babaji il y a près de cent cinquante ans. Il travaille la respiration avec des indications thérapeutiques précises. Voici quelques-unes de ces formes, pour l'anxiété et l'insomnie.

Matreika pranayama

À chaque état psychologique correspond un mode caractéristique de respiration. Si une personne vient dans votre bureau pour une consultation et qu'elle est nerveuse, anxieuse, pleine de peurs, vous pouvez l'aider à trouver le calme et une nouvelle perspective au problème en lui faisant pratiquer cet exercice. Je vous propose de le faire maintenant. Vous allez compter mentalement et, pendant ce temps, produire un son dans la gorge. L'expiration doit être égale à l'inspiration. En inspirant, comptez mentalement « un, deux, trois », peut-être selon vos capacités, jusqu'à sept. Dans ce cas, l'expiration doit être également de sept. Si l'inspiration est de 10, l'expiration doit être de 10.

Tuka pranayama

Une autre technique pratique de respiration s'appelle tuka pranayama. Elle est très utile contre l'insomnie. Il y a une fréquence et un mode respiratoires caractéristiques de l'insomnie, trouble connu par beaucoup de patients. La formule pour matreika pranayama que l'on vient de compléter, c'était 2.0.2.0., c'est-à-dire une longue inspiration, le 2, un 0 qui signifie pas d'intervalle après l'inspiration, un 2 qui est une expiration exactement de la même longueur que l'inspiration, et un 0 qui signifie à nouveau pas d'intervalle, pas de rétention après l'expiration. Tuka pranayama, c'est 2.0.1.0. c'est-à-dire on compte l'inspiration, mentalement, par exemple jusqu'à 10.

L'expiration, cependant, doit être de moitié : 5. Pourquoi ? Regardez quelqu'un qui dort, remarquez comment il respire pendant le sommeil : il a une inspiration relativement longue, suivie d'une courte expiration. Vous pouvez simuler la même chose, comme un exercice avant de dormir ; demandez au patient de faire tuka pranayama quinze fois, c'est efficace.

Il existe des centaines de techniques de respiration, et la plupart ont été découvertes par les siddhas en observant les habitudes des animaux. Par exemple, ils ont remarqué que l'âge des animaux est inversement proportionnel à leur fréquence respiratoire. C'est-à-dire que les animaux qui respirent le plus lentement vivent le plus longtemps. (Govindan p. 131-133)

Ces propositions sont séduisantes. Le problème surgit quand nous nous rappelons que nous n'avons aucune étude statistique sur leur pertinence, contrairement aux MBSR et MBCT qui accumulent les études de validation qui font chavirer les esprits les plus soupçonneux. Par ailleurs, l'auteur de ce texte met en garde contre les pauses respiratoires pourtant très utilisées. « J'aimerais vous conseiller d'éviter la rétention du souffle. C'est un point controversé : en effet, la plupart des écoles de yoga enseignent cette rétention. À mon sens, elle peut se manifester sans effort, et c'est autre chose. Si vous vous efforcez de retenir le souffle, sur le plan physiologique, cela va raccourcir votre vie et affaiblir votre cœur, par l'intermédiaire des modifications métaboliques induites. Sur le plan psychologique, la rétention du souffle permet d'arrêter le mental, mais c'est un effet très temporaire, et plutôt associé à la suppression des pensées. » (*op. cit.* p. 132)

Le courant appelé zen est l'adaptation du bouddhisme en Chine et au Japon. Il est connu pour la fameuse assise « zazen » déjà évoquée et se complète d'une concentration presque exclusive sur la respiration. Voici comment Karlfreid Graf Dürckheim, introducteur du zen en Occident, décrit ce rythme. « Mesurées en durée, l'aspiration dure un quart de la respiration totale, l'expiration la moitié de celle-ci, un quart restant pour la pause qui s'écoule entre la fin de l'expiration et l'inspiration suivante. Le rythme respiratoire correspond à ceci : expiration – expiration – pause – inspiration. Les quatre temps de la respiration naturelle, de ce "expiration – expiration – pause – inspiration" contiennent la totalité des éléments essentiels intervenant dans l'exercice de transformation qui est le but de l'exercice. Petit à petit l'élève doit en prendre conscience et apprendre à les accomplir d'une manière toujours plus parfaite.

La formule fondamentale par laquelle le "expiration – expiration – pause – inspiration" remplit son but concerne l'homme dans son ensemble, corps, âme et esprit. On peut l'exprimer verbalement par trois formules :

Se lâcher
s'établir (dans le hara)
Se laisser devenir un
Revenir à soi régénéré

Lâcher prise
Se donner
S'abandonner
Se retrouver nouveau

Sortir de moi
Aller vers toi
Tout en toi
Nouveau par toi» (Dürckheim p. 111)

La deuxième partie de ce texte évoque les effets méditatifs classiques découlant quasiment de cette seule concentration sur le souffle. Je l'expérimente depuis quelques temps sans toutefois être arrivé à l'automatisme requis qui prend des mois et des années de pratique. Nous devons faire confiance à la validation que donne plus d'un millénaire d'usage, même sans statistiques (dont je suis peut-être tout simplement ignorant). Nous pouvons intégrer ce souffle à notre protocole de façon très simple à certains moments, tout en appréciant cet apport à l'usage. Chaque induction donne lieu à une séquence respiratoire, par exemple pour la première. J'inspire sur « le bras droit est lourd » ; je place les deux quarts expiratoires sur ce même bras et sens la lourdeur s'écouler de l'épaule jusqu'aux doigts ; à la pause respiratoire, je laisse diffuser cette lourdeur relaxante dans le reste du corps.

Arrivé à « la respiration calme et profonde », je sens le ventre (siège du hara) se gonfler, puis le thorax lors de l'inspiration. À l'expiration, le premier temps vide les poumons et le deuxième temps relâche le ventre. La pause transforme ce ventre/hara en une douce sensation (peut-être déjà voluptueuse) et la diffuse dans le reste du corps.

Ces deux applications ressortent encore d'une guidance volontaire et complètent ce que j'ai longuement développé comme saturation du champ de la conscience et... mindfulness. Quand le vécu bascule dans la contemplation et la plénitude, la gestion volontaire disparaît et nous retombons spontanément dans la respiration habituelle. Cette dernière serait numérotée par le kriya-yoga par 1.0. 1 ½. 0 puis, peu à peu, 1.0 2.0 et même 1.0 2. ½. 0 Traduisons : l'expiration s'allonge à 125 % jusqu'à 200 % de la durée de l'inspiration, à quoi peut s'ajouter une brève pause, spontanément et, peu à peu, automatiquement.

En zazen, la respiration est le seul objet de concentration en plus de la vigilance à la posture. La bascule dans la contemplation survient comme dans toute méditation assidue, à la condition que le rythme respiratoire à quatre temps se soit automatisé ou presque. Il reste une dernière remarque, mais non des moindres, à savoir que la seule action de concentration peut amener à un clivage (analogue à celui des EMI traumatiques). Cette observation sera longuement argumentée dans le tome II à venir. Voici un avis de mon collègue Jean-Pierre Schnetzler, psychiatre, qui m'avait reçu en son hôpital de Grenoble pour un mini congrès.

« L'approfondissement de cette concentration, quel qu'en soit l'objet au départ, amène le développement de phénomènes spécifiques de la seule concentration, qui constituent les états d'extase, ou d'enstase (Mircea Eliade), appelés dhyâna dans le bouddhisme et samâdhi dans l'hindouisme. Ceux-ci se rangent le long d'une échelle étendue qui part de notre condition ordinaire pour atteindre, après un dur entraînement, un état final **d'apparence cataleptique, coupé du monde matériel mais intensément focalisé sur l'esprit seul**. La conscience y est absorbée dans un état de lucidité sereine et béatifique, supraconceptuelle, donc ineffable, dont il existe plusieurs degrés. C'est durant ce parcours que peuvent se développer spontanément, ou être cultivés volontairement, les pouvoirs supranormaux, identiques dans l'hindouisme et le bouddhisme. Ceux-ci, inadmissibles pour le scientisme, donc déclarés inexistants, n'en existent pas moins. Ils reprennent pour l'essentiel des phénomènes étudiés par la parapsychologie et présents chez l'être ordinaire, mais à moindre échelle, d'occurrence rare et non maîtrisée : télépathie, clairvoyance, précognition, effets psychokinétiques, etc. **Ces sous-produits de la concentration ne sont d'ailleurs pas obligatoirement liés au progrès spirituel, qu'ils peuvent même entraver**, s'ils deviennent facteur d'attachement. Leur intérêt est, au minimum, d'empêcher l'enfermement dans une conception matérialiste du monde. » (*op. cit.* Schnetzler p. 39-40). Il faut entendre ici que ces phénomènes sont tellement intenses et à part parce qu'ils surviennent en clivage.

La concentration sur les lieux du corps

Nous avons longuement cité Jon Kabat-Zinn et son bodyscan. Ce scanner du corps lui vient directement de vipassana, pratique de balayage du corps et de vision pénétrante intérieure. La Présence Juste propose plusieurs séquences de bodyscan : les huit temps de la relaxation, l'étirement du corps aux six parois, l'énergétisation des sept anneaux musculaires/chakras et l'ouverture sensori-sensitive de la dizaine de centres de la face antérieure du corps.

Vipassana et les méthodes de focalisation sur le corps dévoilent un second processus méditatif de base (après la respiration), à savoir la capacité énergogène du corps et de chacune de ses parties. Freud a vulgarisé la capacité érogène des lieux du corps, de la peau surtout, selon des mécanismes liés à l'histoire érotique. La méditation asseoit la réalité énergogène du corps, du corps viscéral surtout. Tout lieu de l'organisme est animé par l'énergie générale, il peut concentrer cette énergie et la rendre intense, agréable jusqu'à voluptueuse, tout comme il peut la figer en un spasme douloureux.

Vipassana, sophrologie, bodyscan et cycle personnel de la Présence Juste visent cette énergétisation au-delà de leurs fonctions de relaxation, de concentration, d'évitement de la pensée et d'ouverture des centres de communication. L'excès de concentration peut là aussi provoquer un clivage au-delà du seul spasme. Mais ici le scanner du corps ne reste pas assez longtemps sur un seul centre énergogène, en Présence Juste en tout cas. Nous possédons là un moyen thérapeutique important qui agit aux deux niveaux, général et particulier, de l'être global et des vécus partiels. Il se confirme aussi la vocation thérapeutique de la méditation et la dimension méditative des psychothérapies. Illustrons ce pouvoir dans les deux domaines de l'émotion et du cycle d'ouverture/fermeture des narines.

L'apport de vipassana à la gestion des émotions

Mon histoire personnelle et professionnelle nous a fait passer par la phase héroïque du travail émotionnel intensif, étape importante et nécessaire pour le développement des psychothérapies elles-mêmes. La révolte de Mai 68 et le besoin d'authenticité au-delà de la pure individualisation ont postulé cette gestion vigoureuse des vécus les plus forts : reconnaître l'émotion du moment, s'y focaliser pour en trouver l'origine, la laisser se développer jusqu'à sa résolution et retrouver l'apaisement. La concentration sur les lieux du corps permet une même résolution émotionnelle, en douceur, dans le sens de la catharsis thérapeutique comme de la plénitude spirituelle.

Le balayage global et systématique de tout le corps entame les tensions, fixations et faiblesses sans avoir à les connaître nécessairement. L'état de détente et d'énergétisation les élimine « de surcroît » selon l'expression de Lacan. Frans Veldman a postulé que l'haptothérapeute n'avait pas besoin de connaître les causes des symptômes ni l'histoire détaillée du patient. Sur le divan de la psychanalyse, on se détend, s'intériorise, entre en dévotion de l'analyste et le nettoyage s'opère là aussi à son rythme. En méditation, il en va de même, le changement d'état d'être faisant surgir les nœuds et complexes non résolus. Jacques Vigne décrit cela dans son dernier livre avec des images parlantes.

« Chaque zone du corps est associée à une partie donnée de notre inconscient ; aller en profondeur dans les sensations d'une zone revient à y faire une sorte de forage vertical, au travers de couches de plus en plus profondes afin de faire remonter les sédiments enfouis dans la mémoire. C'est comme si l'on descendait en bathyscaphe à la verticale dans notre océan intérieur : on verra des poissons divers et variés, parfois inconnus, qui se présentent en face de notre hublot. De cette façon, on aura la capacité d'interpréter par nous-mêmes le sens de certains symptômes ou maladies dont éventuellement nous souffrons dans une partie donnée du corps. » (*Méditations, émotions et corps vécu* p. 62)

La « claire vision intérieure » que réalise vipassana permet aussi un travail plus focalisé, investissant les émotions subtiles nichées dans des sensations et attitudes corporelles localisées. Le balayage minutieux du corps détecte ces lieux de par les différences de tension, de chaleur, d'énergie, de passage de la respiration. Jacques Vigne énumère un certain nombre de moyens thérapeutiques pour favoriser l'ouverture et la « réalisation » :

– détecter les enchaînements : crispation de la plante du pied gauche → colère → crispation du pied droit, mains se refermant comme pour donner un coup de poing » → mâchoires et nuque… ;
– en plus de ces zones reliées au stress, « se concentrer sur les zones voisines non ressenties *a priori* [ce qui] permet un effet antistress, un rééquilibrage en profondeur » ;
– ressentir cette inscription sur le visage et le lisser ; « c'est comme si celui-ci disait par son expression : "j'aime" ou "je n'aime pas" ou encore "je suis indifférent" ;

- « affiner l'analyse des émotions opposées » à travers les muscles agonistes et antagonistes ; le dos du pied gauche dont la plante est crispée est « relié à un sentiment de détente, de paix et de pardon » ;
- penser au geste instinctif causé par une émotion : épaules vers le dedans dans la peur, vers l'arrière dans le courage, vers le haut dans la colère ;
- remarquer la perturbation du rythme respiratoire à la survenue de la sensation ;
- « se focaliser successivement sur les positions bilatérales et symétriques, par exemple pied gauche et pied droit ; ... on croise simplement les sensations, on essaie de sentir le pied droit exactement comme le pied gauche... alors l'énergie de conscience s'engage spontanément dans l'axe central » ;
- « prendre l'énergie dans une partie de l'hémicorps du côté de la narine fermée et la mettre dans la partie symétrique » ;
- enfin « pour ceux qui pratiquent beaucoup, attendre que les émotions négatives remontent à la surface de la conscience pour les contempler ». (*op. cit.* passim p. 55-67)

Comment intégrer ces méthodes avérées à la Présence Juste ? Il faut leur trouver les concordances de temps. Tout le premier cycle se constitue de la concentration sur les lieux du corps : habiter son corps, se prolonger aux six parois, éveiller les sept chakras, ouvrir la douzaine de centres de communication. Chacun de ces modules débouche sur un vécu global : relaxation, expansion, énergétisation du dos et de l'avant du corps. À présent il faut porter une attention plus fine à toutes ces étapes pour détecter les sensations de plus en plus subtiles avec les outils de vipassana : suivre les enchaînements de lieu en lieu, distinguer le centre stressé du pourtour détendu, les muscles agonistes des muscles antagonistes, chercher leurs projections sur le visage, leurs perturbations de la respiration, jusqu'à attendre tout simplement que ça se perçoive spontanément. Voilà pour le point de départ somatique.

Les émotions sont aussi directement sollicitées dans le deuxième cycle interpersonnel puisqu'elles découlent de la vie relationnelle. Nous les reconstituons en nous laissant visiter par leurs responsables dans une contradiction apparente avec le but de la méditation qui est de se détacher et de s'apaiser jusqu'à l'égalité d'âme. Oui mais elles existent, ces émotions. Vipassana tout comme le cycle interpersonnel veulent seulement les désamorcer tout comme l'effectuent de nombreuses psychothérapies : la désensibilisaton progressive, l'EMDR, la lifespan integration jusqu'à la longue patience sur le divan. Dans les modules 6 (recueillir émotions et affects) et 8 (communiquer avec l'être présent, une personne perturbante puis un proche aimé), nous complétons le vécu global par les particularités décrites ci-dessus. Il reste le module 10 centré sur l'éthique de l'humain, sur nos responsabilités morales et le souvenir des méfaits et forfaits passés. Cette étape nous met en face des devoirs bien plus que des émotions et de l'affection. Ici nous consolidons notre axe dorsal, l'axe en soi, le centre de l'être, nous affermissons le flux énergétique pour assumer devoirs et responsabilités. La claire vision intérieure de vipassana se tourne ici sur la solidité de cet axe qui reste néanmoins dynamique et souple, en Pleine Présence.

On trouvera dans les livres de Jacques Vigne des centaines de trucs (comme il les appelle lui-même) de ce genre qui enrichissent la méditation. Il rappelle que cette dernière doit être inventive et variée pour ne pas ennuyer ; elle doit être progressive comme nous l'avons développé pour la Présence Juste. En effet, la méditation n'a jamais de fin sinon dans l'extase suprême de la mort. En avançant dans la réalisation de son être authentique, la pratique devient de plus en plus fine et nous offre d'incessantes nouveautés. Jacques Vigne nous en propose l'une d'entre elles, la narine fermée ou ouverte. Cela pourrait sembler trivial. Mais ce n'est que… fondamental. Je propose une citation de mon maître préféré qui part des cycles ultradiens pour arriver aux caprices des narines et à leur gestion.

« L'alternance de l'ouverture des narines est un fait connu depuis des millénaires par les yogis et depuis un siècle environ par les médecins. Wilhelm Fliess, l'ORL de Berlin qui fut pendant plusieurs années l'ami le plus proche de Freud, avait une théorie à ce sujet, en liaison avec la sexualité. Ce qui a été découvert récemment seulement, au début des années 1980, est le lien entre l'ouverture d'une narine et la stimulation de l'hémisphère controlatéral : ainsi, quand la narine gauche est ouverte, l'hémisphère droit est dominant, cela signifiant qu'on aura une meilleure capacité pour les tâches requérant intuition, sensibilité et réceptivité ; par contre, si la narine droite est ouverte, le côté masculin dans la tradition indienne, l'hémisphère gauche sera stimulé et l'on sera plus d'humeur à agir et à analyser. La dominance hémisphérique doit être inversée chez le gaucher. L'intérêt de cette science des latéralités, qu'on appelle svara yoga, est de savoir à volonté et de façon simple quel hémisphère se trouve stimulé à un moment donné : pour cela, il suffit de constater quelle narine est ouverte, par exemple en bouchant une narine et en expirant vigoureusement, puis en comparant avec l'autre narine ; ou en inspirant par un côté en fermant l'autre avec le doigt et en écoutant la différence de son. On peut aussi changer le côté de la stimulation hémisphérique : si la narine gauche est fermée, en se couchant sur la droite ou en se massant fortement l'aisselle droite, on peut l'ouvrir, et ainsi stimuler l'hémisphère droit ; chez des sujets entraînés, il est certainement possible d'avoir le même résultat par concentration directe sur la moitié droite du corps. Notons que prendre un bain a souvent l'effet d'inverser la latéralité stimulée. » (J. Vigne, *Méditation et psychologie* p. 61-62).

Méditation, mouvement et action

Nous pourrions évoquer la voix, les objets rituels et dévotionnels, les lieux sacrés tels nos endroits de méditation personnels. Nous nous contenterons d'un dernier domaine, celui du mouvement et des actes puisque nous avons notre « présence mantrique » pour récolter tous les bienfaits de la voix. Le hatha-yoga avec ses asanas (postures) relève-t-il des seules postures ou déjà du mouvement ? C'est selon les méthodes. Ce que Kabat-Zinn décrit comme séquence yoguique dans sa MBSR relève autant du mouvement que de la posture et il s'agit presque de gymnastique suédoise. (Il est difficile d'enseigner un yoga classique en huit séances étalées sur deux mois.) La motricité occupe une place primordiale dans nos vies, même dans celle des méditants.

Il s'agit donc de l'inclure dans la pratique jusqu'à ce que nos actes deviennent/restent des temps d'éveil grâce à l'attention qui leur est portée. Peu à peu, ça se fait tout seul et c'est l'un des signes de la réalisation.

Le mouvement se propose aussi comme outil méditatif spécifique. Ça commence par les innombrables formes de danse plus ou moins vives et qui se disent sacrées. Nous avons décrit la méditation dynamique d'Osho. Associerons-nous avec le gangnam style et le plus récent harlem shake ? Leur exécution provoque sûrement des effets analogues chez certains jeunes (et moins jeunes). Ça continue par les déambulations plus ou moins rapides des processions (celle d'Echternach décrite ci-dessus où ça sautille) et des pèlerinages (jusqu'à Saint-Jacques-de-Compostelle et surtout La Mecque au moins une fois dans la vie). Les chrétiens orthodoxes font le tour de l'église et embrassent les nombreuses icônes disposées un peu partout. Quant aux Tibétains, ils vont faire tourner les moulins à prière alignés en une longue enfilade. La messe catholique se contente du changement de position : debout, assise, à genoux, à quoi s'ajoute l'avancée jusqu'au chœur pour recevoir l'hostie. L'allure du déplacement prend une importance certaine. Un mouvement lent (3 à 4 km à l'heure) favorise l'intériorisation et un déplacement rapide (6 à 7 km à l'heure) nous précipite dans une intention, un but et de l'attachement éventuel. Dans l'apprentissage de la Présence Juste nous expérimentons ces différentes allures pour les reconnaître, les qualifier et les engrammer. Nous passons aussi de l'assise à la déambulation pour apprendre à ne pas perdre les effets de la première dans la seconde. Une mention spéciale sied à la prière mahométane pratiquée quatre fois par jour, tourné vers La Mecque. Cette prosternation rituelle éveille le flux énergétique et la félicité spirituelle jusqu'à l'extase. Mes élèves tunisiens m'ont confirmé la chose.

La danse sacrée la plus connue est celle des derviches tourneurs du soufisme musulman, rituel appelé sama. Un psychiatre brésilien, D. Akstein, probablement proche du vaudou et du candomblé, a construit une thérapie à partir de la danse giratoire et l'a appelée TTT, Transe Terpsichore Therapie. J'en dois la connaissance à Jacques Donnars. Sa pratique m'a permis d'expérimenter le processus central de la méthode, à savoir celui de l'équilibre. Notre mode de vie nous amène très vite à structurer le mouvement en une posture stable (debout et immobile) et à l'inscrire dans les canaux semi-circulaires de l'oreille. Lorsque nous tournons sur nous-mêmes comme les derviches, nous devons abandonner cette structure habituelle (au risque du vertige et de la chute) pour nous laisser aller au pur mouvement puis développer une nouvelle structuration de ce mouvement, à savoir une structure axiale dynamique. Nous devons nous centrer sur ce qui reste immobile et stable à savoir l'axe autour duquel tourne le corps. Cet axe, nous le connaissons bien, puisqu'il se forge dans le module 3, énergétique. Deux temps importants s'inscrivent ici, le lâcher-prise (central en méditation) et un équilibre dynamique (sans attachement). Il en découle toutes les merveilles que décrit Marc De Smedt, méditant et écrivain, dans son livre de référence *Cinquante techniques de méditation*.

« Le mot sama signifie entendre, mais dans la langue des soufis, le sama c'est l'oreille du cœur qui, par l'écoute des poèmes, de mélodies, d'airs et de modes harmonieux, élève l'âme jusqu'à l'extase et l'anéantissement. Pour les soufis, le sama est un appel de Dieu, dont la vertu essentielle est d'éveiller les cœurs et de les rapprocher de la Réalité Suprême (haqq) [...]

«Dans les assemblées du sama, il faut observer les règles suivantes:

- On ne doit pas faire du sama une habitude. (Car l'habitude du sama, comme toutes les habitudes, est blâmable.)
- Il convient d'espacer les séances afin que le cœur entretienne une vénération pour le sama.
- Le guide ou le maître doivent être présents au sama.
- Ni public ni étranger à la Voie ne doivent participer à la réunion.
- Il faut témoigner du respect au chanteur, au joueur de tambourin (daf) et de flûte (ney).
- Les participants au sama doivent être purs de toute idée de divertissement.
- Il ne faut pas faire de manières pendant le sama.
- Si l'effet du sama ne se fait pas sentir, il ne faut pas le forcer, mais s'il se produit il ne faut pas lui résister; en d'autres termes, si l'esprit souffle, tu t'émeus, s'il demeure immobile, tu restes calme.
- Dans le sama il faut bien distinguer l'effet de la nature charnelle de l'agitation provoquée par l'extase.
- Durant le sama il ne faut pas attendre un soutien de quiconque, mais si quelqu'un nous aide il ne faut pas le repousser.
- Il ne faut pas intervenir dans le sama d'autrui sans la permission du shaykh.
- Dans la réunion de sama, on ne doit pas s'appuyer sur quelque objet ou quelque endroit, et c'est le signe que cette assemblée ne s'appuie sur nul, autre que Dieu.
- Il ne faut imiter personne durant le sama.
- Nul ne doit participer au sama sans la permission du shaykh.
- Celui qui aspire au sama doit éloigner son cœur des plaisirs et être illuminé du ravissement de la prière; son âme scrute la présence divine, et il est capable, durant le sama, de se couper des remous de son soi impérieux.
- Le sama de ceux qui sont étrangers au monde intérieur et qui dans leur cœur n'entretiennent pas de relation avec Dieu est imparfait et ne concerne que l'ego.
- Celui qui, pour une raison quelconque, s'engage dans le sama avec son ego, tout en étant conscient de son moi et de ses motivations, est libertin. Et s'il n'en a pas conscience et qu'il utilise le sama pour le compte de ses propres états d'âme, c'est un associateur. Tel individu tenté par le diable s'imagine qu'il est inspiré par un ange et croit que les désirs de son âme concupiscente viennent de Dieu; c'est ce qu'on appelle être un associateur et comme on l'a dit: "Le sama n'est bon que pour celui qui est délivré de son moi et dont le cœur est vivant."
- Dans la réunion de sama, on doit s'asseoir comme il convient, être calme et recueilli.
- On doit baisser la tête et accomplir un dhikr intérieur (qalbi), sans s'occuper des autres, assis comme durant la prière quotidienne, le cœur un avec Dieu.
- Le chanteur et le joueur de tambourin doivent être des soufis et des gens au cœur ardent. Ils ne doivent pas venir à la réunion pour un salaire ou pour assurer leur subsistance.» (*op. cit.* p. 93, 98-99).

« Les mouvements extatiques des soufis sont parfois comme une danse, et ces mouvements sont alors l'indice du plus haut degré du wajd. Lorsque le soufi est en extase, la joie et l'enthousiasme mystique prennent possession de son corps et de ses membres ; il trépigne et claque des mains, ivre d'amour divin, sans plus avoir conscience de son moi. On appelle cela la danse de l'unité.

Dans la loi exotérique aussi bien que dans la voie mystique, la danse n'est pas fondée canoniquement, et comme les mouvements des extatiques et les comportements des gens du tawajud ressemblaient à la danse, certains plaisantins les ont imités, et d'autres ont cru qu'il s'agissait là de soufisme. Au contraire, chez les soufis, les mouvements, les danses, le dépouillement des vêtements au cours du sama sont toujours involontaires. » [...] «Dans le langage des soufis, wajd est ce qui pénètre le cœur et provoque un état de crainte et d'affliction dans lequel le cœur acquiert une connaissance ésotérique, le wajd révèle à la conscience secrète du mystique quelque chose parmi les mystères de l'autre monde ; c'est un état survenant entre lui et Dieu, causé le plus souvent par la peine de la séparation, mais parfois aussi par la brûlure du désir (shawa) et de l'amour (hubb). » (*op. cit.* p. 102 et 104)

Cette présentation de sama nous emmène dans l'art de vivre qui conditionne la réalisation et dans la sagesse à vivre qui la fonde. Nous y arriverons tout de suite. Mais auparavant, il nous faut conclure sur les techniques, méthodes et protocoles de nos pratiques. Avec les « trucs » de Jacques Vigne, avec les nombreuses formes de déambulation, nous retrouvons la Présence Juste, ses douze modules et sa centaine de séquences. Nous invoquions la complexité au-delà de la complication. Toujours est-il que nous collons bien à la plupart des méditations. Il y a un sens à cette pluralité de méthodes et je voudrais le symboliser par l'image de la peinture impressionniste qui est faite de petites touches de couleurs patiemment déposées sur la toile.

L'aboutissement d'une méditation régulière et prolongée ressemble à un tableau de Monet. Nous reprenons une de nos croûtes d'antan issue de la peinture la plus banale, par exemple une scène de biches dans un sous-bois. Cette image de conformité découle de notre obligation de socialisation (apprendre les règles de la vie sociale), de socialité (respecter ces règles et les transmettre à nos enfants) et de conjugalité (si tel est notre choix, ce qui nous renvoie aux deux biches dans la verdure !). La méditation nous ouvre à des expériences nouvelles. Chacun de ces moments équivaut à une petite tache de belle couleur que nous déposons sur l'ancien tableau. En se développant, la méditation circonscrit des plages plus grandes qui s'associent en points de couleur d'une certaine cohérence. Pendant un temps, ces sous-ensembles bigarrés et disparates côtoient les biches et les arbres tout en prenant de plus en plus de place. Puis les petits ensembles s'organisent et appellent des touches de teintes adéquates. Le méditant essaye une nouvelle technique, un autre maître. Les biches ont néanmoins la vie dure. Leurs têtes sont épargnées tant qu'elles se déplacent ! On ne veut lâcher ni sexe ni ambition. Le tableau passe par une étape brouillonne où on pourrait le jeter, le remanier. Mais l'impression est quand même bonne. Les couleurs sont vives et chamarrées et on continue. On peut proposer un nouveau havre aux deux têtes, un havre impressionniste en attendant de les sacrifier, leurs têtes plutôt que notre âme. Car c'est elle qui émerge peu à peu de ce qui se réunifie sur le tableau et qui laisse de plus en plus deviner une véritable image qui se révèle comme… soi. Il y aura un motif et en même temps des touches de couleurs, les deux alternant comme achèvement et comme cheminement à la fois. La méditation réinvente l'impressionnisme. Ces sous-ensembles lumineux représentent les nouveaux modes de vie, le nouvel art de vivre. Le tableau final nous rappelle la sagesse à vivre qui, avec modes de vie et protocole, nous transforme en un autre être, en l'Être.

Le nouvel art de vivre du méditant en quête de réalisation

Dans l'introduction nous avons évoqué les imprécations des prophètes. Plus loin, nous avons dénoncé l'élitisme des milliardaires (en extases). En postface, Jacques Vigne rappellera que la véritable kundalini ne monte que dans l'abstinence sexuelle. La religion juive a imposé les dix commandements. Bouddha assène ses quatre nobles vérités et l'islam sélectionne par les cinq piliers : foi, prière, aumône, jeûne et pèlerinage. Ailleurs, ce sont recommandations, préceptes, règles, conseils appuyés. Les règles du sama l'illustrent bien. Tout compte fait, il ne suffit pas de pratiquer, il faut encore adapter son mode de vie aux états d'être induits par cette pratique. En résulte-t-il une triste soumission ou un nouvel art de vivre ? Cela nous est-il impérieusement imposé ou pouvons-nous le choisir librement ? Quelle est la relation entre une démarche méditative, ses effets et les règles de vie ? Nos concitoyens ne veulent plus se soumettre aux diktats des Églises institutionnalisées et se tournent vers une démarche spirituelle autonome et authentique. Que deviennent alors ces changements de mode de vie, et comment se constitue l'art de vivre du méditant-dans-le-monde ? Et qu'en fait la méditation pleine présence ? Nous n'avons pas énoncé de règles de vie particulières dans ce livre à part de… pratiquer. Mais peut-on avancer sans changer profondément ? Et nous ne parlons même pas du changement radical que serait le départ dans une vallée de l'Himalaya comme l'a fait Jacques Vigne. Ceux qui lisent les principaux livres dédiés à la méditation savent qu'ils consacrent une grande part de leurs textes aux nouvelles règles de vie. Je ne veux citer ici qu'un seul maître que nous avons déjà lu à propos de la respiration zen, Karlfried Graf Dückheim, mon ancien voisin. Ce choix vient de l'attitude relativement modérée de l'auteur quant aux exigences morales, maintenant une belle place à la sexualité notamment. Pourtant l'invitation à évoluer profondément s'exprime clairement. Écoutons le sage de la Forêt-Noire.

« Celui qui s'engage sur la voie de l'exercice y participe de trois manières : par le corps, par l'âme et par l'esprit. Son travail est déterminé à la fois par son état physique et sa santé, par sa disposition affective et par le niveau de sa relation à l'absolu. Toute pratique présuppose une connaissance de la problématique de la voie. Celle-ci résulte de la tension entre les deux pôles humains : le moi existentiel, conditionné par le temps et l'espace, et l'Être essentiel, absolu, au-delà du spatio-temporel. Il faut pour répondre au droit de l'Être essentiel à se manifester en une forme personnelle, une transformation de l'homme intégral, physique et psychique [...]

« À la base de toute pratique se trouve la décision prise par le novice : 1) de suivre la voie qui mène à l'unité avec l'Être essentiel immanent ; 2) d'accepter le "meurs et deviens" qui se renouvelle sans cesse sur la voie, car il est la condition inéluctable de cette unité comme aussi de la réalisation du Soi véritable qu'elle rend possible. L'homme doit être prêt à abandonner ou à laisser détruire tout devenu. [...]

« Méditer sert à transformer l'homme tout entier. C'est travailler à la métamorphose d'un sujet devenu transparent à l'Être, et qui désormais vit de cet Être. Cela implique une nouvelle forme d'existence en ce monde, une forme dont le signe fondamental est la transparence à l'Être essentiel. » (*op. cit.* p. 87, 88 et 90)

Karlfried Graf Dürckheim énonce avec conviction l'évidence de toute pratique méditative : elle transforme l'être, le fait passer de l'existentiel à l'essentiel, dans l'intégralité de son être. Ça reste encore général mais se présente comme condition sine qua non. Sinon ça ne se passe pas ! Plus loin, il spécifie cette transformation et aligne huit vertus fondamentales dont l'énonciation peut devenir un mantra.

« Le disciple s'aperçoit, un jour ou l'autre, qu'une pratique fidèle de l'exercice implique certaines "vertus". Se lâcher exige du courage, s'établir dans le hara de la confiance. Il faut de la patience pour que le "devenir un" de la quatrième phase porte fruit. En le recevant, lui et l'expérience de régénération qui y est liée, le méditant éprouve un sentiment de reconnaissance. Il se sent en même temps responsable de la protection et de la croissance de ce qu'il a reçu. On pourra donc, avec profit, accompagner dans l'exercice la formule fondamentale des mots suivants, vus ou prononcés :

courage, confiance, patience, responsabilité.

Une autre séquence de mots, dont les qualités correspondent à la formule fondamentale, concerne l'attitude d'ensemble du méditant qui cherche à se transformer. Elles lui font éprouver quatre qualités de caractéristiques différentes :

lourdeur, largeur, chaleur, lumière. (*op. cit.* p. 144)

Si la méditation ouvre par elle-même à la bonté, à la beauté, à l'amour et à la générosité, c'est que ces qualités sont inhérentes à l'être humain, à l'être plus largement et à la vie. Méditer, c'est accéder à la nature même de l'être, à l'authenticité de chacun des êtres.

La psychopathologie nous apporte la preuve *a contrario*. Elle investit de plus en plus « l'état de stress post-traumatique » (ESPT) et cela pour deux raisons : parce que notre société le supporte de moins en moins du côté de la victime (violée, torturée, accidentée) et que nous développons des outils thérapeutiques efficaces comme l'EMDR (eye movement desensitization and reprocessing, voir Meyer 2010) et la lifespan integration entre autres. Mais c'est du côté du bourreau que nous trouvons notre argument : c'est lui qui reste hanté par son acte qui lui revient en flashback pendant la journée et en cauchemar pendant la nuit, jusqu'à ne plus connaître ni paix ni sommeil. Victor Hugo résume la situation avec tout son génie : « l'œil était dans la tombe et regardait

Caïn » (dès la deuxième génération biblique, Caïn tue son frère Abel). Un documentaire télévisé récent, *The Gatekeepers*, réactualise le fameux ESPT : six anciens responsables des renseignements généraux israéliens avouent l'inanité de la violence exercée par leur service, entendons leur monstruosité. Pourquoi ont-ils besoin de le confesser tout d'un coup ?

Sexualité et méditation

Revenons au réalisme de Graf Dürckheim qui s'étend à la sexualité. Elle prend un sens initiatique en tant que cycle émotionnel et comme union avec le/la partenaire transfiguré(e) en intermédiaire de l'union divine. « L'esprit initiatique s'ouvre à la qualité transcendantale cachée dans l'expérience érotique. Tout acte sexuel comporte l'expérience d'un élément d'anéantissement de la conscience, un certain mode de l'expérience du "meurs et deviens". Par elle la conscience ordinaire s'abîme, fut-ce pour quelques secondes, dans un vertige cosmique [...]

Le sens sacré de l'union des sexes, en tant qu'unité avec le divin, n'est pas seulement enseigné et exercé en Extrême-Orient, dans le tantrisme par exemple. Toutes les religions connaissaient secrètement ce sens et sa possible réalisation consciente. » (*op. cit.* p. 57 et 58)

Revenons à la question initiale : la pratique provoque-t-elle le changement par elle-même ou le changement du mode de vie doit-il être obtenu à part pour booster la pratique ? Le maître nous répond : les deux, mon méditant ! Notre position à nous fait confiance à la vertu de la pratique pour susciter le nouvel art de vivre. Je ne voudrais développer ici qu'un seul aspect de cet art, celui de la sexualité qui constitue une des pierres d'achoppement de la démarche spirituelle moderne. Toutes les positions s'expriment : abstinence totale (chez Vigne), utilisation initiatique (chez Dürckheim) et sexualité cool de celui qui reste dans le monde, acteur à qui nous nous adressons en priorité. Avant cette réflexion personnelle, laissons encore le soin à Marc de Smedt de décrire toute la beauté et toute la profondeur du tantrisme indien.

Le tantrisme

« Toute femme nue incarne la prakrti. On devra donc la regarder avec la même admiration et le même détachement que l'on apporte à considérer l'insondable secret de la Nature, sa capacité illimitée de création. La nudité rituelle de la yoginî a une valeur mystique intrinsèque : si, devant la femme nue, on ne découvre pas dans son être le plus profond la même émotion grandiose qu'on ressent devant la révélation du Mystère cosmique, il n'y a pas de rite, il n'y a qu'un acte profane, avec toutes les conséquences que l'on sait (renforcement de la chaîne karmique, etc.). La deuxième étape consiste dans la transformation de la Femme-prakrti en incarnation de la Cakti ; la compagne du rite devient une Déesse, tout comme le yogin doit incarner le Dieu.

« Alors seulement peut survenir “le suprême grand bonheur”, la découverte de l’Unité inhérente aux deux êtres, l’intégration des principes dans la vacuité originelle, préexistante. Cela demande aux adeptes une maîtrise des sens et une façon de considérer la volupté, bien éloignée de la jouissance primaire.

« Dans la Nâyîkâ-Sâdhana-Tîkâ (“Commentaires sur la discipline spirituelle en compagnie de la femme”) le cérémonial est décrit avec tous ses détails. Il comprend huit parties, en commençant avec sâdhana, concentration mystique à l’aide des formules liturgiques ; suit smarana (“le souvenir, la pénétration entre les consciences”), âropa (“l’attribution d’autres qualités à l’objet”), dans laquelle on offre cérémoniellement des fleurs à nâyîkâ (qui commence à se transformer en déesse) ; manana (“se rappeler la beauté de la femme lorsqu’elle est absente”), qui est déjà une intériorisation du rituel. Dans la cinquième étape, dhyâna (“méditation mystique”) la femme s’assied à gauche du dévot et est embrassée “de façon que l’esprit s’inspire”.

Puis vient l’union érotique, transphysiologique et transpsychique, où l’homme et la femme incorporent leur condition divine à l’acte, qui peut et doit durer longtemps et prendre toutes les formes qu’il sied aux amants. La femme donne sa jouissance à l’homme qui lui donne sa force, tendue en elle, mais non émise. » (De Smedt *op. cit.* p. 134-135).

Le cérémonial décrit ci-dessus nous renvoie au discours de Diotime dans *Le Banquet*. Il réalise dans les actes ce que Platon exprime idéalement. L’attrait sexuel et affectif exercé par le sexe et le genre étant le moteur même de la vie, la démarche « d’authentification » ne peut que partir de là. La fameuse « sublimation » du sexuel chère à Freud ne serait donc qu’un abus de bien s… exuel et qu’un détournement de fond (de culotte). Cette nouvelle trivialité doit nous rappeler l’extrême proximité entre énergie sexuelle et manifestations mystiques. Entrons dans plus de détails et allons-y de notre propre approche.

Sensualité, érotisme, sexualité *versus* ascèse, abstinence, mortification

Éléments de réflexion

La mindfulness version Kabat-Zinn n’évoque guère la fonction sensuelle et pourtant le tantrisme fait partie de la famille des yoga, zazen et vipassana. Le tantrisme consiste à utiliser la charge érotique et sexuelle – non évacuée dans l’orgasme – comme starter de spiritualité, transe et mysticisme. Inversement, *Le Banquet* de Platon fait partir la démarche mystique de l’amour des éphèbes. L’extase de Thérèse d’Avila sculptée par Le Bernin représente autant un orgasme qu’une effusion transcendante. Par contre, la réforme de l’ordre des carmélites effectuée par la même Thérèse remet plutôt l’ascèse et l’abstinence aux commandes de la foi.

Une étude de psychologie expérimentale a abordé la question suivante avec statistiques à l'appui : quel est le régime sexuel qui favorise les rêves érotiques, une sexualité régulière ou l'abstinence ? Vous vous êtes probablement trompé(e) ! C'est l'abstinence. Nous pouvons en faire l'expérience nous-même, à l'époque où nos vies conjugales deviennent séquentielles et où nous observons que le sexe n'est pas la pulsion « irrépressible » que Freud a décrite. Nous avons tous des périodes d'abstinence sexuelle, pour de multiples raisons, et nous pouvons les vivre sans trop de désagrément. Alors, favorisent-elles ces rêves érotiques aux orgasmes doux et profonds jusqu'à réveiller pour mieux savourer ? Oui. C'est du tantrisme.

Lors de la retraite de quinze jours qui a inauguré mon noviciat, le prédicateur nous confiait que cinquante pour cent des prêtres transgressaient la loi du célibat et de l'abstinence. Il y a cinquante ans déjà ! Et les actualités récentes évoqueraient plutôt l'augmentation du chiffre ! Autre actualité. Les nonnes américaines, il y en a cinquante mille encore, demandent au pape la permission de se masturber, c'est ce qu'un entrefilet journalistique a révélé. Elles deviennent donc intégratives, ces nonnes catholiques, puisqu'elles pratiquent le tantrisme. Ça se faisait de toute façon, mais maintenant elles demandent la bénédiction du pape. (Benedicere = dire que c'est bien.)

Sexualité et Présence Juste

Ce préambule hétéroclite mais évocateur amène à la question du titre : qu'en est-il du sensuel et du sexuel dans la pratique de la Présence Juste et dans la méditation en général ? Qu'en est-il pour celui qui voulait faire l'amour au moins autant de fois que d'avoir été à la messe ? Il s'agit d'une vraie question qui se gère généralement avec le maître des novices, le gourou ou l'enseignant de la Présence Juste. Qu'en est-il des fantasmes sexuels et de l'excitation ? Nous sommes et restons des êtres sexués ainsi que Freud l'a rappelé aux professionnels et au monde occidental. Comment cela s'harmonise-t-il avec une pratique comme la nôtre ?

Il faut d'abord reconnaître que les fantasmes et la volupté peuvent traîner par là pour de multiples raisons. Ensuite qu'ils peuvent être absents et s'éveiller lors de la pratique. Enfin, ce pourrait même être l'intention plus ou moins avouée d'une séance de Présence Juste. Puisqu'ils sont présents, nous devons les accueillir en toute présence. Cela semble évident et devient la règle d'autant plus que, comme psychothérapeutes, nous ne pouvons pas cautionner un refoulement, une répression ou un blocage de cette pulsion. La Présence Juste peut même servir de préliminaire et de préparatif à l'activité sexuelle grâce au premier cycle énergétique et au deuxième cycle relationnel. Dans ce cas, nous ne parlons pas de méditation, bien sûr, à moins qu'il ne s'agisse d'un rituel tantrique. Il s'agit d'art de vivre ou de remplaçant du viagra. Et pourquoi ne serait-il pas quand même méditatif ?

Voici un premier avis en quatre points :

- la sexualité est l'un des investissements spécifiques de l'énergie ; investissement dans le deuxième chakra des Orientaux, dans les lombes jusqu'aux organes sexuels chez nous, orange ;
- cette énergie éventuellement sexuelle est partie prenante de l'éveil énergétique que nous sollicitons dans le troisième module de la pratique ;
- lorsqu'elle dépasse une certaine intensité, elle sollicite une satisfaction sexuelle ou provoque une répression ; les deux solutions sont certes « présentes » mais n'ont plus à voir avec la pratique de Présence Juste proprement dite ;
- aussi, si nous voulons continuer cette pratique, avons-nous à maintenir cette énergie érotique en deçà du seuil de « l'irrépressible » ; cela se fait par l'intégration du sensuel et du sexuel dans la circulation énergétique, mouvement ascendant de la kundalini et mouvement descendant de la grâce, qui maintiennent une intensité soutenable, agréable et voluptueuse.

Il ne s'agit donc pas de jouer au tout ou rien. La sexualité n'est pas irrépressible et à bannir ; elle n'est pas non plus inexistante et à oublier. « L'homme n'est ni ange ni bête, mais le malheur veut que qui veut faire l'ange fait la bête. » Et lorsqu'on n'a pas de réalisation sexuelle, ça se transpose dans des rêves érotiques. Par contre, nous ne savons pas – je ne sais pas – si cet exutoire nocturne prend des formes mystiques chez les grands méditants, ou des formes très humaines ! On nous dit que les êtres éveillés continuent à avoir des émotions, mais qu'elles coulent innocemment comme sur un dos de canard. L'orgasme est une émotion, comme nous l'avons vu.

Ascèse, abstinence, mortification

Tout un pan de la vie mystique repose sur l'ascèse, l'abstinence et la mortification. Moi-même, lorsque j'étais au couvent, je me donnais la « discipline », c'est-à-dire des coups de fouet sur les fesses. Pire encore, je les confectionnais moi-même, ces « disciplines » pour toute la communauté. Le savoir-faire, le voici : prendre de la grosse ficelle, la tresser en un manche et quatre lanières et tremper ces dernières dans la cire liquide ! Même pas mal. Par contre, l'un des collègues s'est frappé jusqu'au sang et s'est fait… renvoyer pour incompatibilité avec la vie religieuse.

Trois dimensions se révèlent ici à considérer sérieusement : le vécu de la sexualité, le clivage de la sexualité, l'intégration de l'énergie sexuelle à la méditation.

Le vécu de la sexualité et la démarche spirituelle

Nous sommes en « présence juste ». La sensualité et la sexualité en sont partie prenante et parfois intention délibérée. Nous avons vu l'utilisation de la PJ en sexothérapie (après le premier cycle) et en conjugothérapie (après le deuxième cycle). De plus, une saine sexualité peut devenir un maillon de la chaîne méditative et mystique. Le tantrisme des Orientaux en atteste. Mais si la PJ devait favoriser une compulsion sexuelle jusqu'à l'addiction, cela dépasserait les intentions de notre pratique.

Le clivage de la sexualité

À quoi servent ascèse, abstinence et mortification ? À cliver la fonction sexuelle, tout comme, à l'autre extrême, on peut cliver les fonctions spirituelles. Le clivage sert à séparer et à différencier une fonction donnée de l'ensemble du fonctionnement pour mieux la gérer. On peut alors la réprimer sans toucher l'ensemble, mais ça sert aussi à lui donner une place privilégiée. L'évolution des mœurs – et des pharmacons – réalise actuellement une séparation presque absolue de la sexualité : liberté morale et légale de pratiquer ce qu'on veut dans le consensus des partenaires, séparation d'avec le mariage, séparation d'avec la procréation, séparation d'avec la gestation même grâce aux ventres à louer, sécurité contre les maladies sexuellement transmissibles et le sida et, depuis peu, pornographie pour tous y compris les adolescents (70 %) et les enfants (50 %). La sexualité devient une chose en soi, pour soi. Il n'y a pas d'appréciation morale ici, seulement une observation à considérer comme telle. Concernant la pornographie vue par les enfants, la société commence à se diviser : d'un côté les indignés, de l'autre les réalistes. Les enfants et ados trouveront bien la parade !

Avec l'ascèse, on clive pour gérer. *Divide et impera*, divise pour régner ! Freud appelait cela « sublimation », mais ce concept a pris un sens négatif, proche de la mortification (se donner la mort !). Mais il en sort un avantage évident : on dispose de toute l'énergie pour les fonctions spirituelles et mystiques. Ces dernières, clivées de leur côté, fonctionnent avec plus d'intensité. Deux images peuvent faire comprendre : l'image de la cocotte-minute clivée dans sa carapace digne d'un tank et… la masturbation. Débarrassée de partenaire et tout aux réglages subtils de sa propre jouissance, l'intensité de l'orgasme augmente, au risque de la « petite mort » par contraste. Dans la vie mystique, ce clivage – jusqu'à la dissociation – gratifie de l'extase, suivie de la « nuit de l'âme ».

À l'inverse, la Présence Juste est agencée de telle façon que le pratiquant assure son unité (par relaxation, expansion dans l'espace, etc.) et développe son unification dans des vécus de plus en plus intenses (éveil énergétique, communication avec les autres, y compris dans les relations problématiques). La vie sexuelle de mieux en mieux gérée participe de ce « recentrement en soi ».

L'intégration de l'énergie sexuelle à la méditation

Lorsque la fonction sexuelle n'est pas clivée par l'ascèse ou la pathologie, elle peut servir de starter et alimenter la méditation. Elle crée ces purs moments où l'on ne pense pas, n'agit pas, ne s'attache pas. C'est ainsi que se définit la méditation chez les Orientaux. Mais il y a un seuil d'intensité à ne pas franchir au-delà duquel l'évacuation orgastique s'imposerait ou alors un spasme désagréable. L'éveil des six autres chakras/ centres énergétiques et la circulation de la sensation dans l'« axe en soi » permet cette tempérance. Voici un texte qui décrit voluptueusement ce processus. J'inaugure ici les deux concepts de **somatème** (unité de vécu sanogène, générant la santé, à prédominance corporelle) et de **somatôme** (même unité de vécu mais pathogène).

Les somatèmes tendres et sensuels

Nous partons d'une situation que tout le monde connaît. Nous sommes allongés avec un être cher et de préférence aimé comme cela se fait le matin par exemple, au réveil, avant le lever. Le personnage que je vais décrire – et que je suis pour le savoir si bien – colle son bassin contre les fesses de sa partenaire, réalisant un contact peau à peau. Voici les ressentis qui se développent spontanément du seul fait de ce contact et qui constituent autant de somatèmes.

Ce texte pourrait être un nouvel acte d'exhibitionnisme ! Je le fais malgré tout pour trois raisons. Ces vécus sont ceux-là mêmes de la montée de l'énergie tendre du module 3. La dissection sinon vivisection des vécus est indispensable pour progresser dans la pratique surtout lorsqu'on veut transmettre soi-même cet apprentissage aux autres. Nous retrouvons enfin la même analyse subtile qui a présidé au protocole initial et à vipassana. Et puis, ça donne en vie !

L'éveil des sensations neurovégétatives : le somatème sensualité

Après une à deux minutes s'éveille une sensation douce, diffuse, agréable, sensuelle jusqu'à l'érotique, qui envahit la zone en contact puis la partie antérieure du corps. La prise de conscience n'empêche en rien cette émergence ni sa diffusion de plus en plus grande parce que le corps fonctionne avec une certaine inertie qui stabilise ses états. On peut évoquer l'activation des récepteurs du plaisir de la peau, une douce tension de la musculature lisse des viscères génito-urinaires, cardio-vasculaires, digestifs et la sécrétion d'endorphines par les intestins. Ce somatème d'un doux érotisme peut se savourer pour lui-même pendant le temps disponible ou pendant sa durée spontanée. Cette érotisation met les viscères relâchés par le sommeil dans une certaine tension et entraîne une évolution de ces viscères et des ressentis, sous trois formes principales, spastique, asthénique ou énergétique.

Le somatôme spastique

La tension érotique peut entraîner une réaction spastique de la musculature lisse de viscères en mauvaise situation. Une vessie trop pleine devient désagréable et même douloureuse. Un utérus qui perd son endomètre lors des règles, idem. Les intestins et colons en hyper- ou hypo- activité avec tendance diarrhéique ou constipation accroissent le malaise après un temps de jouissance.

Le somatôme asthénique

Même sans trouble viscéral, la douce plénitude peut s'épuiser progressivement et mener à de la frustration ou à l'endormissement. L'une des réactions logiques consisterait à ajouter une stimulation volontaire plus intense qui se situerait tout aussi logiquement dans l'excitation sexuelle. Mais on manque d'énergie !

Ce bonheur initial, quand il dure, amène peu à peu une modification du substratum neurobiophysiologique. L'investissement tactile puis viscéral cède la place au fameux éveil dit énergétique, mieux encore neuro-énergétique. Ce nouveau somatème s'appelle volupté.

L'éveil énergétique : le somatème volupté

Quand on en a la possibilité, autant acquérir ce délice qui vient spontanément mais qui se cultive aussi. Il s'agit d'un « pur processus », pur de structure, que nous accompagnons en toute conscience comme nous savons le faire grâce à la PJ. Il ne nous fait pas encore perdre la tête, ce que nous ne permettons pas s'il n'y a pas d'accompagnement sécurisant. Nous ne voulons pas de somatômes spastiques ou asthéniques qui sont des mécanismes de défense contre la submersion par la volupté.

Le somatème centre source

La sensation douce du ventre et du bassin se déplace peu à peu vers l'arrière du périnée où elle éveille un nouveau ressenti non sexuel. C'est la source de l'énergétique, issue de ce centre que les Orientaux symbolisent par le serpent kundalini sortant de son panier, stimulé par son fakir de maître. C'est aussi le premier chakra et septième anneau reichien à l'arrière du périnée. Il y a trente ans, j'avais longtemps cafouillé avec un patient obsédé par de pareilles sensations qu'il situait dans le rectum et qu'il attribuait à l'homosexualité et à la sodomie, alors qu'il était un heureux époux, père d'une charmante fillette. Peut-être que Freud a-t-il tout autant cafouillé en nous traitant tous d'homosexuels refoulés. Il avait raison au moins sur le fait que nous sommes tous capables de ressentir cette volupté périnéale et rectale.

Le somatème kundalini

Adoptons cette image du serpent montant le long de la colonne vertébrale, devant elle, avec le même plaisir qu'en sa source mais en s'atténuant au fur et à mesure de sa diffusion vers le haut. La même quantité d'énergie concentrée d'abord localement se répartit tout du long de la colonne et déborde au-delà du crâne. La kundalini traverse les chakras en les ouvrant, se nourrit de l'énergie des anneaux musculaires reichiens, tout en pouvant y buter en cas de rigidité de l'un ou l'autre de ces derniers. Cette montée a une vitesse relativement lente, au mieux de plusieurs secondes quand tout est ouvert. Le somatème a une qualité différente selon le segment corporel et peut être savouré spécifiquement.

Le somatème félicité

En envahissant le cerveau, cette énergie subvertit la structure mentale, lève contrôle, maîtrise et volonté, et peut libérer une félicité indicible dans l'« harmonisation psycho-cérébrale » (HPC cf. Meyer 2012). Cette félicité associée à une intense et rayonnante lumière dans la tête qui est à l'origine des auréoles et autres auras, provoque une jouissance bien plus riche que le banal… orgasme sexuel. Mais il faut avoir expérimenté !

Le somatème Pentecôte

Pentecôte. Descente du Saint-Esprit. Même ici l'humanité se coupe en deux. Chez les Orientaux ça monte, l'énergétique ; chez les Occidentaux ça descend, la grâce, même s'il s'agit de la même chose et que ça se complète de toute façon par un bouclage de boucle : ça monte et redescend ; ça descend et remonte. Dans notre situation, tendrement blotti contre l'être aimé, ça ne descend pas n'importe comment. Au niveau du cœur, l'heureuse énergie (félicité) se transforme en amour, agapé, philia. Une sensation très chaude se transforme en sentiment d'amour inconditionnel. Il est là, tout simplement, dans la région thoracique ; pour qui, pourquoi ? On est rempli d'amour, un point c'est tout, point barre.

Puis cet amour lumineux descend dans le ventre et transforme l'érotisme en volupté (non sexuelle). Les endorphines passent par-là, l'ocytocine aussi libérée par le système limbique lors de l'allumage de la lumière. Tant qu'à faire, cette énergie coule par les bras et remplit les paumes d'une boule d'énergie ; elle coule par les jambes et fait perler les mêmes faisceaux d'énergie sous les voûtes plantaires.

Le somatème plénier

Volupté, dans le ventre ; félicité, dans la tête ; agapé, dans le cœur.

Les trois lieux énergétiques principaux ont sécrété leur quintessence. Je peux entretenir ces sensations quand elles faiblissent : je me reconcentre sur la volupté de mon ventre et, en m'y concentrant, je la recrée ; elle est suffisamment intense pour monter le long de la colonne dans une circulation délicieuse ; dans le crâne, je sens sa transformation en félicité et lumière ; je m'attarde à cette « harmonisation psycho-cérébrale » dans laquelle mon cerveau ne pense plus et ne fait que sentir le bonheur. Puis ça descend et réchauffe le cœur : agapé. Mon somatème se plénarise en volupté, félicité et agapé. Sont-ce trois somatèmes ; n'est- ce qu'un ? Je suis rempli, plein, plénier.

Le somatème de l'un

Psyché et soma, l'essence de l'énergie et la nature de l'esprit sont perçus distinctement (mais pas clivés, comme on le fait dire à Descartes). Comment unifier ces deux dimensions internes de mon être ? Par la troisième dimension, relationnelle. C'est en investissant la partenaire, me laissant investir par elle, que se connectent jusqu'à fusionner énergie et esprit. Descartes a oublié cette « intention », ce prolongement (haptonomique) en l'autre, cet amour qui fusionne mon être. Moi et l'autre ne se distinguent bientôt plus, pas plus que psyché et soma. Je suis, voluptueusement, amoureusement, spirituellement ; je suis tout cela en un. Oserons-nous associer sur la trinité qui réunit Dieu (ethéré, psycho-), son Fils (incarné, somato-) par l'intermédiaire de la colombe envoyée par le premier sur le second (relié, socio-) ?

La sagesse à vivre

La pratique est première, répétons-le. La pratique assidue et prolongée s'accompagne d'une modification de l'art de vivre dans le sens de la bonté et de la générosité ainsi que de la responsabilité envers les autres et la planète. Qu'est ce qui entraîne l'autre, la pratique ou le mode de vie ? Nous observons que l'un ne va pas sans l'autre. Il s'ajoute une troisième dimension, à cette évolution, la sagesse à vivre. Elle aussi est consubstantielle à la démarche d'intériorisation, mais la question des priorités devient plus aiguë puisque cette dernière ressort beaucoup plus de la culture ambiante et de la tradition sinon de la loi. Alors que l'individu peut façonner son mode d'être individuellement, il a beaucoup plus de mal à créer un nouveau corpus théorique à lui tout seul. Le nouveau pape, François, détonne avec sa bonté et son humilité, avec sa façon d'être proche, mais il ne modifie pas la doctrine de la foi, en tout cas pas en ce début de pontificat. Ceux qui ont réussi à le faire ont payé le prix fort : trois siècles de persécutions pour le jeune christianisme, une interminable guerre pour le luthérianisme et l'islamisme. La sagesse à vivre qui accompagne les expériences spirituelles poussées n'est pas une carte de restaurant qui permet de faire son menu à sa guise. Elle se décline en commandements (dix), en lois (le blasphème contre Allah est puni de mort), en positions sociétales qui s'invitent au Parlement français avec la loi du mariage pour tous. Nous ne reviendrons pas sur l'opposition entre transcendance comme cheminement personnel et objet transcendant comme absolu. Nous nous demandons seulement s'il reste une certaine liberté individuelle à un niveau d'engagement profond. J'ai développé cette question lors du dernier enseignement du groupe de formation toulousain. On m'a interpellé avec violence sur la rémanence de ce terrible pouvoir des dieux encore aujourd'hui. Justement, pouvons-nous y échapper tout en voulant pousser la réalisation de notre être aussi loin que possible du côté des purs processus, volupté, félicité et agapé, jusqu'à la transe immanen-scendante ?

Nous réserverons le développement de cette question majeure pour le prochain livre et nous contentons ici de propositions données en mille avec un minimum d'argumentation. Il s'agit bien d'une piste pour constituer la sagesse à même d'accompagner jusqu'au mystique, jusqu'au caché. Et si je blasphémais et risquais ma tête ? Il ne me resterait qu'à… m'asseoir et méditer ! Que fera le méditant-dans-le-monde que je suis et que j'interpelle ici ? Faisons confiance à notre société occidentale qui assure la liberté de penser et de professer ses croyances. Encore faut-il en avoir ! Comment arriver à trancher sagement si je dois opter pour la continuation de ma sexualité ou pour l'abstinence ? Cette question récurrente vient d'être relancée par le feuilleton DSK auquel viennent de s'ajouter deux nouveaux épisodes. Un livre d'une de ses récentes maîtresses le traite de cochon, tout en ayant perçu que la bête aurait pu craquer et se convertir comme saint Augustin, l'espace de cinq minutes ! Un documentaire télévisé commenté par un psychanalyste y voit celui qui voulait lamentablement tout ! Le même jour on loue la sortie de la vie de Casanova dans la prestigieuse édition de la Pléiade. À deux cents ans de distance, on applaudit celui qui a su, pu, osé. Mais aujourd'hui le digne héritier de Don Juan/Casanova n'est toujours encore qu'un cochon avide. Le sexe et la spiritualité n'ont toujours pas réglé leurs comptes. Et si DSK était un pur adepte du tantrisme ?

Du sexe à l'Être

Je propose ici un parcours condensé vers cette sagesse nécessaire à la réalisation de soi. Nous partirons du sexe pour arriver à l'être. En effet, si « l'éveil » se réalise comme un abus de bien s… exuel et un détournement de fond, de culotte, répétons-le, si la volupté énergétique est une gastronomisation et une esthétisation de l'énergie sexuelle, une sublimation, il faut partir du départ. Nous arriverons aussi à l'arrivée représentée par la réalisation de l'Être. En effet, il n'y aura pas là-bas d'objet transcendant et dissocié, pas de Dieu jaloux et vengeur, mais l'être, la vie, l'existant présent tel cet univers que le satellite Planck vient de cartographier 380.000 années seulement après le big bang. L'univers y serait une grosse soupe de particules étalée à plat comme une pizza (*Le Monde* 22 mars 2013). Je suis un agrégat de certaines de ces particules déjà présentes à l'époque. C'est l'immanence. Au-delà de ce raisonnement purement logique, je peux expérimenter phénoménalement cette réalité dans ma méditation quand je m'expanse aux dimensions de l'univers, en immanen-scendance. Ce sera notre point le plus approché de l'asymptote de l'Être. Il y aura huit autres étapes entre sexe et Être, ou plutôt huit autres réalités du présent auxquelles se confronte la Présence Juste pour générer la Pleine Présence. Exposée telle quelle, notre proposition semblerait bien prétentieuse si nos étapes n'étaient pas aussi celles de Platon, Socrate et de la prêtresse Diotime que nous avons exposées au chapitre VII.

Notre tableau reprend les dix temps de la transfiguration, des beaux corps jusqu'à l'immortalité, en passant par la beauté divine et l'amour accordé par les dieux. Le mot transfiguration désignerait un point d'arrivée mais notre tableau objective dix réalités présentes en même temps et dix réponses de l'être concomitantes et dix états de Pleine Présence également. En effet, nous fondant sur le modèle de Platon, nous distinguons plus précisément trois lieux de l'être : le lieu des réalités objectives, le lieu de la réactivité subjective à ces réalités et enfin la qualité de la présence lorsqu'elle est pleine. Nous retrouvons des réalités évidentes, des éléments psychologiques connus et des concepts plus personnels à présent familiers. Comme plusieurs de nos grands tableaux (comme celui de l'ontopathologie à trente-six cases, Meyer 2012), celui-ci se construit comme un véritable algorithme qui lui donne sa consistance sans que nous voulions l'expliciter ici. Tout comme ces mêmes grands tableaux (ontologique, ontogénétique et ontodynamique), chaque élément isolé peut être discuté (sans fin) mais l'ensemble ne peut être ébranlé à cause de cette construction logique, algorithmique.

Les dimensions et qualités de présence / Les étapes de la réalisation de l'être	Le cheminement mystique chez Platon	Les réalités objectives du présent	Les réactions subjectives en Présence Juste	Les états de Pleine Présence
1)		le sexe	l'attraction	satisfaction
2)	rechercher les beaux corps	une femme	l'altérité	attachement
3)	identité de tous les beaux corps	les femmes	la relativité	montée de l'énergie
4)	beauté des âmes	la féminité	la complexité	amour conditionnel
5)	beauté dans les actions et les lois	intégration de la féminité au masculin	la complétude	individuation
6)	les sciences comme guide	les sciences	l'évidence	révélation
7)	la beauté en elle-même qui est divine	les arts	l'émerveillement	descente de grâce
8)	être aimé des dieux	les maîtres et modèles	le dévouement	amour inconditionnel
9)	toucher la vérité	l'éthique et les valeurs	l'engagement	authenticité
10)	devenir immortel	L'Être	la réalisation	immanen-scendance

Tableau 16 : La sagesse à vivre et les dix étapes de la réalisation de l'Être.

Les étapes de la réalisation de l'être / Concordances	Les réalités objectives du présent	Freud	Jung	Mystique chrétienne	Mystique orientale
1)	le sexe	ça	ombre	péché	samsara
2)	une femme	moi	persona	tentation	karma
3)	les femmes	surmoi	inconscient collectif	Eglise	sangha
4)	la féminité	inconscient	anima/animus	Vierge Marie	Kâli
5)	intégration de la féminité au masculin	sujet (lacanien)	soi	Christ	tantrisme
6)	les sciences	transfert magistral		croyance	dharma
7)	les arts	sublimation		extase	mandala
8)	les maîtres et modèles	transfert affectif	relation je – tu soi – nous	dévotion	samadhi
9)	l'éthique et les valeurs	insight		foi	nirvana
10)	L'Être	sentiment océanique	Soi	salut	bouddhéité

Tableau 17 : La sagesse à vivre et les concordances psychanalytiques et mystiques.

Pour plus de lisibilité, nous proposons les concordances dans un deuxième tableau. Ces associations découlent de nos deux grands référents, les psychanalyses freudienne et jungienne et les mystiques chrétienne et orientale. Nous n'avons pas cherché à faire de fausses fenêtres, à savoir remplir à tout prix les dix cases de ces quatre systèmes. Nous avons posé ce qui venait spontanément sans demander à Google de faire le reste. Là encore, chaque concept isolé peut être critiqué, car c'est l'ensemble qui fait sens, sens et sagesse, insight et évidence, au-delà du doute.

Nous partons donc du sexe en une véritable provocation pour le méditant – mystique, mais aussi comme une simple évidence pour le méditant-dans-le-monde. Nous respectons l'enseignement de Freud qui n'a pas craint le reproche de pansexualisme. En fait, le sexe fonctionne comme symbole et comme métaphore de tous les attracteurs qui encombrent notre vie : objets d'addiction, pulsions de réussite et de domination, besoin de possession et de pouvoir. Mais le sexe, c'est aussi une femme et un homme, puis les femmes et les hommes et enfin la féminité et la masculinité. Il en faut du temps pour franchir ces trois premiers pas. Et c'est le quatrième qui fait bascule, retournement, conversion. Je suis à la fois cette féminité et ma masculinité. Je n'ai plus à conquérir, maîtriser, violer, ce sexe. J'ai à le reconnaître en moi. J'ai à m'émerveiller devant ce sexe qui éveille mon énergie jusqu'à me révéler ma complétude et réaliser mon individuation. Dans la vie intime d'aujourd'hui, il en faut du temps, des ruptures, coups de foudre et divorces pour arriver jusque-là, si ce n'est dans la résignation. La sagesse à vivre fondée sur la méditation facilite les choses.

Passons rapidement sur la connaissance (pour le bouddhisme, l'ignorance est l'un des principaux fléaux), sur les arts, les maîtres et l'éthique puisque ces réalités objectives sont méditées dans les modules 8 à 11. Soulignons seulement la dernière étape : devenir immortel, l'Être, la réalisation de l'Être, le tout vécu phénoménalement dans l'immanen-scendance. Ça reste précisément « phénoménal », inconceptualisable, et nous n'en dirons donc pas plus si ce n'est que nos pauvres mots à nous correspondent aux descriptions faites dans toutes les traditions et dans nos psychanalyses modernes, freudienne et jungienne notamment.

Voilà cet enrichissement de la Pleine Présence par les pratiques et sagesses classiques. Nous percevons que nous pouvons aussi passer à ces autres pratiques, à ces autres modes de vie et même sagesses. L'important, c'est la rose et la pratique ! Après ces nouveaux tableaux propres à donner le vertige, je voudrais conclure avec une synthèse plus pragmatique et plus simple, avec le secret de la méditation et l'observation des séquences d'une séance de pratique chez le méditant-dans-le-monde qui commence peut-être à devenir un méditant-mystique.

Le secret de la méditation

Dès que s'arrêtent les activités externes : agir, penser et s'attacher,
se libèrent les ressources internes : volupté, félicité et amour.

Les neuf étapes de la séance méditative

1) Se mettre à pratiquer pour interrompre l'agir.
2) Se concentrer sur le protocole pour arrêter de penser.
3) Rester centré sur l'exercice pour ne pas s'attacher aux résultats.
4) Accueillir les effets spontanés sans mentaliser ni agir.
5) Prendre tout le temps que dure un éveil spontané de volupté, félicité et/ou agapé puis se reconnecter à l'étape du protocole interrompue.
6) Se laisser submerger par toute transe globale en une conscience purement phénoménale.
7) Se sécuriser par la concentration sur le protocole lors de tout dérapage en excès, défaut ou routine, stress choc ou bloc.
8) S'émerveiller de toutes révélations et visions avec gratitude et détachement.
9) Lorsqu'il est temps d'arrêter ou que se sent le besoin de passer à autre chose, connecter ces processus internes avec les obligations externes et entrer dans la nouvelle séquence de vie en Pleine Présence.

Chapitre XV

L'autothérapie en Pleine Présence

Jusqu'à présent, nous avons beaucoup insisté sur les psychothérapies et la méditation jusqu'à déboucher sur la médecine méditative et intégrative. Nous avons quelque peu négligé l'autothérapie pourtant promise en sous-titre de ce livre. Il fallait d'abord établir les éléments techniques d'un côté (protocoles, pratiques, méthodes psychothérapeutiques) et leurs effets (dans un cas clinique, une histoire de vie, la plus abordable étant la mienne). Aussi l'application à l'autothérapie peut-elle en découler à présent, au-delà de la présomption que cette utilisation se comprendrait toute seule et s'adopterait spontanément.

Certes, les pratiques orientales sont des thérapies à la fois soignantes et préventives. Certes, les lieux de développement spirituel occidentaux comme ce couvent que j'ai décrit distinguent les bonnes indications et «renvoient» les mauvaises. Certes, les articles professionnels de nos revues médicales (*Annales médico-psychologiques, Journal de Thérapie Comportementale et Cognitive*) parlent de plus en plus de la pleine conscience déclinée en MBSR et MBCT déjà évoquées jusqu'à la petite dernière, MBRE (mindfulness based relationship enhancement, pour l'amélioration de la relation conjugale) et appliquent cette thérapie cognitivo-comportementale méditative aux indications les plus larges avec des présentations de cas aux évolutions très positives. Mais il ne s'agit pas encore d'autothérapie. Certes, les médias grand public relayent de plus en plus ces scoops, magnifiant les miracles de la méditation, quitte à oublier les psychothérapies. Nous arrivons presque au stade des hagiographies (vie des saints) où le storytelling doit faire preuve de l'existence de Dieu, ou aux défilés des foules contre le mariage pour tous où l'ampleur de la foule nous rappelle notre sagesse à vivre nationale (comme une imprécation ?). Mais ça ne fait pas encore autothérapie. C'est encore hétérothérapie.

De la même façon, chacun de nous est bombardé chaque jour de dizaines d'avis sur l'hygiène de vie, la diététique et les petites pathologies, avis des plus divergents et même contradictoires. Si nous voulons approfondir sur Google, nous tombons sur des centaines de recommandations ! Notre avis : il faut sélectionner les lieux de référence les plus fiables et choisir l'une ou l'autre pratique aux bienfaits à expérimenter personnellement. Ou alors s'intéresser à la totalité des avis et y détecter les vérités centrales comme je le fais avec la pleine intégration. Dans tous les cas, il faut continuer à lire ce chapitre !

Mais comment aller en-deçà et au-delà ? Comment présenter, évaluer, valider la pratique de la Pleine Présence à la fois pour les professionnels qui veulent des références « evidence based » et pour les pratiquants qui n'ont qu'un vague ressenti de leurs souffrances ? Nous quittons ici la conscience phénoménale des purs vécus pour retourner à la conscience d'accès des faits objectifs même s'ils restent « mous » comme dans les sciences humaines. Pour fonder l'autothérapie, nous partirons évidemment de la Pleine Présence et des thérapies qui la composent, mais nous y inclurons enfin les souffrances, troubles et problèmes, alias pathologies et processus pathogènes. Nous jonglons donc avec ces quatre dimensions : pathologie, psychothérapie, méditation et autothérapie et nous court-circuitons les seules bonnes intentions et injonctions suggestives. Pour souligner cette opposition, je veux insérer ici l'une de ces self fulfilling prophecy (prophétie qui se réalise de par sa propre vertu). Voici comment un praticien de la pleine conscience résume le processus d'action théorisé par Kabat-Zinn.

> « Prêter attention d'une façon spécifique,
> intentionnellement,
> dans l'instant présent
> et sans jugement. » (Strub 2013 p. 107)

J'y ai ajouté le processus complémentaire développé par la Pleine Présence qui répond point par point aux quatre qualités requises par la MBSR.

Éveiller les ressources internes (volupté, félicité, amour) qui combattent :
- la déconcentration ;
- la distraction ;
- l'absence au contexte ;
- et les pensées automatiques.

Mais abandonnons pour un temps ces seules généralités qui sont reçues par certains lecteurs comme de trop belles promesses. Il nous faut raisonner – oui raisonner – dans le cadre de notre psychothérapie qui réunit les quatre dimensions évoquées ci-dessus.

La Psychothérapie et Psychanalyse basée sur la Pleine Intégration

Nous nous rappelons mon long cheminement de psychiatre : psychanalyse orthodoxe, nouvelles thérapies, méthodes psychocorporelles généralisées en psycho-soma-

tothérapies, somatoanalyse (groupale, individuelle et solo), pleine intégration de toutes les techniques et théories selon trois impératifs :
– exhaustivité des méthodes ;
– scientificité de la théorie ;
– authenticité de la présence.

Je suis très fier d'avoir réalisé le projet de réunir « tout », jusqu'à la méditation, même si à chaque moment il n'y a que « plein » selon notre logo : « y a pas tout, mais y a plein. » Cette ouverture « totale » dont je ne connais pas d'équivalent ailleurs motive beaucoup d'élèves pour la formation, mais constitue une image compliquée ; les tenants de méthodes particulières se sentent récupérés, les professionnels les mieux intentionnés n'arrivent pas au bout de cette pleine intégration et les journalistes n'y comprennent rien ! Les praticiens issus de l'Eepssa eux-mêmes ne savent pas trop quelles dénominations choisir à cause de leur pléthore ! Aussi ai-je décidé d'intituler cette démarche : « Psychothérapie et psychanalyse basée sur la pleine intégration » puisque ce « pleine » renvoie aussi au fondement de toute psychothérapie, en cette « expérience plénière » argumentée dans la deuxième partie du livre. Il ne s'agit pas d'une nouvelle méthode ni d'un autre système, mais seulement d'une dénomination qui rend justice à la complexité du tout et à la phénoménalité du plein. Nous verrons plus loin avec la méthode ACT l'importance des mots : un terme peut avoir autant d'importance qu'un événement et nous impacter comme un flashback ou un cauchemar. Alors attention aux intitulés : suis-je carnivore, végétarien, végétalien, bio et/ou anti OGM ? Est-ce que je me présente comme borderline ou histrionique (en stress jusqu'au clivage), évitant ou dépendant (en choc jusqu'à l'amalgame), routinier et rigide (en bloc jusqu'à l'ambivalence) ? Les mots comptent même sous forme de plaisanterie ou de provocation. Suis-je pleine conscience ou Pleine Présence ? Ou les deux ? Les deux, mon méditant.

Mes trois derniers livres (Meyer 2010, 2011, 2012) ont jeté les bases de cette complexité/complétude en les systématisant en triptyques mieux compréhensibles. Il y a trois degrés de gravité en psychopathologie :
– les symptômes de durée courte ;
– les caractéromes (traits de caractère troublés) installés depuis des années ;
– les syndromes ou maladies psychiatriques graves et chroniques.

Ces trois types de maladies ont suscité les méthodes correspondantes :
– thérapies courtes (3 à 6 mois) comme les MB (mindfulness based…) ;
– psychothérapies de durée moyenne (12 à 24 mois) ;
– psychanalyse longue (des années, sans échéance fixe).

La Pleine Présence s'applique à ces trois types de gravité puisque ses trois cycles réalisent :
– une thérapie courte, symptomatique, avec le premier cycle personnel ;

- une psycho-somatothérapie « caractéromatique avec le deuxième cycle, interpersonnel, centré sur les traits de caractère de la vie relationnelle ;
- une psychanalyse intégrative avec le troisième cycle qui éveille les purs processus responsables des syndromes graves et chroniques (tout comme de délicieuses transes).

Nous n'aborderons que les symptômes et « caractéromes », et nous nous référons à des thérapies courtes et de durée moyenne qui s'inspirent de la méditation pleine conscience constituant cette « troisième vague » cognitivo-comportementale tirée des recherches sur les comportements et les sciences cognitives. Ces techniques sont : MBSR, MBCT, ACT (acceptance and commitment therapy) et le courant qui prolifère autour du clivage post-traumatique (EMDR, lifespan integration, Exposition Prolongée). Nous arrivons enfin aux contenus plus précis de l'autothérapie puisque les malaises et mal-être se rangent eux aussi par trois :
- stress, choc et bloc ou plus simplement
- stress (ça on connaît), panique, angoisse et déprime (états de choc), routine et inflexibilité (bloc).

Ces trois familles de troubles constituent les processus pathogènes de base. Toutes les souffrances psychiques, toutes les psychopathologies se construisent à partir de ces trois dynamiques, et selon les trois degrés de gravité évoqués :
- (maîtrise →) stress → clivage (post-traumatique) → dissociation (psychotique) ;
- (jouissance →) choc → amalgame (angoisse, dépression) → psychose affective (mélancolie et manie) ;
- (répétition →) bloc → ambivalence (→ trouble de l'adaptation).

Avec les quatre thérapies retenues ci-dessus, nous nous centrerons sur les trois symptômes de base (stress, choc et bloc), souffrances de plus en plus répandues et sur les répercussions post-traumatiques :

MBSR pour le stress ;
MBCT pour la dépression et le choc ;
ACT pour le trouble de l'adaptation et le bloc ;
EMDR et EP pour les séquelles post-traumatiques.

Mais pourquoi s'exposer encore une fois à tant de complication ? Pourquoi retomber dans les techniques et théories comme je l'ai fait pendant quarante ans ? Pourquoi étaler à nouveau un savoir qui, somme toute, est encore plus pédant que l'étalage de ma vie privée ? Je pourrais faire comme mon collègue Jacques Salomé et prôner la bonne communication. Je pourrais suivre Thierry Jansen qui décline un art de vivre. Ce seraient de bonnes suggestions pour l'autothérapie. Pourquoi ? Parce que les méthodes que nous abordons prennent le risque de la complication, mais c'est seulement pour rendre justice à la complexité. Parce que l'autothérapie a elle aussi droit à la subtilité des solutions et à la pluralité des moyens.

Vous souffrez de stress, après d'éventuels traumas plus ou moins sévères ?

Vous sombrez trop facilement dans la panique, l'angoisse jusqu'à la dépression ?

Vous vous cramponnez à des comportements et à des principes inadaptés jusqu'à refuser tout changement ? Voici comment ça se passe, se soigne et se prévient.

L'autothérapie du stress par la Pleine Conscience et la Pleine Présence

Rappelons que la Mindfulness Based Stress Reduction est une thérapie courte (2 mois) cognitivo-comportementale qui se fonde sur trois pratiques orientales (vipassana, zazen, yoga) et la sagesse bouddhiste. Tant qu'on reste dans cette durée (8 séances hebdomadaires), le cadre de la thérapie courte prévaut, transformant la relation enseignant – patient en une alliance thérapeutique et prévenant de l'attachement et surtout du transfert (projection amoureuse). Le patient investit toute son énergie sur le symptôme (stress) et sur sa réduction. Ce qui se passe après n'est pas dit dans les textes et doit se lire entre les lignes : on peut entrer dans une véritable méditation (de durée moyenne) jusqu'aux manifestations mystiques (après des années).

Que faut-il faire pour lutter contre le stress ? Déplacer son investissement de l'extérieur (un patron harceleur) vers l'intérieur (un détachement obtenu grâce à de bonnes sensations corporelles par exemple). Nous avons suffisamment cité Kabat-Zinn et les principales méthodes de la MBSR (la claire vision du corps, l'assise centrée sur la respiration, les postures du yoga) pour ne pas y revenir. Ça peut s'utiliser facilement en autothérapie puisque l'effet majeur ne vient pas des huit séances d'apprentissage mais des deux mois de pratique quotidienne. La Pleine Présence reprend, approfondit et élargit cette pratique courte à la durée longue comme nous l'avons décrit pour ne pas y revenir non plus. Voilà pour le stress dû à des causes actuelles et non à des traumas violents ou répétitifs pour lesquels nous utiliserons des techniques plus appropriées.

En fait, depuis que la MBSR fait la une des revues professionnelles et des médias, elle connaît le sort de toutes les méthodes à la mode. On extrapole ses indications à plein de pathologies si ce n'est à toutes. Une synthèse des articles écrits jusqu'en 2009 sur la question recense 863 écrits sur les bases de données. La synthèse s'appelle : *la méditation comme outil psychothérapeutique complémentaire : une revue de question* (Berghmans et al. 2009). Les auteurs ne retiennent que 23 de ces textes qui répondent aux exigences de travaux scientifiques fiables avec, en particulier, une comparaison avec un groupe témoin (en liste d'attente) ou avec une autre procédure thérapeutique, soit les deux. Voici les symptômes évalués par ces études :

- « modes de réponse aux événements de la vie… prévention contre la rechute au niveau de troubles affectifs… détresse émotionnelle et sens de contrôle "chez des étudiants" ;

- « le stress, la détresse émotionnelle, le burn out et la satisfaction de vie » ;
- troubles de l'humeur et stress dans une population cancéreuse ;
- lombalgies chroniques ;
- psoriasis ;
- douleur musculosquelettique chronique ;
- fibromyalgie ;
- anxiété, affect négatif, déficit du système immunitaire ;
- VIH (sida) ;
- dépression due à l'arthrite rhumatoïde ;
- rechute dépressive par la variante MBCT que nous verrons plus loin.

Une étude de 2008 due à la même équipe de Metz avait ajouté les indications suivantes : diabète, troubles du sommeil, désordre alimentaire, vie de couple, cancer, empathie, drogue (Berghmans et al. 2008).

D'autres articles publiés dans les deux revues citées évoquent le traitement « d'obsessions agressives et sexuelles » (Dantin L. 2007), la « gestion du stress professionnel » (Berghmans 2010) et même le soin des « symptômes psychotiques persistants » telles des hallucinations (Brady-Linden et al 2013). La variante MBCT, cognitive, ajoute « la prise en charge des troubles sexuels » (Strub 2013).

Quels résultats sont-ils annoncés ? Ils se résument en deux points.

- Le symptôme seul (stress, insomnie, douleur...) s'améliore autant qu'avec les thérapies de référence (comportementales, cognitives, massage) et mieux que dans le groupe témoin (n'ayant pas de soin).
- Dans la durée, à 4 mois et 6 mois, MBSR apporte un progrès supérieur aux autres soins mais c'est beaucoup plus au niveau d'une attitude générale, du mode de vie et même de la sagesse à vivre. « À six mois, on observe une amélioration du bien-être et une diminution de la détresse psychologique ; [...] meilleure acceptation de la douleur ainsi qu'un meilleur fonctionnement physique ; [...] une plus grande satisfaction de la vie ; [...] augmentation significative du sens donné à la vie et de la capacité à la gérer (Berghmans 2009 p. 132 et 133). Et les auteurs ajoutent : la pleine conscience est jugée probablement efficace (critères APA) (*op. cit.* p. 134). Ce « probablement » est bienvenu du côté de la méditation qui combat l'attachement, le jugement hâtif et la prétention !

Il aura fallu passer par cette énumération à la Prévert, fastidieuse mais nécessaire. Elle ne vient pas de Google mais de Medline, Psyc Info et Psy articles, nos bases de données à nous. L'enseignement à en tirer c'est que les symptômes précis ne cèdent que s'il y a en plus une focalisation sur le symptôme inspirée des méthodes classiques. (Il faut manger bio « et » manger moins !) De façon plus précise, avec l'évocation du mieux vivre et du mieux-être à moyen terme, nous abordons la véritable vertu de la méditation. Elle apporte le bon (en général) qui chasse le mauvais (le symptôme particulier). Nous développerons ce fondement sous l'appellation de « voie plénière » opposée à la

« voie pathique ». Mais la méditation ne doit pas empêcher les soins classiques avérés lorsqu'une pathologie est sérieuse. Ni la pleine conscience ni la Pleine Présence ne le prêchent, contrairement à certaines sectes et même à des médecines dites douces.

Nous voilà d'accord, la MB et la PB (mindfulness based et psychotherapy based). Par contre, il surgit une différence sur la qualification des symptômes, bien qu'il ne s'agisse plus de la pratique mais de la théorie psychopathologique. La longue liste des symptômes préconisés par la MB ne distingue pas leur caractéristique fondamentale en stress, choc ou bloc. Tout est mélangé. L'indication initiale du SR (stress reduction) est claire, c'est le mérite de Kabat-Zinn et la raison de son succès puisque nous sommes tous stressés. Que l'équipe de cognitivistes ait modifié le protocole en MBCT pour prévenir la rechute dépressive est également clair puisqu'il s'agit d'une pathologie en choc. Mais que les disciples de plus en plus nombreux transforment la MBSR en bonne à tout faire entraîne deux conséquences : ça va faire baisser les statistiques (des bons résultats) et ça montre tout aussi clairement que la méthode n'améliore les symptômes que « de surcroît » puisque son véritable processus d'action repose sur la modification de l'art de vivre et de la sagesse à vivre. C'est le quiproquo de la MBSR : elle se lance en tant que thérapie cognitivo-comportementale courte avec de bons résultats de surcroît, mais elle agit en tant que pratique de durée moyenne et fait l'impasse, pour le moment, sur les effets à long terme. La méditation pleine présence assure et assume les trois séquences temporelles tout en différenciant les trois types de pathologie en stress, choc et bloc.

Pour information, voici la liste des principaux symptômes en stress (ou excès de structuration) : stress aigu, état de stress post-traumatique, burn out, symptômes dissociatifs (anciennement hystériques et de conversion : troubles des cinq sens, paralysies locales, amnésie, théâtralisme, etc.), somatisations (reproduisant des maladies lésionnelles).

L'autothérapie de la dépression et de ses rechutes par la MBCT et la Pleine Présence

Si notre insistance à distinguer clairement les esquisses de pathologie à partir des excès de maîtrise (stress), jouissance (choc) et répétition (bloc) qui arrivent aux clivage, amalgame et ambivalence est cohérente, nous devons trouver dans la MBCT, variante de la MBSR, des éléments qui préconisent la lutte contre l'état de choc contre l'excès de lâcher-prise, le manque de concentration, structuration et motivation. Interrogeons les trois auteurs de la MBCT, Segal, Williams et Teasdale dans leur manuel *La thérapie cognitive basée sur la pleine conscience pour la dépression.* Voici les buts de leur méthode. (*op. cit.* p. 110 et 111).

– Aider les gens qui ont souffert de dépression par le passé à apprendre des techniques utiles pour éviter le retour de la dépression ;
– devenir plus conscients des sensations corporelles, des sentiments et des pensées, moment après moment ;
– aider les participants à développer une façon différente d'être en lien avec les sensations, les pensées et sentiments – plus spécifiquement, l'acceptation et la reconnaissance pleinement consciente des sentiments et des pensées non souhaités, de préférence aux habitudes automatiques et préprogrammées qui ont tendance à maintenir les difficultés ;
– aider les participants à être capable de choisir la réponse la plus adéquate à toutes les pensées, les sentiments ou les situations désagréables qu'ils rencontrent. (*op. cit.* p. 110 et 111).

Reprenons les expressions qui décrivent le travail de concentration, structuration, motivation et action :
– « apprendre des techniques ;
– devenir plus conscients ;
– développer une façon différente ;
– être capables de choisir ».
Et plus loin :
– « apprendre à faire attention est au centre des séances 1 à 4 ;
– gérer les mouvements d'humeur… déplacer leur attention vers la respiration… étendre leur attention à leur corps… fait l'objet des séances 5 à 8. (*op. cit.* p. 111)

Nous lisons ici les qualificatifs d'une méditation de concentration qui restructure. Il s'y ajoute de la psycho-éducation sous forme d'un enseignement très directif des façons de faire avec la dépression. Quant à la méditation de contemplation (qui fait lâcher prise), elle est surtout préconisée contre le stress.

Le rappel des deux grands types de méditation, en concentration et en contemplation, valide notre entêtement à différencier les dérapages en stress et en choc jusqu'aux pathologies en clivage (stress post-traumatique) et en amalgame (dépression majeure). En fait, les méthodes de méditation classiques ne se distinguent pas tellement par leur protocole que par leur utilisation. Rappelons-nous le Questionnaire de Pleine Présence (QPP) qui étudie les cinq composantes de chaque séquence : concentration, attention diffuse, contemplat local, contemplation globale (plénarité) et transe extatique (plénitude). Les deux premiers ingrédients sont actifs et luttent donc contre le laisser-aller de la dépression. Les trois derniers vécus sont passifs et traitent le stress. Ces deux sous-ensembles introduisent une polarité action – passion, maîtrise – jouissance, que nous appelons pulsation (opposée à pulsion) et que nous mettons au cœur du troisième processus pathogène, le bloc. La pratique méditative peut devenir elle-même un rituel rigide et répétitif qui ne produit plus ses effets de guérison et se contente de la satisfaction du devoir accompli. Une autre thérapie inspirée de la méditation se consacre à ces « troubles de l'adaptation » (appellation psychiatrique officielle). Ajoutons là aussi les principaux symptômes en choc : panique aiguë, anxiété, angoisse, phobie, obsession, compulsion, déprime, dépression, crise impulsive.

L'autothérapie du bloc et du trouble de l'adaptation inspirée de l'ACT

L'Acceptance and Commitment Therapy, ACT, à prononcer « acte », annonce d'emblée l'intention : « l'objectif [...] n'est pas de diminuer la symptomatologie, mais d'augmenter l'adéquation entre comportements affectifs et valeurs du patient (Monestès et al., 2009). C'est à ces auteurs que nous empruntons la présentation de l'ACT, laissant à ces disciples aguerris le droit d'en faire le meilleur résumé et de se réclamer aussi de cette troisième vague des TCC (thérapies cognitivo-comportementales) à côté des MBSR, MBCT, MBE et DBT (dialectical behavioral therapy indiquée pour les borderlines). Comme toutes les TCC, cette ACT se réclame des bases scientifiques les plus avérées, ce qui sécurise pour toute utilisation autothérapique. Évoquons les plus intéressantes de ces bases tirées des observations cliniques et de la recherche fondamentale.

- L'importance des évitements. « Hayes et al. [les créateurs de l'ACT] vont jusqu'à considérer la plupart des troubles psychopathologiques comme le résultat d'évitements d'expérience » ;
- La fusion cognitive que nous avons précisé en pensée automatique, schéma conditionnel et postulat inconditionnel (Meyer 2010) ;
- Le phénomène de rebond. Si l'on veut s'empêcher de penser à quelque chose, on y pense encore plus !
- Les mots ont des effets aussi puissants que les événements eux-mêmes. Je peux éviter les situations et les événements mais beaucoup moins les mots en leur langage (*op. cit.* p. 31 et 32).

Nous reconnaissons ici certains soubassements de la méditation et de nombreuses psychothérapies : regarder les choses sans les éviter ni s'y attacher empêche ainsi le rebond, laisser défiler mots et pensées, en les détachant les uns des autres. Voilà quelques bonnes indications autothérapeutiques ! Le protocole de l'ACT comprend six axes principaux :

- l'acceptation : ne pas éviter et ne pas lutter pour rien ;
- la défusion : une pensée « n'est pas obligatoirement un reflet fiable du réel » ;
- soi comme contexte : ça se passe bien dans mon présent, mais je n'en suis pas nécessairement l'auteur ou l'objet ;
- le contact avec l'instant présent ;
- la mise en évidence des valeurs ;

– l'action : « développer des comportements en accord avec ces valeurs [...] s'orientant vers les comportements qui "fonctionnent" (*op. cit.* p. 32).

Avec ces six axes, nous avons un véritable protocole de vie, à utiliser sans modération. Et pour simplifier les choses, les auteurs nous emmènent aux notions de changement et de flexibilité grâce à... l'émotion.

« L'ACT émet l'hypothèse que toute émotion est intéressante à vivre et, de surcroît, s'appuie sur des résultats expérimentaux ayant mis en évidence que les tentatives de contrôle des émotions sont contre-productives. Aussi, le critère principal retenu pour évaluer l'avancée de la thérapie est la capacité du patient à s'engager dans le changement, et à augmenter sa "flexibilité psychologique", définie comme la capacité à se comporter différemment qu'en cherchant à faire disparaître les émotions et pensées considérées comme désagréables. En d'autres termes, il s'agit de parvenir à ne pas s'engager de façon stéréotypée dans des actions dont la fonction principale est de faire disparaître coûte que coûte les événements psychologiques considérés comme désagréables. Au contraire, l'objectif de la thérapie est de parvenir à augmenter la proportion de comportements qui sont valorisés. Cette flexibilité psychologique est l'objectif central d'une thérapie ACT. » (*op. cit.* p. 33)

L'ACT aligne sa propre liste d'études d'évaluation faites sur les symptômes les plus variés : dépression, stress, symptômes psychotiques (hallucinations auditives), dépendances, douleur chronique, états limites, trichotillomanie (tirer et arracher les cheveux). Mais en conclusion les auteurs rappellent la véritable intention de l'ACT qui est d'agir sur le fond, de prôner un art de vivre et même une sagesse à vivre.

« L'ACT propose une nouvelle approche dans laquelle l'objectif à atteindre n'est plus l'élimination des événements psychologiques qui sont source de souffrance, mais une mise en adéquation des comportements avec les valeurs du patient. » (*op. cit.* p. 34)

La Pleine Présence agit sur les symptômes dans le court terme comme les MB mais là où ces prises en charge brèves ajoutent la psycho-rééducation pour faire plein, la Pleine Présence continue son action sur les traits de caractère liés aux schémas conditionnels ainsi que sur la sagesse à vivre plombée par les postulats inconditionnels. Ces termes techniques vont s'éclaircir tout de suite.

Les six axes de travail de l'ACT nous servent de fil conducteur pour valider la Pleine Présence, la faire comprendre sous de nouveaux aspects et pour proposer des choses simples qui font l'autothérapie en général. Commentons et associons sur ces six axes.

1) **L'acceptation ou non-évitement**. Le protocole de la Présence Juste intercale deux modules qui obligent à accepter sans fuir. Le module 8, de communication avec nos relations sociales et intimes, insère une séquence avec une personne problématique. Le module 10, centré sur l'éthique de l'humain, nous met face à l'obligation de dire non à tout ce qui contrevient à l'éthique et nous renvoie aux méfaits et forfaits du passé. On ne peut pas s'échapper, on ne peut pas ne pas revivre ces pénibilités, mais on en sort libéré et valorisé comme en ACT. Pour que ces remémorations ne

restent pas des ruminations stériles ou même aggravantes, il faut s'être épanoui préalablement en bonne énergie, félicité et amour dans le premier cycle.

2) **La dépression**. Le cognitivisme s'est royalement invité dans notre livre puisque les MB font partie des TCC de la troisième vague. Mais les méditations orientales insistent également sur la pensée et la relativisation à lui insuffler. Le cognitivisme systématise trois types de cognitions pathologiques que nous pouvons retrouver dans nos déprimes par exemple :

- « la vie est moche » ; cette « pensée automatique » ressurgit après huit jours où personne ne m'a souhaité mon anniversaire ;
- « si je dis aux proches qui me restent que la vie est moche, ils me quitteront eux aussi » ; il s'agit d'un « schéma conditionnel » (si, alors…) installé depuis des années ;
- « personne ne m'a jamais dit que la vie pouvait ne pas être moche, surtout pas papa et maman » ; nous régressons ici au « postulat inconditionnel » (c'est de toute façon comme ça !) implanté depuis la plus tendre enfance et pour toujours.

La thérapie cognitive et la MBCT cherchent des « pensées alternatives » (« ils m'ont envoyé une lettre très chaleureuse avant d'entamer leur tour du monde »). La Pleine Présence installe un « état d'être alternatif », voluptueux et tendre qui me fait rire de la résurgence de mon « la vie est moche ». C'est la pratique qui dissout cette pensée automatique. Le schéma conditionnel a la puissance d'un trait de caractère et doit se projeter dans l'avenir : « dans un an, mes amis seront encore là et me taquineront encore à propos de mon pessimisme ; dans trois ans, j'aurai trouvé le grand amour qui me rendra optimiste et/ou rira de mes imprécations. » La Pleine Présence prend aussi du temps puisqu'elle doit agir sur mon art de vivre et transformer les aspects négatifs de ma vie en stimulus d'affectivité et de combativité.
Quant au postulat inconditionnel, il se greffe sur les purs processus énergétiques, spirituels et affectifs. Il n'est plus du ressort du cognitivisme mais de la psychanalyse et de la somatanalyse. La pleine Présence prendra elle aussi des années de pratique pour l'entamer.

3) **Soi comme contexte**. « Le soi comme théâtre des événements psychologiques et de l'obsession d'en être l'auteur ou l'objet » se détache au fur et à mesure de la pratique. Les huit étapes de la relaxation, les sept segments voluptueux énergétisés dans le module 3, me posent comme la montagne des Orientaux et laisse les événements glisser sur ses flancs comme les vents et les pluies.
4) **Le contact avec l'instant présent**. Sans commentaire, si ce n'est pour sensibiliser au mot « instant » qui est souvent opposé à « présence » en enlevant à cette dernière son extension au passé et au futur. Le maniaque en crise vit d'instant en instant. Le méditant, lui, ancre sa présence dans la globalité de sa vie, passée et future.
5) **La mise en évidence des valeurs**. Nous consacrons le module 11 à cette tâche ainsi que le module 10, différenciant les impératifs universels de l'éthique et les choix personnels des valeurs.

6) **L'action**. La Pleine Présence n'intervient pas directement par l'action, encore que la séance soit déjà une action. La concentration, la visualisation, la communication sont aussi des actes, non moteurs mais non moins dynamiques. Rappelons-nous les trouvailles des sciences cognitives qui attribuent aux mots, pensées et langages (intérieurs) une puissance proche des événements et des actes moteurs. La Pleine Présence donne sens à ces actes parce qu'elle les construit sur les bases éthiques et morales les plus nobles. Elle exerce une pleine efficacité puisqu'elle transforme insensiblement nos façons d'être et nos conceptions de vie.
Dont ACT.

Après la présentation plus précise des trois MB thérapies et la mise en concordance de la PP (Pleine Présence), il devient évident que la pleine conscience et la Pleine Présence ne sont que deux dénominations différentes de la même chose qu'on appellerait « plein être » et finalement « être » tout court. L'un des articles cités insiste d'ailleurs sur le passage du « mode Faire » au « mode Être ». La distinction se situe au niveau des moyens (les protocoles) et non des effets ni non plus à celui des intentions. Comme une pratique prolongée s'enrichit des autres méthodes, les deux protocoles peuvent se conjuguer.

Les mots ! Toujours ces mots qui ont la puissance des événements. Freud en a fait l'expérience. Sa première théorie métapsychologique décortique la conscience en **conscient, préconscient et inconscient**. Mais la conscience n'est qu'une fonction parmi les deux douzaines d'autres même si elle est primordiale. Vingt-cinq ans plus tard, Freud propose une deuxième mouture avec ça, moi et surmoi. Là il aborde la globalité de l'être, tout en restant en-deçà de la « réalisation de l'être » puisque « le ça doit devenir moi ». Quant au surmoi on l'envoie promener en même temps que le psychanalyste ! Avec la méditation, nous connectons ça, moi et surmoi en soi, sans expulser quiconque même pas ce sexe si controversé.

L'autothérapie des troubles post-traumatiques

Nous annoncions une quatrième thérapie et même une famille très récente de techniques vouées au soin des états de stress post-traumatiques (ESPT), gros traumas uniques ou petits traumas récurrents de l'enfance. Cette pathologie prend de plus en plus d'importance et pas seulement parce qu'on en créée des millions en Syrie en ce moment, et chez les téléspectateurs impuissants et culpabilisés. Ne comptabilise-t-on pas un tiers des fillettes et femmes qui auraient été peu ou prou abusées sexuellement ? Tout adulte ne retient-il pas devers soi quelque acte violent ou injuste exercé autrefois quand il était enfant ? Étonnamment, cette pathologie n'entre pas dans le listing des MB, et pour cause. Leurs méthodes sont trop douces pour entamer l'inscription indélébile des traumas dans le corps, le cœur et le cerveau. Le réseau neuronal construit par l'événement se constitue en une boucle refermée sur elle-même qui s'autoentretient et lâche flashbacks et cauchemars à la moindre baisse de vigilance, lors de lâcher-prise pendant la journée et dans le sommeil pendant la nuit. La Pleine Présence ne prétend pas non plus être particulièrement indiquée dans ces ESPT. Mais cette souffrance et ce trouble très pointus nous permettent de développer un dernier point théorique aux implications capitales puisqu'il éclaire la relation entre méditation et psychothérapie, les conjuguant en une dialectique précise. Cette dialectique informe tout autant le travail autothérapeutique, permettant d'accéder au :

- clivage des vécus sexuels et affectifs après un viol ;
- rejet affectif de la gent masculine ou féminine après des ruptures amoureuses douloureuses ;
- à la perte de toute confiance au genre humain après des maltraitances parentales répétées, l'exploitation par une institution religieuse et/ou devant la destruction annoncée de la planète.

(Relèvent de la même dissociation, les « sorties du corps » des EMI, expériences de mort imminente, causées par un trauma violent et les « extases » ou positionnements hors du corps favorisées par les mortifications clivantes. Aussi a-t-on crée le terme d'enstase, positionnement à l'intérieur de soi et en unification.)

Les deux voies psychothérapiques : plénière et pathique

La deuxième partie de ce livre qui traite de la Médecine Méditative et Intégrative se termine avec la réhumanisation de la psychiatrie grâce au recentrement sur la personne. Elle valorise les deux dimensions de la maladie (pathos) et du bien-être (fondé sur le plein et le plénier). Nous avons-nous-mêmes systématisé deux voies opposées et complémentaires de soin, les voies « pathiques » et « plénières » (Meyer 2010). De la façon triviale que je pratique parfois pour coller à la crasse réalité, j'illustre ces deux voies par :

- remettre le bout du nez dans le caca, comme pour éduquer les chats à la propreté ;
- en sortir la tête pour humer le bon air.

Nous pratiquons tous ces deux voies inconsciemment appliquant à nous-mêmes le bâton et la carotte. Ces derniers temps, des psychothérapies se spécialisent dans le bon air comme la thérapie centrée sur la solution (au lieu du problème) après la méthode de Rogers, centrée sur la personne. Mais ce sont les thérapies psychocorporelles (psychosomatothérapies) qui investissent préférentiellement le bon avec les relaxations, les massages, l'éveil énergétique et autres bonding (étreintes). Les méditations entrent dans cette voie plénière (pleines conscience et présence) lorsqu'elles n'imposent pas des mortifications trop sévères ni une abstinence sexuelle non encore appropriée. Mais comment cela fonctionne-t-il, alors qu'il ne faut rien éviter, refouler, cliver ? L'épicurisme n'a-t-il pas mauvaise presse ? La course au plaisir, aux sensations fortes et aux satisfactions implicitement criminelles (en polluant, en exigeant des rendements financiers meurtriers) n'est-elle pas ce caca qui empeste ? L'existence des deux voies repose évidemment sur des bases plus complexes et sur une véritable dialectique.

La dialectique pléni-pathique

En réalité, la psychothérapie et l'autothérapie passent d'une voie à l'autre tout en privilégiant à chaque instant l'une d'elle. Si le bon chasse le mauvais, il révèle aussi le mauvais. On conte fleurette et ça sent tout d'un coup le caca. Le bon, telle la méditation, réduit, allège jusqu'à supprimer la structure défensive qui refoule les souvenirs de maltraitance, les séquelles de torture et le désespoir devant les hivers qui refroidissent parce que l'Arctique se réchauffe. Le bon agit ici comme le sommeil qui enlève le contrôle et lâche le cauchemar. Comme nous avons tous des cadavres dans le placard et gros sur la patate, ça ressurgit dans toute bonne pratique méditative. Certes, pas pendant les deux premiers mois pendant lesquels se maintient un certain équilibre maîtrise – jouissance, celui-là même qui produit du bon et de bonnes… statistiques de guérison. Ce n'est qu'avec une structure fragile que la dialectique s'enclenche en si peu de temps. Ou alors il faut persévérer dans la pratique au-delà de la période « courte », celle de « l'alliance thérapeutique, qui préserve de l'attachement et de l'amour » (transfert).

Les méthodes psychothérapiques annoncées illustrent ces processus. L'EMDR, eye movement desensitization and reprocessing, traite les traumas graves avec l'intensité même de l'événement responsable, les traumas récents de préférence. Une méthode qui s'en inspire, *lifespan integration*, attaque les traumas mineurs mais répétés dans tout le passé, avec la même visualisation émotionnante des événements. L'Exposition Prolongée fait de même. Il faut donc une action (auto-) thérapeutique intense pour recontacter les coupables et rompre la boucle neuronale. La méditation atteint cette puissance après des mois et des années d'exercice, surtout quand son protocole y pousse, comme les modules 8 et 10 de la Pleine Présence, visualisation des personnes traumatisantes et des traumas que j'ai moi-même provoqués par le passé.

Et, tout d'un coup, ça refait surface. Au secours, maître, ça commence à faire mal. Et que fait-on à part accepter ? C'est l'hétérothérapie que nous interrogeons encore et plus précisément la psychothérapie pleine intégration. Elle dispense le bon avec toutes les techniques corporelles relaxogènes, érotogènes, énergogènes, en individuel et/ou en groupe. Elle dispose de l'hypnose légère, de la thérapie centrée sur la solution. Mais c'est à la séance de psycho-somatanalyse qu'on va se référer.

Rappelons-nous cette séance de psychanalyse où la parole mène à la vérité, où la main posée sur l'épigastre éveille l'énergie et où le regard je-tu jusqu'à soi-nous débouche sur l'amour inconditionnel. Cette séance, lorsqu'elle se prolonge à 60 ou 90 minutes et peut aussi intégrer une étreinte ponctuelle, se déroule en trois séquences. Les 15 à 20 premières minutes sont euphorisantes, produisant du bien-être surajouté à la satisfaction d'avoir son analyste si intimement. Puis ça change, s'intériorise, se tait, devient plus douloureux ; ça se plaint, pleure, se lamente. Le bonheur initial a dissout la structure de maîtrise et ouvert le champ aux processus sous-jacents, à ceux-là mêmes que nous évoquons, les traumas, mais aussi aux symptômes en choc, peur, angoisse, désespoir, jusqu'à buter sur ces jours où rien ne se passe parce que ça bloque. L'analyste invite à revivre le trauma par les mots qui entraînent les images. Il accueille toute cette souffrance en Pleine Présence. Il s'agit d'un équivalent d'EMDR, d'Exposition Prolongée (au trauma), de lifespan integration (toutes les claques reçues de père ou mère). Puis ça se résout et l'analysant se calme, se tait, s'intériorise, goûte le contact et le regard, sent les purs processus : essence de l'énergie, nature de l'esprit, intime du lien. Il entre en Pleine Présence et peut par la suite quitter le divan sans craindre l'absence du psychanalyste. Ces trois séquences reprennent en plus systématisé ce que nous avons décrit comme étapes de la séance de Pleine Présence à la fin du chapitre précédent.

Cette résurgence des traumas oubliées, ce retour du refoulé et autres nuits de l'âme constituent l'une des causes principales de l'arrêt à moyen terme de l'autothérapie et de la méditation (et des psychothérapies elles-mêmes). Les choses ne sont pas nécessairement très explicites, en acceptation ou évitement, tout blanc ou tout noir. Elles restent floues, diffuses, et n'importe quel prétexte est suffisant pour arrêter l'effort.

Première solution : savoir, savoir que ça peut/va arriver. Dépasser la crasse ignorance dont nous affublent le bouddhisme et toutes les démarches élitistes.

On peut comprendre ici un aspect important du rituel catholique avec la récitation du Notre Père. Nous y déclamons : « pardonne-nous nos offenses comme nous pardonnons à ceux qui nous ont offensés. » Ce même Notre Père devient aussi méditation lorsqu'il entre dans la récitation du chapelet qui se constitue de séries d'un Notre Père pour dix Je vous salue Marie. Nous reconnaissons d'office que nous avons été traumatisés et que nous avons aussi traumatisé des victimes. D'ailleurs, dès le début de la messe, chaque fidèle demande humblement pitié : Kyrie eleison, Seigneur aie pitié de moi. Ici, nous évoluons d'emblée dans la voie pathique ; nous n'attendons pas que notre misère fasse inopinément irruption au beau milieu de la joie de vivre ; nous montrons patte blanche. On pourrait penser que cette voie pathique évite la constitution des syndromes post-traumatiques qui présupposent une structure de caractère et des schémas conditionnels très solides sinon rigides, suffisamment fixés pour dissocier la boucle neuronale logée dans le lobe préfrontal gauche comme nous le montre l'IRMf.

Deuxième solution : prévenir ces irruptions violentes de remémorations en s'y préparant par le pardon, pardon aux autres et à soi-même, ce dernier étant encore plus difficile que le premier selon Marc-Alain Descamps.

Dans le Notre Père, survient un référent, un père, Dieu le Père. Nous retrouvons la dévotion à la divinité, au maître. Mais c'est bien ce que l'Occidental sur le chemin de l'individuation et le méditant-dans-le-monde ne veulent plus : ce père tout-puissant qui veut régler nos traumas à notre place en nous mettant le nez dans le caca. Aussi, le même Occidental se tourne-t-il vers le psychothérapeute et le paye pour ne pas dépendre d'une quelconque dévotion. Mais voici que Freud fait ressurgir la dévotion sous forme de transfert et qu'il nous le colle pour de nombreuses années ! C'est la raison de l'autothérapie : ne plus s'attacher, ne plus transférer, sortir son nez du caca tout seul. « Tout seul », comme dit le petit enfant dès sa troisième année.

Troisième solution : faire quand même un petit tour chez un maître, un thérapeute, et se rappeler qu'on croyait en Dieu dans le temps, en un Dieu d'amour et pas de djihad.

Au point où nous en sommes, il reste la Pleine Présence et sa capacité autothérapeutique. Ajoutons aux flashbacks et cauchemars intempestifs, l'autre catastrophe plus progressive mais non moins dissuasive, à savoir le changement de personnalité. Nous savons à présent que la méditation ne guérit pas seulement les symptômes mais modifie peu à peu le mode de vie et la sagesse à vivre. C'est l'un des buts annoncé par les méditants-mystiques, mais quand ça arrive chez le méditant-dans-le-monde, ça dérange néanmoins. Avant d'en apprécier les bienfaits, il faut subir les méfaits. Notre entourage ne nous reconnaît plus tout à fait. Nous même, nous n'apprécions plus autant ces relations. Même notre nouvelle gentillesse nous déboussole : quoi, je ne sais plus me battre ? Moi qui jouais au bomo (bourgeois moche), je passe chez les bobos (bourgeois bohème) ?

Intempestive ou sournoise, la catastrophe s'inscrit pourtant très simplement dans la démarche de Pleine Présence. Je développe la bonne énergie jusqu'à la volupté, j'harmonise le fonctionnement psycho-cérébral (HPC, harmonisation psycho-cérébrale, Meyer 2012) jusqu'à la félicité et je remplis le cœur de tendresse, compassion et amour. Ce « bon » laisse venir le mauvais post-traumatique et l'accueille, l'atténue, permet de pardonner jusqu'à en débarrasser. Le souvenir du trauma reste là, mais l'émotion s'en détache. L'enseignement dispensé par l'événement agit encore, mais la rancune et la culpabilité se dissolvent.

Nous le savons, en fait. Il fallait juste le rappeler à l'autothérapisant qui se sent parfois fragile, démuni et au bord de l'abandon. Quant à la dialectique pléni-pathique, elle se comprend tout aussi simplement. Commencez par la demande de pitié et la reconnaissance des offenses et ça termine en acte de foi, gloria et transfiguration. Travaillez la bonne énergie, la félicité et l'amour et ça ramène le… caca pour le lessiver tout aussi vite. La création de nouvelles psychothérapies se fait de plus en plus dans la voie plénière ; la méditation est l'une d'elles et la Pleine Présence.

Conclusion

EN SOMME

Il faudrait conclure, comme le fait tout bon livre. Il faudrait résumer et synthétiser, comme se clôt toute pensée qui s'énonce bien. Il faudrait sonner la fin de la partie et la réussite de la pratique, pour se conforter de sa bonne exécution. Il n'en va pas ainsi dans la démarche présente. Si la vie est bien un art, elle n'arrive jamais à toute sa beauté. Si la psychothérapie se réfère à la psychanalyse de Freud, elle relève des métiers impossibles comme d'être parent ou politique. Si nous élargissons jusqu'à la Médecine Intégrative, nous ne sommes tenus qu'aux moyens mais pas aux résultats. Pour la méditation, il en va de même. Il n'y aura donc ni conclusion, ni clôture, ni bonne note pour bons et loyaux exercices.

La ponctuation ultime ne viendra que dans l'extase suprême du moment de la mort.

La méditation, elle, apporte rapidement des effets appréciables : détente, apaisement, expansion de l'être, volupté énergétique, félicité, plénitude, amour, valeurs et convictions, jusqu'à la foi parfois. Et ça ne s'arrête jamais. Mon maître Casriel, créateur du New Identity Process et inspirateur de la socio-somatanalyse, nous rappelait volontiers l'histoire du mendiant de Calcutta en contre-exemple. Quand ce dernier avait obtenu son quignon de pain du jour, il retournait se planquer sous le porche qui faisait demeure. Et Casriel d'ajouter pendant la thérapie : « crie encore, frotte-toi aux autres, prends le risque de la proximité. » On pourrait associer avec Diogène devant son tonneau, mais lui c'est le soleil qu'il revendiquait.

Il se présente plein de quignons de pain, fort heureusement, et chacun d'eux est un délice en soi. Mais il y a mieux encore. Pourtant il ne faudrait pas écrire « mieux », puisque le meilleur est l'ennemi du bien. On tomberait dans l'avidité, cet ennemi mortel de l'intériorité. On voudrait gagner à tout prix jusqu'à écraser le pied de l'adversaire avec ses crampons comme à l'Euro 2012… que je regarde néanmoins ! Et même s'ils se dopent comme Armstrong et Contador, je regarde aussi ! Ce n'est pas qu'il y ait un mieux à rechercher à tout prix. « Y a pas tout, mais y a plein » dit notre logo. C'est la pratique elle-même qui nous fait avancer, d'office, à son corps défendant, et cela nous ne pouvons pas l'empêcher. Nous ne devons pas le réprimer. Faut juste appréhender, sans appréhension.

En Somme, tout compte fait, ça continue tout seul, il suffit de pratiquer. Et ce qu'il y a de chouette c'est que, si vous pratiquez assidûment, vous n'aurez même plus besoin de livre. Vous découvrirez tout seul. Ça arrivera comme la grâce qui, depuis Luther, est donnée gratuitement.

EN VOIE
TOUS JOURS

Encore en voie, en chemin, *work in progress.*

Depuis la première page de l'introduction où se clamait la découverte de la volupté énergétique, de la félicité spirituelle et de l'amour inconditionnel, ça a encore progressé. Ces éveils fondamentaux se sont stabilisés et se retrouvent aisément. Ce sont mes retraites au pied du mont Blanc qui l'ont fait dans un émerveillement digne de Spinoza : *Deus sive Natura*. Il est là comme un Dieu, le spectacle de la nature.

Me sont arrivés aussi :
– une lévitation, une seule jusqu'à présent ; ce n'est qu'un ressenti mais *that's it* ;
– le retour des rêves de vol avec tous leurs délices comme dans le passé ;
– la transe à partir de lieux du corps les plus inattendus.

Il y a encore plus, même si ce sera pour le tome II :
– les purs processus (essence de l'énergie, nature de l'esprit et intime du lien) ne sont autres que les manifestations modernes de la mystique, aussi cachées qu'elle ;
– la mystique n'est pas seulement religieuse mais aussi ontique, telle une métaphysique de l'être ;
– et, zut, ces concepts n'existent même pas, « l'inconscient et la mystique » ! Ce que recouvrent ces deux mots ne se laisse pas conceptualiser ; tout au bout, ces vécus sont barrés par le principe d'inconceptitude. Mais il y a évidemment des vécus inconscients et mystiques des plus exaltants.

EN CORPS

L'un de mes livres du siècle dernier, je l'avais intitulé *Freud encorps*. Eh oui, lui, ce mécréant, on n'arrive pas à ne pas l'évoquer. Il s'opposait à toute spiritualité parce qu'elle ne serait que sublimation et obsession. Mais que fait-on à longueur d'années sur un divan sinon d'éviter de penser (en associant librement), de s'empêcher d'agir (tellement on se sent bien, couché sur le dos) et d'apprendre à se détacher (de son psychanalyste). La psychanalyse constitue une méditation laïque et moderne, aussi nous en inspirons-nous pour la Présence Juste. Cette dernière se conçoit aussi comme auto-analyse, comme auto-somatanalyse telle que je l'appelais au début.

Nous y sommes encore, dans les références aux autres, en quête de l'Autre. Mais ici, c'est en corps. L'anglais nous le dit sans jeu de mot : *embodyment*, incarnation. Même Dieu s'est incarné et nous partageons sa divinité grâce à son corps et à son sang. Le corps est au cœur de la méditation. Au couvent, on n'a pas pu inscrire ma conviction dans le corps. Il m'aura fallu les somatothérapies et la somatanalyse, le sexe, l'amour et la musique pour cela. Il aura fallu agencer les merveilleuses pratiques psychothérapiques en cette progression logique qui caractérise le protocole de la PJ. Voilà la nouveauté. Ça commence tout simplement par le bien-être, par le bien vivre, par de bonnes relations aux autres et par l'émerveillement devant la beauté du monde. Et ça passe insensiblement à l'intériorité, à la spiritualité et à la méditation. Mais ce passage ne se requiert pas nécessairement puisque les premières étapes sont déjà des actions de grâce à la vie, à sa bonté et à sa générosité.

Puis, ça nous emmène dans des ressentis si délicieux qu'ils semblent divins ; ça nous propulse dans des états de conscience tellement nouveaux qu'ils modifient l'être, qu'ils le transfigurent. Et il suffit de pratiquer encore, en corps, avec cœur, en chœur.

Ça peut nous emmener tellement loin qu'il faut un guide, un accompagnateur, des indications et un GPS. Ce livre remplit modestement ce rôle. La description de mon propre cheminement doit dédramatiser. Ce n'est malgré tout pas si grave !

EN BRAS(S)EMENT

Bien que la mindfulness de Kabat-Zinn, traduite en français par « méditation pleine conscience », soit l'étonnant cheval de Troie qui pénètre la psychothérapie française, les thérapies cognitivo-comportementales en tout cas, il ne faut pas ignorer qu'il s'agit d'abord d'un traitement du stress et de la dépression. Par ailleurs, elle se fonde sur une intégration de pratiques orientales, principalement zen, yoga et vipassana. Notre propre démarche profite largement de cette brèche ouverte dans la rationalité outrancière de notre profession.

La Présence Juste, elle, se fonde sur les psychothérapies occidentales, en sélectionne les douze plus importantes et les agence en une progression qui part de la relaxation (contre le stress), passe par l'éveil énergétique (antidépresseur), gère la vie relationnelle, sociale et intime (le propre même de la vie communautaire), et débouche sur les valeurs fondamentales à même de garantir une méditation profonde jusqu'aux manifestations mystiques.

La référence aux psychothérapies, psycho-somatothérapies et psychanalyses, qui sont parfaitement documentées et validées par les recherches professionnelles, confère à la Présence Juste une crédibilité et une efficacité remarquables, débouchant sur les mêmes effets que les méditations classiques. L'intégration des phénomènes énergétiques, spirituels et intimes tant craints et décriés par notre Occident vient démultiplier ces acquis.

Pour prendre cette forteresse de scepticisme en défaut, nous utilisons ses propres armes au-delà des seules ruses, genre cheval de Troie. Nous nous référons aux méthodologies techniques et aux épistémologies académiques. La tâche est fastidieuse mais quand la pratique dévoile ses merveilleux effets et transforme les vies, il importe de constater qu'on ne déroge ni à sa culture ni à ses valeurs.

La Présence Juste, toute scientifique qu'elle soit, se consacre autant à la justice des hommes et à la préservation des environnements qu'au bonheur personnel. Elle embras(s)e la vie et réenchante le monde. Elle se décline en autant de protocoles que de pratiquants. Elle rend authentique.

La psychothérapie est à l'Occident ce que la méditation est à l'Orient.
La Présence Juste révèle le potentiel méditatif des psychothérapies.
La Pleine Présence réalise le potentiel thérapeutique des méditations.
L'une et l'autre reconnectent Orient et Occident.

EN CORE

Core, en anglais, désigne le cœur, le centre, l'essentiel. Nous sommes au cœur de la pratique, en chœur avec le mantra, entourés par les auteurs les plus prestigieux.

Mais la pratique, aussi performante soit-elle, ne suffit pas à une démarche qui se veut aussi scientifique que la psychothérapie. Un deuxième livre déjà évoqué continue de creuser jusqu'au cœur, jusqu'à l'essence de ces vécus tellement riches qu'ils nous emmènent aux limites du supportable et du concevable.

Cinq approches scientifiques abordent ce cœur, en core, s'en approchent, jettent leur éclairage, tentent le dépassement des limites. S'il y en a au moins cinq, c'est que le trésor est bien enfoui, le château bien gardé, le mystère bien opaque. C'est aussi cela le temps du silence, l'introspection, la méditation, qui nous révèlent à nous-mêmes tout en précipitant au-delà de nous. Voici ces approches : psychothérapique, psychanalytique, expérientielle, mystique et mythique, sans renoncer à l'humour d'une bande dessinée.

L'approche psychothérapique fait le lien entre la pratique méditative et le processus thérapeutique de base, à savoir « l'expérience plénière ». Cette dernière est commune à toutes les méthodes même s'il faut les innombrables modes de travail des centaines de thérapies pour y accéder.

L'approche psychanalytique enrichit les connaissances des processus inconscients avec les vécus validés de l'EMI (expérience de mort imminente) et de la pneumanalyse (hyperventilation en position immobile) et nous gratifie des trois processus vitaux fondamentaux : essence de l'énergie, nature de l'esprit et intime du lien. Elle apporte l'alternative scientifique à l'exclusive religieuse du mystique.

Bien avant la PJ, **le caisson d'isolation sensorielle** a proposé une de ces alternatives laïques aux extrêmes mystiques. J'y ai plongé pendant deux ans et j'en ai tiré un enseignement irremplaçable.

Nous y sommes. Nous ne pouvons pas ne pas nous laisser prendre au jeu de **ce fameux « caché » qu'est la mystique**. Nous appelons à la rescousse une vingtaine de textes et de biopics, partant de Platon en son *Phédon* pour arriver à notre quasi contemporaine, Simone Weil, la rebelle. Nous évoquerons les acquis des neurosciences et des neurochirurgies qui trouvent Dieu au bout d'une aiguille et se lancent dans une neurothéologie.

Retour en arrière, décentrement dans la mythologie avec ma **thèse d'ethnologie sur le mythe dogon**. Il faut éviter l'ethnocentrisme auquel nous sacrifions avec la psychothérapie/psychanalyse occidentale et la mystique chrétienne. Tout comme le caisson d'isolation sensorielle, Amma, Ogo et Nommo, Dieu et demi-dieux dogons, nous obligent à une pensée transversale.

Une BD humoristique sur l'histoire de la psychothérapie/psychanalyse continue à décaper ce qui reste caché, indécent et même tabou.

Il nous échoit d'en tirer quelque chose. Est-ce que cette approche scientifique nous permettra de mieux pratiquer ? Est-ce que la pluralité des points de vue rendra justice à la complexité de l'humain ? Est-ce que la psychologie, l'anthropologie, la théologie s'y enrichiront ?

Nous avons déjà esquissé des réponses. Notre domaine excelle dans l'irruption de vécus extrêmes qui sont ceux-là même de la vie : inconscients, infonctionnants, indésirants. Même si toute une corporation fait profession de l'inconscient, même si le quotidien nous confronte avec les étrangetés de notre corps, même si le hasard des rencontres nous fait désirer ce que nous ne pouvons/voulons pas aimer, ça existe, insiste, résiste et nous rend trop souvent triste. Alors on voudrait aussi savoir, au-delà du seul vécu.

Vécus intimes les plus aboutis, saturation du champ de la conscience, plénarisation, expérience plénière, plénitude, extase et transe, processus vitaux fondamentaux (énergétique, spirituel, relationnel), mystique et mythe… Approchons du cœur même des vécus, du cœur des choses, en core.

Et pourtant il existe une limite à ces connaissances :
- l'inconscient n'existe pas ; il n'y a que des processus inconscients ;
- la conscience universelle n'existe pas ; il n'y a que des consciences individuelles ;
- la vie après la vie, nous n'en savons rien, c'est inconceptualisable.

EN ATTENDANT

Le tome II développera surtout le troisième cycle, transpersonnel, transconscient, contemplatif et mystique. En voici l'esquisse.

■ Module 9 – l'esthétique du monde

Il s'agit de l'émerveillement, du ravissement, de la descente de la grâce, en un flux délicieux qui envahit l'esprit et le corps jusqu'à la transe. Les rencontres esthétiques sont :
- la nature en ses lieux aimés ;
- les arts plastiques, collectionnés personnellement ou admirés ailleurs ;
- la musique dont nous réentendons les morceaux préférés ;
- les personnes belles et admirables, visages, corps, vêtements ;
- les odeurs capiteuses que nous retrouvons dans notre nez ;
- les saveurs, sur la langue ;
- les touchers des personnes aimées, touchers donnés et reçus.

Cette esthétique agit comme un Dieu : *Deus sive Natura*. Nous exprimons notre gratitude, notre reconnaissance et nous nous abandonnons à l'élan de transcendance. La nature nous dépasse, certes, mais elle n'est pas clivée ; elle est là devant moi. Et j'en fais partie.

■ Module 10 – l'éthique de l'humain

Le monde déjà et l'humanité encore plus nous renvoient aux obligations éthiques que nous portons en nos tripes, cœur et intuitions. Trois étapes se déroulent ici :

- contacter l'absolu de l'éthique, ne pas tuer, ne pas abuser sexuellement ; cela rappelle l'Œdipe freudien ; ne pas exploiter à mort, ne pas achever notre planète ; dire non, affermir ces refus qui nous renforcent et nous libèrent ;
- retrouver les moments de vie où nous n'avons pas su /pu /voulu dire non ; nous nous retrouvons humain et authentique dans ces faillites et forfaitures ; nous nous réunifions en nous-même dans l'aveu de ces faiblesses ; nous les réintégrons en soi ;
- solliciter la mémoire « prospective » qui nous rappelle les moments importants à venir lors desquels il faudra dire non.

Nous nous hissons à la hauteur de *natura*, aussi beau et droit qu'elle. Nous endossons notre véritable humanité. Et nous reconnectons sa règle d'or : ne fais pas à autrui ce que tu ne voudrais pas qu'il te fasse.

■ Module 11 – la symbolique des valeurs et des maîtres

Nous avons des valeurs, explicitées ou implicites. Nous sélectionnons des modèles et des maîtres même s'ils se succèdent plus ou moins rapidement. Nous en avons besoin, sinon ce sont les préceptes et les dictateurs qui s'imposent à nous. Nous devons dire oui à ces choix pour qu'ils nous animent et régissent notre humanité.

Il ne s'agit pas de dévotion comme dans les religions et encore moins de fanatisme qui découle de tout ce qui est mono- (-théisme, -théorisme) et débouche sur le terrorisme. Nos valeurs et modèles sont connectés avec les postulats éthiques mais sont des règles plus relatives, nous leur disons oui.

Il pourrait s'agir de dévouement parce que les valeurs sûres et les modèles généreux doivent être promus et défendus par notre participation.

Nous privilégions leur signification symbolique. Sym-bolein, en grec, veut dire réunir, mettre ensemble. La fonction symbolique des valeurs et des maîtres crée la communauté, l'humanité. Cette consensualité est la base commune des morales et des mentors même s'ils varient et changent. Je dis oui.

■ Module 12 – la contemplation absolue et l'immanen-scendance

Nous partirons des processus qui se déroulent lors des EMI, expériences proches de la mort, processus bien documentés à présent médicalement et psychologiquement. Ces processus (sortie du corps et panorama de vie) sont en dissociation dans les EMI à cause de la violence de l'événement. Les mêmes déroulements se font en unification et en expansion à partir du centre lors des séances de pneumanalyse.

Nous entrons dans le tunnel noir qui accompagne la subversion de la structure mentale et en sortons pour contempler la « nature de l'esprit » (lumière, couleurs, amour, volupté, évidence et liberté) puis « l'intime du lien » archétypal, symbolique et mystique. Il s'agit d'une mystique ontique, celle de l'Être, au-delà du religieux.

Nous accordons tout le temps dont nous disposons à cette contemplation créative et à ces révélations parce qu'elles constituent notre authenticité en intégrant le collectif de l'humanité à soi.

Pour faire transition avec ce tome II qui s'engage dans la méditation la plus profonde jusqu'aux manifestations mystiques, la postface de Jacques Vigne fait lien. Jacques, collègue psychiatre, compagnon de l'Association des jeunes psychiatres que j'avais fondée. Il établit les concordances entre les pratiques orientales et le recours que je fais aux pratiques occidentales. Nous comprendrons que les expériences ne sont pas les mêmes. L'immersion totale à temps plein dans une vie de méditation comme celle de Jacques aboutit à des états d'être et à des exigences qui vont au-delà de notre propos qui est d'inviter l'Occidental engagé dans les vies affective, sociale et professionnelle à démarrer une démarche spirituelle et à persévérer jusqu'aux vécus les plus aboutis. Les propos de Jacques Vigne valident ce recours aux psychothérapies. Le reste est affaire de pratique et d'engagement.

Postface
de Jacques Vigne

Je suis heureux de rédiger cette postface le matin même du 1er janvier 2013. C'est une bonne manière de commencer l'année ! Les lecteurs, d'ici quelques temps, auront sans doute oublié qu'une fin du monde prévue pour le 21 décembre 2012, une fois de plus, n'est pas survenue… Les croyants en l'Apocalypse ont été déçus, et trouveront sans doute ennuyeux d'avoir à continuer de devoir gérer leur quotidien, et se soucier de construire l'avenir pas à pas, brique après brique. Le livre du Dr Richard Meyer fait partie de ces ouvrages qui, de fait, contribuent à construire cet avenir.

Nous nous sommes connus avec Richard dans l'Association des jeunes psychiatres qu'il avait lancée il y a trente-cinq ans. Nous étions jeunes, nous sommes maintenant toujours jeunes par l'esprit, mais avec aussi « plus de bouteille », comme on dit familièrement. Notre orientation pour comprendre la vie intérieure repose non seulement sur le point de vue psychologique, mais aussi sur le point de vue spirituel. Il s'agit d'une aspiration croissante dans la société contemporaine. Richard dans ce sens met en avant un fait important : « La sociologie nous l'a révélé : on s'avoue enfin que la recherche spirituelle est une recherche de bonheur. La difficulté que nous avons avec ce mot provient du fait qu'il évoque un état qui n'est pas spécifique du religieux. »

Dans les textes classiques de l'Inde, la présentation d'un nouveau système de philosophie spirituelle commence régulièrement par la mention de la souffrance dans la vie humaine, et la recherche légitime du bonheur. Le système présenté ensuite répond à cette demande de fond. L'aspiration de la psychologie moderne n'est pas si différente. Cela va de soi, mais cela va encore mieux en le disant. La tendance générale de nos jours est une prise d'indépendance de la recherche spirituelle par rapport à des formes religieuses trop institutionnalisées, organisées, voire lourdement politisées. Ce livre apporte sa contribution à cette évolution importante que nous offre la modernité.

Pour Richard, la question de la voie spirituelle n'est pas un luxe, elle est obligatoire. Pour cela, il faut savoir traverser les défenses rationnelles de la psychologie moderne souvent fermée sur ses positions : « Notre propre démarche profite largement de cette brèche ouverte par Jon Kabat-Zinn et la méditation de pleine conscience dans la rationalité outrancière de notre profession. » Ce témoignage d'un psychiatre de 70 ans, avec presque un demi-siècle d'exercice, vaut son pesant d'or… De plus, Richard évoque de façon intéressante les ruses nécessaires pour pénétrer la forteresse du scepticisme: il emploie à ce propos l'image du cheval de Troie. C'est l'utilité profonde des études du rapport entre neurosciences et méditation. En plus, il y a la curiosité naturelle de l'esprit humain qui cherche à comprendre régulièrement «comment ça fonctionne»... D'un certain point de vue, les scientistes et leur «rationalisme du charbonnier» fait sourire: on a l'impression d'être comme devant des enfants qui ont besoin de leur doudou, et qui pleurent et tapent du pied si on tente de le leur arracher. Le doudou en question, c'est une notion étroite pour ne pas dire étriquée de l'objectivité. N'aurait droit à cette appellation contrôlée que ce qui est biochimique, quantitatif et mesurable. Le fait que des millions de gens dans les traditions données aient pu vérifier les effets positifs d'une méthode donnée ne compte pas pour ces rationalistes passionnels. Pour créer une brèche et un doute salutaire dans leur psychorigidité, il est certainement bon de faire des études selon tous les critères de la psychologie scientifique moderne.

Un itinéraire de vie du noviciat à la psychiatrie

Pierre Weil, qui a été un pionnier du transpersonnel avec en particulier son livre *L'Homme sans frontières*[1], et qui était aussi originaire d'Alsace, a demandé un jour à Richard Meyer: «De quel droit parles-tu du transpersonnel?» La question mérite d'être posée, et nous pouvons citer les différentes réponses de Richard tout au long de son livre: déjà, il a passé une dizaine d'années entre 13 et 23 ans dans des institutions religieuses, de style petit séminaire et noviciat d'un ordre religieux. Ensuite, étant parvenu à 70 ans, il nous livre les conclusions d'un quart de siècle de pratiques méditatives personnelles, cela n'est pas négligeable. Troisièmement, il est passé par une expérience de mort imminente, une opération où l'on a effectué quatre pontages coronariens en urgence, à laquelle il a survécu. Il y a de quoi faire réfléchir non seulement à la notion d'au-delà du personnel, mais aussi d'au-delà du corps tout court.

Il nous fait en outre une confidence importante: «Si on m'avait fait découvrir tout ce qui s'est éveillé grâce à la somatothérapie et à la Présence Juste, j'y serais probablement encore, au couvent!». Richard déjà nous parle avec honnêteté de ces difficultés, par exemple pendant tout un temps les bêta-bloquants donnés pour ses troubles cardiaques ont rendu sa pratique de méditation difficile. Quant à son itinéraire affectif, il reconnaît qu'il a été aussi confus que celui de la plupart de ses concitoyens. Il souligne l'importance du corps pour avoir une méditation et une mystique saines. Depuis une trentaine d'années que je réfléchis au rapport entre mystique et psychologie, je reviens souvent à un modèle qui a l'intérêt d'être clair, et qui a une structure de croix: le petit axe transversal correspond à l'oscillation, entre émotionnel et intellectuel, qui alimente la vie religieuse habituelle. Par contre, la vie spirituelle et mystique, correspond au grand axe vertical, qui passe directement du corps au

1. Weil Pierre, *L'Homme sans frontières,* Paris, L'Espace bleu, 2008.

spirituel. Il me semble qu'un des messages de fonds du livre de Meyer est justement de nous ramener à ce grand axe vertical.

Dans sa présentation de l'évolution humaine débouchant sur le spirituel, Richard insiste sur les différentes phases à traverser. Cela fait penser aux quatre *ashramas*, stades de la vie de l'Inde, avec l'état d'étudiant, *brahmachari*, qui débouche sur celui de mariage, *grihastha*, avec ensuite le départ pour la forêt, *vanaprastha*, et finalement le renoncement, le *sannyasi*, qui s'accompagne d'une capacité de transmettre l'expérience mystique à un niveau élevé à travers la relation de maître à disciple. Cependant, la tradition brahmanique reconnaît aussi la possibilité de raccourcis, c'est-à-dire de devenir *sannyâsin*, moine, assez jeune, voire très jeune, à condition d'être bien guidé dans cette voie. Je sais que Swami Vijayânanda auprès duquel j'ai passé un quart de siècle, a pris ses distances vis-à-vis du judaïsme car il était suffisamment mystique pour ne pas vouloir attendre le seuil de 40 ans qui, d'après la cabale, correspond à l'âge minimum requis pour se plonger dans l'étude mystique. Par ailleurs, Richard nous confie : « L'accès à la créativité, au bien-être, à la tendresse a été une découverte profonde pour moi. On peut regretter qu'elle ne soit pas survenue au noviciat, mais il vaut mieux que cela se soit fait tard plutôt que de ne pas avoir eu lieu du tout. »

Mieux vaut être prudent quand on parle d'éveil de la kundalini : tout d'abord, d'après la définition, par exemple, de Swami Vijayânanda qui a médité pendant soixante-quinze ans, l'éveil véritable de la kundalini ne survient que lorsqu'on observe une chasteté complète, et encore, il ne survient qu'après avoir dépassé toutes sortes d'obstacles. En Occident, où la chasteté complète est rare, on peut donc en déduire que les véritables éveils de kundalini le sont aussi. Une patiente de Richard croit avoir atteint l'éveil spirituel en expérimentant un « orgasme cosmique ». Là encore, soyons prudents : cela ressemble fort à de la psychanalyse de bazar de croire que des expériences spirituelles profondes et stables pourraient venir sans un travail de détachement en profondeur. Les traditions de l'Inde ont particulièrement insisté là-dessus, c'est le *tyaga* dans la *Bhagavad-gîta*, et l'*agrahya*, la non-saisie dans le bouddhisme. Si on est sincère dans sa recherche intérieure, on y viendra de toute façon. Soulignons de plus que le vrai détachement n'est pas extérieur, mais mental.

Il est intéressant de noter que deux auteurs modernes comme Ansermet et Magistretti retrouvent ces notions malgré leur manque de références explicites aux traditions spirituelles[2]. Ils parlent du rapport entre neurosciences et psychanalyse. Leur fil directeur, c'est que le fonctionnement du cerveau est fondé sur l'homéostasie. Si on le fait aller dans des expériences de plaisir intense, comme une passion amoureuse par exemple, il réagira en se fabriquant de toutes pièces des raisons pour la souffrance. Ce sont de fait les complications bien connues de la passion, la jalousie, l'instabilité émotionnelle, les complications psychologiques inutiles, etc., qui auront en fait pour fonction de rétablir l'homéostasie. Les pratiques méditatives et spirituelles savent contourner cette loi psychophysiologique générale, en éveillant un bonheur intérieur de plus en plus intense, tout en gardant le cap de la simplicité qui évite de retomber

2. Ansermet et Magistretti, *L'Énigme du plaisir*, Odile Jacob, 2011.

dans les complications psychospirituelles inutiles. Par ailleurs, Richard mentionne la supposition que la stimulation de certaines zones du cerveau par des électrodes peut faire « voir Dieu » aussi bien que Moïse sur le mont Sinaï... En fait, mieux vaut être prudent dans ce genre d'assertion : une expérience venue artificiellement et sans discipline de l'esprit pour l'obtenir sera instable, et en quelque sorte fabriquée, qu'elle soit causée par une stimulation électrique ou par une drogue.

Richard décrit le progrès méditatif à travers les trois notions de volupté, *philia* et félicité. Cela fait fortement penser aux trois « nœuds » de la tradition de l'un des yoga : le Brahma-granthi, le Vishnu-granthi et le Shiva-granthi. Brahma correspond à la génération, donc à la sexualité, Vishnu aux rapports sociaux harmonieux, donc à l'affectivité familiale, et plus largement à la *philia*, et Shiva à la félicité de la grande libération. Ces niveaux sont présentés comme des nœuds, car il faut déjà les identifier, et ensuite les dénouer pour pouvoir aller au-delà. Cette recherche centrale de la félicité a l'avantage de dépasser une conception politisée de la religion. Il s'agit de la récupération de l'expérience spirituelle pour la mettre au service d'une mégalomanie, au fond banale, mais qui peut mener à des orgies de violences recouvertes d'un vernis religieux. Sont donc bienvenues toutes les forces positives qui peuvent contrebalancer cette régression spectaculaire d'une pauvre humanité affolée par la peur du changement.

Richard développe une notion importante, l'immanen-scendance, qui représente l'autre pôle par rapport à l'ego, qu'on l'appelle le Dieu personnel et transcendant, ou simplement un absolu au-delà de l'ego. Cet « autre pôle » est une notion qui permet de regrouper l'effort et l'aspiration de diverses voies religieuses et spirituelles.

La psychologie spirituelle comme antidote à la violence religieuse

Les vrais intellectuels doivent aller profond dans la critique de la violence religieuse, et ne pas se contenter de réponses superficielles qui ont pour fonction de masquer les causes réelles. La psychologie en particulier a le pouvoir de neutraliser des discours religieux ou politiques menant à la violence. Des auteurs courageux osent maintenant parler sans tabou de la violence monothéiste[3]. Ils dérangent, mais il s'agit d'une remise en question salutaire.

Retour à la joie

Quand on se demande simplement quel est le but de toute cette évolution psychologique et spirituelle, on pourrait dire qu'il s'agit de la joie. Dans ce sens, Richard

3. Pour Jacques, *La Tentation totalitaire* L'Harmattan, 2007 ; Assman Ian, *La Violence monothéiste* (Prix Européen de l'essai) ; Castel Jean-Pierre *Le Déni de la violence monothéiste,* L'Harmattan ; Soler Jean *Violence et Monothéisme* et *Qui est Dieu ?*, Phillippe de Fallois.

rappelle l'étymologie de bienheureux en allemand, *seelig*, qui vient de *Seele*, signifiant l'âme. Être heureux, c'est être imbibé d'âme, saturé d'âme, animé au sens plein du terme. À ce moment-là, la psychologie, étymologiquement la science de l'âme, retrouvera sa vraie nature et vocation. Dans ce sens on pourrait dire, pour voir les choses largement, que la plupart des méthodes de développement intérieur sont bonnes. Une fois, un jeune enseignant avait appris une forme de yoga inspiré à un Français par des communications avec des maîtres tibétains à un niveau subtil. Il est venu au centre tibétain de Karma-ling près de Grenoble pour rencontrer Kalou Rimpoché. Celui-ci aurait pu être critique à propos de toute cette histoire, mais il lui a simplement demandé : « Est-ce que ces pratiques vous font du bien au corps et à l'esprit ? » Le jeune enseignant a répondu de façon très convaincue : « Oui ! » Kalou a conclu : « Alors, surtout, continuez ! ». Cette anecdote nous amène à voir le rapport des méthodes psychologiques et spirituelles de façon large et positive. On dépassera ainsi l'esprit de chapelle qui est trop souvent la caractéristique non seulement de groupes religieux, mais aussi de certains mouvements de psychothérapie.

Une manière conseillée par diverses traditions pour développer en profondeur la Pleine Présence, c'est d'avoir à la fois le courage et la capacité de s'engager dans de longues retraites. À ce propos, nous pouvons terminer en citant une lettre d'Hakuin, un grand sage zen de la fin du XVIIIe siècle, à l'un de ses jeunes disciples qui pensait être arrivé à la Pleine Présence : « À 13 ans j'ai eu une expérience de la grande vacuité, à 15 ans je suis devenu novice dans le monastère, à 19 ans moine pleinement ordonné, à 25 ans je suis devenu ermite, à 40 ans abbé du monastère, et j'ai 65 ans, mais cela fait maintenant seulement cinq ans que je pense avoir atteint la Pleine Présence. Ne crois pas que ce soit si facile ![4] »

4. Hakuin, *Moi, bouilloire à la main,* Accarias-L'Originel.

L'enseignement pratique
de la Présence Juste à la Pleine Présence

Apprendre, s'entraîner, comprendre, se faire accompagner.

I. L'approche autodidacte

La PJ propose un protocole clair et précis qui permet une approche directe à partir de ce livre et du suivant. Elle est progressive et évolutive, commençant par des exercices simples (relaxation) et se continuant en des processus de plus en plus complexes, jusqu'aux plus « cachés » et inconscients du fonctionnement humain. L'apprenti autodidacte se référera aux effets. S'ils sont positifs, il développera ce qui marche et avancera tant que cela le satisfait. Si ça bloque ou devient même problématique, il faudra prendre conseil ou entrer dans des groupes d'enseignement. Le risque majeur, c'est de se décourager et de perdre la belle envie de faire enfin ce quelque chose d'important pour soi.

Pour information, la relaxation du module 1 s'apprend en dix séances chez un psy, l'haptonomie (module 2) également, lorsqu'il y a un symptôme à soigner. L'éveil mystique est l'affaire de toute une vie ! Quant à l'apprentissage par les disques, il expose à l'autohypnose et à la ritualisation, ce qui ne favorise ni l'art de vivre ni la méditation. Tout au plus sert-il à l'autothérapie. Les disques veulent transmettre un savoir-faire et ne devrait pas devenir une pratique régulière.

II. Les ateliers d'initiation en groupe

Ils ont été décrits dans ce livre et se développent sous différentes formes.

1) Les séances hebdomadaires, de 60 à 90 minutes ; une dizaine pour les deux premiers cycles, une demi-douzaine pour le troisième cycle. La liste des initiateurs est disponible à l'Eepssa et sur son site.

2) Les ateliers résidentiels avec le Dr Meyer ;
- deux ou trois jours dans les principales villes ;
- cinq jours à Strasbourg avec hébergement gratuit sur place ;

Voir le planning sur www.eepssa.org

3) La formation complémentaire pour les professionnels déjà en activité avec expérience des principales psychothérapies et somatothérapies constitutives de la méthode. Quatre fois une semaine (28 jours, 250 heures) pendant un an à Strasbourg, hébergement sur place débouchant sur le **Certificat européen d'enseignant de la Présence Juste**.

Le contenu de l'enseignement de la Méditation Pleine Présence :

Buts	et	Moyens
	Cycle personnel	
1) habiter son corps		relaxations de Schultz et de Jacobsen
2) occuper son territoire		haptothérapie
3) éveiller les centres et actings reichiens, la circulation énergétiques		postures bioénergétiques
4) ouvrir les sens, sensations et sentiments		sophrologie, bodyscan, massage somatothérapies, danse thérapie
	Cycle interpersonnel	
5) accueillir l'autre		visualisation, visualis'action
6) associer les émotions et les sentiments		travail émotionnel, somatodrame, gestaltthérapie
7) rester centré dans son axe		affirmation de soi, assertivité
8) communiquer en amour et vérité		Analyse Transactionnelle, Communication Non Violente, les quatre regards de la psycho somatanalyse
	Cycle transpersonnel	
9) l'esthétique du monde		artthérapie, musicothérapie, awareness
10) l'éthique de l'humain		psychothérapies existentielles et transpersonnelles
11) la symbolique des valeurs et des maîtres		acceptance and commitment therapy, logothérapie, analyse jungienne
12) la mystique ontique et l'immanen-scendance		pneumanalyse, danses cathartiques transe terpsichore thérapie, imagination active, somatanalyse

Index des auteurs cités

Liste des tableaux

Liste des schémas

Bibliographie

AKSTEIN D. – *Un voyage à travers la transe, la Terpsichore Transe Thérapie*, Paris, Tchou, 1992.

AMERICAN PSYCHIATRIC ASSOCIATION, DSM IV TR. *Manuel diagnostique et statistique des troubles mentaux*, Paris, Masson, 2000.

ANDRÉ C. – *Les états d'âme*, Paris, Odile Jacob, 2009.

ASSAGIOLI R. – *Psychosynthèse – Principes et techniques*, Paris, EPI, 1983, 286 p.

ASSAGIOLI R. – *A bright star in International Journal of Psychotherapy,* volume 16 n° 2 juillet 2012, p. 7-19.

ASSMANN J. – « Les conséquences du monothéisme in *Sciences Humaines* », n° 230, p. 28-31.

AURIOL B. – « Les pulsions dans le tantrisme » in *Somatothérapies* n° 4, sept. 1989, p. 46-50.

AURIOL B. – « La méditation : accès à l'essentiel de l'être et du désir » in Albin Michel, *Méditation et Psychothérapie*, n° 121, Gordes, Question de, 2000, p. 85-101.

AUROBINDO S. – *La Pratique du yoga intégral*, Paris, Albin Michel, 1976.

BAIR D. – *Jung*, Paris, Flammarion, 2007.

BALINT M. – *Le défaut fondamental, Aspects thérapeutiques de la régression*, Paris, Payot, 1971.

BANDURA A. – « *Auto-efficacité, le sentiment d'efficacité personnelle* », Bruxelles, De Boeck, 2003.

BARDY-LINDER S. et al. – « Entraînement à la pleine conscience en groupe pour atténuer les symptômes psychotiques persistants » in *Annales Médico-Psychologiques* 171, 2013, p. 72-76.

BARRETO A. – *La Thérapie Communautaire pas à pas*, Escalquens, Dangles, 2012.

BECK A. – *Prisonniers de la haine, les racines de la violence*, Paris, Masson, 2002.

BERGHMANS C. et al. – « Méditation de pleine conscience et psychothérapie : état des lieux théorique, mesure et pistes de recherche » in *Journal de Thérapie Comportementale et Cognitive* 18, 2008, p. 62-71.

BERGHMANS C. et al. – « La méditation comme outil psychothérapeutique complémentaire : une revue de question » in *Journal de Thérapie Comportementale et Cognitive* 19, 2009, p. 120-135.

BERGHMANS C. – « Impact de l'approche thérapeutique de pleine conscience mindfulness based stress reduction (MBSR) sur la santé psychique (stress, anxiété, dépression) chez des étudiants : une étude pilote contrôlée et randomisée » in *Journal de Thérapie Comportementale et Cognitive* 20, 2010, p. 11-15.

BERGHMANS C. – « Effets de l'approche thérapeutique mindfulness based stress reduction (MBSR) sur la gestion du stress professionnel : une étude de cas » in *Journal de Thérapie Comportementale et Cognitive* 20, 2010, p. 38-44.

BERGSON – *L'Énergie spirituelle*, Paris, PUF, 1976.

BON M. – *Morts extra-ordinaires, expériences transpersonnelles de la mort*, Paris, Guy Trédaniel, 1995.

BOYER J.-P., BARRETO A. – *L'Indien qui est en moi*, Descartes & Cie, 1996.

BROME V. – JUNG C.G. – *L'Homme et son mythe*, Paris, Hachette, 1986.

CASRIEL D. – *A scream away from happiness*, New York, Grosset and Dunlap, 1976.

CASTANEDA C. – *Passes magiques*, Éditions du Rocher, 1998.

CAZENAVE M. – *Sciences et Symboles*, Paris, Albin Michel, 1986.

CHAMBON O., MARIE-CARDINE M., MEYER R. – *Psychothérapies, l'approche intégrative et éclectique*, Strasbourg, Eres-Somatothérapies, 1994.

CHAMBON O. – *La Médecine psychédélique, le pouvoir thérapeutique des hallucinogènes*, Paris, Les Arènes, 2007.

CHAMBON O. – « Au-delà de l'ego » in *Inexploré* hors-série n° 1, novembre 2012, p. 70-75.

CHAMBON O., BELVIE W. – « La conscience délocalisée » in *NDE Magazine* n° 6, p. 32-59.

CHAUVIN J-P. – *Quand la maladie nous enseigne*, Paris, Éd. Josette Lyon, 2007.

CHENE P.A. – *Sophrologie, fondements et méthodologie*, Paris, Ellébore, 1996.

CHRETIEN J-L. – *La joie spacieuse, Essai sur la dilatation*, Paris, Les Éditions de Minuit, 2007.

CLEMENT C. – *L'Appel de la transe*, Paris, Éd. Stock, 2011.

CLERGET J. – *La main de l'Autre, le geste, le contact et la peau*, Ramonville St-Agne, Eres, 1997.

CSÍKSZENTMIHÁLYI M. – *Vivre*, Paris, Robert Laffont, 2004.

DALENS P., DALENS R., MALTERRE L. – *L'unité psychothérapique*, Paris, L'Harmattan, 2004.

DAMASIO A.R. – *L'erreur de Descartes, la raison des émotions*, Paris, Odile Jacob, 1995.

DAMASIO A.R. – *Le sentiment même de soi, corps, émotions, conscience*, Paris, Odile Jacob, 1999.

DAMASIO A.R. – *Spinoza avait raison*, Paris, Odile Jacob, 2003.

DAMASIO A. – *L'autre moi-même, les nouvelles cartes du cerveau, de la conscience et des émotions*, Paris, Odile Jacob, 2010.

DANTIN L. – « Méditation pleine conscience et traitement cognitif des obsessions » in *Journal de Thérapie Comportementale et Cognitive* 17, 2007, p. 115-119.

DECONINCK J.-L. – « Formation à l'écoute et à l'accompagnement psychocorporel et psychospirituel » in revue *SOMATO* n° 36, sept. 1997, p. 21-23.

DE BINGEN H. – *Prévention et guérison des maladies*, St Jean de Braye, Dangles, 2000.

DE HENNEZEL M. – *La Mort intime*, Paris, Robert Laffont, 1995.

DE HENNEZEL M. – *La Sagesse d'une psychologue*, Paris, L'œil neuf, 2009.

DESCAMPS M.A. – *Le Langage du corps et la Communication corporelle*, Paris, PUF, 1989.

DESCAMPS M.A., – *Corps et Psyché – Histoire des Psychothérapies par le corps*, Paris, EPI, 1992.

DESCAMPS M.A. – *La psychanalyse spiritualiste*, Paris, Desclée de Brouwer, 2004.

DESCAMPS M.A. – *L'éveil de la Kundalini*, Paris, Alphée, 2005.

DESCAMPS M.A. – *Les Expériences de mort imminente et l'après-vie*, Escalquens, Dangles, 2008.

DESCAMPS M.A. – *Du développement personnel au transpersonnel*, Paris, Alphée, 2008.

DESJARDINS A. – *À la recherche du Soi, Au-delà du Moi*, Paris, La Table Ronde, 1979.

DESJARDINS D. – *Le Lying*, Paris, La Table Ronde, 2001.

DOLTO F. – *L'image inconsciente du corps*, Paris, Le Seuil, 1984.

DONNARS J. – *Vivre*, Paris, Sand, 1981.

DONNARS J. – *La Transe, technique d'épanouissement*, Paris, Sand, 1985.

DROUOT P. – *Nous sommes tous immortels*, Monaco, Le Rocher, 1987.

DUBUISSON D. – *Mythologies du [[e siècle*. Lille, PUL, 1993.

DUMEL R. – « Vous avez dit yoga ? » in Albin Michel, *Méditation et Psychothérapie*, n° 121, Gordes, Question de, 2000, p. 102-122.

DURAND DE BOUSINGEN R. – « Essai sur une théorie psychanalytique du training autogène de J. H. Schulz » in R. Meyer (dir.), *Portrait de groupe avec psychiatre*, Maloine, 1985.

DÜRCKHEIM K. – *Méditer : Pourquoi et Comment*, Paris, Le Courrier du Livre, 1978.

ECKHART – *Sermons* (3 tomes), Paris, Seuil. 1974-1978 et 1979. Maître ECKHART – *Les traités et le poème*, Paris, Albin Michel, 1996.

ELIADE M. – *Le Chamanisme et les Techniques archaïques de l'Extase*, Paris, Payot, 1978.

ELTER M. – *1, 2, 3 mon Dieu et Moi*, Montigny, Yvelinedition, 2012.

EPSTEIN M. – *Pensées sans penseur*, Paris, Calmann-Levy, 1995.

EUSTACHE Francis, DESGRANGES Béatrice – *Les chemins de la mémoire*, Le Pommier, 2010.

FOUDRAINE J. – *Krishnamurti, Rajneesh, C.G. Jung*, Paris, Le Voyage Intérieur, 1992.

FRANKL Viktor E. – *Découvrir un sens à sa vie*, Canada, Editions de l'Homme, 1988.

FREUD S. – *Moïse et le monothéisme*, Paris, Gallimard, 1948.

FREUD S. – *L'interprétation des rêves*, Paris, PUF, 1967.

FREUD S. – *L'Homme Moïse et la religion monothéiste*, Paris, Gallimard, 1996.

FREUD S. – *Malaise dans la civilisation*, Paris, PUF, 1976.

FREUD S. – *L'Avenir d'une illusion*. Paris, PUF, 1995.

FREUD S. – *Totem et Tabou*, Œuvres Complètes vol. XI, p. 193-385, Paris, PUF, 1998.

GALASSE M. – *Mouvement et Travail corporel en Psychanalyse*, Escalquens, Dangles, 2012.

GAY P. – *Freud une vie*, Paris, Hachette, 1991.

GOFFINET S., WILMART C., VAN DE VELDE G., PARIS C., POYER B., FIEREMANS V. – « Processus d'installation du tai chi, technique corporelle thérapeutique adjuvante, en psychiatrie hospitalière » in *Annales Médico Psychologiques* Vol. 169, n° 8, septembre 2011 p. 490.

GOVINDAN M. – « Le kriya-yoga, un outil en psychothérapie » in Albin Michel, *Méditation et Psychothérapie*, n° 121, Gordes, Question de, 2000, p. 123-135.

GRIAULE M. – *Dieu d'eau*, Paris, Fayard, 1966.

GROF S. – *La Psychologie transpersonnelle*, Monaco, Le Rocher, 1984, 314 p.

GROF S. – « La psychologie du XXIe siècle sera transpersonnelle » in *Psychologies magazine*, n° 322, p. 147-151.

GUYONNAUD J.-P. – « Conférences sur le transpersonnel ». Nanterre, Guyonnaud, 1997.

HAYES S.C. – *Get out of your mind and into your life*, Oakland, New Harburger Publications, 2005.

HEYDA A. – Le rebirth et son influence sur les émotions, une étude d'évaluation sur 23 cas, in *Somatothérapie* n° 9, mai 2004, p. 40-46.

HOBSON J.A. – *Le cerveau rêvant*, Paris, Gallimard, 1992.

ISRAEL L. – *L'hystérique, le sexe et le médecin*, Paris, Masson, 1976.

JAMES W. – *L'Expérience Religieuse ; Essai de Psychologie descriptive*, Paris, Alcan, 1906.

JAMES W. – *Les formes multiples de l'expérience religieuse*, Exergue, coll. Les essentiels de la métapsychique, 2001.

JANET P. – *De l'Angoisse à l'Extase*, Paris, Société Pierre Janet, 1975.

JEAN de la CROIX – *Œuvres complètes*, Paris, Cerf, 1990.

JERMANN G. F., ZERMATTEN A. – « Les approches psychothérapeutiques basées sur la pleine conscience (mindfulness) : entre vogue médiatique et applications cliniques fondées sur des preuves» in *Psychothérapies* n° 3, volume 31, septembre 2011, p. 167.

JOURDAN J.-P.- *Deadline, dernière limite*, Paris, Les 2 oranges, 2006.

JUNG C.G. – *Dialectique du Moi et de l'Inconscient*, Paris, Gallimard, 1986, 287 p.

JUNG C.G. – *L'homme à la découverte de son âme*, Paris, Albin Michel, 1987.

JUNG C.G. – *Ma vie, mes souvenirs rêves et pensées*, trad. par R. Cahen et Y. Le Lay, Gallimard, coll. Témoins, 1991.

JUNG C.G. – *Le Livre Rouge*, Paris, L'Iconoclaste, 2011.

KABAT-ZINN J. – *Au cœur de la tourmente, la pleine conscience*, Bruxelles, De Boeck, 2009.

KABAT-ZINN J. – «L'essor de la pleine conscience» in *Inexploré* hors-série n° 1, novembre 2012, p. 106-111.

KLEIN J. – *Transmettre la lumière*, Robion, Relié, 1993.

KOUIDER S. – «La conscience dans une impasse?» in *Cerveau & Psycho* n° 56, mars-avril 2013, p. 38-45.

KRAMER U. – «Individualiser la thérapie d'exposition pour le stress post-traumatique: le cas de Caroline in *Psychothérapies* 33, 2013, p. 13-27.

KRISCHNA G. – *Kundalini, les secrets du Yoga*, Paris, Calmann-Lévy, 1996.

KRISHNAMURTI – *La première et dernière liberté*, Paris, Stock, 1979, 380 p.

KUBLER-ROSS E. – *La mort est un nouveau Soleil*, Monaco, Le Rocher/Âge du Verseau, 1988, 139 p.

KUBLER-ROSS E. – *La mort, dernière étape de la croissance*, Pocket, 2002.

KUHN T.S. – *La structure des révolutions scientifiques*, Flammarion, coll. Champs, 2008.

LAPASSADE G. – *La Transe*. Paris, PUF, 1990, 127 p.

LAWRENCE G.W. – *Introduction to Social Dreaming*, London Karnac, 2005.

LECHLER W.H., CAREY J. – *Renaître par l'amour*, Paris, Delachaux et Niestlé, 1991.

LELOUP J.Y. – *Prendre soin de l'être. Philon et les thérapeutes. L'Être et le Corps*, Paris, Albin Michel, 1993.

LEVI-STRAUSS C. – *Anthropologie structurale*, Paris, Plon, 1958.

LOWEN A. – *La spiritualité du corps. Pratique de la Bioénergie*. St Jean de Braye, Dangles, 1993.

LUCADOU von W, ROMER H., WALACH H. – «Synchronistic Phenomena as Entanglement Correlations in Generalized Quantum Theory» in *Journal of Consciousness* 14, n° 4, 2007, p. 50-74.

LUCADOU von W. – «Paranormale Erfahrungen im Umfeld des Sterbens – Beweisen Sie das Überleben der Seele?» in *Begegnung mit Verstorbenen?* Beitrage aus Wissenschaft und Therapie zu einem tabubesetzten Thema. Santiago Verlag, 2011, p. 15-60.

MAHARISHI MAHESH YOGI – *La Science de l'Être et l'Art de Vivre*, Paris, Robert Laffont, 1976.

MALTERRE Laurent – *La Guerre des sexes*, Paris, L'Harmattan, 2009.

MANTEL J-M. – « L'approche spirituelle en psychiatrie » in Albin Michel, *Méditation et Psychothérapie*, n° 121, Gordes, Question de, 2000, p. 6-9.

MANTEL J-M. – « Vers une psychothérapie méditative : de la compréhension à la réalisation » in Albin Michel, *Méditation et Psychothérapie*, n° 121, Gordes, Question de, 2000, p. 175-182.

MASLOW A. – *Vers une psychologie de l'Être*, Paris, Fayard, 1972.

MAUSS M. – « Essai sur le don » in *Sociologie et Anthropologie*, Paris, PUF, 2004, p. 145 à 284.

MEHRAN F. – *Psychologie positive et personnalité*, Paris, Elsevier Masson, 2010.

MESMER F.A. – *Le Secret d'un magnétiseur* (contient : la Dissertation physico-médicale sur l'influence des planètes (1766), le Discours sur le magnétisme, le Mémoire sur la découverte du magnétisme animal), Paris, Navarin, 1990.

MEYER C. – *Le livre noir de la psychanalyse*, Paris, Les Arènes, 2005.

MEYER C. – *Les nouveaux psys*, Paris, Les Arènes, 2008.

MEYER R. – « Le rêve, voie royale du Spirituel, in revue *SOMATO* n° 36, sept. 1997.

MEYER R. – Bisexualité, inceste et prohibition de l'inceste, Analyse structurale et Psychanalyse du Mythe Dogon, thèse de doctorat en sociologie, ethnologie. Paris, Sorbonne, 1978.

MEYER R. – *La mère morte. Le tanking : de la relaxation à l'autoanalyse*, in R. Meyer et Coll. Portrait de Groupe avec Psychiatre, la psychiatrie et la psychanalyse à l'épreuve des nouvelles thérapies, Paris, Maloine, 1985, p. 199-218.

MEYER R. et coll. – *Études cliniques psychothérapiques et somatothérapiques*, Paris, Simep Masson, 1993.

MEYER R. – « Somatologie I, Un modèle théorique pour les psycho-, socio- et somatothérapies, une science de l'Homme pour le troisième millénaire » in *Somatothérapies*, n° 9, 1990, 96 p.

MEYER R. – *La présence juste* in R. Meyer et col., Reich et Ferenczi, Marseille, Hommes et Perspectives, 1992, p. 195-215.

MEYER R. – « L'isolation sensorielle » in R Meyer, *À chaque jour suffit son bonheur, essais sur l'hum'un et ses trois dimensions, affective, sociale et créative.* Strasbourg, Somatothérapies, 1994, p. 195-212.

MEYER R. – *Somatoterapia*, Varsovie, Eneteia, 1996.

MEYER R. – *Iruptia, trupului, în psihoterapie*, Piatra Neamt (Roumanie), édutura Razesu, 1996.

MEYER R. – *A szomato-pszichoterapia – Ferenczi Sandor nyomdokain*, Budapest, Oriold és Tarsai Kiado, 2010.

MEYER R. – « Que devient la formation du psychothérapeute, pour le médecin et le psychologue après la nouvelle loi française » in *Annales Médico-Psychologique* Vol. 169, juin 2011, p. 387-390.

MEYER R. – « Les courants intégratifs en psychothérapie » in *Annales Médico-Psychologique*, vol. 169, 2011 p. 485-489.

MEYER R. – *Le Manifeste de la psychothérapie intégrative*, Escalquens, Dangles, 2010.

MEYER R. – *Stress Angoisse Pulsion de mort*, Escalquens, Dangles, 2011.

MEYER R. – *Nouvelles Pathologies psy*, Escalquens, Dangles, 2012.

MONESTES J.-L. et al. – « Introduction à la thérapie d'acceptation et d'engagement (ACT) » in *Journal de thérapie comportementale et cognitive* 19, 2009 p. 30-34.

MONTAGU A. – *La peau et le toucher, un premier langage*, Paris, Seuil, 1979.

MONTAUD B. – *La psychologie nucléaire*, La Baume, Editas, 2001.

MOODY R. – *La Vie après la vie*, Paris, Robert Laffont, 1997-1984, 206 p.

MOODY R. – *La Lumière de l'Au-delà*, Paris, Robert Laffont, 1998.

MOREAU A. – *Autothérapie assistée*, Paris, Frison-Roche, 1995.

MOREAU A. – « Méditation Bouddhiste », in revue *Somato* n° 36, sept. 1997.

MORSE M., PERRY P. – *Des enfants dans la Lumière de l'Au-delà. Témoignages d'enfants sur leur voyage spirituel aux frontières de la vie.* Préface du Dr Raymond Moody. Paris, Robert Laffont, 1992, 272 p.

MORSE M., PERRY P. – *Aux frontières de la mort. Ils ont vu la lumière*, Éd. Oxus, coll. Spiritualités, 2009.

NATHAN T. – *La nouvelle interprétation des rêves.* Paris, Odile Jacob, 2011.

NIETZSCHE F. – *La Volonté de puissance* – Paris, Le Livre de Poche, 1991.

ODIER D. – *Tantra. L'initiation d'un Occidental à l'amour absolu.* Paris, Éd. J.-C. Lattès, 1996.

ORR L. – *La Respiration Consciente,* Burron Mariette, Ronan Denniel, 1988.

PERLS F., HEFFERLINER R., GOODMAN P. – *Gestalt-thérapie, technique d'épanouissement personnel*, Ottawa, Stanké, 1977

PLATON – *Le Banquet*, Paris, Garnier Flammarion, 1964. PLATON – *Phédon*, Paris, Garnier Flammarion, 1991.

PLOTIN – *Traité sur la liberté et la volonté de l'Un*, Paris, Librairie Vrin, 1990.

QUESTION DE – *Méditation et psychothérapie*, Albin Michel, 2000.

RAJNEESH B.S. – *La Méditation Dynamique*, St Jean de Braye, Dangles, 1986.

REICH W. – *L'irruption de la morale sexuelle*, Paris, Payot, 1972.

REYNAUD E. – *Thérèse d'Avila ou le divin plaisir*, Paris, Fayard, 1997.

RING K. – *Sur la frontière de la Vie*, préface de Raymond Moody, Paris, Robert Laffont, 1982, 332 p.

RINPOCHE S. – *Le Livre tibétain de la vie et de la mort.* Avant-propos de sa sainteté le dalaï-lama, Paris, La Table Ronde, 1993.

RISPOLI L. – *Expériences de base et développement du soi*, Berne, Peter Lang, 2009.
ROSENBERG Marshall B. – *Les mots sont des fenêtres – Introduction à la communication non violente*, Paris, La Découverte, 1999.
ROSENFELD F. – *Méditer, c'est se soigner*, Paris, Les Arènes, 2007.
SACHOT M. – *L'invention du Christ, genèse d'une religion*, Paris, Odile Jacob, 1998.
SALLOUM Ihsan M. MEZZICH Juan E. – « Le diagnostic centré sur la personne », in *La Lettre de Psychiatrie Française*, n° 187, oct. 2009, p. 11-13.
SALLOUM Ihsan M. MEZZICH Juan E. – *Psychiatric Diagnosis*, Oxford, Wiley-Blackwell, 2009.
SANDER D. – « Vers une definition de l'émotion » in *Cerveau & Psycho* n° 56, mars-avril 2013, p. 46-53.
SARTRE J.-P. – *L'Être et le Néant. Essai d'ontologie phénoménologique*, Paris, Gallimard, 1943.
SCHNELZLER J-P. – « Méditation et psychothérapie : modes d'action et rapport » in Albin Michel, *Méditation et Psychothérapie*, n° 121, Gordes, Question de, 2000, p. 34-65.
SCHOTT BILLMANN F. – *Possession, danse et thérapie*, Paris, Sand, 1985.
SCHOTT-BILLMANN F. – *Corps et possession*, Paris, Bordas, 1977.
SCHULTZ J.H. – *Le training autogène*, Paris, PUF, 1958.
SEGAL Z., WILLIAMS J.M.G., TEASDALE J.D., *La thérapie cognitive basée sur la pleine conscience pour la dépression*, Bruxelles, De Boeck, 2006.
SERVAN-SCHREIBER D. – *On peut se dire au revoir plusieurs fois*, Paris, Robert Laffont, 2011.
SHUSTERMAN R. – *Conscience du corps, pour une soma-esthétique*, Paris, L'Éclat, 2007.
SILBURN L. – *La Kundalini, les Deux Océans*, 1983.
SMEDT DE M. – *Technique de méditation et pratique de l'éveil*, Paris, Albin Michel, 1983.
SMEDT DE M. – *50 techniques de méditation*, Paris. Éd. Retz, 1979.
SOCIÉTÉ FRANÇAISE DE SOPHROLOGIE – *Approches expérimentales des chemins initiatiques d'Orient et d'Occident*, Rouvray, Le Prieuré, 1996.
STADTMÜLLER G., GORDON J. A. – « The Biological Correlates of Emotions », in *International Journal of Psychotherapy*, vol. 15, n° 3, nov. 2011, p. 6-24.
STERN D.N. – *Le moment présent en psychothérapie*, Paris, Odile Jacob, 2003.
STRUB L. – « Potentiel d'applicabilité de la Mindfulness Based Cognitive Therapy dans la prise en charge des troubles sexuels » in *Annales Médico-Psychologiques* 171, 2013, p. 105-109.
SUDRES J.L. – *L'adolescent en art-thérapie*, Paris, Dunod, 1998.
THÉRÈSE d'AVILA – *Le château de l'âme ou le Livre des demeures*, Paris, Seuil, 1997.

THUILLIER J. – *Franz Anton Mesmer ou l'Extase magnétique*, Paris, Éditions Phébus, 2004.

VAN LOMMEL P. et al. – « Near Death Experiences » in *Survivors of Cardiac Arrest: A Prospective Study in the Netherlands*, Lancet, 358, p. 2039-2045, 2001.

VAN LOMMEL P. – *Mort ou pas ?* Paris, InterÉditions, 2012.

VAN LOMMEL P. – *Une conscience infinie in Inexploré*, hors-série n° 1, novembre 2012, p. 56-61.

VELDMAN F. – *Haptonomie. Science de l'Affectivité*, Paris, PUF, 1989.

VIGNE J. – *Le maître et le thérapeute*, Paris, Albin Michel, 1991, 295 p.

VIGNE J. – *Éléments de psychologie spirituelle*, Paris, 1993.

VIGNE J. – *Méditation et psychologie*, Paris, Albin Michel, 1996, 311 p.

VIGNE J. – « Régression et méditation : le sage-enfant » in Albin Michel, *Méditation et Psychothérapie*, n° 121, Gordes, Question de, 2000, p. 151-182.

VIGNE J. – *Méditations, émotions et corps vécu*, Paris, Le Relié, 2012.

WATTS A. W. – *Psychothérapie orientale et occidentale*, Paris, Fayard, 1974.

WEIL P. – *L'homme sans frontière*, Paris, l'Espace Bleu, 1988.

WEN K. – *Entrez dans la pratique du Qi Gong*, Paris, Le Courrier du Livre, 2009-10.

WILBER K. – *Le livre de la vision intégrale*, Paris, InterÉditions, 2008.

WINNICOTT D.W. – *Jeu et Réalité : l'espace potentiel*, Paris, Gallimard, 1975.

YALOM I. – *Thérapie existentielle*, Paris, Galaade, 2008.

YOUNG J.E. – *La thérapie des schémas*, Bruxelles, De Boeck, 2006.

YOUNG Jeffrey E., KLOSKO Janet S. – *Je réinvente ma vie*, Canada, De l'Homme, 2009.

ZAHAN D. – *Religion, spiritualité et pensées africaines*, Paris, Payot, 1970.

L'École Européenne de Psychothérapie Socio et Somato-Analytique (Eepssa)

En 1982, après la parution du premier livre du Dr Richard Meyer, *Le Corps aussi, de la psychanalyse à la somatanalyse*, Éd. Maloine, l'Eepssa a commencé par intégrer des collègues aux groupes thérapeutiques de somatanalyse, notamment Wassilis Zaruchas, psychiatre, créateur du somatodrame. Puis des promotions régionales se sont constituées pour la formation exclusive avec 12 à 18 participants dans six villes de France. La chute du rideau de fer a suscité une demande de formation importante en Pologne, Roumanie, Hongrie. La Tunisie a emboîté le pas, intéressée par les somatothérapies. Belgique (Geneviève et André Liénard) et Suisse (Jean-Yves Biand) ont suivi.

Plus de mille professionnels ont ainsi été formés à la somatanalyse et aux somatothérapies dans le cadre de la psychothérapie intégrative. C'est la nouveauté psychocorporelle qui a attiré les premiers élèves, mais à présent ce sont les élargissements et approfondissements de l'approche intégrative qui motivent les candidats.

Une quarantaine de formateurs dispensent maintenant l'enseignement expérientiel à Paris, Lyon, Strasbourg, Toulouse, Aix en Provence, Nantes, Bordeaux et Bruxelles.

Chaque formateur est spécialisé dans une méthode précise et engagé « à » l'intégration. Le Dr Richard Meyer, directeur et concepteur de cette école, assure la cohérence de cette équipe de psychiatres, psychologues, psychothérapeutes et psycho-somatothérapeutes. Marie-Christine Piatkowski, sa compagne, artiste lyrique et musicothérapeute, crée les exercices de mise en expérience des théories.

La formation de l'Eepssa est initiale avec 4 modules de 28 jours à faire en 4, 3 ou 2 ans (84 jours pour les psychologues et 54 jours pour les médecins). L'Eepssa propose aussi des formations complémentaires pour les thérapeutes déjà formés à des méthodes particulières. La moitié du temps est consacrée à la formation de base et l'autre à une spécialisation/approfondissement d'un domaine privilégié : thérapies courtes, psychothérapies d'un à deux ans, enfant et adolescent, art- et musico-, sexo- et conjugo-, hypnose, victimologie, régression. Cinq courants psychanalytiques, freudien, reichien, jungien, ferenczien, somatanalytique sont enseignés en vue du certificat de

Psychanalyste intégratif

Le diplôme décerné par l'Eepssa est qualifiant pour la titularisation des médecins, psychologues et « grands parents » comme

Psychothérapeutes.

Les autres candidats obtiennent le certificat de

« Psycho-Somatothérapeute
pratiquant la psychothérapie et l'analyse spécialisé en… »,

certificat qui donne les compétences et la légalité pour s'installer en libéral. La participation complémentaire à 100 heures de psychopathologie donne droit au Certificat Européen décerné par la Fédération Européenne des Psychothérapeutes, Psychanalystes, Psycho-Somatothérapeutes.

Composition : Soft Office (38)

Achevé d'imprimer en octobre 2013
sur les presses de la Nouvelle Imprimerie Laballery
58500 Clamecy
Dépôt légal : octobre 2013
Numéro d'impression : 309258

Imprimé en France

La Nouvelle Imprimerie Laballery est titulaire de la marque Imprim'Vert®